新世纪艺术文化系列丛书

BOYIN FASHENG JIAOCHENG
播音发声教程

主　　编　　刘静敏

参编人员　　刘静敏　常　庆

中国海洋大学出版社
·青岛·

图书在版编目(CIP)数据

播音发声教程/刘静敏主编. —青岛:中国海洋
大学出版社,2010.12(2019.8重印)
(新世纪艺术文化系列丛书)
ISBN 978-7-81125-531-7

Ⅰ.①播… Ⅱ.①刘… Ⅲ.①播音—发声法—教材
Ⅳ.①G222.2

中国版本图书馆 CIP 数据核字(2009)第 249859 号

出版发行	中国海洋大学出版社
社　　址	青岛市香港东路 23 号　　　　　邮政编码　266071
网　　址	http://www.ouc-press.com
电子信箱	cbsebs@ouc.edu.cn
订购电话	0532—82032573(传真)
责任编辑	纪丽真　　　　　　　　　　电　话　0532—85902342
印　　制	北京虎彩文化传播有限公司
版　　次	2010 年 12 月第 1 版
印　　次	2019 年 8 月第 3 次印刷
成品尺寸	170 mm×230 mm
印　　张	17.875
字　　数	350 千字
定　　价	46.00 元

目 次

第一章 绪 论

　　播音发声是播音员和主持人在特定环境中借助电声系统设备传播语言信息的言语行为。"特定环境"是指根据广播电视传播的需要而设置或选择的语言环境,如广播直播间、电视演播室等。这些与日常生活语言或其他艺术形式截然不同的发音场合、传播对象、传播方式对播音发声的方式均会产生重要影响,从而使播音发声呈现出自身鲜明的个性特征。

第一节　播音发声的基本特点

　　播音发声通常是在演播室里进行的,播音员和主持人一般是面对话筒或镜头进行言语表达,面前没有直接的交流对象。播音是一种大众传播,传播的对象是受众。但在播音的时候,由于受众不在面前且不像日常生活中的交谈那样具体、明确,播音员对受众的数量、身份、年龄、性别等情况根本无法获知,难以准确把握,播音发声不得不有别于日常生活的一对一的说话方式,需要通过提高发音的清晰度和圆润度来兼顾不同受众的收听要求,使他们都能够听清楚,而且人人喜欢听。尤其是广播播音,甚至无法通过面部表情和身体动作进行辅助性表达,只能单纯使用有声语言直接向受众传播信息,因此语言信息的负载量进一步增大。这样一来,为了达到良好的传递效果,势必对声音的清晰度以及弹性变化提出更高的要求;如果发音方法单调或者语音不清晰,则会直接影响受众对信息的接收及对节目的兴趣。电视播音尽管可以借助表情、动作辅助有声语言的表达,但是有声语言本身仍是信息的主要载体,富于变化的发声方式和清晰的语音仍有助于准确生动地进行语言传播。同时,播音发声大多是通过电子媒介完成信息传播任务的,在电子传播过程中,语言的声音经过由声波变成电波再转换成声波的多次转换才能进入到受众的耳朵里。在一系列的电声转换过程中,声波的性质会发生变化,尤其是音色的变化最为明显。电子传播要求对日常使用的发音方式作适当调整,以适应这种传播方式。当然,电子传播在某些方面也为播音发声带来了便利,即灵敏的电子设备能将极小的声音放大,使得播音员发音的音量显得不十分重要了。这样,播音员和主持人可以用自如的声音、自然的语气更好地表达思想感情,以拉近与受众的距离。可见,播音发声由于无法与受众进行直接交流,得不到受众的直接反馈,所以,为了获得一定的交流感,进一步增强表达效果,需要对声音加以灵活调节,而这通常只能凭借经验进行,难度很大。总之,广播、电视播音中的语言是单向的,是有规格的,它以健康、生动、富于变化的生活用声为基础,又因发音场合、发声者身份、受众需求及传递手段的不同而呈现出自己的特点。

我们将播音发声与其他有声语言艺术进行比较,可以进一步认识到这一语言行为的突出特点。

一、播音发声与日常口语的比较

日常说话的发音是自然的、原始的发声,而播音发声则是系统化的发声。日常发声是播音发声的基础,播音发声则是对日常发声进行科学化的训练而形成的艺术化表达。日常发声与播音发声的共同点是音色均以真声为主。播音发声跟日常发声既有相同之处,又有所差别。通过对比,可以归纳出播音发声的如下特点。

1.播音所运用的语言是经过加工的艺术语言

从发声的角度看,播音发声属于艺术语言发声,播音员的有声语言是经过加工的、具有艺术性的、区别于日常口语的语言。播音员和主持人是以有声语言为表达手段的,有声语言是播音员和主持人依据稿件、提纲或者是腹稿,传情达意进行再创作并且确立自身形象的唯一手段或主要手段,传播过程中交际环境、态势等辅助表达都起不了太大的作用。广播、电视语言尽管具有交际性能,但却没有实在的交际对象。播音员和主持人不能根据听众的多少、距离、反应等来调整自己的发音方式,为了使各种类型的听众都能听清楚,必须适当提高语言的清晰度;为了吸引观众、满足传情达意的需要,不仅字音要准确、清晰度要比口语高,声音色彩还必须富于变化。所以,播音员和主持人在话筒前、屏幕前,必须掌握有声语言的发声技巧,除了要求发音标准外,还必须做到音色优美动听。播音的时候,既要准确表达稿件的内容、实质精神,以及具体的思想感情,同时又要与视听大众做交流。播音员和主持人应有能力面对不同内容、不同体裁的稿件,应用不同的声音形式、气息、状态进行播音。播音发声从声音的走向看,运用的是人体的中部通道,以口腔、鼻腔共鸣为主,音量有一定幅度变化,有力且持久;从口腔看,灵活运用吐字归音的技巧,以加强咬字的清晰度;从气息角度看,使用胸腹联合式呼吸法,具有自由控制气息的能力。播音发声还得善于运用声音的对比,如声音的高低、强弱、长短、明暗、宽窄、前后、虚实等,以显现播音员和主持人的声音控制能力。这些能力,不仅表现在发音的不可变因素如声带、口腔、唇舌等生理结构方面,还表现在吐字归音、呼吸调节、发声状态等可变因素方面。

2.播音所运用的语言信息容量大

广播、电视语言是书面语言的口头方式,具有书面语言精练简洁的特点。播音员和主持人处在广播、电视的传播前沿,具有采、编、播等各道工序的凝聚性,同时又具有广播、电视节目的与视听大众直接交流的特性。有声语言是播音员和主持人揭示思想内涵的主要工具,以时间为序而稍纵即逝的有声语言具有清晰性和蕴涵性,负载的信息量远远大于口语,受众可以从播音员和主持人的有声语言中了解和感受广播、电视节目的倾向。若播音员和主持人语言功力不足,必将直接干扰视听大众对播出内容的理解;相反,好的声音不仅能准确地表达出播音员和主持人丰富多彩的思想感情,而且会声声入耳、娓娓动听,使受众的注意力集中到节目上。这就要求播音员和主持人吐字要准确清楚,重要的和易混淆的词句更要高度清晰,否则将影响传播效果。

3.播音所运用的语言具有示范作用

由于社会地位的特殊性,播音员和主持人的字音甚至发音方式都会给社会以影响,播音员和主持人的播音不仅应当依据广播、电视的要求,使用规范化、艺术化的有声语言,充当使用本民族语言的典范和榜样,还需要在很大程度上真正满足受众的审美要求。目前,广播、电视日益深入到每家每户,广大人民群众不但要从广播、电视中获得信息,还要从中获得美的享受。长期以来,在吐字发声方面,我国戏曲、说唱等艺术领域积累了宝贵的经验,提出了一系列有代表性的看法。明代王骥德曾提出"当使声中无字"、"字中有声"、"字字轻圆,悉融入声中,令转换处无磊块"及"字如贯珠"等要求;沈宠绥也提出"出口若游云之飞太空,悠悠扬扬,发于自然"等观点。这种历史形成的传统审美观点,不能不影响到人们对播音员和主持人发音吐字的审美要求。因此,作为播音员和主持人来说,不仅需要具有宽广的音域,丰富多彩而又饱满充分的共鸣以及运用自如的气息,更要具有纯净、优美、甜润的音色,只有这样,才能真正满足广大受众的审美要求。就技巧性和所带来的美感而言,播音发声当然是一门艺术,它是需要经过科学训练才能掌握的一种技能技巧。经过发声训练之后,不仅语言发声能力可以大大增强,而且能够美化声音,提高声音的表现力,使之具有较高的审美价值。当然,播音发声所能给予受众的这种听觉美感与纯粹的艺术语言美感是有所不同的,它往往与语言传递信息的实用性相伴随,因此,播音发声是语言发声的艺术化形态之一,不是纯然的审美客体。

二、播音发声与其他有声语言艺术的比较

由广播、电视的传媒特点所决定,播音发声既要准确表达稿件内容、精神实质以及具体的思想感情,同时又要与受众交流,它是严肃、郑重的转述,是一种质朴的再创作。广播、电视媒体影响面广泛且报道内容广博,形式、体裁多种多样,每句话、每次主持都应带着丰富多彩的思想感情,而对声音的控制能力是他们的有力武器。播音不追求渲染性、夸张性,但强调严谨性、规范性,语言应规矩、工整。不同的节目,都不能无视规整性这一要求。规整性既指准确、真实的一面,同时又有不做作、少粉饰的一面,但这绝不是刻板、苍白。它只是要求不散乱、有秩序、准确、干净。表面来看,这似乎是一种限制,实际上,这正是由播音语言的质所规定的。这种质的规定性,是广播、电视的一种特色。在这一点上,它与话剧、电影、曲艺等有声语言艺术存在很大区别。

1.播音发声语言的规范性

话剧、曲艺、朗诵等有声语言艺术,在语言上允许有一定的"不纯正";有时出于节奏的需要,甚至允许有歧义。而播音发声却不行,它在发音上必须具有普通话的规范性,既要讲求声母、韵母、声调、语流音变等方面的准确规范,又要注重在语言表达方面的规范明确;不仅在播音、主持过程中要说标准的普通话,即使在生活中,播音员和主持人也应该养成说标准的普通话的习惯。有的播音员和主持人播音时说普通话,生活中却说方言,结果影响了语音的标准程度,这应当引起注意。

2.播音发声语言的庄重性

播音员和主持人用有声语言反映的是大千世界的本来面目,这种反映应该是真实、亲切、质朴的,而不应该是虚假、含混、夸张的。这与其他有声语言艺术不同。播音员和主持人的语言要使人相信,使人认为你所说的一切并不是随便说说,而是确有其事,这就要庄重。当然,庄重并不意味着板起面孔,也不意味着非要正襟危坐、一板一眼、端起架子,庄重的含义是"真诚、恳切、实在和中肯"。

3.播音发声语言的鼓动性

广播、电视语言尤其是广播、电视新闻语言具有较强的说服、教育、鼓舞和引导的功能,忽视和放松鼓动性,播音语言就会陷入冷漠和平淡。鼓动性是建立在真挚亲切的思想感情基础之上的,同时又与明确的目的、具体的针对性紧密相连。它要求播音员和主持人对所播的内容具有真切的感受和感情上的共鸣,它以催人上进为核心,要辨是非、明爱憎。

4.播音发声语言的分寸感

分寸,按照现代汉语词典的解释,指说话做事的适当限度。播音有声语言的分寸感体现在表情达意中,是指态度、感情的分量、火候轻重的程度。当然,任何语言艺术尤其是有声语言艺术都讲究不温不火,既要防止不足,也要防止过分,播音有声语言尤当如此。一方面,播音语言的分寸感不同于戏剧语言艺术,它不以角色的性格特征和变化为依据;另一方面,它也不同于曲艺语言艺术,不以包袱、笑料、关子的出现时机和表现方式为准绳,它是以对党和政府方针的准确把握与对现实生活的清晰认识为根本性标准的。

5.播音发声语言的亲切感

播音的亲切感是极为重要的。亲切感最基本的社会效果是使人愿意接受。播什么内容都是板着面孔、不苟言笑、正襟危坐,显然是没有亲切感的。然而,一味地讨好受众,一味地追求与观众、听众的零距离,并把这种距离理解为声音的轻软甜媚,造成某种压抑感、媚俗感,也不是有亲切感。同样,一味地追求刺激,总像面对千百人,声音如同从高音喇叭里播出来的一样,造成某种强制感,也不是有亲切感。有亲切感的播音,体现着言之有物与心中有人的结合,体现着宣传员的观念与服务员的意志的结合。对节目稿件理解得越深、感受得越深,对思想对象的理解得越具体,表达技巧运用得越熟练,有声语言的亲切感才越强。

总之,正因为播音发声语言与其他有声语言艺术之间存在着上述差异,播音员和主持人才不能机械地照搬歌唱、戏曲、曲艺等有声语言艺术的发声方法。

第二节 播音发声的基本要求

播音员和主持人有声语言的亲切、自然、真实、由衷,语感的准确、细腻、贴切、丰富,都不是与生俱来的,而是后天习得的,需要有艰苦探索、刻苦磨炼、博采众长的过程。为了适应工作的需要,努力做一个合格的播音员和主持人,必须对自己的声音进行反复锤炼。

前面谈到,播音发声源于日常口语,但是,在发声上又绝不等同于日常口语,它应当是生活口语发声的规范、提炼与升华。基于此,我们认为,对播音发声的要求,可以概括为以下几个方面。

一、准确规范,清晰流畅

准确规范,是指语音合乎规范、发音标准。播音员和主持人通过有声语言向受众传播信息、介绍知识,应该使用标准的普通话,做到语音纯正、吐字清晰,从声母、韵母、声调、轻重格式、音变,到词语运用、语法结构选择,都不夹杂方言土语。播音员和主持人不仅要语音规范,尽量最大限度地满足人们对收听、收看的可懂性要求,而且肩负着传播规范语言的重任,要为全社会的标准发音做出示范。任何降低播音中纯正普通话要求的看法和做法都只会削弱广播、电视的宣传效果。也就是说,纯正的普通话,不但有利于广大受众理解播音内容,增强艺术的表现力和感染力,也有利于广大受众特别是各方言区受众学习和掌握普通话。

清晰流畅,是指吐字发音具有较高的分辨率。语音清晰是对播音发声最基本的要求,也是播音员和主持人应当具备的最基本的业务条件。汉语具有区别于其他语言的特点是,一个音节往往就是一个词,或者是一个多音节词的构成成分;人们在说汉语的时候,往往会因为一两个音节发音不清楚而影响听话人的听辨。因此,播音员和主持人一定要格外讲究吐字的清晰和完整,讲究发音的较高分辨率,力求即使在有杂音干扰的情况下,也要做到尽量降低受众的分辨难度。在吐字归音上做到"字字珠玑",避免音包字、棉花腔。吐字上做到准确、规范,字音不扁、不散,颗粒饱满。呼吸时尽量做到悄无声息,进气迅速,呼气减少气擦声。停顿时,避免歇气声及吸气声。不仅要做到"字清",而且做到"玉润珠圆",如"珠走玉盘",没有"磊块",不出现"蹦字",字音流畅过渡,如潺潺溪水,迂回向前,生动活泼。当然,提高清晰度并非刻板地照字念音,而是以有效的表情达意为重要前提,将清晰和流畅有机地统一起来,使受众既获得信息,还获得一定的美的享受。

二、圆润明亮,集中持久

圆润明亮、集中持久是对声音基本色彩的要求。声音圆润、明亮、有光泽,与声音的响度有关系。响度是嗓音强度、长度和高度的总和。没有一定的响度,嗓音不会圆润明亮,而响度的大小主要是由气流的强弱再配以高度形成的;同时,也与声带的松紧及口腔的大小及相关器官、肌肉的控制相联系。播音、主持用声以口腔共鸣为主。从微观上看,它取决于对每个元音及辅音发挥出的最大共鸣。集中持久是指对声音的感觉有力,干净,不散乱,经久耐用。发音时,元音的舌位及辅音的发音部位,都是在音色的允许范围内,把握"前音稍后、后音稍前、开音稍闭、闭音稍开"的方法,更灵活地吐字归音,同时注意对口腔开度的把握及其舌位的微调。另外,还要注意声音发出的走向,即由喉咽部发出的声束沿上颌中纵线,打向硬腭前端,在受到舌、腭、唇等相应部位节制后,字音纷纷形成语流。总之,广播、电视节目的播出目的是激励人们的精神、丰富人们的知识、愉悦人们的身心,因此,只有播音员和主持人的声音圆润明亮、集中持久,才可以使声音如同涓涓溪水,汩汩地流入人们的心田,使人产生快感、美感。一个人的音色取决于多个方面的因素。一方面,人的某些先天条件影响音色,如声带所在的振动器官、共鸣器官的构造,共鸣器官的形态等;另一方面,或者说更重要的是后天的发音习惯、发音方法、发音技巧。所以,要想成为一名合格的播音员和主持人,需要不断地摸索、锻炼,力争把自己最美的音色、最真的情感奉献给受众。

三、虚实相间,朴实明朗

声音的发出应该是实实在在的,这种实声和日常谈话使用的声音是一致的。这种贴近生活的特性,是产生良好传播效果的重要前提。真声和假声是嗓音音质、音色的分类。真声的相对音高适中,音色宽厚;假声的相对音高较高,而且音色尖亮。所谓"宽音大嗓"、"胸声"就是指真声而言。真声的音色丰满洪亮,发声时声带做整体振动,两侧声带紧密靠拢,声门挡气的作用大,发声时耗气量比假声发声时要少得多。如果把手放在前胸时,会感到一种强烈振动,因而,也称为胸声。假声也是声带发出的声音,只不过发声时声带做边缘振动,边缘变薄并明显拉紧。由于声带边缘很薄,两侧声带不能拉紧,声门留下一条缝隙,所以发音时的耗气量比真声要多,泛音成分少,有人称为小嗓。在话筒前,播音员和主持人不是进行个人的随意性言语活动,它是在表达党和人民的声音,这种声音负载着丰富的思想感情,而这种感情应该是由衷的、真挚的,这时的声音只有声声入耳、语流畅达,才会产生令人折服的力量,换言之,既不可以高声呐喊,也不可以柔声细语。而实声,则是最好的用声形式。当然,有了实声,起音的位置也值得考虑。出来的声音既不能吊,又不能挤,要力争"用最舒服的声音发音",即使用自如声区。自如声区是介于说话声域与歌唱音域之间的音域。在自如声区里,不论高低强弱,所有的声音都是自如的而不是做作的,让人听起来感觉舒服、自然,发音者个人也具有游刃有余的感觉。否则,经常使用高音、强音,会令人不舒服;过多地使用低音,则会令人感到压抑。也就是说,在有声语言中,最丰富、最生动、最悦耳、最动人的声音,是自如声区发出的声音。

四、色彩丰富,变化自如

色彩丰富、变化自如是指声音除了具备基本的色彩之外,还能够依据不断运动变化的思想感情呈现出丰富多彩的流动和变化。丰富的声音色彩是播音员和主持人随节目内容的发展而运动变化着的有声语言的感情外衣。

感情色彩的变化是无穷的,声音色彩的变化也应当无穷无尽。随着人们感情的不断运动变化,声音色彩也就在对比变化中不断变换体现出来。声音色彩有如画家的调色板,越丰富细致就越能传情,越有表现力。而掌握发音吐字基本方法,根本目的就是为了音色的变化,而绝不是为了追求固定不变的音色。有声语言是诉诸听觉的。要使受众经常处在积极、敏感的状态,声音就应该不断变化。受众的听觉是不愿意接受单一、单调的刺激的。声音的平淡、呆板、僵直、生硬,肯定会使受众厌烦。在声音形式上,音色、音高、音强、音长都是在比较中显现出来的,它会造成声音的虚实、起伏、刚柔、明暗、宽窄、前后、快慢的变化,体现出声音色彩的丰富性。而如何使用自己的声音,同每个人的习惯有关。一般来说,要留有余地,可以再高点、再强点,也可以再低点、再弱点;既不要声嘶力竭地大嚷,也不要虚声虚气地小声念,色彩太淡给人以冰冷的感觉。留有余地,听起来才能自然顺耳,容易控制,有利于声音色彩的变化,做到平稳中显出变化、分寸上把握浓淡。播音发声是为用声者表情达意服务的,因此不存在一成不变的优美的声音。无论是呼吸状态、吐字状态、共鸣状态,还是喉部控制的状态,都应该是在动态变化之中,声音也自然随之变化。播音员和主持人可以通过遵循表达规律用声、扩展发声能力来提高声音弹性变化的能力,也就是提高声音随着思想感情的运动而变化的能力。当然,声音色彩的丰富性是与规整性有机统一的。从客观要求的角度,对不同的内容、不同体裁的稿件,使用什么样的气息状态、什么样的声音形式,要心中有数,根据不同要求去用声,把握不同要求运作声音的过程。好的声音是为表达内容服务的。播音、主持发声时,对所播出内容的理解与感受是根本,形之于声,声音负载着内容,能够游刃有余,收纵自如,内容也就易被受众所接受。反之,声音无弹性,无活力,僵硬,粗糙,不能随内容的变化而变化,以不变的声音应万变的内容,也不可能成为一部好的作品、一个好的节目。

总之,准确规范,清晰流畅;圆润明亮,集中持久;虚实相间,朴实明朗;色彩丰富,变化自如,这是作为一名播音员和主持人力求达到的标准,同时也是受众对播音员和主持人的要求。

第三节　学习播音发声的意义

曾经有人请教意大利歌王卡鲁索:"在声乐艺术上什么是最重要的?"卡罗索明确地回答说:"第一是声音,第二是声音,第三也是声音。"从声乐艺术的角度来分析,卡鲁索所说的声音,"第一的声音"是指"有强有弱的声音",

"第二的声音"是指"有音色变化的声音","第三的声音"是指"有感性的声音"。这三点的确是声乐学习最重要的条件——一个人在他的声乐艺术中，若具备了这三个条件，那么他的声乐造诣就相当高超了。而要想成为一名具有深厚语言功底的播音员或主持人，对声音的要求又何尝不是如此呢？圆润优美的音色和富于表现力的声音，都是为了表现稿件或节目的思想和感情的；有了圆润优美的音色和丰富的表现力，就能很好地表现出稿件或节目的思想和感情，就能满足广大受众的审美需要，就能得到广大受众的由衷爱戴。不过，优美动听的音色和高水平的声音表现力不经过培养和训练是不能具备的。它需要在正确方法的指导下，经过较长期的训练和培养，以及我们自身刻苦的磨炼和勤奋的学习才能够最终获得。

一、掌握播音发声技巧，促进口语表达的日臻完美

播音员和主持人主要是用声音进行工作的，播音创作必须通过声音来实现。有声语言是播音创作的重要手段，在广播中甚至是唯一手段。声音的好坏对播音创作来说关系重大，学习播音发声是从事语言传播和其他艺术语言工作的基础。洪亮圆润、优美动听的嗓音有一种天然的吸引力，人人都爱听；相反，阴暗沙哑、尖细刺耳的嗓音令人感到不舒服，谁都不想听。同时，传播者的声音形象、语言面貌也是其自身形象的重要组成部分。学会驾驭和运用自己的声音是进行艺术语言创作的基本条件，它能够大大增强声音对于表情达意的适应性。好的声音是播音、主持成功的前提。因此，播音发声必须练到"得心应口"才好。

语言传播工作要求发音用声艺术化，讲究技巧性。它不同于日常生活口语的声音状态。比如，气息的调控自如、共鸣的饱满丰富、吐字的集中圆润等发声要求，都是为了更好地表达思想感情、增强语言传播的艺术性。声音是语言传播者的本钱，声音好、有"磁力"是从事语言传播职业的必要条件之一。同时，语言传播工作者在用声强度、用声时间长度、音域宽度、音色变化等方面的要求均大大高于日常生活口语的发声要求。如果发音用声不科学，不仅会限制语言的表现力，而且还会影响嗓音的使用寿命，甚至造成嗓音疾患。如果掌握了科学的用声方法，就能够使声音"青春永驻"。

二、掌握播音发声艺术，增强声音的清晰度与感染力

播音发声学习是提高语言传播质量的保证。广播、电视中的语言源于日常口语，是加工后的口语，是升华了的口语。由于在播音室里播音一般没有实际交际受众，播音员和主持人不能根据受众的多少、距离、反应等情况

来调整自己的声音,这就需要播音员的声音有一定的清晰度。播音语言尤其是新闻播音语言,结构严谨细密,感情复杂细腻,信息负载量大,一般都要求在限定的时间内完成,因此,在演播过程中,要在不破坏声音的条件下,尽量做到吐字清楚、音色优美,使声音充满活力和感染力。所以,即使天生有一副好嗓子,不经打磨,也是很难胜任如此高标准的用声要求的。要想声音优美、吐字清楚,就有一个声音和吐字如何结合的问题。具体说来,在播音语言表达中,对发辅音的部位要求准确,要有力地弹出;对发元音,要求口腔有一定的空间,运用好共鸣,使元音发得更圆润,这需要对口腔进行控制。日常生活中,我们经常看到有的人说话时唇舌较懒,发每个字的辅音时阻气力量很小,整个字音听着含混。有的人声腔松弛,元音的发音不亮不脆,显得很干、很散。一般而言,播音时要保持唇、齿、舌、牙、腭各发音部位的基本形式,并在平时讲话的基础上稍稍讲究一些,如唇、舌力度加强一些,口腔开度稍大一些等。广播、电视语言传播,清晰是第一位的。老一代播音艺术家都练就了扎实的语言发声基本功,他们的播音清晰流畅、感人至深,深受听众欢迎,为我们树立了良好的榜样。相反,一些年轻的播音员和主持人由于缺乏语言发声训练,工作中经常出现吃字、吞字或者音包字等问题。声音富于弹性,能够有大幅度、多层次的变化,具有表现力。而平板的语调、单一的声音,在语言传播中是缺乏感染力的。那种平平淡淡、絮絮叨叨的有声语言,那种不跟劲的嗓音,是根本抓不住人的。可见,语言传播的效果,很大程度上取决于传播者运用有声语言的能力和水平。为了提高发音的清晰度,使语音规范、准确、清楚,特别需要掌握播音发声技术,通过语言基本功的锻炼,不断提高有声语言的表现力,增强语言传播的感染力。

三、把握科学发声方法,完善音质、美化音色

圆润动听的声音是富有"磁力"的。对于语言发声,中国传统的审美要求之一就是"吐字如珠"、"珠圆玉润";而沙哑暗沉的声音、公鸭嗓、大憋嗓肯定没有多少人能喜欢。每一位语言传播工作者,都希望自己的嗓音优美悦耳、富有魅力。嗓音如何,先天条件固然重要,但后天训练也必不可少。有的人先天条件虽好,但未经训练仍不能适应语言传播工作的要求,徒有一副好嗓子。也有的人,先天条件一般,但练就了扎实的语言发声基本功,使声音大为改善,播音、主持的效果很好。每个人都有自己的发声习惯,有的人习惯于宽音大嗓,有的人习惯于轻声细语,有的人说话声音高而飘,有的人说话声音低而沉。这些发声习惯都存在着一定的弱点,反映出发声能力上的某种不足。要使这种发声习惯得到改善,弥补发声能力上的欠缺,就需要

进行系统的语言发声学习和训练。语言发声既是一门科学，又是一门艺术。它可以通过种种调节手段，使人的声音得到一定程度的改善和美化，甚至具有化腐朽为神奇般的魔力。

四、理解播音发声原理，确保科学用声、科学护嗓

要掌握播音发声技术，需要认真学习发声的科学原理，了解发声器官运行的机制。这些知识都有助于我们进行科学有效的训练。在理论与实践结合的过程中，能使人们逐步懂得一些嗓音保健知识。比如，练声前需要让身体充分活动开，嗓子才比较好调；练声程序应是先练气后发声、先弱声后强声，练声强度必须是循序渐进的、一次练声时间不宜过长等。这些看似简单的知识，都包含着一定的科学道理，照着去做，嗓子会越练越好用，否则嗓子就容易受到损伤。因此，懂得科学用声才是最积极有效的嗓音保健方法。声音对每个人都是重要的。有一副好嗓子是一个人一生的幸运，因为好的声音是人的魅力的重要组成部分。美国著名社会活动家、演说家多罗西·萨诺夫曾经说过："良好的谈吐离不开悦耳的声音……掌握了悦耳的声音，你就向'妙语连珠'的境界迈出了第一步。"[①]可见，嗓音的力量是不可估量的。

第四节 播音发声的训练原则

播音发声训练是培养学习者掌握科学发声方法的重要基础训练之一。播音发声训练的目的是使学习者在充分了解发声器官各部分机体功能的基础上，在合乎自然生理的基本状态下，确立起较完整、较系统、较科学的发声方法，及时纠正错误的发声习惯，克服生理和心理障碍，使声音达到气息扎实稳定、喉咙松弛打开、声音优美悦耳、位置通畅圆润、咬字清晰准确、感情真挚动人的境地。无论是歌唱家的声音，还是演奏家的技巧，要达到出神入化的程度，都必须经过艰苦的训练和积累，正如古人所言"工欲善其事，必先利其器"。学习播音与主持艺术，同样也离不开对声音的认真打磨。要想获得优美的音色，则需要踏踏实实、严肃认真的学习态度，掌握正确的学习方法，有步骤地进行播音发声基础训练。虽然发声训练在具体的内容上没有什么固定和统一的教学模式与步骤，但是其中一些带有规律性的原则，应当加以重视。在播音发声训练过程中，应当遵循以下基本原则。

---

① 〔美国〕多罗西·萨诺夫《妙语改变人生》，增跃、王辛译，工人出版社1988年，第27页。

一、积极主动，主次分明

播音发声虽然是由人体的发声器官、呼吸器官和共鸣器官的协调合作来完成的，但所有这些运动都是受人的高级神经系统控制并将它们协调起来的，这种协调主要是通过大脑皮质对发声器官的控制来实现的。因此，人的心理状态或心理素质对播音发声训练起着十分重要的作用。心理学告诉我们，人的任何活动都是在心理调节下进行的，因此，心理活动直接关系到人的实践能力。声音的好坏在一定程度上受着心理的支配。在发声训练过程中，大多是凭直感调节有关肌肉活动的，因此心理作用在整个训练中的地位非常重要。在训练过程中，首先要进行心理的调控，进入正确的心理状态。所谓正确的心理状态，就是指与发声有关的各个器官处在协调、平衡、自然灵活的状态之下，可以任凭人们的意志去自由调控、指挥乃至活动。

积极主动是指要充分调动起学习者的主观能动性，在声音训练的整个过程中做到"用意识指导，用感情体会"。意识在心理学上一般指自觉的心理活动。感受是人脑对直接作用于感觉器官的客观事物个别属性的反映。由分布在体内的感觉器官产生的感觉叫内部感觉。声音训练中的"意识"，有着特定的内容。一是对发声的规范认识，如气息的运动状态、声音的共鸣点、各发声器官的正确运动等。二是这种意识通过大脑神经中枢传达于发声肌体而产生运动，这种运动必然带来发声肌体的感觉，被称为内部感觉。内部感觉通过这种神经系统将信息反馈给神经中枢，同时，外部感觉——听觉也将信息传给大脑，大脑再把新的指令传达给肌体。这样循环往复，调整声音。没有意识的发声是盲目的发声，如发硬腭声，不知口腔如何运动、声音如何运动，对声音正确与否没有标准。这样的发声无法指挥肌体运动而获得正确的声音。同样，错误的意识必然导致错误的发声。如有人认为，凡是发声就得喉部用力。在这种意识的指导下，发声时，颈、胸部必然僵持，出现捏、挤、压喉部，使声音横、僵、沙、挤等。所以，在整个的声音运动中意识始终处于主导地位。但是，并不是有了正确的意识就能发出正确的声音，正确的发声意识，要通过准确的感觉去实现。感觉在播音发声中起着关键作用。准确感觉声音是前提；无感觉难以把握正确的发声；错误的感觉必然导致发声的错误。例如，体会声音的通畅，一定要感觉到丹田、胸、颈到口腔的气息通畅感。这种感觉称为"自我感觉"。发声器官在发声时其运动状态难以看到，无法准确地描述，只有靠自己的感觉去调整，才能达到修饰声音的目的。所以，掌握正确发声的唯一方法是通过自己的感觉去体会、去把握。有很多发声感觉未必在道理上讲得通，但是这种感觉却对发声有利，能发出正确的声音。例如,"把气收到腰周围","发高音却觉得在发低音,声音、气息在向下运行"等。但感觉又是因人而异、千差万别的,并不是每个人都一样的,不同感觉是复杂的生理反应,关键是要注意辨别、把握自己的独特感觉。在播音发声中,意识是指导,感觉是关键,用意识指导、用感觉体会是基本原则。只有遵循这个原则,才能发出正确、优美的声音。

主次分明是指在发声训练中应当分清主次,抓住重点。它着眼于播音发声的训练内容,主要包括气息控制、口腔控制、共鸣控制、喉部控制及声音的弹性训练等几个部分。不过,这只是表面的分析与主观的分割而已。一方面,从人类的发声情况来看,人体是一个统一的整体,它的各部分器官是不可分割的,其中发音器官的活动也都是彼此相互联系的;尽管各个部分分工不同,但是只有密切配合才能产生声音,产生美好的声音。比如,气流使声带振动,共鸣使声音扩大和美化等。从整个的发声过程来看,任何器官的声音都不是依靠个别器官的单独作用而发生的,它既依靠呼吸的支持和声带的活动,也依靠共鸣器官的调节。个别器官功能的发挥是在和其他器官相互作用下实现的。它们的活动是相互配合,彼此制约的。如果违反这一规律,片面地强调某一部分,孤立地着眼于某个器官的活动,是行不通的。比如,过多地强调喉部作用,发出的声音似乎比较明亮,但由于没有呼吸的调节和支持,没有口腔的控制,也会使吐字含混不清。再如,强调声音的集中、明亮、靠前,但是如果发挥不出共鸣调节声腔的作用,结果声音不但不美,反而会限制、束缚声音的表现力,严重的还会损害发声器官。从这个意义上说,发声训练是整体的训练,是呼吸、喉咙、共鸣及语言诸多因素共同协调配合而成的训练,每个发音器官都是互相牵制的。无论从哪方面入手训练,最终都应使整个发声器官处于最好的发声状态。如果训练过程只注意某一点或过分强调某一方面而忽略整体概念,对发声训练将是非常不利的。不过,这并不等于说在整个发声训练中,对所有的发音器官的训练就可以平均用力了,这样理解同样存在偏颇。我们必须在充分了解各个器官对发音的作用、重视各个器官的特点的前提下,分清主次,循序渐进,因人而异。例如,我们认为口腔的运用及气息的作用对发声起主导作用,我们重视它,但也不能否认声带以及共鸣系统的调节作用,因为它们是相互联系、相互作用的一个整体。作为一个语言艺术工作者,要了解发音器官这一"乐器"的结构、性能和活动规律,在实践中协调发音器官各部分的机体活动,以适应表达的需要。

二、讲究科学，训练适度

进行播音发声训练，必须尊重科学，力求掌握科学的发声方法、把握科学的训练方法，不可盲目，不可蛮干，否则将贻害无穷。

首先，要掌握科学的发声方法。播音发声训练，从某种角度说是在人身上制造乐器。而这种乐器又迥然相异于其他乐器，它完全受人的高级神经系统指挥，外面是看不见、摸不着的。这种发声练习的确定和训练，首先应建立在发声器官的运动合乎其生理自然规律的基础上，要让学习者掌握呼吸的基本方法，即胸腹联合式呼吸法，运用胸腔、横膈膜、腹肌共同控制气息，使肺部气息容量增大，控制自如并有明显的呼吸支点。在吸气时，用口鼻同时轻柔、平稳地吸气，要深而自然舒展，身体各部位应自然协调，不要僵持，使气息深入肺底，膈肌下沉，胸腔两肋张大，胸廓下部稍感膨胀，并注意保持；在呼气时，两肩、颈部、下颌及口腔各部位要绝对松弛自然，用胸、腹部肌肉共同控制气息，使气息的运用控制自如并注意保持气息，使声音获得气息的支持，一般不一泄无余。多做打哈欠吸气的练习，使发声器官打开通畅，喉结位置放下，体会喉结的放下稳定和喉结的放松打开，发声时保持吸气的状态，使喉头处于较低的位置，始终放松打开，而不堵塞、挤紧。同时，强调声带拉紧闭合、向下挡气，促使喉头的放下稳定、喉咙打开放松。只有依靠平时的发声练习去仔细体会，并经过长期的有意识的训练，才能形成正确的下意识的方法和习惯。当然，在平时训练时不可忽视训练过程是受大脑高级神经指挥这一因素，不要将发声练习演变成各种器官的肌肉训练；否则，不但不会有好效果，还会出现各种毛病。其次，要把握科学的训练方法。这主要表现在两个方面。一是发声训练不可一味盲目地拼时间。由于人的声带十分娇嫩，承受能力有限，在声音训练过程中，要善于用心用脑，不能无休止地练习，要注意劳逸结合。著名意大利声乐家老兰皮尔蒂说："歌唱需要用脑子，而不是用嗓子学习，因为如果嗓子已经疲劳，那就丝毫没有办法再把它引向好的情况了。"①播音发声的训练亦是如此。勤于练声不等于放纵声音。声音是美好的，但美好声音的前提是发声器官的健康。练声应注意时间适度，如果损伤了发声器官，美好的声音将无从谈起。在发声学习中，用功练习本身没有错，但是注意一定不可过度练习，每天一至两个小时足矣。如果总是超负荷练习，甚至在感冒或身体不适时也不注意休息，从而导致声带疲劳充血、声带水肿，长此以往，声带会沉重、粗糙、不灵敏，甚至产

---

① 田玉斌《谈美声歌唱艺术》，西藏人民出版社 1995 年版，第 101 页。

生更严重的病变如声带闭合不全、声带小结等,这将严重损害发声器官的健康。二是发声训练时对音量要有适度的把握。声音响亮集中是每个学习播音与主持艺术的人都引以为豪的事情。而声音响亮集中有两种成因:一是先天嗓音条件突出;二是发声方法正确,充分运用了好的声音共鸣。所以,对绝大多数人而言,要想使声音响亮集中,就必须运用科学的训练方法,调动一切积极因素,使各个共鸣腔体共振,从而获得充分的声音共鸣。而共鸣的实现是不能急于求成的,这需要通过艰苦的训练而逐步实现并完善。意大利 19 世纪的伟大声乐教育家弗·兰皮尔蒂说:"嗓音力量应永远比支持它的气息力量要小。"[①]"追求音质,音量自来。"[②]如果在练声时没有取得腔体共振而过于追求音量,就会产生诸多的问题。一是盲目追求音量会影响情感的表达。过于追求音量的人,将声音发得很"撑",很容易忽视作品或节目思想情感的表达,即便想表现,但力所难及。一个很"撑"、很重的声音是很难驾驭的。二是一味追求音量会导致错误的发声方法。音量是靠正确的发声方法、正确的声音共鸣得来的。一味追求音量,用很大力量压迫胸腔、挤压声带和喉部肌肉,没有呼吸和共鸣的支持,超负荷地运转,会使声带充血、声音嘶哑,造成白声,甚至喊叫。久而久之,肌肉的能动性减弱,造成胸腔、喉咙各部分肌肉的僵硬,形成声带病变。三是追求音量易造成对声音的自我满足。许多人因追求音量而迷恋自己的声音,将主观的自我听觉,误认为是实际的声音效果。追求音量,就易挤压喉部肌肉,使用蛮力来得到自己满意的声音。这样的声音,自己听起来大,而别人听起来小,这样容易造成自我满足。因此,应当在学会分辨别人声音变化的基础上,进一步学会对自己的声音做出正确判断。为了避免发声听觉上的错觉,在发声练习时,要经常使用录音机审听自己的声音,及时矫正听觉上的误差,以形成比较准确的自我判断能力,取得较好的学习效果。

在播音发声学习中,"适度"原则还体现在更多方面。比如,打开喉咙时要"适度";气息支点的深与浅的把握要"适度";呼吸中气息多与少要"适度";声音振动的快与慢的把握要"适度";咬字与共鸣的关系中要"适度"地把握;情感表达时要"适度"地把握……总之,播音发声训练一定要遵循适度原则,调动一切好的、积极的因素,排除一切消极的因素,以获得圆润动听的声音。

---

① 弗·兰皮尔蒂等著,李维渤译《嗓音遗训》,上海音乐出版社 2005 年版,第 18 页。
② 弗·兰皮尔蒂等著,李维渤译《嗓音遗训》,上海音乐出版社 2005 年版,第 46 页。

三、循序渐进,坚持不懈

循序渐进是指在播音发声训练中应从易到难、由浅入深,既不能急于求成,又不能停滞不前。发声训练本身,就发声、用气、咬字,共鸣各个方面而言,是一个微观的系统工程。声音训练是以人体为条件来制造乐器的,它一定要遵循发声器官活动的客观规律来进行。因此,在训练中,应当端正态度,严肃认真,"稳"字当头,切不可贪大、求高、求洋、脱离实际,不搞"超负荷运转",不犯"急性子毛病"。因为长期的超负荷甚至超能力地运转,必然造成对发声器官的损伤,即使发声方法正确也难免出问题。对任何技能的掌握,都需要一个不断反复、不断巩固的过程,必须依靠不断反复、持久而有效的练习,养成良好的发声习惯,配合协调,以巩固正确的声音概念,从而获得美妙的歌声;否则,不量力而行,不循序渐进,声音的训练和发展就会出现"断层",破坏训练的连续性。比如,可以将发声训练的教学内容和教学进度大体分为四个步骤,第一步解决气息的问题,第二步解决声音的问题,第三步解决吐字的问题,第四步解决声音色彩问题。这样看起来很慢,而实际上是快的。如果许多内容一块儿推出来,许多要求一块儿提出来,训练中会顾不过来,心理上也会产生畏难情绪,效果好不到哪里去。

气息和共鸣的训练是播音发声训练的重要组成部分,是打基础的训练。例如,简单的 a 音练习,则是发声基础之基础,方法正确与否,将直接关系到声音的发展。正确的发音,要求深稳地吸气,松弛地打开喉咙,并预先考虑好声音应到的共鸣位置,略收小腹,气息运动起来发出干净利落、稳定圆润的声音,所有动作不但协调一致,并要在瞬间完成。在发声训练中,气息及共鸣的运用,常常出现"僵硬"、"阻滞"现象,这种毛病往往很难克服,需要一点一滴地慢慢努力纠正,急躁不得。

声音的发出,实际上是一种人体器官的活动。在发声时,发音器官都有一定负担,而这种承受能力只能是逐步地增长,前一阶段练习为后一阶段练习作准备,而后一阶段练习则是前一阶段练习的巩固与提高。这样循序渐进的分步骤的要求,既好理解也比较容易掌握。由初期的练习到技巧成熟,是有先后深浅之分的,但不应明显分割开来,而需紧密相连。要做到每一练习都很熟练、巩固,从而强化自己的吐字发声技巧,练习中会逐渐体会到语言艺术的发声并不像想象得那样简单。当然,也并不那么难学,不应有负担和顾虑。知识学到了,也培养了对学习发声的感情和兴趣,由浅入深,先易后难,逐渐使自己成熟起来。

播音发声训练,不仅要多听、多说,还需要进行反复练习。语言发声如果练不到脱口而出的熟练程度，在表达中就很难做到运用自如，其实际价值会大打折扣。有的人学习发声，单发某个字音，质量较高，无可挑剔，可是到了连贯的语流中，字音就发不好了。这说明单发某个字音与自如运用声音并不等同。语言传播发声比日常口语难度要大，需要反复练习才能逐渐纯熟，达到脱口而出的"自动化"程度，从而显示出它的使用价值。

总之，要尊重事物发展的客观规律性，循序渐进而不要急于求成，不要力不能及，不要走在时间和能力的前面，不要拔苗助长。值得注意的是，循序渐进并不等于得过且过，应在尊重客观规律的前提下，用只争朝夕的精神勤学苦练，多听，多思，多练，长年累月，日积月累，坚持不懈，就能越来越快、越来越好地全面掌握科学的发声方法。

四、精神饱满，以情带声

一切艺术活动都是情感活动，离开了情感就谈不上艺术，播音使用的有声语言也一定要负载着思想感情。情感的投入是播音发声的前提，情感是基础训练的重要部分，只有在情感的流淌中才能声情并茂。而声音饱满、感情丰富不是一朝一夕能够做到的。它需要从开始训练时就反复强调，要使学习者明白，播音的目的首先是传情达意，并不是让受众欣赏你的声音。播音员和主持人从练声的第一步起，就应在有感觉的基础上练习，哪怕发一个单元音 a 都应赋予它热情、明朗的感觉，这样，日久天长自然而然地就养成了"无一字无依据，无一处无变化"的要求了。当你练"得心应口"了，感觉也会发挥得好一些，而不觉得发声器官有什么负担，直到量变成了质变的飞跃，受众被你所播的内容吸引、感染，而忘了播音员的声音，这样就可以说成功了。"未成曲调先有情"——艺术不是单纯的技术，语言艺术不仅仅是一种器官的机能活动，而是在人的大脑神经系统支配下的生理、物理和心理交织在一起的一种高级活动。它和科学技术不一样，是不能靠生理和物理的现象和原则就可以解决的。发音器官是一个整体的运动，播音员和主持人的心理、情绪对作品的表达有直接影响。指挥活动的司令部是大脑神经，如果播音员和主持人的精神振奋，发音器官也会处于积极状态，便于很快地组织起来。当我们听到一些播音员和主持人那种由充沛感情迸发出来的动人的声音时，我们也会在思想上引起共鸣。感情真挚，音色就会饱满有力度，吐字也会清晰流畅，这是由于他们的声音是从感情中带出来的。这样的声音才会"声情并茂"，艺术的感染力才会加强。人们的感情变化是丰富多彩的，但一定要表达得有真情，而不是强做出来的虚情假意。艺术本身是以情来打动人的，也就是要言必衷；否则，不但不能给人以美感，也常常会使人厌烦。再有,在演播中应避免以声取胜现象的发生。如果带给听众、观众的只是声音,只是对作品的照本宣科,即使声音再好,技巧再高,艺术表现力也是苍白肤浅的。因为丧失了语言艺术的真实感,不如说只是在作吐字发声的练习。

在发声训练中,注意力经常集中在声音上,这是正常的,但应时刻提醒自己不要忘了情的结合。有什么样的情,就有什么样的声,这在日常谈话中是很自然的事情。播音和主持不同于日常谈话,它是有声语言再创作的活动,播音员和主持人把负载一定思想感情的文字转换为负载一定思想感情的声音,就可能出现见字出声的情况。播音员和主持人从练声的时候起就应明确,情动于内而声发于外,情是内涵,声是形式,声是为情而发的。这种情与声的关系,一方面发声之前先要体味所练内容中蕴涵的情感,另一方面在声音发出后,还要通过自身的反馈系统检验声音是否符合文字符号所蕴涵的情感的需要,及时进行调整,以使声音符合情感的需要,力求做到每一个字、每一组词、每一句话,既吐字清晰、自然流畅,又有与这些字、词、句相一致的思想感情。这就是"以情带声,以声传情"。

发声训练内容中,有音素、音节以及唇舌力度、气息、扩展音域等纯技巧的练习。做这类练习时也应该有愉悦、兴奋的心情,力求做到情感与声音的和谐一致。即使一篇短小的作品,也要对它的思想内容进行一些简单的分析、处理,使它通过声音表达出来,成为一篇虽然简单但还可以称为艺术的作品,这就不是无动于衷的吐字发声练习了。这样做,可以培养良好的表达能力,从而在自然的基础上形成一种富于色彩的有感染力的声音,使发声技巧与作品的表现力统一起来。

五、发挥优势,张扬个性

在广播、电视中,播音应该是指以播音员和主持人为主的有声语言的创作过程,特别是指在话筒前的、有声语言的创造性劳动过程。播音员和主持人的劳动具有个体性。在话筒前,面对文字稿件,播音员和主持人只能依靠自己的声音表情达意、言志传神,全靠自己完成"再创造"的过程。即使有配合默契的对手,个人也有自己负责的内容。播音是一种个体的再创造,播音中要充分发挥自己的特长,挖掘自己内在的潜质为受众服务。播音员和主持人在成长过程中都有一个在艺术上学习和借鉴的过程,这是允许和提倡的。但对于发音器官的发声来说,我们应当力戒模仿,要追求个性化风格。模仿别人的声音,一方面违背了自身的生理机能,另一方面这种不自然的声音也不能表情达意。世界上没有声音完全相同的人,各人有各人的声音特点。这里有遗传因素、发声器官的结构问题,有心理差异、感受差异的问题。此外,一个人的成长环境、所处的文化环境不同,也是声音各异的重要因素。有的播音员和主持人,往往不顾自己的声音特点,一味模仿;还有的人,不从自己的声音特点出发,有意识制造高音,追求亮、脆、甜的声音,嗲声嗲气,或用挤压喉部等方法制造低音,追求浑厚气势。凡此种种,无不抹杀了声音的个性特点。此外,也有人错误地理解"返璞归真"、"向生活靠拢"的提法,认为自然状态、自然声音就是艺术,就是创新,就是风格,从而走上自由、随便的路子,使自己本身所具备的声音能力得不到发挥,这同样也是抹杀个性的表现。其实,个性是个复杂的概念。个性,有好坏优劣之分,有高低、美丑之分,并不是所有的个性都是好的,也不是个性里所有的因素都是正确的。我们在把握自己声音的时候,只是把声音个性作为条件,而不是作为结果,既要弄清自己声音个性的内涵,又要扬弃不利因素、突出有利因素,逐步调整完善,使其上升到一定的层次。在整个发声训练中,努力做到:第一,以自己的自然声音为依据。所谓自然声,就是人所固有的本质声,也叫做本声。这种本声是最自然、最真实的声音,最能反映声音的个性。第二,以自己的自如声区为起点。在自然声区里,要从中间偏下的两三个音练起。第三,结合自己的声音特点。例如,深沉型的,就不能追求明朗,而是以深沉为基调,沉静明朗;明朗型的,就不能故作深沉,而应以明朗为基础发展沉稳、丰富声音的色彩,提高声音的表现力。个性是"真我"的显现,个性是魅力的源泉,抓住个性是成功之母,失去个性则是穷途末路。

思考题

1. 简要说明播音发声与日常口语发声的异同。
2. 与其他有声语言艺术相比,播音发声的突出特点是什么?
3. 有人主张播音员和主持人应采取"自然发声"的方式播音,你的看法如何?
4. 谈谈你对播音发声基本要求的看法。

第二章　播音发声基本原理

　　语音是由人的发音器官发出来的具有一定意义且用来进行交流的声音，它是语言的物质外壳。语音不同于自然界的其他声音，如风声、雨声、流水声以及鸡鸣狗吠的声音，因为它们都不是从人的发音器官发出来的，一般也谈不上表示什么意义，当然不是语音；即使是人的声音，如果不能表示意义，也不是语音。例如，初生的婴儿，不懂语言，他发出的声音没有什么意义，不是语音；人咳嗽的声音，没有意义，也不是语音。语言是声音和意义的结合体，意义是语言的内容，声音是语言的物质外壳（或称语言的外部形式）。语言要借助于它的声音来体现其交际功能，一定的意义必须通过一定的声音形式才能表达出来。语言在声音里物质化了，借助于声音，语言才能成为人们可以感知到的东西；离开有意义的声音，语言也就失去了存在的依据。所以，语音是语言不可缺少的物质外壳，或者说，语音是语言的具体面貌。

　　语音出于甲之口，经过空气的传递，入于乙之耳，一发即逝，不留踪迹。要对这种抓不住、摸不着的现象作出说明、进行分析，确实很不容易。语音的发音——传递——感知三个环节，分别对应于语音的生理——物理——心理三个方面的属性，生理、物理等方面的研究可以说是对语音的自然属性的研究。人们经过长期探索，首先是从生理的角度弄清了语音是怎样发出来的，在100年前完成了发音原理的研究。随着电子声学技术的出现，人们又抓住了传递中的音波，把它变为图像，揭示语音的种种物理表现，从20世纪40年代起建立了音响学。现在正在向听觉的环节进军，研究人耳如何接收语音，把它传到大脑，由大脑进行分析和感知。听觉研究中最复杂的是大脑处理语音的机制，这是心理学的课题。此外，语音还有社会属性，这就是它在作为交际工具的语言中的作用。由生理器官产生的物理音响只不过是语言用来表示意义的物质材料。各种语言使用哪些材料，如何使用，有自己的规则，这是音位学所要研究的课题。音位学是在了解语音的物理、生理特性的基础上从语言的社会功能的角度对语音的研究。其中社会属性是语音的本质属性。正是因为具有了社会属性，语音才同自然界的其他声音有了本质的区别，才能具有交流思想的功能。

第一节 播音发声的物理基础

声音泛指人耳可以听到的声波(频率从 20 到 20000 赫兹),风声、水声、拍打声、虫鸣声、鸟叫声等等数不尽的声波,都是声音。语音是特指人类发声系统所发出的可供彼此之间言语沟通或表达情绪的声音。世界上所有的声音都源于振动。从物理学角度讲,声源的振动引起空气的振动,以波的形式传播出去,产生振动波,这种振动波就是声波。

声音的传播过程中,振动会产生在三个地方:一是声源。声源是振动的源头,指因振动而发声的物体。声源必须由外界提供能量,如气流、摩擦等,所以声源还不能算是声音的源头。声源的振动是极其微弱的,必须传导给共鸣腔才能发出响亮的声音,共鸣腔是由特定材料构成的具有一定体积的腔体。人声的共鸣腔包括咽腔、口腔、鼻腔、胸腔、唇腔和颅腔,骨骼和软组织起到主要作用;弦乐器的共鸣腔指琴身,通常由木质材料制成;管乐器的共鸣腔则是管子,以金属管占多数,木质的也有。二是传播界质。声音的传播需要媒质,在真空中声波不能传播。如果只有声源而没有传播声音的物质,声音还是没法被我们听到。声音的传播界质一般指空气和水。空气是传播声音最重要的物质。声音不仅在空气里传播,也可以在固体和液体如水里传播,而且传得更快。三是接收器。它是声音真正起作用的地方,对于人而言,就是指人的耳朵,具体来说,它位于中耳的鼓膜和听骨;对于电子录音设备来说,则是话筒中的电磁簧片。

声波和水波都是波形运动,但是性质很不相同。水波的波形运动是横波。所谓横波,是指介质质点的振动方向与波的传播方向垂直。声波的波形运动是纵波。所谓纵波,是指介质质点的振动方向与波的传播方向相同。声音作为一种波,它具有波的所有特性,包括反射、干涉、衍射等。我们应该会判断一些常见声音现象的实质,如空谷回声、夏日雷声轰鸣不绝等属于声波的反射;"隔墙有耳"或"闻其声不见其人"属于声波的衍射等。传播界质中的每一处都在振动,并且向四周发散出去,在发散的过程中衰减。声音的衰减规律是:在空旷的地带,声音总是和声源距离的平方成反比;而在障碍物密集的地方,声音会通过反射和衍射来传播,频率低的声音反射和衍射的能力要比频率高的声音强,所以频率低的声音衰减得慢、传得远,频率高的声音衰减得快、穿透力差。图 2-1 是音波示意图。

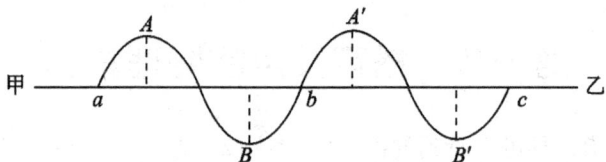

图 2-1 音波示意图

图 2-1 中，a 到 b 是一个波，b 到 c 是另一个波。A 和 A' 叫做波峰，B 和 B' 叫做波谷。a 到 b、b 到 c 的距离叫做波长。A、A'、B、B' 到甲乙线上的距离叫做振幅。

语音和其他声音一样，具有音高、音强、音长、音色四种要素。

一、音高

音高指声音的高低。它决定于发音体在一定时间内振动次数的多少。声波每秒振动的周期次数就是声波的频率。振动的次数多，频率就高，声音就高；振动的次数少，频率就低，声音就低。语音的高低与声带的厚薄、长短、松紧有关。人能听见的声音的频率在 20～20000 赫兹之间。

音乐里的音阶就是由音高构成的。汉语的声调，如北京话里的 dū（督）、dú（独）、dǔ（赌）、dù（度），主要是由不同的音高构成的。从发声的角度看，音高的区分主要与发音体的大小、粗细、厚薄、长短、松紧有关。一般来说，发音体大、粗、厚、长、松，则振动得慢，因此声音低，反之则高。

人的发音体主要是声带。不同的人，声带的长短厚薄不同，因而音高也不同。女人的声音听起来比男人高，就是与女人的声带条件密切相关。女人的声带较之男人细薄，声音的频率大于男人，一般在 272～553 赫兹之间（男人在 95～142 赫兹之间）。至于同一个人发音有高有低，那是靠控制声带的松紧而实现的。音高在汉语中具有重要作用。普通话的声调和语调主要就是由音高变化来决定的。

二、音强

音强指声音的强弱，它决定于发音体振动幅度的大小。发音体振动的幅度叫做振幅。振幅大，声音就强；振幅小，声音就弱。振幅的大小，取决于发音体所受外力作用的大小。例如，同一面鼓，用力敲，振幅大，声音就强；轻轻敲，振幅小，声音就弱。语音的强弱，是由发音时气流冲击声带力量的强弱决定的。发音时用的力量大，呼出的气流强，声带振幅大，声音自然就强；发音时用的力量小，呼出的气流弱，声带振幅小，声音自然就弱。音强在汉语中具有一定的作用,重音和轻声就是语音强弱的表现。

三、音长

音长指声音的长短,是由发音体振动时间的长短决定的。振动时间长,声音就长;振动时间短,声音就短。虽然音长在普通话中不单独起区别意义的作用,但在某些语言或方言里这种区别词义的作用还是比较明显的。例如:

广州话:"三"[saːm]和"心"[sam]

　　　　"蓝"[laːm]和"林"[lam]

英语:beat[biːt](敲打)和 bit[bit](少量)

　　　seat[siːt](座位)和 sit[sit](坐)

在普通话里,音长尽管没有区别意义的作用,但可以区别不同的语气和感情。例如,叹词"啊",发音短促,往往用于应答;发音较长,则可表示惊异、赞叹等情感。

音长、音高和音强的特征合称为非音质形式,又叫做韵律形式。它们各自变化的绝对数值对于语音学并不是很重要的,重要的是它们各自变化的相对关系。例如,男子发出的高调在绝对数值上常常比女子发出的低调还要低,可是我们并不会把男子的高调听成是低调。再如音高,假如一个男性和一个女性都用北京话念"妈、麻、马、骂"四个不同声调的音节,就绝对的音高来讲,女性往往比男性高,可是人们并不感到其中有什么差别。对于语言来说,重要的是"妈、麻、马、骂"这四个音节之间高低变化的对比,至于每一个音的绝对的音高变化,那是不重要的。同样,语音的轻重、长短,也都是相对而言的。

四、音色

音色指声音的特色,是每个声音的本质,所以也叫做音质。音色是区别不同声音的最重要的要素,元音 a、o、i 的区别就是由于它们的音色不同。图 2-2 是 a、o、i 波纹的示意图。

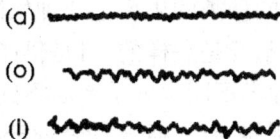

(a) ～～～～～～～～

(o) ～～～～～～～

(i) ～～～～～～～～

图 2-2　波形示意图

音色的不同可以从声音的产生和音响两方面分析。

首先，从声音的产生方面分析。音色之所以不同，大体上由三方面的原因造成。一是发音体不一样。同样一把胡琴，拴上丝弦和金属弦，声音就不一样。二是发音的方法不一样，同一把胡琴的同一根弦，用弓拉和用手指弹，声音就不同。三是共鸣器的形状不一样，把同样的弦绷在二胡上和京胡上，再用同样的弓去拉，发出的声音是不同的，这主要是由于二胡和京胡的琴筒(共鸣器)的大小、形状不同。这三个方面中只要有一个不同，就会产生不同音色的声音。语音中音质的不同也是由这三个方面的原因造成的。具体地说，一个人发出的语音的音质决定于：第一，从肺里呼出的气流通过口腔时受不受到阻碍？如果受到阻碍，在什么部位？如果未受到阻碍，口腔的形状又是什么样的？——这些都构成不同形状的共鸣腔。第二，碰到的阻碍用什么方法克服？——这是发音方法。第三，声带振动不振动？——发音体。这几个方面，只要其中有一个不同，就会产生不同音色的音。我们知道，音素是语言中最小的语音单位。这里还要补充一句：音素是人类语言从音质角度划分出来的最小的语音单位。一个音素代表一种音色，不同的音素代表不同的音色。了解音质的详细情况和它在语言中的作用，这是语音研究的首要任务。音色落实以后，才便于研究依附于它的长短、高低、轻重这些特征；相反，音乐旋律首先是音高的变化。因此，音乐家和语言学家不同，他们最关心音高的变化。

其次，从音色的音响方面加以分析。物体振动的情况是多种多样的。音叉在振动的时候只有固定的频率，简单而有规则，产生出单调的纯音。一般物体的振动都是复杂的：有的复杂而有规则，产生的音叫做乐音，像各种乐器发出的音；语言中的元音也都是乐音。有的复杂而不规则，产生的音叫做噪音，如刮风下雨、锯木泼水的声音；语言中的辅音，有的是纯粹的噪音，有的是噪音和乐音的混合。乐音是由有规则的音波组合成的，噪音是由许多不规则的音波凑合成的。每个乐音都是由若干个不同频率的纯音组合而成的。频率最低的叫做基音，其他的叫做陪音；陪音的频率都是基音的整数倍。基音的强度最大，它的频率决定着整个音的调子。陪音的强度比较弱。由于陪音不同，才分出不同种类的乐音。几种乐器按同一个调子合奏，它们的音高相同，发出的音的基音是一样的，可是仍能听得出钢琴、提琴、双簧管等不同种类的音。音的种类不同也就是音质不同，这是由陪音的数量、频率和强度的不同造成的。例如，有人研究钢琴的音质，在基音以外找出 15 个陪音。他求出基音为 100 赫兹时的 15 个陪音应有的频率数，然后准备了16 支不同频率的音叉，按规定的强度给音叉以不同力量的敲击，使这些音

叉同时发出声音。这时听到的音和那个钢琴的音一样。有人找出黑管的 9
个陪音，如果按同样的方法一齐敲击 10 个音叉，也能形成那个黑管的声音。
各种乐器声音的陪音不同，跟共鸣器有很大关系。乐器总是由发音体和共
鸣器两部分组成的。比如，胡琴的发音体是琴弦，共鸣器是安上蛇皮或木片
的琴筒；笛子的发音体是笛膜，共鸣器是管身。发音体的振动是复杂的，同
时产生许多不同频率的振动。共鸣器有自己的振动频率，它在发音体发出
的声音的不同频率成分中选择一定的频率成分发生共鸣，加以放大，同时又
抑制或吸收另一些频率成分。共鸣器的这种作用在语音音质的区分上起着
非常重要的作用。吹笛拉琴，声音的高低强弱可以千变万化，但是音质不
变，始终是笛子、胡琴的声音，因为发音体和共鸣器没有改变。人类发乐音
时，发音体是声带，共鸣器由咽腔、鼻腔、口腔等组成，能够变化出好多种形
状，因此能够发出"啊"、"伊"、"乌"、"于"等许多不同音质的乐音来。从这方
面看，人类发音器官的功能比乐器高明得多。说话时声带振动，产生基音的
频率通常叫做基频，用 $F0$ 表示，同时也产生范围很宽的许多附带的频率成
分。这些频率成分大部分被器官形成的共鸣腔所抑制或吸收，有一些则得
到共鸣而加强，其中个别的还特别强化。共鸣腔有种种形状，被特别强化的
陪音（在语音分析中叫做共振峰，用 $F1$，$F2$，$F3$ 等等表示）也各不一样，因而
形成不同的元音。基频决定整个音的音高，这取决于声带的振动；共振峰决
定整个音的音质，这取决于器官的形状。乐音中陪音的频率是基音的整数
倍，陪音和基音之间有一种"水涨船高"的依存关系。这种情况在器乐的音
里表现得很清楚。比如，长笛吹出 C 调 do 的时候，基频是 256 赫兹，这时最
低的一个陪音的频率为 256 赫兹×2＝512 赫兹。人们过去以为语音中元
音的基音、陪音的关系也和乐器的音一样，后来改变了认识，原来元音的基
频和共振峰没有依存关系。元音的音质决定于若干个共振峰的绝对频率；
可以是基频发生了变化，而共振峰的频率保持不变。正因为这样，我们保持
同样的口形（共鸣腔的形状），改变声带振动的频率，可以发出同一个音的不
同的音高；声带的振动频率保持不变，只改变口形，可以发出同样音高的不
同元音。元音中甚至可以没有 $F0$，而有 $F1$，$F2$，$F3$ 等等。耳语的时候声带
不振动，但是器官照样动作，听的人仍然可以分辨出所说的话。那么，耳语
音的音高变化是怎么表达的呢？实验证明，那是对音高也有作用的振幅在
起作用。

　　在共振峰的频率中，最重要的是 $F1$ 和 $F2$。不过，$F1$、$F2$ 等虽然各是
一个数据，却代表以它为中心的一小批频率成分，所以共振峰实际上是指被
共鸣腔选择和强化的一束频率成分。图 2-3 是 [ɑ]、[i]、[u] 三个元音的共

振峰分布位置示意图：

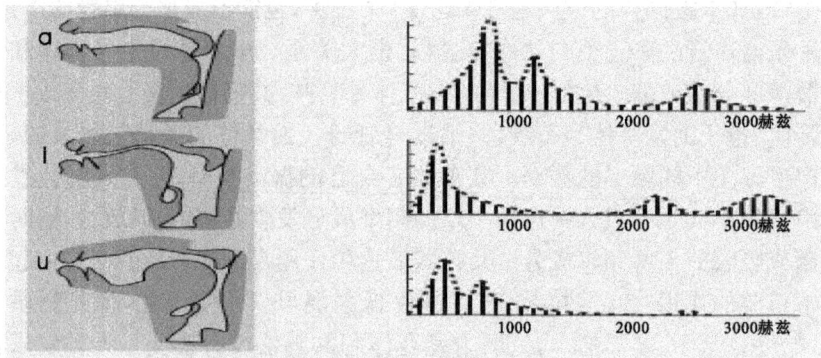

图 2-3　共振峰分布位置示意图

第二节　播音发声的生理基础

学习演奏任何一种乐器，一个重要的前提是了解乐器的构造，乐器各个部分的功能、特性以及演奏和控制的方法。只有这样，才能够经过严格的训练获得娴熟的演奏技巧，充分挖掘每种乐器的特性和音色，把乐曲表达得酣畅淋漓。语音是由人类的发音器官协同动作产生的。一个音的发音原理、发音过程及其所具有的物理特征都是以发音器官的活动为基础的。发音时发音器官的状况不同、使用的方法不同，发出的声音也就不同。从发音方面描写语音，最有效的办法是确定每个音在发出的时候有哪些器官参加、它们如何协同动作，也就是定出每个音的发音部位和发音方法。要做到这一点，必须弄清发音器官的构造。学习有声语言艺术的人，对自己的乐器——发声器官，也应该有所了解。其实，与世界上的其他乐器相比，人类发音器官这把"乐器"更是无比珍贵——它的构造那么复杂，组织那么娇嫩，任何拥有它并每时每刻都在运用它的人没有理由忽视对它的认知。

从生理的角度看，人类并没有专门用来发音的器官，能起发音作用的实际上是呼吸器官和一部分消化器官。为了便于说明人类的发音机制，我们经常把这些部分统称为发音器官。

人的发音器官包括肺、气管、喉（包括声带）、咽、鼻和口，这些器官共同形成一条形状复杂的管道。其中，喉以上的部分称为声道，随着发出语音的不同其形状是变化的。喉与气管的接口处称为声门。

产生语音的能量，绝大多数来源于正常呼吸时肺部呼出的稳定气流（有极少数语种,如某些非洲语言,是利用吸气气流来发音的)。喉部的声带既是一个阀门,又是一个振动部件。在说话的时候,声门处气流冲击声带产生振动,然后通过声道响应变成语音。由于发不同音时,声道的形状不同,所以听到不同的语音。有两种发音方法。一种是声门打开,但声道的某处收紧而形成湍流,这种高速湍流导致发出摩擦声。另一种是声门打开,但声道的某处完全阻塞,然后突然放出气流,这种高压气流导致发出阻塞音。这两种方法不取决于声带的活动,这就是人类利用发音器官发出语音的概况。发音器官的生理解剖如图 2-4 所示。

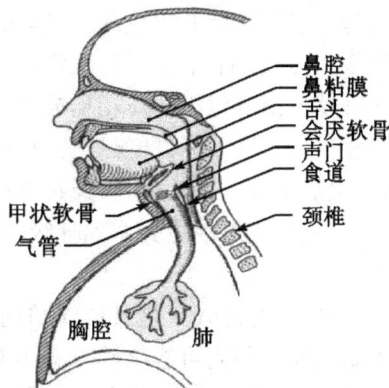

图 2-4 发音器官的生理解剖

人的发音过程可以大致描写为:呼吸运动使呼出的气流由肺通过支气管、气管到达喉部,在喉部运动的气流引起声带的颤动形成喉原音,喉原音在共鸣作用下扩大了音量并进行了色彩上的加工;声束经过口腔时,各具体部位便会按照发音人的指令作出各种配合,在口腔中受到唇、齿、舌、腭等器官的节制,在节制与克服节制的过程中形成了负载信息的语言符号——语音。

发音器官所产生的声音主要可以分三种来源:一是浊音声源。气流通过声门时,使声带颤动,产生周期性声波,这就是浊音。浊音最为响亮,是语音中最重要的声源。例如,普通话 a 的声波就是周期性的,属于浊音声源。二是紊音声源。发音器官的某一部分紧缩成非常窄小的通路,气流通过时形成紊乱的湍流,产生嘶嘶的噪音,就是紊音。紊音气流变化紊乱,没有规则,不像浊音那样有周期性,所形成的声波也是非周期性波。例如,普通话 s 的声波就是非周期性波。三是瞬音声源。发音器官的某一部分紧缩到完全不让气流通过,使气流产生比较强的压力,然后突然放开,气流瞬间冲出去,产生一种非常短暂的瞬时爆破声,就是瞬音(或暂音),普通话 b、d、g 都是在发音前先有短暂的间歇,然后产生瞬间的爆破声,都属于瞬音。

在发音过程中,人体头、颈、胸、腹等部位 100 多块肌肉控制着不同的器官参与了发音活动。发音器官的有序排列是它们在兼顾原有的生理功能的基础上完成发音动作,构成了产生语音的特殊结构——声道。发声器官主要由动力器官、制声器官、共鸣器官和咬字器官四个部分组成,它们是播音发声的全部物质基础,是播音发声运动中的主要功能系统。

图中标注:鼻腔、鼻粘膜、舌头、会厌软骨、声门、食道、颈椎、甲状软骨、气管、胸腔、肺

一、动力器官

动力器官指人的呼吸器官,它是播音发声的"源"动力,由口、鼻、咽喉、气管、支气管、肺脏以及胸腔、膈肌(又称横膈膜)、腹肌等组成。气息从鼻、口吸入,经过咽、喉、气管、支气管,分布到左右肺叶的肺气泡之中(肺中由两片叶状的海绵组织的风箱构成,它包含了许许多多装气的小气泡),然后经过相反的方向,从肺的出口处分支的气管(支气管)将气息汇集到两个大气管,最后形成一个气管,再经过咽喉从口、鼻呼出。与呼吸系统相关的各肌肉群,它们的运动也关系到呼吸的能力,是播音发声"源"的动力和能量的保证。

其中,肺和气管是最重要的动力器官。肺是胸腔内的一团有弹性的海绵状物质。肺内可容纳约 3.3 升容积的空气。正常呼气时大约能呼出 0.55 升的空气,在讲话时肺的气压比大气压大 1‰左右,不讲话时呼和吸的时间大致相等。在讲话时可使呼气时间大致相等,达到整个呼吸周期的 85%左右。讲话时腹肌收缩使横膈膜向上,挤出肺里的空气。气管是由一些环状软骨组成的,它将来自肺部的空气送到喉部,如图 2-5 所示。

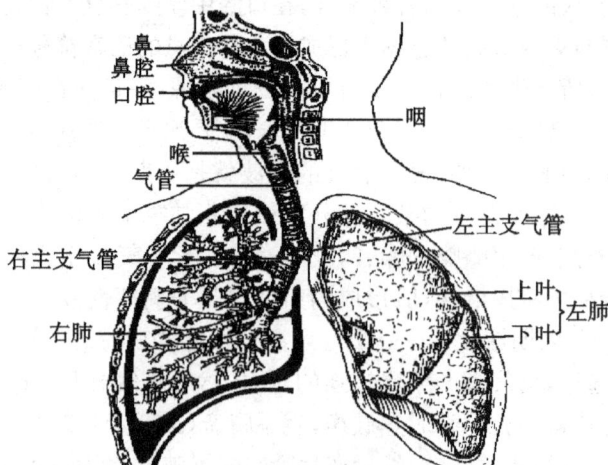

图 2-5 动力器官示意图

肺的主要功能就是提供呼出的气流,其次就是调节气流的强弱,但这个功能主要是用来调节音强(loudness)的,它在调节语气方面作用较大,而分辨语义的功能只是次要的。

人的声音一般都是在呼气的过程中形成并辐射出去的。气息的流量及压力的变化影响着人声的基本性质和对于语言表达的适应力。语音的强弱，取决于气流的强弱；没有气流，自然也不会再有语音。古人云"气乃音之帅"。可见，假如把发出声音比作一场战争，咬字、共鸣固然重要，但是如果与气息比较起来，它们不过是一兵一卒而已，气息才是这场战争的"元帅"。

二、制声器官

制声器官，即制造声音、发出声音的器官。它包括喉头、声带。在语音的产生过程当中，喉头和声带起着非常重要的作用，因为声带是人类唯一的专门用来发声的发声器官，是在人的发音系统中最具代表意义的器官。声门可以配合声带的颤动（vibration）控制"带音"或"不带音"。"带音"在传统汉语音韵学中通称"浊音"，"不带音"通称"清音"。从物理声学角度看就是发音体，呼出的气流经过喉部时，使声带发生振动，形成了"喉原音"。"喉原音"是加工有声语言的原始声音材料。喉头还可以调节声调的频率，发出高调或低调。声带拉得越紧，声调越高；越放松，声调越低。喉咙可以配合肺部调节气流控制声带颤动的时间控制音的长短，发出长音或短音。

喉是由许多软骨组成的。突出在颈部的喉结称为甲状软骨，喉的顶部是梨状的会厌软骨。会厌软骨的作用是在吞咽食物时不让它进入气管。对发音影响最大的是从喉结至杓状软骨之间的韧带褶，称为声带。声带的长度比指甲还小，仅约 10～14 毫米。呼吸时左右两声带打开，讲话时则合拢起来。两声带之间的部位称为声门，声门的开启和关闭是由两个杓状软骨控制的，它使声门呈∧形状开启或关闭。讲话时声带合拢因受声门下气流的冲击而张开；但由声带韧性迅速地闭合，随后又张开与闭合……不断地张开与闭合的结果，使声门向上送出一连串喷流。图 2-6 显示的为声门开度控制的情况。声带每开启和闭和一次的时间就是音调周期，它的倒数为音调频率。

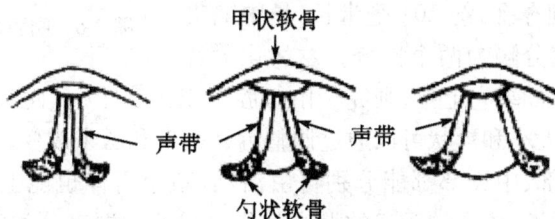

图 2-6 声门开度控制示意图

图 2-7 显示一个典型的声带开启的面积与时间关系的曲线。由图 2-7

可知,声带开启大约用了 4ms 的时间,开启的面积达最高峰 8 平方毫米左右,随后大约用了 3ms 的时间闭合起来,然后受气管的气流冲击 1ms 时间,又重复开放。所以,音调周期为 8ms,或音调频率为 125 赫兹。这个频率是一般成年男子的发音频率。

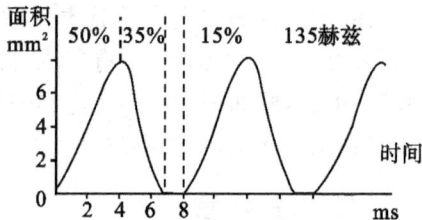

图 2-7 声带开启面积与时间关系曲线

通常,音调频率取决于声带的大小、厚薄、松紧程度,以及声门上下之间的气压差的效应等,其范围为 60～350 赫兹左右(约两个半八度音)。但就具体的个人来说,此范围仅约为一个半八度音。音调频率范围随发音人的性别、年龄以及具体情况而定。老年男性偏低,小孩和青年女性偏高。

三、共鸣器官

喉原音是由声带颤动发出的声音。首先,它十分微弱,必须经过共鸣器官的共鸣放大才能让人听清楚;其次,喉原音十分单调,必须经过共鸣器官的调节才能够变得丰富多彩。总之,共鸣器官的主要作用有两个,一是通过声道扩大喉原音的音量;二是通过人对声道形态的技术性影响,调制声音色彩。

共鸣器官是与发声有关的人体内各个腔体及传导组织。由咽腔、鼻腔和口腔等空气腔体组成,起于声门,止于两唇。一般成年人声道的长度大约是 170 毫米左右,最大截面积可达 20 平方厘米左右。咽腔是连接喉和食管与鼻腔和口腔的一段管子。在讲话时,咽腔的变化是有形状的,如图 2-8 所示。鼻腔从咽腔一直延伸到鼻孔,约 101 毫米长,鼻中隔贯穿全长并将它分隔为两个部分。发鼻化语音

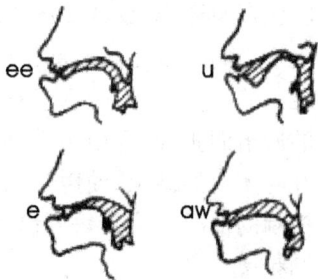

图 2-8 咽腔形状的变化

时,软腭下垂;如果它上抬,则完全由口腔发出语音了。口腔是声道最重要的部分,它的大小和形状可以通过调整舌、唇、齿和腭来改变。舌最活跃,它的尖部、边缘部、中央部都能分别自由活动,整个舌体也能上下前后活动。由于它的重要性,语音的元音的发音就是以舌的位置来分类的。双唇位于口腔的末端,它也可形成展开的(扁平的)或圆形的形状,这也是很重要的。所以,发音方法也标明了是否圆唇的发音。齿的作用是发齿化音的关键,如[θ]音等。最后,腭中的软腭如前所述,是发鼻音与否的阀门。至于硬腭及

齿龈,是声道管壁的构成部分,也参与了发音的过程。

声道是气流自声门声带之后的、最重要的、对发音起决定性作用的器官,用 X 光照相术,可以清楚地显示出各种语音时它的形状。虽然声道的变化是非常复杂的,但是,如果从声学角度看,可以把它拉直而完全不影响其声学特征。图 2-9 显示的是发[i]时将声道拉直后的形状。但更方便的是拉直后用沿声道长度的不同截面积的管子表示。因为,有了这种表示,人们就可以从物理声学的角度来分析它的贡献,并可以方便地用模型来描述它。

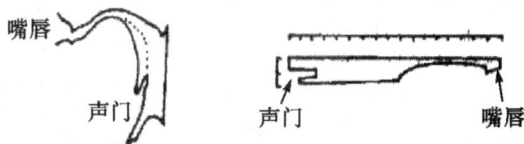

图 2-9　发[i]时声道拉直后的形状

这些共鸣腔体的基本构造及其功能为:第一,喉腔和咽腔。喉腔指的是声带和假声带之间以及假声带以上喉的前庭部分,咽腔指的是喉腔以上直至小舌的一段腔体。喉部肌肉的收缩或放松,能够使喉腔扩大或缩小,从而改变其共鸣作用的大小强弱。咽腔能够通过管壁肌肉的运动改变其形状与大小,从而改变共鸣作用。有些语言和某些汉语方言里往往使用喉音、喉壁音音素来表达意义,所以这个部位不可忽视。第二,鼻腔。鼻腔虽然是一个不小的空间,但是,它基本上是一个不可调节的共鸣腔体。我们只能够借助于调节口腔内部某些发音器官的相对位置来对鼻腔做些调整。鼻腔与口腔的分界在软腭。当软腭抬起与后咽壁紧密贴合在一起的时候,鼻腔就被关闭,气流只能够从口腔送出。当软腭下垂与后咽壁离开的时候,鼻腔就打开了。这时候又有两种情况:一种情况是口腔同时打开,这时候就会发出鼻化元音;另一种情况是口腔被某个发音部位封闭,这时候就会发出该部位的鼻辅音。可见,不论在哪种情况下,鼻腔在发音过程当中都会起到重要的作用。不论在普通话还是在方言语音系统中,与鼻音有关的音素都占有重要的地位。第三,口腔。在所有的发音器官当中,口腔的作用最为重要。它不但能够承担共鸣的职责,而且在发音过程能够发挥重要的调节、控制作用。第四,胸腔。胸腔位于声带以下胸部肋骨内,包括气管、支气管和整个肺部。它有固定的容积和空间,是不可调节的共鸣器。胸腔发挥共鸣作用时,胸部有明显振动感,它使声音洪亮浑厚有力,这是低音共鸣作用。不过,在发声过程中,胸腔不仅是适合于低音的主要共鸣腔体,而且在全音域的整体共鸣里发挥着丰满的基础共鸣的重要作用。无论在什么音区,离开胸腔共鸣,失去松弛的"落底"的声音,就会给人一种"声音浮浅"的感觉。

四、咬字吐字器官

咬字吐字器官主要指人的口腔(图 2-10),包括唇、舌、牙齿和上颌等。声束经过口腔时,由于唇、齿、舌、腭等这些影响语音形成的部位的配合,便形成了不同的元音、辅音,最终构成音节。在表情、示意"操作"中,便构成了语句。

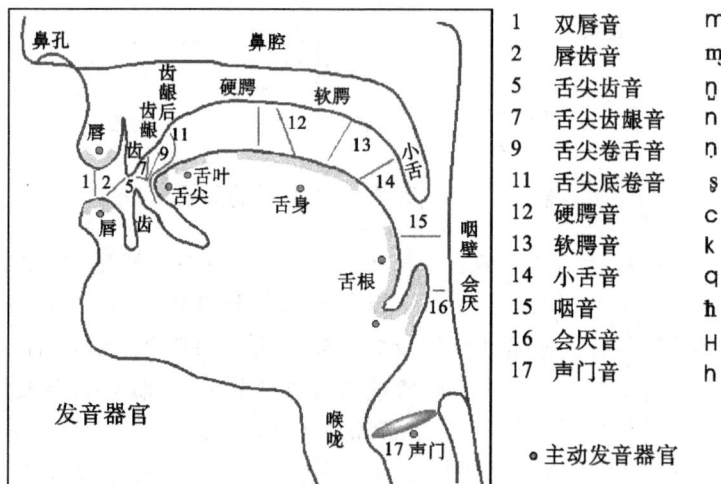

1	双唇音	m m
2	唇齿音	m ɱ
5	舌尖齿音	n n̪
7	舌尖齿龈音	n n
9	舌尖卷舌音	n
11	舌尖底卷音	s
12	硬腭音	c
13	软腭音	k
14	小舌音	q
15	咽音	ħ
16	会厌音	H
17	声门音	h

●主动发音器官

图 2-10 发音器官

口腔部分的器官可以分为两大类:上面的叫上颌,上颌部位是固定的,主要包括上唇、上齿、齿龈、硬腭、软腭和小舌,叫做"被动发音器官";下面的叫做下颌,主要包括下唇和下齿,舌头也附着在下颌上。舌头又分为舌尖、舌面和舌根,下颌部位的舌和唇等是活动的,叫做"主动发音器官"。

主动发音器官对于发音部位、发音方法,具有决定性的作用。以下是各个部分的主要功能。①下颌:下颌可以作前后左右的水平运动,最大移动距离为 10 毫米,不过这种移动对语音的调节没有什么贡献。下颌的调音机制主要是可以做垂直运动,调节口腔的开合、张侈,最大可以打开 40 毫米的空隙。元音的开口度靠下颌的垂直运动调节,声母的塞音、擦音、塞擦音等开口度的微调需要配合唇和舌的肌肉来调节。②唇:下唇可以在上唇和上齿之间移动,和上唇发出双唇音,和上齿发出唇齿音。双唇可以作成圆拢状,发出圆唇音,主要用来修饰元音构成成圆唇元音,但也可以作为修饰声元音值的次要特征;唇也可以作成扁平状,发出展唇音。唇的这个动作虽然简单,其调节作用却需要约 20 条肌肉的合作才能完成。③舌:舌头的运动最灵活,它连接四条肌肉,不同的运动使用不同的肌肉控制。它可以做向前或向后的移动,也可以变换舌头的形状做出伸、缩、拱起、卷起,或变成圆筒状使空气由舌的旁边流出,也可以做出瞬间的活动,发出闪音,也可以连续颤动,发出颤音。舌头向前可以伸到上齿,发出齿间音。舌头的伸缩作用可以微调舌位,具有区分元音的功能。比如,英语可以根据这个微调功能把一个个元音分为+ATR 的和-ATR 两类。舌可以后缩,压迫喉腔发出喉腔声母,压缩喉腔以修饰音值的作用叫做喉腔化。舌头可以做出拱起来和翘起来的动作。把舌的中间某一部分拱起来,可以顶到上齿或上颌的某一部分,发出不同发音部位的不同声母。比如可以把舌叶拱起,发出舌叶音,把舌背拱起,发出舌背音等。舌尖可以稍微翘起,发出凹下音;也可以向上卷起,发出卷舌音。舌头可以微调舌和上颌的通道,发出塞音或擦音;也可以做成圆筒状,圆筒的一边或两边留下空隙,让气流从空隙中流出,发出边音;还可以变得软软的,当气流通过的时候,发生颤动,发出颤音。

总之,发声时,咬字、吐字器官各组成部分的动作比平时说话要更加敏捷而夸张。敏捷是为了使咬字准确清晰,夸张是为了使美化的元音或韵母通畅地引长发挥。所以口腔是我们吐字咬字的物质基础,也是我们学习咬字时出字、立字和归音的重要器官。

第三节 播音发声的心理基础

声音的形成是发声器官协调工作产生的生理现象,同时它又是气息运动和声带振动形成的物理现象,因而播音发声是一个物理的声学、音响学现象。不过,进行播音创作实践不仅仅是一种生理、物理现象,它又是一个复杂丰富的心理活动过程。因为发音固然需要生理基础,各种发音器官在瞬间能协同合作发出所需的音来,而且也需要大脑神经中枢指挥协同,所以说又是一个复杂的心理过程。因此,播音发声运动是生理、物理、心理"三位一体"的行为。语音与人类心理活动之间的密切联系就是语音的心理学属性。

语言有多种形式,涉及人类活动的许多层面。现以最简单的两人交谈为例。首先,说话人要整理自己的思想,决定要说的内容,并将这些内容变为言语(speech)——要表达意思的话语。这时,说话人的大脑中进行复杂的信息加工,然后用适当的指令以脉冲的形式沿着运动神经传到舌、唇、声带等发音器官的肌肉,引起这些发音器官肌肉的运动,从而产生言语音波。

言语音波通过空气在说话人与听话人之间传播,它作用于听话人的听觉器官,所产生的神经冲动沿着听神经传达至听话人的大脑。这时,听话人的大脑里在进行着复杂的信息加工,对来自耳的神经冲动进行解码,从而辨认出说话人发出的信息,听懂他的言语。可见,言语交际是一条联结说话人头脑与听话人头脑的许多事件的链条,这条由一系列事件串联而成的链条被称为言语链(图2-11)。言语链还有一个重要的侧链,即说话人不仅在说着

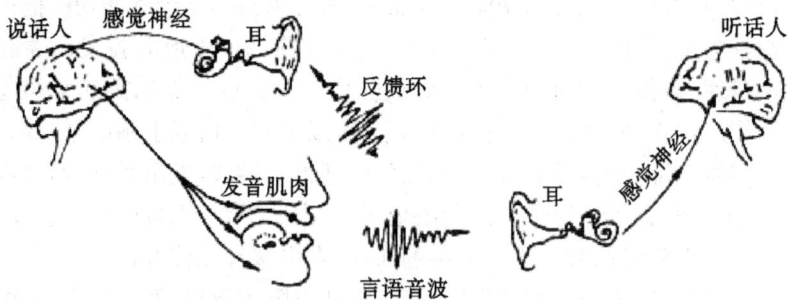

图 2-11 言语链

话,而且同时也听着他自己的声音。这种反馈信息不断地将他实际发出的声音与他想象发出的声音作比较,并随时进行必要的调整使说话效果符合自己的意图。语言活动受大脑皮质的调节和控制,是大脑整合的结果,同时大脑的某些特殊部位对语言又具有特殊的功能。语言的感知和理解包括听话和阅读。听话是由颞上回后部的威尔尼克区控制的。该区受损的病人可以说话、书写并能做到句法正确,也能听到别人的发音,但听不懂别人说话的含义,因为他们丧失了使用实词的能力。看书是由顶下叶的角回控制的。该区受损的病人视觉良好,其他语言活动的功能也健全,但看不懂文字的含义(字盲症)。听话、阅读不仅要理解话语的意义,而且还要理解言外之意。在这方面,大脑额叶起着决定性的作用。额叶受损伤虽然不影响理解词和简单句子的能力,但严重影响理解复杂的句子的能力,特别是无法理解复杂话语的弦外之音。

一、语音产生的心理机制

语言产生(language production)也叫做语言表达(language expression),包括说话和书写,是由思想到说话(或书写)的过程,这一过程非常复杂。语言表达包括书面语言的表达和口头语言的表达。这里我们主要涉及口头语言,即有声语言的表达。

　　语音的产生大体可分为下列几个阶段:第一,语言动机和意向阶段。动机和意向是语言产生的起点。属于这类的动机很多,如要求得到某物的愿望、传达知识或某事件的愿望、表达自己情感的愿望、调节他人行为的意向以及探求知识或将事物归入某种知识系统的动机等。如果没有这种动机,人的头脑里的思想就无从产生,也就不会由思想形成语言表达。第二,内部语言阶段。当人有了语言的动机和意向后,语言产生先进入的是内部语言阶段。内部语言的特点是片断性和压缩性,思想可以用一个词或词组来代替一系列完整的句子。认知心理学的研究表明,人脑中长期储存的知识是以一定的关系按网络形式组织的。人脑中储存字词、概念的网络是按语义联结的(也有形和音的联结)。网络中表征有关联的字词、概念的节点相距较近,表征无关联的字词、概念的节点相距较远。按照流行的扩散激活理论解释可以推测,当内部语言以某个词(或词组)表示要表达的某种思想时,网络中这个词处于兴奋状态,同时,兴奋会沿着网络的通路自动扩散到邻近的节点,提高这些节点的激活水平,降低它们被接通的阈限。这可能是由压缩的内部语言向深层句法结构,最后到展开的外部语言转化的基础。这一阶段说话者所挑选的是词和结构中能真实地表达所传递信息和具体思想的语义。第三,形成深层句法结构阶段。这一阶段是由语义表象进而转化为语言的深层句法结构。乔姆斯基(Chomsky,1957)认为,每个句子都有深层结构和表层结构。深层结构(deep structure)显示基本的句法关系,决定句子的意思;表层结构(surface structure)则表示用于交际中的句子的形式,决定句子的语音。句子的深层结构通过转换成分变为表层结构。例如,“小女孩被黑狗咬了”这句话的表层结构就是由“狗是黑色的”、“狗咬了女孩”、“女孩是小的”三部分组成的深层结构转换而来的。图 2-12 表示在乔姆斯基提出的转换生成结构中,句法、语义和语音之间的联系。图 2-12 中有两种不同 的句法成分:一是基本成分,它含有对深层结构的重写规则;二是转换成

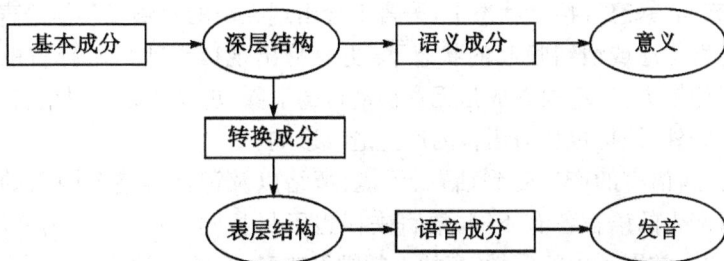

图 2-12

分,它含有联结深层结构对表层结构的转换机制。基本成分产生深层结构。深层结构有两个加工方向:一是转换成分把深层结构转换成表层结构,表层结构又利用语音成分转换成发音的声音;二是深层结构由语义成分确定出意思。从图 2-12 可知,深层结构比表层结构更接近于语义(意思)。这一阶段已能摘出语义网络中表现的关系并赋予语言的句法形式。第四,形成外部语言阶段。语言产生的最后一个阶段是扩展成为以表层句法结构为基础的外部语言。储存在记忆中的"发音程序"控制发音器官的肌肉活动,发出语音,以有声语言的形式把思想感情表达出来。这就需要借助于发音器官的特殊运动了。

语言的产生通常受下列因素的制约。一是话题。有人给被试者看诸如汽车、快乐、万花筒、优势等词,让他们以一个词为题目说出一句话。结果发现,以具体词(如汽车、万花筒)为题目产生的语句比以抽象词(如快乐、优势)为题目产生的语句耗时少。还有人发现,自然的独白语言是按圆周式的周期来发展的。每一圆周式周期出现一些新的语言内容,而每一圆周式周期开始时总有些停顿、口吃和速度放慢等现象,说明自然的独白语言的产生有其自身的特点。二是语境。语境是语言交际的环境,主要是指语言语境,即书面语言的上下文和口语的前言后语。语境因素对语言活动的参与者所产生的影响将系统地决定话语的形式、话语的合适性或话语的意义。不能结合语境或在交际中不了解双方的文化背景差异,往往会造成遣词造句失当,出现语用失误,影响交际效果。语境对语言产生的影响在交谈时表现得特别明显。交谈时人们交替充当说话者。如果一个人说完一段话后觉得意犹未尽想继续说下去,就需要让听话者知道其意图。如果意图未被了解而停顿又较长,听话者就要说话了。因此,说话者为了让人知道其意图,往往自觉或不自觉地说完一句话后马上说另一句话,以免别人把话接过去。在这样的语境下,像"嗯"、"呃"等有声停顿就相当多。三是情绪。人在紧张、焦虑、激动、暴怒等情绪状态下,语言中会出现无声的停顿或其他语言失误。在情境性焦虑或情绪唤起的状态下,更容易出现口误或口不择言的现象。弗洛伊德把失言、笔误看成是无意识动机的泄露,也说明动机对语言产生的影响。此外,记忆也会对语言的产生造成影响。

总之,语言的产生受到话题、语境、情绪以及记忆等诸多因素的影响。人们所产生的语言各有不同,语言失误也不尽相同:有的人爱用有声的停顿,有的人常用无声的停顿;有的人常常发错音,有的人常常用错词,这些也反映了人们在语言风格上的差异。

二、语音的感知心理

人的听觉器官和大脑听觉中枢神经对声波的感知是语音心理属性的重要方面。实验证明，人的听觉虽然是由客观的声音引起的，但作为心理现象的主观听觉和语音的客观声学效果之间并不总是一对一的关系，语音声学要素的变化并非都能在听觉上得到对等的感知。

1. 人耳的构造

声波是听觉的适宜刺激。它是由物体振动产生的，物体振动使周围的介质（如空气）产生周期性的压缩、膨胀的波动，这就是声波。声波通过介质传递给人耳，并在人耳中产生听觉。语音由发音器官产生，到达对方耳中，通过听觉神经到大脑，表达了意义。人耳是感受语音的第一个门户，通称听音器官。听觉的外周感受器官是耳，人耳可分外耳、中耳及内耳三部分（图2-13）。

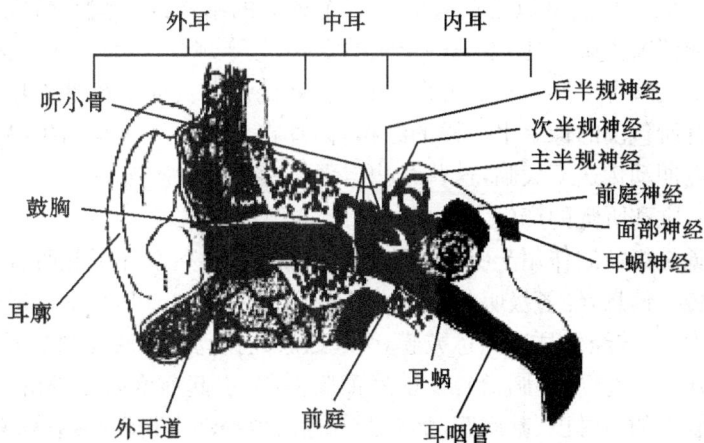

图 2-13 人耳构造图

外耳是指能从人体外部看见的耳朵部分，即耳郭和外耳道。耳郭对称地位于头两侧，主要结构为软骨。耳郭具有两种主要功能，它既能排御外来物体以保护外耳道和鼓膜，还能起到从自然环境中收集声音并导入外耳道的作用。将手作杯状放在耳后，很容易理解耳郭的作用效果，因为手比耳郭大，能收集到更多的声音，所以这时你所听到的声音会感觉更响。当声音向鼓膜传送时，外耳道能使声音增强；此外，外耳道具有保护鼓膜的作用，耳道的弯曲形状使异物很难直入鼓膜，耳毛和耳道分泌的耵聍也能阻止进入耳道的小物体触及鼓膜。外耳道的平均长度 2.5 厘米，可控制鼓膜及中耳的环境,保持耳道温暖湿润,能使外部环境不影响和损伤到中耳和鼓膜。外耳道外部的 2/3 是由软骨组成,靠近鼓膜的 1/3 为颅骨所包围。中耳由鼓膜、中耳腔和听骨链组成。听骨链包括锤骨、砧骨和镫骨,旋于中耳腔。中耳的基本功能是把声波传送到内耳。声音以声波方式经外耳道振动鼓膜,鼓膜斜位于外耳道的末端,呈凹型,正常为珍珠白色,振动的空气粒子产生的压力变化使鼓膜振动,从而使声能通过中耳结构转换成机械能。由于鼓膜前后振动使听骨链作活塞状移动,鼓膜表面积比镫骨足板大好几倍,声能在此处放大并传输到中耳。由于表面积的差异,鼓膜接收到的声波就集中到较小的空间,声波在从鼓膜传到前庭窗的能量转换过程中,听小骨使得声音的强度增加了 30 分贝。为了使鼓膜有效地传输声音,必须使鼓膜内外两侧的压力一致。当中耳腔内的压力与体外大气压的变化相同时,鼓膜才能正常的发挥作用。耳咽管连通了中耳腔与口腔,这种自然的生理结构起到平衡内外压力的作用。内耳的结构不容易分离出来,它是位于颞骨岩部内的一系列管道腔。我们可以把内耳看成三个独立的结构:半规管、前庭、耳蜗。前庭是卵圆窗内微小的、不规则形状的空腔,是半规管、镫骨足板、耳蜗的汇合处。半规管可以感知各个方向的运动,起到调节身体平衡的作用。耳蜗是被颅骨所包围的像蜗牛一样的结构,内耳在此将中耳传来的机械能转换成神经电冲动传送至大脑,这些结构与平衡感和运动感有关。

2.听觉和听觉的产生

听觉是指声波作用于听觉器官,使其感受细胞兴奋并引起听神经的冲动发放传入信息,经各级听觉中枢分析后引起的感觉。其基本形成过程可以描述为:声波经外耳道到达鼓膜,引起鼓膜的振动。鼓膜振动又通过听小骨而传达到前庭窗(卵圆窗),使前庭窗膜内移,引起前庭阶中外淋巴振动,从而蜗管中的内淋巴、基底膜、螺旋器等也发生振动。封闭的蜗窗膜也随着上述振动而振动,其方向与前庭膜方向相反,起着缓冲压力的作用。基底膜的振动使螺旋器与盖膜相连的毛细胞发生弯曲变形,产生与声波相应频率的电位变化(称为微音器效应),进而引起听神经产生冲动,经听觉传导道传到中枢引起听觉。听觉传导道的第一级神经元位于耳蜗的螺旋神经节,其树突分布于耳蜗的毛细胞上,其轴突组成耳蜗神经,入脑桥止于延髓和脑桥交界处的耳蜗核,更换神经元(第二级神经元)后,发出纤维横行到对侧组成斜方体,向上行经中脑下丘交换神经元(第三级神经元)后上行止于丘脑后部的内侧膝状体,换神经元(第四级神经元)后发出纤维经内囊到达大脑皮层颞叶听觉中枢。当冲动传至听觉中枢则产生听觉。另外,耳蜗核发出的一部分纤维经中脑下丘,下行终止于脑干与脊髓的运动神经元,是听觉反射的反射弧。此外,声音传导除通过声波振动经外耳、中耳的气传导外,尚可通过颅骨的振动,引起颞骨骨质中的耳蜗内淋巴发生振动,引起听觉,称为骨传导。骨传导极不敏感,正常人对声音的感受主要靠气传导。

当言语信号通过声波的方式传递给听话者时,言语的感知过程就开始了。第一步是在内耳基底膜的螺旋器上进行声学信号的处理,这为输入言语信号提供了初步的声谱分析。第二步是神经传递过程将基底膜输出的声谱信号转变成听觉神经的电信号,这大致相当于一个特征提取过程。第三步,听觉神经冲动传递到大脑听觉中枢后,以一种十分抽象的方式转变成一种语言代码(语音特征),这相当于语法构造。第四步,获得言语的感知和理解,这相当于语义实现。总之,语言的感知与理解是在感知语音的基础上,凭借人的过去经验,通过思维掌握语义的过程。

有很多因素可能会影响到语音的感知。一是语音的类似性。语音最基本的构成单位是音素,各种语言中音素的数量都比较少。比如,英语中有48个音素,普通话中只有22个声母、39个韵母、4个调类,这些数量很少的语音单位却可以构成数量可观的音节、词语,并具有不同的意义。这样一来,不同的音节、词语之间便具有了语音的类似性。所以,在语音感知时这种语音的相似性直接影响到语音的听辨与理解。二是语音强度。当语音的强度为5分贝时,可以被察觉到,但是不能分辨;语音轻度增加,语音的清晰度提高:当强度为20～30分贝时,清晰度提高50%;当强度为40分贝时,清晰度提高70%;当强度为70分贝时,清晰度提高100%;此后,清晰度不再增加,当强度提高为130分贝时,会使人感觉不舒服;当强度继续提高到140分贝时,会有压痛感产生。三是噪音。由于噪音,语音强度必须加强才能被感知,这即是噪音对语音的掩蔽,这种掩蔽效果与信噪比(信号与噪声的比率)有关。四是语境。在人们的言语交际过程中,语境提供了各种背景知识,因而能帮助人们迅速、准确地感知和理解语音。人们对语音的感知受语境尤其连贯的语流中的前言后语的影响。

在一串连贯的语流中,有强噪声干扰掩蔽时,尽管语音低于噪声强度,但人却仍可听懂语音。一般来说,句子的可懂度高于词的清晰度,这是因为人们可以凭借上下文猜出句子的意思。有人将这种现象称之为"音位恢复效应"。此外,句法、语义因素也对人们的语音感知产生一定的影响,一般来说,句法、语义都正确的句子可懂度高;相反,句法或语义不正确的句子可懂度低。

总之,语音的感知与理解不仅依赖于对语言材料的正确感知,而且还依赖于人们已有的认知结构和各种形式的知识经验。人们根据自己的知识经验去接受、加工所获得的语言信息,通过推理建立材料之间的联系,补充所缺少的信息,最后达到对语言材料的合理解释。因此,语言理解过程是一种积极主动的思维过程,是多种认知策略综合作用的过程,是根据所获得的语言材料去建构意义的过程。

3. 语音反馈系统

发音过程中,发音器官的运动和发出的声音时时处在说话人自己的监督之下,这样才能保证发音的准确无误。对发音动作的监督通过发音器官和所属肌肉上的感觉神经进行。这些感觉信号被神经系统传回大脑感觉中心,通过大脑中的一个特殊系统对信号加以核对检查,检查无误,发音器官才会继续动作。由于这一过程是极其迅速的,人们往往对此毫无察觉。实际上,我们一边讲话,大脑同时不断接到反馈的信号,对发音动作进行校正。这种保证发音器官动作不偏离正确运动的监督控制过程,是发音过程的动觉反馈。对发音过程的另一种监督方法是直接对语音的感觉。说话人发出的声音也会被自己双耳听到。这些声音信号传递到大脑中,通过分析可以判断出是否正确。当发音不准确时,大脑会发出修正的命令,使发音器官修正发音错误。这种监督叫做听觉反馈。它与动觉反馈同时起作用,来确保发音的准确。我们在说话时,又是一张嘴还未发出声音,就已经意识到将要产生发音错误,这种情况多半是动觉反馈的作用;有时说话失口,声音发出后才感到发音错误,这是听觉反馈在起作用。

听觉反馈有两条通道。一条是体外路线,声波通过空气振动传入耳中。另一条是体内路线,声波通过人体骨骼肌肉直接传入耳中,我们称之为骨传导。将两耳堵住,虽然听不到别人说话的声音,却可以听到自己的声音,这就是骨传导作用的结果。由于说话人听到的声音是由骨传导和空气传导共同完成的,因此在感觉上与别人听到的完全由空气传导的声音有所不同。初次使用录音机录音的人,会感到录下来重放的声音与自己感觉到的声音无论在音高、音色上都有很大区别,不像自己的声音,原因就在这里。这种由声音传递方式不同造成的主客观感觉不一致,会在发音训练中使发音人产生错觉,影响训练效果。因此,发音训练中要通过各种手段客观认识评价自己的发音,不能凭借主观感觉来判断自己的声音。

在发音过程中心理活动起着决定性作用,但发音器官运动协调仍然是不可忽视的。如果发音器官不具备熟练的发音能力,大脑发出的指令就不能顺利完成,就会出现发音不流畅、发音不准等各种发音毛病。因此,加强发音能力的吐字发生训练具有它的特殊价值。听觉器官在发音过程中是必不可少的,有人甚至将耳也作为发音器官的组成部分。在锻炼发音器官的同时,应当注意提高听觉感受能力。

事实上,语音的心理属性是语音物理和生理属性的反映。语言交际中,当声音传入一个人的耳朵后,听觉神经会像一个过滤器,只把那些反映"本质事物"的声音传给大脑的听觉神经。因而,语音的心理属性实际上是对语音的物理属性、生理属性的一种概括性反映。听音者感受到的声音,只是发音者发出声音的一个部分,而听音者要"回答"发音者,也是以大脑听觉神经接收到的"本质事物"为依据,再指挥发音器官发音的。这个过程告诉我们,语音的分辨能力总是先于发音能力的。聋子听不见声音,也就无法回答发音者。因此,发准一个音,考察和训练听音能力和辨音能力非常重要。比如,老师让学生一味跟读"l"声母,可学生发出的还是"n",原因就在于学生并非口舌不灵,而是"听觉"有"障碍"。一个人如果长期听一种方言(或语言),那么其听觉则对这种方言(或语言)的感知比较熟悉和固定;如果这个人要改读另一种语言(如普通话)或方言,听觉神经则往往从"语言习得"的语音去感知,而对有别于方音"习得"的东西反应"迟钝",甚至会"听而不闻"。因而,正确认识和了解语音的心理属性,对于播音发声的学习无疑是有重要意义的。

第四节　语音的社会属性

语言是一种社会现象,作为语言的物质外壳的语音,当然也具有社会属性。所谓社会属性,就是指一个音素在不同的语言或方言中具有的不同的作用,在交际中执行的不同的功能。一种语音代表什么样的意义,什么样的意义由什么样的语音形式表达,也是由社会决定的。社会属性是语音的本质属性。没有社会属性,语音就与自然界的其他音响没有任何差别了。

一、语音社会属性的具体表现

语音的社会属性主要表现在以下三个方面:一是语音的形式和意义的结合是约定俗成的,两者之间没有必然的联系。单纯的声音,并无意义可言,只有跟意义结合起来,才能成为语音。语音的形式和意义之间不存在必然的联系,也就是说,用什么样的声音形式来表达什么样的意义内容,这完全是社会成员约定俗成的。所以,同样的语音形式可以表达不同的意义。例如,"shishi"这两个音节,汉语中就可以用来表示"施事、失事、失势"等多种意义。同样的意义可以有不同的语音形式,这可以表现在不同民族语言之间。比如,汉语把装订成册的著作称为"书"(shu),英语为 book[buk]。

同样的意义也可以表现在同一民族语言内的不同方言之间。比如,汉语中有些方言把"马铃薯"叫做"土豆",有的方言则叫做"山药蛋"或"洋山芋"。所有这些,都必须为社会全体成员共同遵守和承认,个人不能随意改变,因此,语音具有社会属性。二是语音必然表现出一定的民族特征和地域特征。不同语言的语音表现为不同的民族特征。例如:汉语的塞音分为送气和不送气两类,日、英、法、德、俄等语言则没有这样的区别;在英语中,送气音与不送气音一般不会引起意义上的变化,最多只是听起来不舒服,使人感觉发音不太标准而已,如 study[stʌdi]念成[stʰʌdi],听者并不会觉得意义有什么变化,但在普通话中若把 duzi 念成 tuzi 听者则会把"肚子"理解为"兔子";英语、俄语中有不少与清辅音相对的浊辅音,英语有舌叶音[tʃ、ʃ],普通话里则没有。不同的方言则表现为不同的地域特征,例如吴方言、粤方言、闽方言都有入声,而普通话则没有;普通话有 zh、ch、sh、r 的卷舌声母,而吴方言、粤方言没有。三是语音的系统性。一种语言的语音就形成了自己的一套系统,这主要表现为:①不同语言系统所包含的音素数目及其相互关系不同。例如,普通话里 b-p d-t g-k z-c zh-ch j-q 形成不送气和送气的对立。②有些音在几种语言里都存在,但它们在各自的语音系统中的作用和地位并不一样。汉语普通话中 n 和 l 分属于两个不同的音位,但在有些方言中却同属于一个音位,没有区分意义的作用。例如:四川人和南京人说话,"男子"和"篮子"不分,"女子"和"驴子"不分。

语音的社会属性还表现在不同民族的人对同一个音的发音能力和听辨能力存在很大差异。由于自幼受特定语音系统的熏陶,一个人往往对母语中具有的语音特征,听觉上比较敏感,发起来也容易,对母语中所没有的语音特征,则不易听出,也不容易发出。例如,西方人对汉语的四声和汉族人对西方语言的颤音、浊塞音,都是不易分辨和难以准确发音的。但是,经过训练,一个人可以掌握各种语音系统,这说明语音系统与生理和地理等非社会因素无关,而只是社会的习惯的产物。

语音以人的发音器官为其必不可缺的生理基础,又同其他声音一样,具有物理的属性,但最根本的是它具有社会的属性。

二、普通话音位系统

音位是按照语音的社会属性划分出来的。音位是指一定的语音系统中能够区别意义的最小语音单位。音位是音系学的主要分析对象。音位的存在依据,是音位之间已经内在化了的或已经存入语用者记忆中的发音特征差异以及这些发音差异所具有的辨义功能。也就是说,音位是抽象的基本音系单位,代表的是与其对应的具体语音或一类语音(在有变音的情况下),在话语产生的过程中,音位便兑现成具体的语音。

在一种语音里,音素一般都大大地多于音位。例如,在普通话里,[a]和[ɛ]两个音素虽然差别大但不用来区别意义,所以可归并为一个音位,音位/a/代表着四个不同的音素[a]、[ɛ]、[ɑ]、[A]。[ts]z 和[tʂ]zh 可以区别意义,所以尽管差别不大也区别为是两个音位。一个音素能否区别意义是在实际语境中通过对比和替换归纳出来的。

1.元音音位及其变体

普通话共有/a/、/o/、/ə/、/e/、/i/、/u/、/y/、/ʅ/、/ʅ/、/ɚ/10 个元音音位,其主要音位变体和出现条件:

/a/——主要音位变体有[a]、[ɛ]、[ɑ]、[A]。

/o/——主要音位变体有[o]、[oᶜ](ᶜ表示圆唇程度略减)。[o]出现在单韵母中,如"波[po]、坡[p'o]";[oᶜ]出现在复韵母的韵腹中,如"说[ʂuoᶜ]、后[xoᶜɷ]"。

/ə/——主要音位变体有[ɤ]、[ə]。[ɤ]出现在单韵母中,如"个[kɤ]、特[t'ɤ]";[ə]出现在鼻韵母和轻音节韵腹中,如"文[uən]、的[tə]"。

/e/——主要音位变体有[e]、[ɛ]。[e]出现在韵尾[i]前面,如"北[pei]、为[uei]";[ɛ]出现在无韵尾的韵腹中,如"接[tɕiɛ]、决[tɕyɛ]"。

/i/——主要音位变体有[i]、[ɪ]、[j]。[i]出现在作韵腹时,如"几[tɕi]、进[tɕin]";[ɪ]出现在作韵尾时,如"改[kaɪ]、黑[xeɪ]";[j]出现在零声母音节的韵头,如"也[jɛ]、要[jau]"。

/u/——主要音位变体有[u]、[ɷ]、[w]、[ʊ]。[u]出现在作韵腹时,如"读[tu]、滚[kun]";[ɷ]出现在作韵尾时,如"好[xaɷ]、欧[oɷ]";[w]出现在零声母音节的韵头,如"完[wan]、位[wei]";[ʊ]出现在 f 声母后,如"副[fʊ]、夫[fʊ]"。

/y/——主要音位变体有[y]、[ɥ]。[y]出现在作韵腹时,如"句[tɕy]、去[tɕ'y]";[ɥ]出现在作韵头(零声母)时,如"云[ɥn]、月[ɥɛ]"。

/ʅ/——主要音位变体有[ʅ]。出现在[ts][ts'][s]后,如"字[tsʅ]、四[sʅ]"。

/ʅ/——主要音位变体有[ʅ]。出现在[tʂ][tʂ'][ʂ][z̩]后,如"只[tʂʅ]、是[ʂʅ]"。

/ɚ/——主要音位变体有[ɚ]、[ɐ]。[ɚ]出现在阳平和上声音节里,如"而[ɚ]、耳[ɚ]";[ɐr]出现在去声音节里,如"二[ɐr]"。

2.辅音音位及其变体

普通话的辅音音位有 22 个:/p/、/p'/、/m/、/f/、/t/、/t'/、/n/、/l/、/k/、/k'/、/ŋ/、/x/、/tɕ/、/tɕ'/、/ɕ/、/tʂ/、/tʂ'/、/ʂ/、/ʐ/、/ts/、/ts'/、/s/。

辅音音位的变体,差别比较细微。下面有选择地作一些介绍:

(1)除了/f/和/ŋ/以外,所有的辅音音位在与后面的圆唇元音相拼时,由于同化作用的影响,都会产生一个圆唇的音位变体。例如,"度[tu]、努[nu]、素[su]"。

(2)普通话里的不送气清塞音和不送气清塞擦音,本来是发音较轻、较弱的辅音。因此,在轻音音节里,由于前后浊音的影响,往往产生相应的浊辅音变体。如"哑巴[bA]、我的[də]、五个[gə]、看着[dzə]、椅子[dzə]、姐姐[dʑiɛ]"。

(3)舌尖中音在后元音前往往因发音部位后移而产生变体,舌根音则往往因为后接的是前元音产生发音部位前移的变体。试比较,"来路"里的两个声母,后一个显然舌位靠后,是卷舌边音[ɭ];"搞"和"给"相比较,后一个字的声母是一个舌根靠前的[k̟]。

(4)鼻音[n][ŋ]有两个变体,一是作韵尾,持阻期发音,除阻期不发音,是唯闭音,如"但[tan]、将[tɕiaŋ]";一是作声母([ŋ]作声母只出现在"啊"前,是同化作用的结果),有鼻音发音的成阻、持阻、除阻三个阶段,如"那[nA]、唱啊[ŋA]"。

3.声调音位及其变体

声调音位是非音质音位。普通话的四个声调可以分别写成/1/、/2/、/3/、/4/四个调位。阴平、阳平都只有一个音位变体,分别为[55]、[35]。上声有三个音位变体:

/3/:[214]出现在后面有停顿时,如"很好";

[21]出现在调位/1/、/2/、/4/之前,如"土地";

[35]出现在调位/3/之前;如"美好"。

去声有两个变体:

/4/:[51]出现在非去声或停顿之前。

[53]出现在去声前,如"汉字"。

轻音失去原有的声调,是无调音节,用符号/0/来表示,如"棉花"。

三、语音的记录

学习一种语言,首先应该掌握它的语音,这就需要用一套书写符号来进行标注;同时,分析研究一种语言的声音,也必须有一套标音符号。现代汉语常用的标音符号主要有两种:一种是汉语拼音方案,一种是国际音标。

　　汉字是表意体系的文字,从形体上无法直接读出字音,这给使用和学习汉字带来许多不便。过去人们创造了许多给汉字注音的方法,归纳起来可以分为三类:直音、反切和注音符号,现在这几种注音方法都只在特定场合中才使用,今天普遍使用的是依照《汉语拼音方案》注音的方法。

　　(一)汉语拼音方案

　　《汉语拼音方案》是一个用拉丁字母拼写现代汉语普通话语音的方案。1955 年由国务院批准开始设计,1958 年 2 月 11 日经第一届全国人民代表大会第五次会议审议通过。这个方案是我国语言文字工作者和中国文字改革委员会在总结以前推广注音字母的经验,比较以往各种拼音方案的优缺点,广泛征求各方面意见的基础上,运用现代汉语语音理论对原则问题和技术问题进行全面研究后制定出来的。方案采用国际上通用的拉丁字母,根据现代汉语语音系统的特点进行了调整,能够准确地反映现代汉语的语音面貌,是一套比较完善的拼音方案。1982 年国际标准化组织开始采用《汉语拼音方案》作为汉语罗马字母拼写的国际标准。

　　《汉语拼音方案》共分五部分:字母表、声母表、韵母表、声调符号、隔音符号。

　　(1)字母表。字母表规定了 26 个汉语拼音字母的书写体式、排列顺序和名称。汉语拼音字母排列顺序是拉丁字母传统的排列顺序,主要是用于音序排列;每个字母都有规定的名称,名称音只用于呼读字母。

　　(2)声母表。声母表共列 21 个辅音声母。

　　(3)韵母表。以开、齐、合、撮四呼为经,以韵母主要元音开口度大小为纬,排成 4 列 13 行,共 35 个韵母。

　　(4)声调符号。共 4 个,分别标在音节主要元音上,轻声不标调。

　　(5)隔音符号。是点在音节左上角的逗号形标志,主要用来显示以 a、o、e 开头的音节与前面音节的界限。

　　《汉语拼音方案》的基本用途是给汉字注音和拼写普通话。利用字母注音可以为学习提供极大的便利。它不仅促进了学校教育和社会扫盲工作,也促进了民族共同语的发展和普及,对于提高中华民族文化水平起到了极大的作用。此外,它还有效地帮助了少数民族和外国人学习汉语,促进了民族团结和国际文化交流。

　　《汉语拼音方案》在其他领域也得到了广泛应用。它可以用来作为国家标准代号制定的依据,广泛应用于各种技术标准和工业产品代号的编制上;可以作为编排索引序列的手段;在打字、电报、旗语、灯光通讯和电子计算机的输入、存储及输出等方面也得到广泛的应用;它在指语、手势语等方面的应用,推动了聋哑人特殊教育的发展。作为少数民族创制或改革文字的基础,对民族语文的发展都起到了重要的作用。

1977年9月,联合国第三届地名标准化会议通过决议,采用《汉语拼音方案》作为中国地名罗马字母拼写法的国际标准。1978年9月,国务院正式批准《汉语拼音方案》作为我国人名、地名罗马字母拼写法的统一规范。1982年8月,国际标准化组织发出 ISO —7098 国际标准文件,规定《汉语拼音方案》作为世界文献工作中拼写有关中国的专门名称和词语的国际标准。新加坡、马来西亚两国先后决定采用汉语拼音作为拼写华文的拼音方案,并正式列入学校课程。香港、澳门回归祖国后,也把汉语拼音方案列入学校课程。总之,《汉语拼音方案》已经同我国国计民生和社会主义现代化建设发生了密切的关系。

(二)国际音标

汉语拼音方案是根据北京语音系统专门为给汉字注音、为学习普通话设计的一套拼音方案。在北京话语音系统里,用它可以给任何音节词语注音;在这个系统之外,它就无能为力了。不同的语言,不同的方言,各有自己的语音系统。在这些语言和方言中,有的音与北京话相同,有的音与北京话迥异,要拼写记录这些语言或方言,就需要一套适应范围更广、功能更强的记音符号。

国际音标是国际上目前通用的一套行之有效的记音符号,是由国际语音协会于1888年制定并公布的。国际音标是根据人类发音器官的生理机能,并参照世界上已经掌握的各种语音的实际情况设计出来的,包括辅音表、元音表和一些附加标记符号。现在使用的国际音标是1996年修订的。

1.国际音标的特点

(1)运用一符一音的原则。一个音素只用一个符号代表,一个符号只代表一个音素。音素和符号一一对应,不发生混淆。

(2)符号大部分采用世界通用的拉丁字母小写印刷体,拉丁字母不够用时采用了倒写、反写、合体、大写等方式,个别的还采用了一些希腊字母,允许在字母上添加一些附加符号。形体简明清晰,很容易学会。

2.国际音标的应用

国际音标符号比较完备,它所代表的音和标音方法世界各国都是统一的,能够记录世界上各种语言的语音,通行范围广,适应性较强,作为语言研究和语言教学的一种工具,为世界各国语言学界所公认。近几十年来,我国在描写汉语语音、调查方言、少数民族语言教学、语言研究和外语教学工作中都采用国际音标,取得了良好的效果。

　　国际音标虽然有 100 多个符号,并不是每一种语言里都要使用这么多符号。一种具体的语言里只是使用其中的一部分,一般 30～40 个左右。

　　在我国,《汉语拼音方案》适用于现代汉语普通话,在研究、记录各种方言的语音和少数民族语言的语音,构拟古汉语语音的时候,也需要用国际音标。因此,了解国际音标,对于学习和研究语音很有帮助。

思考题

　　1.什么是语音? 它同自然界其他声音有何异同?

　　2.什么是语音音色? 造成不同音色的条件是什么?

　　3.试绘制发音器官示意简图,并写出口腔中发音器官的名称。

　　4.简要说明语音产生的心理机制。

　　5.结合语言学习实际,简要说明普通话音位系统。

第三章　呼吸控制

　　任何一种乐器都是由动力、振动体及共鸣器组成的,人类发音系统也不例外。人们以呼出的气息作为动力,推动喉部的声带,使之振动发音,然后经过由喉至口唇的声道共鸣而美化、扩大。气息是人体发声的动力。声音的强弱、高低、长短、明暗、虚实等,均与气息的速度、流量、压力大小有直接关系。声音的纵收自如仰赖于气息的纵收自如。此外,气息还是一种十分重要的表达手段,是情和声之间必经的桥梁。表演艺术家李默然曾说:"练声先练气,气足声才亮。"在声乐界,有人明确提出"谁懂得呼吸,谁就会唱歌"。这就充分说明气息控制是吐字发声、形成语音语调魅力的根本一环,气息在有声语言艺术中占据重要地位。同样道理,播音员和主持人对声音的完美塑造也离不开正确的气息控制。

　　早在唐代的时候,段安节在《乐府杂录》中就指出:"善歌者必先调其气,氤氲自脐间出,至喉乃噫其词,而分抗坠之音,既得其术,即可致遏云响谷之妙也。"①宋代的陈旸在《乐书》中也指出:"古之善歌者,必先调其气,其气出自脐间,至喉乃噫其词,而抗坠之意可得而分矣,大而不至于抗越,细而不至于幽散,未有不气盛而化神者矣。"②我国清代戏曲理论家陈彦衡在《说谭》中强调:"夫气者,音之帅也,气粗则音浮,气弱则音薄,气浊则音滞,气散则音竭。""气催声发,气靠声传,无气不发声,发声先调气。"③可见,美好的声音,都是由真实的情感带动充沛适当地气息来支持的。气息在体内是运行不息的,而且有一定的规律。气与力是合一的,气与感情是协调的,内外是统一的。呼吸要依着感情来,随着动作来,顺着力气来。要借劲(感情)运气,顺气使劲(包括动作、声音的音高、力度、响度)。相反,如果不注意进行呼吸控制,不会巧妙地调动气息,就极有可能出现以下几种情况:第一,气粗音浮。主要表现为发声时口腔松弛,先漏气、后发声,字被气吃掉,声音飘浮空虚,无力度,咬字不清楚。第二,气浊音滞。主要表现为吸气过重,或在发

---

　　①　段安节《乐府杂录》,中国戏剧出版社 1959 年版,第 79 页。
　　②　陈旸《乐书》卷百八十八,《文渊阁四库全书》211 册,台湾商务印书馆 1986 年版,第 849 页。
　　③　陈彦衡《说谭》,载戴淑娟等编《谭鑫培艺术评论集》,中国戏剧出版社 1990 年版,第 142 页。

声中不应换气处多加了气口,发声时气猛力重,而且由于气浊,声带肌肉无适当准备,突然发声,呼气冲击力太猛,促使声带突然相触,甚至叠擦,因而损伤声带边缘,日久容易造成声带的病变。第三,气弱音薄。一个主持人或播音员要有充沛的气息,而且善于控制运用,就必须有蓬勃奋发的朝气,健康的身体,规律的生活(每天——最好是夜间保证八小时睡眠),再加上坚持不懈地锻炼揣摩。如果身体不健康,意志萎靡,或久病初愈,以及长期睡眠不足,气息必然微弱,膈肌无力支持(俗称"没底气")。第四,气散音竭。由于不善于安排气口(应偷气、歇气之处未运用呼吸,或读长句前吸气不足,发声时控制不力),发音时则会吐字无力,音调松散,膈肌支持的力量脱节,造成声音的后力不济,气散音竭。

播音发声的特点决定了对呼吸控制的要求:有效地扩大胸腔,使气息饱满、持久,保持较为稳定的气息压力,根据需要及时补气,能在相当幅度内做细微的调整。由于呼吸控制的练习难度较大,呼吸动作看不见、摸不着,因此必须动脑琢磨,细心体会,坚持在练习过程中逐渐体会如下感觉:第一,稳劲感。这主要是通过呼、吸两大肌肉群的对抗来实现的,是一种巧劲儿,没有统一的尺度。呼气的过程中感觉两肋打开的力量和腹肌收缩的力量将上行的气息"拉住"。第二,持久感。即理想的呼气状态能保持多长时间。练习时可以用快吸慢呼的方法,延长一口气的使用时间,说长句从容不迫。第三,流动感。这是气息运用最重要的感觉。气息的流动才能形成声音的活力,仿佛山间小溪流动不停,时而跳跃时而平缓。气息向前向上的流动感和被小腹拉住向下的感觉相对抗,下拉上流,才会找到声音的弹性带的感觉(弹性带的枢纽就在小腹)。拉而不流,声音就会僵滞,流而不拉,气息不失去控制。第四,自如感。发声是一种全身心的运动,气息的表现方式是由心理状态决定的。感情的运动是推动声音气息变化的内在动力。如果不动情,气息状态凝滞不变,声音便呆板苍白,缺乏活力。情动了,气息也要随之而动,自如变化,声音才能具有表现力。

总之,掌握正确的呼吸方式,依据演播的需要,灵活地运用气息与声音,是学习播音、主持艺术的人应该掌握的基本功。

第一节 呼吸器官及呼吸原理

呼吸是维持机体新陈代谢和其他功能活动所必需的基本生理过程之一,具有人类维持生命的重要功能。在日常生活中,呼吸是自动完成的。吸气是指把横膈膜向下收缩下压,使空气充满肺部;呼气是指横膈膜逐渐放松,使肺内空气被推出来。将吸入、呼出两种作用结合起来就是呼吸。通过呼吸,机体从大气中摄取新陈代谢所需要的氧气,排出体内产生的二氧化碳;呼吸一旦停止,生命也将终止。据数据记载,平常的呼吸量约为 500 毫升,说话的时候增加到 1000～1500 毫升。由上述描述可知,一般的正常呼吸根本无法胜任播音发声的需要,也就是说,播音发声过程是一种为达到特定目的的发声,它对气息的要求与日常生活中的呼吸差别很大。一方面,它要求有足够的气息,并且储存起来。储存气息的关键无疑是吸得比平时多,并能对吸进去的气息加以控制及运用,这主要依靠深吸气来获得的进气量。另一方面,为了表达一个完整的意思,必须延长呼气过程。数据显示,当人们安静呼吸时,吸气与呼气的时间比值为 1：1.2,日常说话时则为 1：5 到 1：8,播音发声时为 1：8 到 1：12。可见,只有相对应地延长呼气的过程并适当地缩短吸气的过程,才会使播音员和主持人的表达得心应手。正是由于播音发声在音高、音量、句子长度以及用声的变化和控制能力上都对气息提出了更科学、更严格的要求,就有必要在充分了解呼吸器官结构与性能的基础上,对它进行科学有效的训练,使之发挥更大的作用。

一、呼吸器官

呼吸器官是指呼吸系统中包括的各个生理器官,如气管、支气管、肺、胸廓和横膈膜和腹部肌肉等。我们可以从三个方面加以说明。

1.呼吸通道和肺

呼吸总是沿着一定的路线进行的,这条路线就是呼吸通道。呼吸道是传送气体的通道。呼吸道为中空性器官,是气体进出肺的通道。医学上通常把喉以上的呼吸道称为上呼吸道,包括鼻腔、咽、喉。鼻是呼吸系统的门户;咽是呼吸系统和消化系统的共同通路;喉是呼吸道上部最狭窄的部分,不仅是呼吸通道,也是一个发音器官。喉以下的部位称为下呼吸道,如气管和支气管等。呼吸道的壁内有骨或软骨支持以保证气流的畅通。

肺由肺泡及肺内各级支气管组成,是容纳气体和进行气体交换的主要场所;位于胸腔内,膈的上方,纵隔两侧,左、右各一。肺一般呈圆锥形,具有一尖、一底、三面和三个缘。肺尖呈钝圆形,与胸膜顶相贴。肺底与膈相接,故又称膈面。外侧面与肋和肋间隙贴近,故又称肋面。内侧面向着纵隔,故又称纵隔面。肺的内侧面中间有椭圆形的凹陷处称为肺门,是主支气管、肺动脉、肺静脉以及支气管动、静脉、淋巴管和神经进出肺的地方。肺是呼吸系统的实质性器官。支气管进入肺内不断分支,右主支气管分为上、中、下三支肺叶支气管;左主支气管分为上、下二支肺叶支气管,分别伸入相应的肺叶。肺叶支气管入肺叶后再反复分支,越分越细,形似树枝,故称支气管树。肺的主要功能是通过气体交换维持血液中的氧气供应,次要功能是发声时产生气流引起声带振动。

2.胸腔

胸内的体腔部分是胸腔(图 3-1)。胸腔是一个上窄下宽的腔体,是一个圆筒式结构。胸腔外部是胸廓,它是由肋骨、肋软骨、胸骨和胸椎等构成的骨支架,形似鸟笼。胸廓的扩大和缩小是由胸部多组肌肉的收缩与放松来完成的。肺在胸腔内部,它可以随胸廓的运动纳入和排出空气。它的前端是胸骨,它们构成了胸腔的支架。支架的里外附着着肌肉,主要是肋间内肌和肋间外肌。肺部分为左右两片,置于胸腔的中央,肺的上部是肺尖,上接支气管与气管,气管是由软骨构成的圆形管,直通喉头。肺的下端是肺底,同时也是胸腔的底部。胸腔与腹部之间是由横膈膜来分开的。

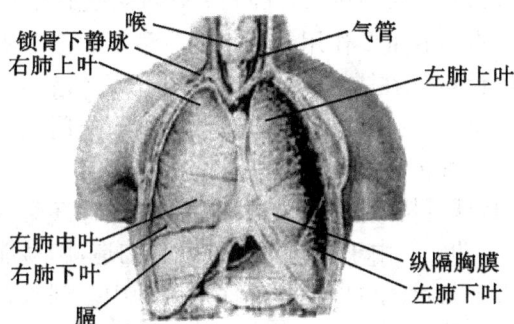

图 3-1 胸腔

3.横膈膜

横膈膜(亦称横膈、膈肌),由肌肉和腱组成,位于胸腔底部。它像圆顶帽一样扣在那里,周围和胸腔壁相连,把胸腔和腹腔上下隔开(图 3-1)。膈肌属吸气肌。吸气时膈肌收缩下降,胸腔向下扩展;呼气时,膈肌放松,恢复原位,胸腔缩小,横膈膜可上下移动。横膈膜的下端就是腹腔。腹腔的上部附着在胸腔的下部,它的下部附着在盆骨上。腹腔内有胃、肝、脾等内脏以及肠等,腹腔内的肌肉(腹直肌和腹内斜肌)是呼吸肌肉群的主要力量。实验表明,膈肌每降下 1 厘米,吸气量可以增加 $250\sim300$ 毫升。

在呼吸过程中,经由吸气与呼气肌肉群(横膈膜、肋间肌、腹肌等)彼此的抗衡与协调,胸廓中的呼吸器官(肺、气管、支气管等)能够顺利地吸入空气,并能有效地控制与调节发声时传送气流的压力变化。

声音是进行播音创作的基础,要获得符合要求的声音以适应播音与主持工作,必须在了解所参与发声器官的构造和作用的基础上经过反复训练,形成条件反射去断定自己的声音状态是否正确,努力寻求科学发声的内在规律。

二、呼吸原理

卡鲁索曾经说过:"一位歌者是否能踏上成功之路,就看他对呼吸器官的操纵与运用是否建立牢固的基础。"[①]人类发声的原理是声带的振动,而声带振动的源动力则是气息(呼吸)。要拥有科学、良好的发声机能,首先要掌握我们的呼吸系统运动原理。鉴于很多初学者容易在呼吸方法上混淆和迷惑,更有一些教师包括少部分专业教师也没有把呼吸的原理讲得简单明了,这里简单谈谈呼吸的原理。

当吸气的时候,空气首先进入鼻腔——呼吸系统的开始部分,正常的呼吸要经过鼻,这一点是有重要作用与意义的。鼻黏膜能够阻止尘埃和微小的异物,另外可以使空气在进入肺之前得到温暖。然后空气经过鼻咽、喉头,喉头里面有声带,它的振动产生了人们的嗓音,声门间隙的宽度影响着气流运动的自由,空气再向前运动就进入了气管。

气管是由环状软骨构成的空管,这种空管能确保在空气急速通过的时候不致使气管发生凹陷。由于气管的这种特殊构造,肺就能和外部的空气进行交换了,外部空气也就可以自由的深入到肺中。气管在肺部分成两个主要分支,叫做支气管。每一根支气管都深入到肺中,并在里面进行与肺叶数目相同的第二次大分支,这些分支叫做一级支气管,其后又有二级支气管、三级支气管,直到最后分成的最小的分支,叫做细支气管。细支气管分布在很多平滑肌肉组织的纤维上,这些纤维的收缩能影响呼气的进行。最后空气从细支气管进入到肺泡,也就是最终的目的地,在这里进行着空气与血液之间的气体交换,而这种气体交换也就是肺呼吸的实质。随着呼吸的深入,呼吸道就越细,而其分支的数量却一直在增加,这就为空气在肺内大量而迅速地进行交换提供了必要的交换空间。肺泡这个极微小的气体交换空间只有靠其个体数量才能保证气体交换的顺利进行。根据生理学家的计算,肺泡的数量可以达到 200 万个;如果将其展平,面积约达 100 平方米。

肺部之所以能够扩张,完全是靠那些非常丰富的弹性纤维和散布广阔的毛细支气管系统的平滑肌肉组织,它们对呼吸运动特别是呼气起着非常

---

① 〔意〕P·M·马腊费迪奥《卡鲁索的发声方法》,人民音乐出版社 2000 年版,第 58 页。

重要的作用。人的肺分成左右两个部分,左肺有两叶,右肺有三叶,心脏位于两肺中间稍偏左的心包中。两肺外面盖有特别的薄膜——胸膜。同时它也覆盖在胸壁的内表面,在胸膜层中间所形成的空间里空气稀薄,这样就能便于肺的运动,胸膜腔彼此间不相连。

肺位于为胸廓和横膈膜所局限的密闭胸腔内,并包在胸膜袋中。肺的这种位置就决定了它在呼吸时的机能活动特点。由于仅仅由内部作用在肺上的单方面空气压力,所以肺经常紧紧地靠在胸廓的内壁上,而在任何呼吸运动下都消极地跟随着它。换句话说,当胸廓吸气扩张时,肺消极地扩张,而当胸呼气缩小时,由于本身的弹性肺就缩紧。由此可见,在胸廓的呼吸运动中,肺基本上仅是消极的作用,因为在这里其积极作用的是呼吸肌肉组织的收缩。

在呼吸过程中,空气在肺中的循环叫做肺换气。将所谓肺的每分钟容量,即在一分钟内经过的空气量,作为肺换气的指标。为了确定肺的每分钟容量,必须将吸气一次所吸入的空气量乘上每分钟呼吸的次数。健康成年人呼吸的频率是 $12\sim18$ 次/分钟。当肌肉进行工作时,呼吸的次数会增加二三倍。使用锻炼的方法可以获得更慢而正确的呼吸,这种呼吸对于人体是有利的,但要注意的是不要阻碍呼吸,要保持身体的挺直的姿势,这样才能获得正确的呼吸方法。

呼吸肌肉的机能活动是呼吸的基础。呼吸肌肉分为"吸气肌"和"呼气肌"。前者包括肋间外肌、提肋肌、横膈膜。这些肌肉可以保证一般形式的呼吸,但对于管乐器演奏来说,还需要一些其他的肌肉参与运动,它们是斜角肌、胸锁乳突肌、胸肌、背宽肌,这些肌肉分布在颈部、肩部、腰部和背部。这其中最主要的横膈膜,在呼吸过程中它具有特殊重要的作用。横膈膜是固定在胸廓下口的边沿上,并将胸腔与腹腔分开。横膈膜是扁平肌肉,向上凸出呈拱顶形。在它的中央有两个不规则形状的穿隆,右边的比左边的稍大一些,心脏就位于横膈膜中间部分不太大的凹槽内的心包中。横膈膜分为胸骨部分、肋骨部分和腰椎部分,它们的机能动作可能同时进行,也可能有不同部分来参加,这主要是由于不同的呼吸方法中横膈膜的参与程度不同造成的。当横膈膜的许多肌肉纤维收缩时,横膈膜下垂,其侧面离开胸廓壁,同时挤压腹部内脏,并使腹壁向前移动。吸气时横膈膜穿隆的收缩(下垂)能促使胸廓大大的增加,特别是在垂直方向。生理学家计算得知,横膈膜每下垂 1 厘米,胸腔容积相应增加 $250\sim300$ 立方厘米,其下垂深度可达 $3\sim4$ 厘米(图 3-2)。

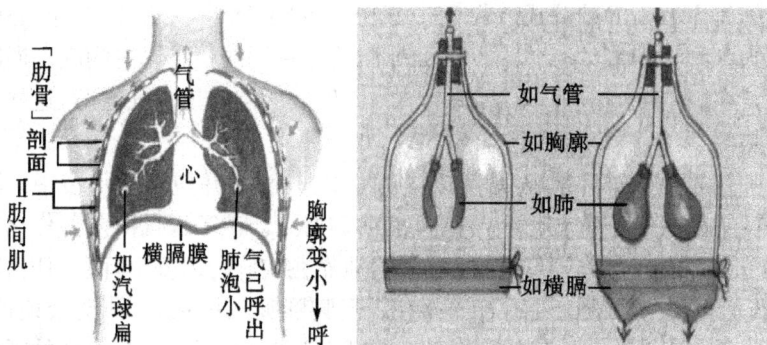

图 3-2 呼吸原理示意图

人在吸气时的基本感觉是:第一,胸腔扩张。上肋骨上升同时胸骨也向前活动,使胸腔全部扩大;下肋骨向后活动,使胸腔的空间向后及向两旁扩张。第二,肺的空间扩大。胸腔的扩大也连带扩大了肺的空间,增加空气的进入量,尤其是用肺叶的底部向下,向前活动来达到上肺叶的扩张。第三,横膈膜下降。横膈膜是一片圆盖形的肌肉及隔离膜,将胸腔与腹腔分开,其下沿以肌肉组织和胸部的整个周围附着在一起。吸气集中在降低横膈膜,使下胸腔往垂直方向扩张。第四,腹肌运动。吸气时,加强腹肌的张力,可以使下胸腔向侧方向扩张较大。胸腔扩张后,其内的气压比大气压力更低,空气便自然地经过口、鼻注入而充满了肺。人在呼气时的基本感觉是:呼气使用的肌肉与吸气完全相同,只是动作的方向相反,控制比较复杂而已。在正常情况下,吸气肌肉放松了,便可自动地把气呼出来;但在播音发声时,像如此自然的放松吸气的肌肉是不可能产生有力的乐音的,播音发声所需要的气必须增加腹肌的张力。如要大量增加腹肌的张力,必须做到:首先,使肋骨的位置保持不变,但不会增加气的流出;其次,放松横膈膜,增加气流。发声者要想完全控制腹肌的张力及呼吸量,必须先保持肋骨的位置,然后只想如何去控制腹肌及横膈膜。保持腹肌张力不变,需要用更多气时,就要减少横膈膜的张力。用气较少时,则增加横膈膜的张力。总之,呼吸由于得到内脏器官多种多样肌肉积极参与活动的配合协助,使气息能够达到均匀而稳定的呼出要求。一个合格的播音员或主持人应该下工夫去了解人身乐器中属于生理层面的知识,由无意识的呼吸进展到思维缜密的呼吸。

三、呼吸的方法

掌握呼吸控制,首先要了解呼吸的方法。这些所谓的方法主要以呼吸时的位置来划分。目前而言,比较公认的呼吸方法大致有三种,即胸式呼吸法、腹式呼吸法、胸腹联合式呼吸法。这里我们介绍一下这些呼吸方法的特点,并将它们作一简单比较。

1. 胸式呼吸法

胸式呼吸法,又称浅呼吸法、锁骨呼吸法。用这种方法呼吸,气吸得浅而且吸得少。它利用扩大和缩小胸部肌肉的方法来吸入和呼出气息,气只能吸到上胸部,肋骨是上下移动的,仅仅改变了胸腔周围的大小。有时为了吸进更多的气息,便使双肩上抬,以扩展胸腔。因为胸腔的扩张范围有限,这种方法气息容量小。当然,肺部气流的出入量也会少。这种呼吸法没有办法控制住气息的运用,由于位置靠上,使能够控制气息的两肋、横膈及腹部的肌肉都失去了作用,进得快,出去得也快,发声者为了吸进更多的气,胸部就会更加紧张,这样气反而吸得更少了。同时,由于颈部肌肉、下颌及舌根、喉头的紧张,声带因此失去了弹性,声音色彩必然缺乏变化,给听众一种发音挤压、生硬的感觉。使用这种方法播音、主持无法达到播音发声过程中气息容量大且能控制的基本要求。

2. 腹式呼吸法

腹式呼吸法又称深呼吸法、横膈膜式呼吸法,顾名思义是要横膈膜正确地、积极地参与运动——吸气时横膈膜放下、呼气时抬起。因此,胸廓下部能积极扩张,也正因为这个部分是最灵活和最富有弹性的部分,所以它的运动就不费力,也不紧张。这种呼吸方法吸气比较轻松迅速,主要是因为横膈膜的积极运动造成的。不过,这种方法气息的容量虽大,但由于仅仅使用横膈肌,得不到肋间肌的对抗,因而,控制能力减弱,气进得多,出去得也快。另外,由于上下扩展胸腔,吸气过深,拉长了气流输送的距离,反而使声带得不到应有的压力,影响声音的亮度,也不可能变化色彩。这是人在平静状态下主要的呼吸方式。这种呼吸方法同样不符合播音员和主持人的用气发声的要求。

3. 胸腹联合式呼吸法

正确的呼吸方法只要能解决两个重要的问题就可以:一是怎样能使气息悠长,二是怎样能使悠长的气息得到控制。能够合理的解决这两个问题的呼吸方法我们称之为"胸腹联合式呼吸法"。采用这种呼吸方法可以使呼吸肌肉组织协调工作,这种协调体现在横膈膜和胸廓肌肉的同时机能动作上。胸腹联合式呼吸法的突出特点在于胸和腹的联合运动,它使胸腔、横膈及腹部肌肉控制呼吸的能力能够共同合作,参与的部位较多。它不但使胸腔周围加大,而且使胸腔的上下得到了伸展,因而可以吸进足够的气息,气息的容量增大;另外,由于能够稳定地保持住两肋及横膈的张力,与来自小腹的收缩力量形成均衡对抗,有利于形成对声音的支持力量。从生理上说,它容易控制呼吸,具有操纵和支持声音的能力,为均衡、平稳的呼气提供良好的条件(图 3-3)。

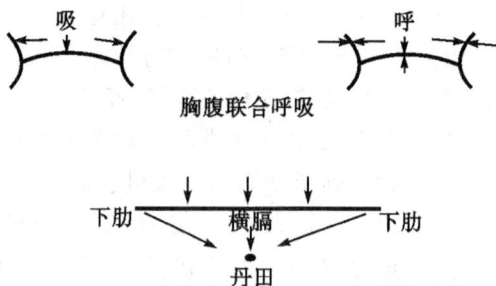

图 3-3 胸腹联合式呼吸法原理示意图

大量的有声语言艺术实践显示,胸腹联合式呼吸法具有前两种呼吸方式不可替代的优势。一是胸腹联合式呼吸全面调动了发声器官的能动作用,不但可吸进足够的空气,促使气息的容量扩大,还能够稳定住两肋及横膈膜的张力,使之能够和来自小腹的收缩力量形成均衡的对抗,从而有利于加强声音发出的力量。二是胸腹联合式呼吸的活动范围较大,伸缩性比较强,从生理上来说,比较容易控制呼吸,较能操纵和支持声音,为均衡气息、平稳呼气,提供了良好的条件。三是胸腹联合式呼吸有力度、有弹性,并具有很大的灵活性。掌握了这种呼吸方法后,不仅能使播音员和主持人的声音圆润、响亮、刚柔并用,而且能避免过强的气息冲击声带,对嗓子的保护也能发挥一定的功效,符合播音员和主持人用气发声的要求。需要指出的是,胸腹联合式呼吸法这一名称是舶来品,它源自于意大利的美声唱法。而实质上,它与我国传统戏曲演唱中所谓的"丹田气呼吸法"道理完全一致,只是名称不同而已。

第二节 胸腹联合式呼吸法的基本要领

胸腹联合式呼吸法是胸腔、横膈肌、腹肌联合控制气息,这种呼吸活动范围大、伸缩性强,它可以操纵和支持声音的能力,为气息均衡、平稳地呼出提供了条件。气息控制和运用是随着内容及情感的表达而决定的,要做到"吸气一大片,呼气一条线;气断情不断,声断意不断"。这样,可以最大限度地满足播音发声过程中气息深、通、匀、活的要求。从训练的角度讲,关键是在理解呼吸原理、呼吸状态的基础上,抓住符合要领的实际感觉,在反复的练习中加强和稳定这种感觉。

一、呼吸的状态

要掌握胸腹联合式呼吸的基本要领,首先要掌握呼吸的基本状态。它主要包括两点:一是呼吸的心理状态,二是呼吸的身体姿势。

1. 呼吸的心理状态

呼吸必须依靠人的呼吸器官来进行。练习呼吸时,人的形体和精神都应进入并保持发声所需要的状态。而正确的呼吸则是在良好的、积极的心理状态下进行操作的。学习呼吸控制,不应该理解为仅仅是参与发声的各种器官的协调动作,而应是人体各部分器官整体协调的运动。呼吸器官是人体不可分割的一部分,只有使整个身体的组织机构处于适合播音发声的最佳工作状态,才能使发声器官的各个组成部分互相配合、协调运动,获得理想的声音。因此,在进行呼吸训练时,应力求心态稳定,心情平静,精神饱满,状态积极。

2. 呼吸训练的身体姿势

正确的身体姿势是掌握正确呼吸方法的首要条件。所有参与呼吸的器官与肌肉群,都需依靠身体这个发声乐器的适当支持,各发音器官共同合作,只有这样,才能够产生优美圆润的声音。发声器官形状和质地的任何一点改变,都将对气息、发声产生直接影响。发声的一些毛病,常常是由于姿势不正确造成的。例如,挺着肚子或凹着胸会影响呼吸,使声音憋着发不出来;夹着肩,伸长脖子说话会用不上气,发出喊叫的声音;伸长下巴,斜着肩膀,身体处于懒散状态会发出有气无力的声音。因此,练习呼吸时应保持正确的身体姿势。

正确的身体态势是:第一,身体自然直立,保持自然放松。放松绝不是松垮、瘫痪,它应呈现一种积极向上的状态,也就是精神饱满的状态。第二,头部保持与眼睛向前平视稍高的位置,胸部自然挺起,两肩略向下、向后一点,小腹收缩,两臂自然放松,全身有一种积极运动的状态。第三,双脚平行分开,分开的距离达到肩的宽度即可,双脚亦可一前一后,但重心要稳。第四,面部,眼神要自然生动。眉、眼、嘴是五官中的重要部位,眼睛是心灵的窗户,眼睛尽量张大一些,尤其不要眯着眼睛、虚着眼睛说话。第五,嘴巴是发声的喇叭,应当张得开,放得松,切记紧咬牙关。第六,下颌收回,不要向前突出,正确的感觉应该是仿佛由小腹到两眉之间形成一条直线,脖子和后背、腰部连成一线,这样才能使气息畅通无阻。

采取坐姿时与站立时的要求基本一样,但要注意腰部挺直而不僵硬,也不要靠在椅背上,注意臀部不要坐满整个凳面,约坐 1/3 的面积,两脚稍分开,自然弯曲,不能跷腿坐,也不能两腿交叉叠起。无论站姿或坐姿,头都要端正,向上竖直,不偏不倚,这样就会使小腹到头部形成一个信道,始终保持精神饱满、积极振奋的状态。重心掌握好了,才能保持各部分力量的平衡。

不过,掌握正确的呼吸状态,培养积极的心理状态不是一蹴而就的事,它需要在学习过程中不断地磨炼。

二、吸气的控制

胸腹联合式呼吸方法的获得,应先从吸气的练习开始。在吸气过程中,有五个部位同时参加吸气活动:一是气管上部(环状软骨或鼻腔)要缩小,用元音"i"使声韧带并拢,保持紧张状态;二是胸部(胸骨)要向左右扩张;三是背部(肩胛骨)向外扩张;四是腰部(末位肋骨)向外扩张;五是腹部(肚脐以上叫做上腹,肚脐以下叫做小腹)上腹向前撑开,以保护横膈膜,小腹向内向上收缩。吸气时总体的感觉是:吸气肌肉群收缩,口鼻同时进气,把气深吸入肺的底部,感觉有一股气沿着脊梁自上而下沉到腰部,膈肌下降,两肋向两侧扩张,由胸腔下部及胸腔上部扩展开来,这时应感觉到腰部明显发胀,腰带渐紧,而小腹随之收缩控制。

1. 吸气前准备

双肩下垂,上胸部自然敞开。双唇闭拢,舌头放平,舌尖轻轻抵住上颌前部,用鼻子进气,这样可以保持咽喉湿润,避免口干舌燥。吸气时,双唇轻轻靠拢,舌尖轻抵上齿龈,口腔肌肉放松,气流会很从容地流进鼻腔。吸气时要平静无声,如果发出响声混杂在演播中,就会直接影响播音内容的表达,给听众不愉快的感觉。为了使气、声能更好地结合在一起,吸气要掌握时机,不早不晚,在开口之前的那一刹那赶快轻巧地吸进去。

2. 吸气的部位

吸气的部位要比日常生活中吸得深、吸得多一些。正确的吸气,应该有如下感觉。一是感觉到气流是通过脊背向后腰及下胸部及两肋流入,逐渐地整个腰部都扩开,有一种由上而下、由里而外扩张的力量。这时,由于横膈下降,胸腔得以扩大,气已吸到了肺的下部。二是下腹部略微往下沉,有一种受压感,并微微向内收缩。这是由于横膈被推向下部,压迫了腹腔的内脏所致。下腹部不要刻意地收缩或放松,因为腹部肌肉的收缩与放松,是随着呼和吸自然交替进行的。

3. 吸气的基本要领

第一,吸到肺底。以吸到肺底的感觉,引导气息通达体内深部,使膈肌明显收缩下降,有效地增加进气量。第二,两肋打开。吸气时,应在肩胸放松的情况下使下肋得到较充分的扩展,此时,膈肌与胸廓的运动产生联系。一般感觉两肋的打开,以左右的平衡运动为主,尤其后腰部感觉较为明显。第三,腹壁"站定"。吸气时,在胸部扩张的同时,应使腹部肌肉向小腹"丹田"位置收缩,上腹壁保持不凸不凹的状态。

这三条要领是胸腹联合式呼吸一次吸气动作的分解,实际上它们在吸气过程中是"同步"进行的。所以在分解体会的基础上,我们还应获取综合感觉,以建立胸、膈、腹在吸气过程中的相互联系。

在体会吸气要领时,应先将体内余气用叹气法全部呼出,再自然吸气,此时才容易体会到将气吸到肺底、两肋打开的感觉,否则易成为胸式呼吸。在平时的训练过程中,可以采用伸展双臂、闻花香、抬重物、半打哈欠等方式来感觉吸气要领,同时要在意念上让气流"沿脊梁而下",这十分有利于体会吸气深入肺底、两肋打开、腰部胀满,以及腹部肌肉参与的感觉。另外,要着重强调体会"腹壁站定"的感觉,因为它直接关系到呼气控制感觉的体会与把握。可以用这样几个小练习帮助体会、训练腹壁"站定"的状态:①仰卧,并在小腹顶一本较重的厚书,体会腹肌随深呼吸的收缩与放松。②仰卧起坐。需要说明的是,它并非体力训练,而是要在每一次坐起来的时候,保持一段时间,以便体会腹部紧张的感觉,这种感觉就是通常所说的"腹壁站定"。③模仿京剧里中老生的大笑,如"哈、哈、哈",且在两声"哈"之间屏一下气,不吸气也不漏气,找找"腹壁站定"的感觉。需要注意的是,吸气时腹肌的紧张度不可过强,过强的腹肌收缩会阻碍隔肌下降而影响胸腔上下径的扩大,进而影响吸气量的增加。当吸气进行到比自然状态呼吸稍多又不至于失去控制能力时(初练者吸气至五六成满即可,不必贪多),即可转入呼气阶段。

此外,进行吸气控制练习时需要注意以下几点:

首先,所谓吸气要深并不是要吸"满"。虽然胸腹联合式呼吸是一种深呼吸,但它更强调控制。不是说每口气都必须吸到十成满,一般吸入五六成就可以了,最多也就是根据情感需要吸入七八成满,重点在于吸气时的控制。假如每口气都吸到十成满,那不但增加了控制的难度,而且容易造成气息及声音的僵化,缺乏播音发声所需要的气息灵活多变的能力。

其次,吸气时小腹一定不能过于紧张,切忌有意识地使腹部紧缩或凸挺。因为在正确的呼吸状态下,腰部胀满,"腹部站定",确实会感到腹部的肌肉拉紧,但这绝不是一个形式的问题,不能只想走"捷径"——直接找到腹部肌肉紧张的感觉,认为这样就算吸足了气,那就错了。这样只会把腹腔里的器官挤到上腹部而阻碍膈肌的下降,致使气全部吸到胸部,这样一来,吸气量会立即变小,并且无法控制。这其实正是很多人一面对话筒或镜头感觉吸不进气或者越吸气越感觉憋闷的直接原因。检验的方法其实也很简单,就是看看自己在吸气时是否出现了两肩上耸的现象;如果有,那就必须及时纠正。

最后,在练习吸气时,吸气和呼气之间的屏气时间要尽量短而流畅,也就是说在深吸了一口气后一定不要憋太长时间才呼气,这不利于控制呼出气流,容易使声音僵化。同样道理,为了避免漏气,机械地通过束紧喉部来加以控制,也不利于正常发声。

4.体会及练习吸气的方法

播音过程中的吸气有慢吸和快吸两种情况,以快吸为多。下面介绍这两种吸气方式的具体练习方法。

(1)慢吸练习方法:①两脚稍微分开站立,或站立时一只脚稍向前方,将重心放在前脚,慢慢吸气。如果是坐着,重心尽量靠前一点,同样也是一脚在前,一脚在后。注意腰部要挺起,小腹要有微收的感觉,这样气息才比较容易深入。②伸展双臂吸气。第一步,两脚略微分开站立,双臂由前方伸直过渡到头的上方,慢慢吸气,逐渐感觉到胸部扩张,下腹部收缩;第二步,保持扩胸并收小腹吸气,保持这种状态片刻;第三步,双手内翻双臂分开落下,慢慢呼气,同时保持扩胸收腹;第四步,呼气慢慢地弱下来,再开始慢吸。③两臂从两侧高举过头成垂直状态,掌心相对,放松双肩,打开鼻腔和咽腔的气息通道,使下肋舒展地扩张,然后深深吸气。这个练习能使气息吸入正确的部位。④取坐姿,身体重心在臀下当中椅子的前部,需满臀坐。腰直、胸含、肩松,完全自然地像叹气一样,将体内分气全部吐出来,然后从容自然地吸气。注意体会吸气时,小腹自然的外凸、两肋后部及腰两侧自然张开、撑起的感觉。吸到正常的程度自然地呼气,注意体会两肋下塌、腹壁渐松复原。⑤闻花香。当春天来到的时候,你在野外一定会情不自禁地用鼻子慢慢地吸上一口芳香的空气。这时你闻到了野花的香味儿,使你感到心旷神怡,你会觉得肺的下部及腰部都充满了气息。保持几秒钟后,然后再慢慢地呼出。做闻花香练习时,吸气要求心静,注意力集中,用鼻腔慢慢地吸入,好像一直缓缓地进入腹部、肚脐、腰围处(膈肌),吸满后将气吐掉。这样反复练习,可以体会深吸气的感觉。这时的吸气自然、平稳、深入,与演播中的慢吸十分相似。⑥吹蜡烛。点燃一根蜡烛,放在距离你一尺远处,然后把它吹灭。吹灭前须蓄满气。蓄气时须刻意地将气吸至胸腔下部,直到感觉腰带渐紧,后腰、两肋扩开为止。气要吸得自然,柔和而且深入。⑦抬重物。在抬起重物时,总要深吸一口气,憋住一股劲儿,此时,腰部、腹部的感觉与胸腹联合式呼吸时吸气的感觉相近。⑧"半"打哈欠。

(2)快吸练习方法:①喊人练习。你走在路上,突然看到一个熟悉的身影——他竟然就是你多年未曾见面的好朋友,你又惊又喜。这个过程中,你吸了一口气,它快而短促。此时胸部是自然挺起的,腹部变平,甚至双颊也提起,鼻腔的空间也变宽了。当气呼出时,你激动地喊着他的名字,胸部还保持着原样,两肋还有扩张的感觉。这样快速的吸气,正是演播中经常要用的快吸慢呼方式。②通过游泳时急促的呼吸状态体会两肋和横膈膜迅速扩张的感觉。

三、呼气的控制

呼气与吸气密不可分,同属一对矛盾,呼气是这对矛盾的主要方面。因为有声语言的表达只有在呼气的过程中才能完成,而呼气的控制能力对于播音发声来说至关重要。尽管每个人的肺活量都十分有限,但是呼气控制却能让气流以急缓、疏密、强弱等各种方式呼出,满足表达需要。我们可以把吸气与呼气比喻成"开源"与"节流"。在呼吸发声中,"节流"要比"开源"重要,也就是说,提高发声效率、节省用气要比增加进气量更为重要。

1. 呼气控制的状态

日常生活中的呼吸,吸和呼是交替进行的,不需要人的意识控制。气流出入肺部主要靠前胸廓的吸气肌肉群和呼气肌肉群一张一弛的运动,并没有什么对抗。在播音发声过程中,呼气和发声是同时完成的。要想依据表达的需要延长呼气时间,必须持续地、均匀地、有节制地控制呼气。呼气时的总体感觉是:小腹保持收紧的状态以维持两肋的扩张并牵制膈肌的回弹。形象地说,就是发声时应该感觉到声音和气息的下端好像被一根线"拉"住了,而这根线的末端恰恰是腹部的肌肉群。这样,在用气发声时就会感到小腹的"拉力",使气息既不会冲"口"而出,也不会时断时续,而是时时保持着有控制的状态,不断缓缓地向外呼出。当气流缓缓呼出时,两肋慢慢回缩,膈肌缓缓上升,小腹随之逐渐放松,但最后仍要保持有控制的感觉。可见,小腹的"拉"力与气流的呼出形成又一对矛盾。如果只"拉"住却不呼出气流,声音就会僵滞;反之,如果气流不息而小腹"拉"不住,气息就会失去控制,妨碍正常的表达。"下拉上流"就形成了贯通的声音弹性带,这个弹性带的枢纽在小腹。而这正是美声唱法中称小腹为"气息支点"、我国民族声乐及戏曲艺术中称小腹为"气根"的根本原因。

为了使气息有力度、有节制地慢慢呼出，对吸进来的气，一定要在刹那间控制起来，然后再立即转化为呼气的状态。胸廓、两肋以及上腹部要轻轻地挺住，不要使刚吸进来的气马上都撒出去，做到自然而有弹性的气息控制状态，直到能补充一口新气为止。实际上，此时就是控制的开始，也就是说，要有意识地控制住已经处在收缩中的吸气肌肉群。两肋及横膈不要马上回缩，以便维持胸廓的扩大。如果把人体比作一只船，那么两肋就是船桨，要有划桨的感觉，向外撑开；否则，两肋一松，腹肌无力，气马上就呼完了。由于横膈膜本身具有一定的回升弹力，两肋具有一定的重量，只有两肋及上腹部的呼气肌进行有控制地收缩，且这种收缩的力量恰好超过支撑胸廓扩大的吸气肌的力量的时候，气息才会有节制地呼出。在呼气动作结束时，胸廓就会恢复到原来状态。所以要尽量做到"两肋有控制地回缩，横膈有控制地上升"，从而控制呼出的气息，使之均匀、稳劲而持久。这样，声音才不至于前重后轻、头高尾底，才可以确保不出现气息浮浅上提的问题。此外，在呼气时，还要将后颈稍稍挺起，提起软腭，打开后声腔，放松喉部与下巴，以便与呼气状态有机统一，积极配合。

可以通过下述方法体会呼气的状态：①放松地站立，双脚稍分开，腿绷直，体重平均地放在两脚上。②像做体操那样，做"两手叉腰"动作，双手正插在两胯腰骨稍靠上一点的地方—肋骨的下端，即腰带的上方。③两手掌护着腰稍向前挪动，使两手的中指指尖刚刚能够接触到。④保持上述姿势，闭上嘴，从鼻慢慢地、平稳地吸气。胸廓可以挺起，但不要耸肩。⑤在吸气的过程中注意两手的中指指尖，可以感到两个中指慢慢地分离开。⑥突然停住吸气，改为呼气。此时如不注意按要求去做，两手中指指尖就会逐渐接近而恢复原状。要有意识地使中指指尖的距离保持吸气时的状态，也就是在保持扩张胸廓部的状态下，从嘴平稳的呼气。这样的呼气，就能够保持住一定的呼气压，这也就是"有控制地呼气"，即发声所需要的正确呼气。⑦在进行上述呼气练习时，两手中指指尖距离逐渐缩小，但在尚未接触到之前，骤然闭嘴，把剩下的气息呼出来，这瞬间两肋骨收缩，两中指指尖遂相接触，恢复到原来的状态。如此反复练习，便可充分理解什么是发声所需要的呼气，获得发声所需要的呼吸概念。

2. 呼气控制的部位

从吸气状态中可以得知，腰部周围是我们能够明显感觉到的吸气部位。从生理的结构上来说，胸腔上小下大，12 对肋骨从上到下排列，每对连接胸骨部分的前端都有一段软骨组织。第 1 对到第 7 对肋骨，前端连在胸骨上，后端则连在脊柱的胸椎段。第 8 到第 10 对肋骨的前端却附在第 7 对肋骨上,而第11到第12对肋骨是悬空的。肋骨的这种由上到下的排列结构,使得胸廓的下部活动范围加大,为增大呼吸量创造了条件,同时也会使我们对这部分比较敏感。可以说,两肋、腰部周围、腹部肌肉要保持相对的收紧状态,使得气息受到控制。

3. 呼气控制的要领

呼气控制的要领需把握这样一个过程:一是产生稳劲状态;二是锻炼持久力;三是掌握调节方法,使呼吸运动自如。

第一,稳劲状态。稳劲状态是通过呼吸两大肌群的对抗产生的。为了弄清这个问题,我们把胸腔比作气球,喉口为气球的进出气口,充好气后将有以下几种选择:①如果突然放手,球内的空气会由于球皮向内的弹力,不规则地一下放光。这就如同一般生活中的呼气一样,吸气肌肉群的力量一放松,胸廓马上回缩,体内的气就一下排出了。②如果用手指将气球的出气口束小,出气便会受到明显的限制,变得规则而均匀。但就人体来说,束小出气口等于束紧喉头,而人为地加强喉头在发声过程中的挡气作用,会造成发声器官的严重"损耗",并使声音紧张僵持,所以这种动作虽然有效,却不可取。发声时脖颈变粗,颈静脉怒突,就与这种错误的呼气控制有关。③如果有一种力量使充气后的气球在不束缚出气口的情况下规则放气,似乎是不可能的,因为气球只存在着一致向内的弹力。而人体却存在着这种可能性,这就是在呼气时仍适当保持吸气感觉,用吸气肌肉群的力量抵抗呼吸肌肉群的力量,形成一种"拮抗",使呼气变得规则、均匀,达到稳劲控制呼气的目的。看来,要保持气息的稳劲状态,唯有选择第三种方式,即充分调动两大呼吸肌群的对抗。

第二,持久。要保持气息持久,除了积极锻炼呼吸肌肉群的力量之外,还要从呼气这一环节上加以考虑,这里的关键是节省。节省的具体办法如下:一是尽可能使用偏实的中音。根据科学的分析和测试,人在使用低音,尤其是虚弱的低音时,由于声带松弛并留有间隙,耗气量最大。使用高音,尤其是高强音时,由于声带紧张,闭合严密,耗气量只相当于前者的一半。使用偏实的中音时,声带张力和气息压力都处于适中状态,其耗气量又只相当于使用高强音的一半。它们的用气量比例大约为4(低弱):2(高强):1(中实)。二是"吞"、"吐"结合。"吞"、"吐"是控制呼气发声的两种意识,以内收感为主导的控制方式叫"吞",以外送感为主导的控制方式叫"吐"。"吞"并不是倒吸气,而是在呼气过程中,吸气肌肉群最大限度地发挥作用,和呼的力量形成明显的抗衡,所以呼出的气量较少;"吐"时,呼的力量明显大于吸的力量,所以呼出的气量较多。单从节省气息的角度考虑,当然以运用"吞"的方式为宜,但是从人体的自然运动规律和习惯考虑,需要有张有弛;从声音色彩的变化和感情运动的需要考虑,也要有收有纵。因此,我们提倡"吞"、"吐"结合,这样既有利于表达,也可以节省气息。人们一般习惯运用"吐"的自然方式,而不习惯于控制力较强的"吞"的方式,这就需要有意识地练习。三是加强唇舌力度。在咬字过程中,唇的一启一闭,舌的一抬一落,都不同程度地形成了对呼出气流的节制。因此,加强唇舌力度,也可以起到节省气息的作用。以上三点,无论是偏实中音的使用,还是"吞"、"吐"的结合,唇舌力度的加强,都是基本技能的训练,平时是可以独立进行练习的。不过,在实际运用中则需要综合控制。

第三,变化。语言的表现力是靠声音色彩的变化来实现的,而声音色彩的变化在很大程度上又要依赖于富有活力的气息运动。因此在获得稳劲、持久的呼吸控制能力的基础上,还应进一步掌握运动着的气息的控制规律,做到能使气息随内容和感情的变化而变化。"气乃情所致",气息"自动化"控制的枢纽是感情的运动,所以播音员和主持人必须熟悉自己的表达主旨,认真理解,具体感受,态度积极,使心理积极活动起来。如果感情不动,势必导致呼吸僵滞,影响声音色彩的变化。利用感情调节呼吸运动的方式是呼吸控制的高级阶段。但在训练过程中,只有通过较为长期的、有意识的训练,熟练地掌握胸腹联合呼吸的基本要领,方可获得自由的、本能的呼吸运动感觉。

在进行呼气控制练习时,应注意以下几点:①在演播过程中,气息的呼出都是由胸腹这个控制部位流出的。即使感到气息即将不足时,也不要失掉控制。有了控制的感觉,就会感到每个句子或每一个音节都会有气息的支持,而声音也会呈现出圆润、自然的状态。有些人靠调节喉部、捏挤喉咙发声,这是不对的。②控制呼吸的力量要适度,控制的部位要像皮球一样富有弹性,要感觉轻松而自在。如果过分控制,保持的力量太大,就会把气息压住;气息一紧张,声音也跟着发僵,气息就不能流畅地呼出。保持气息的力量太小,呼气又得不到控制时,气很快就会用尽,当然会影响发声质量。所以,控制气息应该有弹性,气息的呼出要求均匀、自然、运用自如。实际上所谓保持吸气肌肉群及呼气肌肉群在生理上的对抗,集中到一点,就是在演播中努力保持吸气的状态。③发声时,一定要有气息的支持,要注意节约使用气息。要根据演播内容的差别,声音的高低、强弱不同,将气息用得恰到好处。气息过弱,声音就不响亮,会影响作品感情的抒发;气流过强,又容易冲击声带,使声带失去韧性,声音也无法持久。气息过深,声音靠后,吐字也不会灵活。④两肋扩张,胸部自然挺起,但上胸部并不积极参与呼吸活动,不要把注意力放在上胸部；否则，影响气息的控制，吸气部位过高，会引起喉部紧张。⑤演播中的呼气动作，是在吸气和呼气肌肉群的对抗下完成的。这种对抗与原来的一般呼吸状态完全不同，这种对抗，就是控制，必须通过持久的练习，才能融会贯通。

4.体会及练习呼气的方法

呼气时将嘴唇尽量撮圆，很圆很小，用力吹出。"用力"实际上是指气息下坠，产生一个向上的反作用力。喉部放松，气息不可全部呼完，留两分，当气息自然没有的时候就停止，不要硬把剩余的一丝气息也给挤出来；否则的话，发声器官的肌肉会产生非正常紧张，声音不舒展，也很难听。这里先简单介绍几种体会及练习呼气的方法：

（1）吹灰练习。假设你的眼前有一张桌子，上面布满了灰尘，请你用一口气把它从左到右、从前到后依序吹干净，但不能尘土飞扬，必须让呼出的气息均匀、流畅，不能用腹部一鼓一瘪地向外顶气；否则，呼出的气息前强后弱，极不自然。通过这种方法，可以体会呼气控制状态。

（2）游泳时，吸好气后在潜入水中的一瞬间，通常不吸也不呼，以便为潜泳时储存足够的气息，这一瞬间就是控制力。而潜入水里之后，开始慢慢地呼气，这时的呼气缓慢而有节制，只有这样才可以延长气息，以确保潜泳的距离更长一些。

（3）自然站定，张嘴呈O型，腹部用力吸气（胸部不动），吸至八九成，腹部向外撑住，尽量保持，使喉咙尽量放松（腹部越用力喉咙越放松），然后腹部猛然收缩，张大嘴发"哈"音，将气呼出，越快越好。

（4）吹蜡烛练习：自然站定，张嘴呈O型，腹部用力吸气（胸部不动），吸至八九成，腹部向外撑住，尽量保持，使喉咙尽量放松（腹部越用力喉咙越放松），然后腹部慢慢收缩，吹向点燃的蜡烛火苗，但是又不能吹灭了，而且火苗倾斜的角度要尽量保持不变。

（5）吹纸条练习。撕一根一指宽的纸条用手捏住放在唇前一尺远处，同吹蜡烛一样用力吹，但要使纸条的倾斜度基本保持不变。

（6）拇指食指圈成一个圆放在唇边，撮圆嘴唇，控制气息从手指圈成的圆圈中穿过，手指渐渐远离嘴唇，尽量控制气息始终从该圆圈中穿过。

四、补换气息的基本要领

补换气息，又称换气，是指在发声过程中，当气息不能满足发声需要时，在句子之间或句子之中补充气息的过程。这里，"补"是补充，一口气的使用长度是有限度的，不可能无休止地用下去，因此要补；"换"是转换，及时补充上去的气息不能自始至终、状态如一,因此要换。换气是为了更好地为吸气和呼气服务,在有声语言的表达的过程中只有不断地补气和换气,才会使声音更加自然、流畅。换气是呼吸过程中的过渡环节,尽管在日常表达中表现得"默默无闻",但在播音发声中却是需要重视的一个重要环节。

在传统演唱中,呼吸时的换气叫做气口。所谓气口,是根据发音过程中语句内容连接的紧密程度和表达需要确定的用于换气的停顿点。不应简单地将气口等同于逗号或句号。有时,气口之间会包含由几个短句构成的句群,也有时在一句话中就会有几个气口。在传统的戏曲演唱中,气口格外受到重视。《唱论》中曾指出:"凡一曲中,有偷气,取气,换气,歇气,就气,爱者有一口气。"[①]在演唱过程中,正确的换气不仅仅可以满足分节断句和气息的需要,同时也是艺术表现的一种手段,是表达者避免影响艺术完整性的一种手段。我国古代声乐论著所说的"偷气、换气、歇气、就气"等,也就是各种换气技术的巧妙运用。"偷(气)者,停顿顷刻从口鼻偷之。取者,贮也。换者,呼少而吸足也。歇者,保也。就者,驮也。"[②]可见,换气是我们民族声乐艺术中对气息运用的特殊创造,是宝贵的经验和财富。这里,我们借鉴民族声乐艺术中的有关理论谈谈播音发声的换气问题。

(一)补换气息的基本要求

补换气息总的要求是:句首换气应无声到位,句子当中应小量补充,句子之间应从容换气,句子结尾应余气托送。要达到这个要求,除了掌握必要的呼气控制和正常的吸气控制以外,还应掌握一些常用的换气技巧。

(二)补换气息的技巧

第一,正常换气,又叫做换气。指的是在两句话之间有较大的停顿时所采取的从容不迫的自然吸气。换气可以充分满足说下一句话时生理上对气息的需要。一篇稿件或一段话语不可能一口气说完,中间往往伴随多次呼吸,利用话语之中的较大停顿进行换气是语言表达中最自然的换气方式。正常换气根据话语的长度、感情色彩及音量等因素确定合适的吸气量。一段话讲完,气息也正好需要补充,于是利用停顿补充气量,语言表达与呼吸节奏相吻合。这样,可保持语言的生动、流畅。在语流之中换气是自然进行的,发音人会根据自己的经验,自动调整吸气量。正常换气应注意吸气量适

---

① 燕南芝庵《唱论》,载《中国古典戏曲论著集成》(第五集),中国戏剧出版社 1959 年版,第128 页。

② 燕南芝庵《唱论》,载《中国古典戏曲论著集成》(第五集),中国戏剧出版社 1959 年版,第129 页。

当,气息吸入过多不容易控制。吸气之后不应屏气。这两种情况都会使声门闭合过紧,造成发音不自然。

第二,偷气,又称透气。指的是以极隐蔽的方式,不为人察觉地迅速进气,其基本动作要领是,保持发声结束时气息的控制状态,两肋向外猛然扩张。"偷气"是发音过程中一种无声补充气息的方法。当发音时句子过长或发音速度较快时,一般没有较大的停顿进行正常的换气。这时,人们常利用句子之中词与词之间短暂的顿挫来补充气息,这种换气方式没有明显的停顿间隔作为标志,也没有明显的吸气声,不易被人们察觉,这是播音时常用的补气方式。偷气的进气量很小,吸入程度很浅。它吸气虽浅,却能利用音节的收声,或音势、感情、语气的变化转折,在不知不觉间偷偷地换气,从而使口腔、喉、胸的肌肉得到短暂舒缓。偷气多用在节奏紧促之处,不偷气则气力不济,而采取自然换气,时间又不容许。不过,偷气是"因势偷换",毕竟不同于"抢气",如果急于"抢"一口气,必然气壅上胸,形成噎气,导致喉部肌肉紧张,会影响接下来的表达,因此,务必要结合字音、情感来运用"偷气"。偷气的气口通常是在连接不太紧密、可以顿挫的词与词之间,这样不会影响语句的连贯,听者也不易察觉。偷气时,应在准备换气的词之后用较快速度从口鼻同时吸入少量气息。偷气一般是为补充气息,供短时发音用,吸入的气息有限。为了防止吸气声,吸气时声门应适当开大。

三是抢气,叫做明抢气口。指的是依据情感和内容表达的需要,不顾及有没有杂音的短促而强烈的吸气。抢气是发音过程中一种带有吸气声的换气方式。当话语的节奏急促或感情色彩强烈时,气息消耗很快,往往需要在句与句之间或句子之中急速补充气息。急速吸气会使气流在通过声道时产生较强的气流摩擦声。这种夹杂在语流之中的气流声能够显露出说话人焦急、紧张、感慨等不同感情色彩,使表达更富于表现力。抢气不仅是一种换气或补气方式,而且是一种感情表达手段,它常用于感情色彩丰富,描写生动的语言中。抢气时吸气速度要快,由于不再需要顾及吸气声,声门不必开大。应尽量让抢气声成为语流的一个节拍,这可使语言听起来更自然。抢气时不要屏气。抢气的气流强度根据需要灵活使用,有时,抢气出现在句头,这种句头抢气往往出于感情表达的需要,气息量较大;而在句中出现的抢气多带有补气的性质,气息量不大。

四是就气。指的是运用体内的余气予以补给,"就"着这一口气说完一句话,以保持语意连贯的换气方式。就气实际上并没有进气,不过,听众在听觉上却可以产生停顿的感觉。就气常用于由强突弱、突轻之处。

补换气息的技巧还有很多。不过,不管运用怎样的技巧,都必须牢牢把握换气的主要原则,这就是依情取气,即依照感情的发展变化决定换气的位置(气口)、方式、进气量等等。因为只有突出了感情的需要和作用,才可能获得"自动化"的、本能的呼吸状态。由于演播时多采取快吸慢呼的呼吸方式,因此保持快吸慢呼状态并学会偷气、抢气是十分重要的,因为气息补换及时才会运用自如。

(三)补换气息应当注意的问题

(1)句首换气。除了句中的气息补充外,全句结束后都需另行换气,此时须注意不要马上进气,而是在下句开始前进气;否则,会破坏句子间的感情转换,并给人以急促感。

(2)换气到位。换气时"丹田"及下肋的感觉可以时大时小,而不能时有时无,不能因换气而改变呼吸方式。

(3)换了就用。吸气后要马上使用,非感情需要不要做较长停顿;否则,体内感觉消失,力量也会松懈下来。

(4)留有余地。一是吸气时要留有余地。指吸气应适度,一般情况吸到七八成满就可以,切忌吸得过满;否则,会导致僵硬。二是呼气时要留有余地。使用中的气息应有所储存,即使到该换气时,体内还应留有部分余气,如果等用完了再吸,就会使人感到声嘶力竭。

(5)吸气无声。用声时,小腹应时时保持控制状态,胸腔形成一个有弹性的橡皮球,这样气息一有欠缺,便会在语言的顿挫中得到自动、及时、无声的补充。

此外,在进行呼吸训练时还应当注意这样几个问题:一是应注意将呼吸控制训练与发声训练有机地结合起来。尽管单纯地练习可以明确什么是正确的呼吸方法,但是只有和发声练习结合起来,才可以使呼吸方法真正发挥作用。比如,有的人尽管一口气可以支持 40 秒的时间,但他的气息在播音时却连两句话都应付不了,这是因为不出声的呼吸和发声时的呼吸感觉是不一样的。所以,进行呼吸练习时,一定要结合发声,即结合词、句子、民歌、短诗、短文进行练习,只有这样才能更有效地提高我们的呼吸机能。二是在呼吸训练中不可忽视换气的训练。因为在演播的过程中,常常会遇到各种各样长短、繁简不同的句型,需要表达各种各样的意义、情感,要做到轻松应对,就必须把气口安排好,以免临时调整造成精神和表达上的混乱,影响表达效果。三是对于个人在气息控制方面存在的问题应该有所认知,并且努力做到精力集中,身体放松。不要因为考虑自己的毛病而分散注意力,造成不必要的紧张。对于呼吸方面的理论及方法,要结合自己的情况来练习。练习应真正把握循序渐进原则,做到从小声到大声,从弱声到强声,从近声到远声,从短的、简单的练习到长的、复杂的练习循序依次展开。努力掌握呼吸器官的活动规律,锻炼它的功能。在任何情况下,都必须保持呼吸的灵活性,做到呼吸自然,不要因为有意识地锻炼而导致僵硬、做作。四是在表达过程中,要做到依据演播的内容及情感的表达控制运用气息。气息的表现方式是由心理状态来决定的,所以必须对稿件必须进行认真的理解、深刻的感受,对所说的话题进行认真的准备、深刻的理解,要有鲜明的态度,产生强烈的播讲愿望,使感情运动起来,有感而发。如果没有情感的运动,呼吸的控制必定是单调、呆板的,势必会影响声音色彩的变化,使声音失去弹性。利用感情调节呼吸的运动是播音发声呼吸控制的基本原则,也是呼吸控制的高级阶段。因此,在训练过程当中,一开始就要锻炼以情运气的本领。无论何种情况下,都要尽力做到"吸气一大片,呼气保持一条线,气断情不断,声断意不断",把气息的运用作为情感表达的手段,使气息随着感情的运动而运动,随着感情的变化而变化。

第三节　呼吸控制训练

一、呼吸肌训练

呼吸肌的力量和灵活程度是呼吸得以控制并达到"自动化"运动的物质条件。尤其是腹肌、膈肌等,由于在日常生活中一般得不到充分的活动,更应该列为锻炼的重点。

(一)腹肌的锻炼

1.腹肌爆发力的锻炼

(1)仰卧起坐:将双手放在头下,仰卧,抬起上半身或者仰卧举双腿至胸前。要求不停顿地连续做 30～50 次。

(2)团身起坐:这个练习可以分为几个步骤:①躯体直立,体会骨盆前倾的感觉。②仰卧,把双手交叉于胸前,双脚收回,腰部弯屈至 90 度,骨盆前倾使腰底部平贴于地面,要求手仍能从腰与地面完全平合。③团身起坐,保持以上骨盆前倾姿势,5 秒钟后,慢慢团身向上,直至肩胛骨离开地板,再稍稍抬高一些,此时呼气,不要完全坐起来。维持此姿势 10 秒钟。然后在 5 秒钟之内缓慢躺下,恢复预备姿势,同时吸气。注意在用力抬身时(腹肌用力收缩时)呼气,放松腹肌时吸气。每次做 5 遍,每天做 3 次。

(3)侧团身起坐:这个练习可以分为几个步骤:①躯体直立,体会骨盆前倾的感觉。②仰卧,把双手交叉于胸前,双脚收回,腰部弯屈至 90 度,骨盆前倾使腰底部平贴于地面,要求手仍能从腰与地面完全平合。③为了加强腹斜肌的力量,在抬身时可稍变动一下起坐的方法,即双肩不同时离地,而是左、右肩轮流抬起,以左肘与右膝接近或以右肘与左膝接近。抬肩时间与节律同团身起坐。

(4)腹肌弹发练习:用腹肌爆发弹力将气集中成束送到口腔前部,口腔、舌位可以用以下四个音节来配合:哈(ha)、嘿(hei)、豁(huo)、呵(he)。做这个练习可以区分几个不同阶段。第一阶段,一声一声地发哈(ha)、嘿(hei)、豁(huo)、呵(he)等音节,应注意腹肌弹发和舌根发 h-a 时的配合,舌根、下巴要放松,软腭要上挺,咽壁也要收紧挺直,以确保发出的声音有力度。第二阶段,在配合有了一定的基础后,连续发哈(ha)、嘿(hei)、豁(huo)、呵(he)等音。第三阶段,在能连续稳定在一定力度、状态发音的基础上,改变音强、音高、力度等发哈(ha)、嘿(hei)、豁(huo)、呵(he)等音。

2.腹肌各部分灵活配合力量的锻炼

(1)肩肘倒立后,两腿在空中交替屈伸,好像蹬自行车。

(2)肩肘倒立之后,两腿伸直左右交叉摆动。

3.腹肌与呼吸、发声主动配合感觉的锻炼

单纯地练习呼吸可以明确什么是正确的呼吸方法,但是只有和发声练习结合起来这种呼吸方法才可能是行之有效的。可以做以下练习,体会腹肌与呼吸、发声的配合。

(1)仰卧,小腹上放一本较有分量的厚书,体会腹肌随深呼吸的收缩、放松:在自然呼吸状态下,小腹在吸气时是上抬的、呼气时是下塌的,即:吸气时腹肌松弛、呼气时腹肌收缩,这种呼吸配合称为顺式呼吸。在有意识采用"腹壁站定"状态有控制地吸气时,小腹不是明显地上抬,但有一定的绷紧感,不是完全松弛,呼气时仍是渐渐下塌收缩,这种呼吸配合称为逆式呼吸。无论采用顺式呼吸或逆式呼吸,当吸气较满时,小腹始终会稍微上抬(即外凸)的,在吸气时过度地收腹会顶住膈肌,影响膈肌下降、从而影响吸气量。当做完上述练习,体会到腹肌与呼吸的关联关系之后,可以练习呼吸的基本状态,然后发声。主要是发单元音 a 的延长音,体会"送气发声"时腹肌与呼气的关系。

(2)坐在硬板凳的前 1/3 处,双腿伸直,腰腹放松,上身自左向右或自右向左旋转,上身后仰吸气时腹肌或放松、或稍稍绷紧,上身前倾呼气时,腹肌有意识收缩送气。这个练习的重点在于体会呼吸时腹肌的参与感。

(二)膈肌的训练

1.带有"hei"音的"狗喘气"的练习方法

　　锻炼腹肌的传统方法是"狗喘气"，即开口松喉，展开下肋，用笑的感觉（不出声）使腹肌做有节律的颤动。由于做这种练习时气流在喉部急速摩擦，容易对发声器官造成不良影响，因此被后人认为是得不偿失的练习方法。经过改良的办法有二：一是变开口为闭口。这样做的好处是可以使喉部一次直接挡气变为鼻孔和喉的两次挡气，从而减轻气流对喉部的摩擦。另外，气流经过鼻道时可以适当提高吸入空气的湿度，这样也可以减少对喉部的刺激，避免嗓音发干、发涩。二是变无声为有声。在呼气的同时，弹发"hei"音。这样做，不仅可以减轻气流对声音的摩擦，而且可以通过声音来鉴定练习的效果。带有"hei"音的"狗喘气"的练习方法和基本步骤是：

　　第一步，深吸气后，发出一个扎实的"hei"音。要求喉部、下巴松弛，舌根在发 h 时，有前送弹动感，胸前剑突下有明显的向上弹动感。在弹发"hei"时，必须保持膈肌弹动与发音的协调同步。开始时气与声会出现明显的"脱节"现象：可能是先出气后出声，可能是出了声气却尚未弹出，可能是气弹出却未用在发声上，可能是气弹了而声音仍用嗓子喊出来，等等。这在初练者是必然的现象，不要着急，可以慢慢地一声一声找。这时需注意三点。一是控制膈肌正确地上弹，既不是上腹部向外努（这样气不是外弹、而是内吞），又不是上腹部向内拙挤（这是送气而非弹气）。二是喉头部位一定要松弛，气弹出才可能弹发出 hei 音；否则，气与声会脱节，形成嗓子挤出的声。三是由于未经训练的人，有意识控制膈肌的能力较弱，在开始练膈肌弹发时，发出的 hei 音并不强。弹发正确的 hei 音，是音高稍低、圆润集中、松弛宽厚的声音。在开始练膈肌弹发时，一定要注意膈肌弹发与发音的有机配合，不必贪多、贪快、贪连续发音，只有一声一声练得有力了，才能连续发音。

　　第二步，在单声弹发膈肌状态稳定的情况下，增加弹发 hei 音的次数，连发 2 个、3 个、4 个、5 个……直至可连续发 7～8 个。连续弹发时，要注意给气的力量均匀，发出的 hei 音保持一定的音量、音高、音色且始终一致。此外，还应注意将膈肌的力量控制集中到弹发的瞬间，在弹发间隔时，膈肌要迅速放松恢复到原位；否则，膈肌会越弹越紧张，最终会因无气可弹而力竭。只有弹发后迅速放松才能使气不断地进入、弹出，也有利于膈肌再次积聚力量弹发。

　　第三步，坚持连续弹发练习，数日后会获得"自动"进气的感觉，在此基础上，可以转入第三步，由慢到快、稳劲轻巧地连续弹发 hei 音。

　　第四步，在第三步的基础上，做改变音高、音量、音色、音长的隔肌弹发练习。在开始做这个练习的一段时间里，可能会感到下肋、膈肌和腹部的动作不能协调一致,也会感到动作与声音"不同步",练久了还会腰酸腹痛。这些都是正常现象。如能按照上述步骤坚持练习,就能获得动作与声音的和谐与统一,膈肌的力量和灵活程度也会在练习中得到明显的提高。

2.弹发数字练习

吸好气,弹发"1、2、3、4";再吸气,弹发"1、2、3、4"。如此连续弹发,直到八个四拍。

3.弹发"ha"音练习

要求:吸好气,弹发"ha"音,先慢后快,如同京剧老生大笑一样的状态。

4.反复弹发"ya"、"hou"音练习

5.数数儿练习

要求:①分数 1 遍,十一九一八一七一六一五一四一三一二一一;②连续数两遍,十一九一八一七一六一五一四一三一二一一;③快速数 5 遍到 6 遍。

二、胸腹联合式呼吸法基本状态训练

(一)呼吸控制基本状态练习

1.叹气练习

这个练习分两个步骤进行:第一步,深呼吸后略作停顿,然后从胸口的位置,以叹气的感觉发出一个无声的"嗨"字,将气息痛快地叹出来。这个练习容易使练习者找到打开声腔、声音通畅的感觉。叹气时下巴、舌根一定要有"懒洋洋"的松弛感。第二步,继续以叹气的感觉在胸口的位置说出"嗨"的声音,让声音先虚着出来,以气带声,慢慢把声音发响。练习时用意念改变叹气的方向:不是向上叹气,而是向下垂直着叹气,让气流向下滑动、输送,并向腰的四周展开。这时,喉部与声带没有任何感觉,既不感到紧张,也感觉不到声带上挂着声音。这种圆润、通畅、明亮、柔和的声音,感觉是从胸口发声位置上"叹"出来的。在叹气发声之前,先要从心理上做好准备:用"吸"的感觉使整个腔体处于积极的状态,好像保持着惊讶的感觉,让腔体等着气息和声音的到来。坚持叹气发声练习,能使声音很快流动起来,它对于解决声门挤卡、发音困难等问题有着特殊的功效。

2.取坐姿,体会稍有控制的吸气和呼气

在将体内余气全部吐出来之后,吸气时有意识地强调"吸到肺底、两肋打开、腹壁站定"的感觉,进行慢吸慢呼。在吸气的过程中,着重体会两肋后部渐张、腹肌渐渐向"丹田"集中、腹壁从松弛状态渐渐绷紧"站定"的感觉。当吸气至比日常自然吸气稍多的五六成满时,调整吸气肌、呼气肌的控制感觉;屏气一瞬间立即慢慢地呼气,慢慢地放松胸肋,使气像细水长流般慢慢呼出,呼得均匀,控制时间越长越好,反复练习4～6次。呼气时要注意两点:一是尽量保持两肋张开的支撑感(实际仍会塌下收回一些);二是着重体会在这种呼吸肌的配合中,靠腹肌收缩往外输送气流的感觉。随着呼吸控制能力及隔肌与腹肌配合能力的增强,吸气量可加大到八九成满,只须注意呼气时,仍不要有明显的"扼喉"感。这个练习主要体会胸腹联合式呼吸方式中,腹肌参与吸气、呼气控制、特别是收腹呼气的感觉。

3.闻花香练习

取站姿,胸部自然挺起,双肩下垂,小腹微收。从容地如闻花香般吸气,觉两肋渐开,后腰发硬,至八成满。控制1～2秒钟,再缓缓呼出,可撮口吹或发si音。反复练习时,呼气时间逐渐延长,达25～30秒为合格,体会"兴奋从容两肋开"的感觉。

4.伸展呼气练习

取站姿,两臂向两侧自然平伸,与肩平;缓缓的深吸气,觉两肩胛骨向左右两侧移动,臂膀有伸长感。缓缓呼气,两肩胛骨逐渐恢复原状。

5.练习发纯净且音高自然一致的"a"的延长音

用慢吸、慢呼的动作,用单元音"a"的不同发声方式来打开自己的声音通道,使声音通畅。在保持气息均匀的基础上,可以发"a"的延长音,发声时,注意两肩放松,喉部放松,丹田用力,看看表,最好延长至10秒钟以上。要用自己最舒服的声音。声音逐渐由小到大,由低到高,由近到远,由弱到强。气息要通畅自如,下颌、舌根不要紧张,喉部要放松,让气流集中地打到硬腭前发出,这样声音均匀而畅通,便达到练声练气的目的了。如果还找不到这个感觉,或是想进一步练习,可以发绕行"a",即想象自己发"a"音时,声音发出去后,围绕一个支撑大堂的石柱子(或金属柱子),从地板绕行5到6圈直至天花板上。这时,你就会感到有使不完的力气,声音便畅通了。

(二)延长呼气控制状态的练习

1.慢吸慢呼,数数儿,延长呼气控制

在保持正确的基本呼吸状态下,慢吸气至八成满,然后,以大约每秒一个数儿的速度数数儿:1、2、3、4、5、6、7、8、9、10⋯⋯数的速度要慢,吐字要清楚,嘴上用力,不要紧张,不要憋气;发一个音马上闭住声门,不要跑气和换气;发音时喉放松、气要通。要吸一口气数数儿,中途不换气、不补气,并保证数字之间语音规整、声音圆润集中、音高一致、力度一致,出声则出气,不出声不漏气;开头的数字气不冲声不紧,结尾的数字气不憋、声不噎。气竭则声停。注意数数儿时,声带喉头保持正常发声的通畅感,不因吸气较满呼吸肌紧张而扼喉。一般吸一口气数数儿持续时间达到 30~40 秒即完成训练要求。开始练习时,不要单纯追求所数数字的多少,重点应在锻炼呼吸发声的控制力。经过一段时间的锻炼,呼吸控制力强了,数儿便会数得多了。

2.慢吸慢呼,数"枣儿",延长呼气控制时间

在保持正确的基本呼吸状态下,慢吸气至八成满,然后,以大约每秒一个音节的速度轻声念"出东门,过大桥,大桥底下一树枣,拿起竹竿去打枣,青的多红的少,一个枣儿,两个枣儿,三个枣儿,四个枣儿,五个枣儿……"直到一口气尽为止,反复 4~6 次。一般达到一口气能数 15~20 个枣儿即可。数枣儿接近说话状态,难度较大。但是,由于它更接近话筒前用声用气的实际控制状态,因此更应该予以高度重视。

3.慢吸慢呼,数"葫芦",延长呼气控制时间

保持正确的基本呼吸状态,慢吸气至八成满,然后,以大约每秒一个音节的速度轻声念"金葫芦,银葫芦,一口气数不了 24 个葫芦,1 个葫芦、2 个葫芦、3 个葫芦……"直到一口气气尽为止,反复 4~6 次。一般达到一口气能数十五个至二十个葫芦即可。

值得说明的是,数数儿、数"枣儿"、数"葫芦"等控制气息的练习,应使其越练控制越强,千万不要跑气。呼气时要注意两点:一是尽量保持两肋张开的支撑感;二是着重体会在呼吸肌的配合中、靠腹肌收缩往外送气流的感觉。

4.练唱舒缓、抒情的歌曲,锻炼随旋律乐句延长呼气发声的能力

这个练习是为了训练呼吸控制能力,歌唱时用本声、中低音、接近于通俗唱法练习,如《草原之夜》、《赞歌》、《走上这高高的兴安岭》、《美丽的草原我的家》等。

三、胸腹联合式呼吸控制能力训练

在胸腹联合式呼吸的实际运用中,吸气与呼气的配合有四种方式:慢吸慢呼、慢吸快呼、快吸快呼、快吸慢呼。其中,快吸慢呼更符合说话用声呼吸控制的实际状况,所以,在胸腹联合式呼吸控制能力的训练中,应以快吸慢呼的训练为主。同时,为了能够保证正确的呼吸状态,初学时一般采用慢吸的方式,等有了一定的基础后,则可以进行快吸等其他方式的训练。

(一)慢吸慢呼训练

慢吸慢呼就是胸腔自然挺起,用口、鼻将气息慢慢吸到肺叶下部,横膈膜下降,两肋肌肉向外扩张(也就是腰围扩张),小腹向内微收。总体的要

求——站稳,双目平视前方,头正,肩放松,自然放松,平稳柔和地进行,就像我们去闻花的芳香时的感觉一样,吸气吸得很深,吸气时不要用太大的力,只要轻轻地挺住胸廓和上腹部,然后慢慢呼气。呼气时,注意保持吸气状态,控制住两肋和横膈膜,使气息平稳、均匀、持续、连贯地慢慢吐出。

1.立定呼吸练习

立定站稳(一只脚稍向前),双目平视前方,头正,双肩放松,呼吸时后声腔(软腭)始终保持挺立的状态。吸气时感觉气息的运动状态,胸腔、腹腔、肋骨都有打开的感觉。腹壁站定(吸气时,在胸部扩张的同时,使腹部肌肉向小腹的中心位置收缩,腹壁保持不凸也不凹的状态。由于腹肌的收缩,使呼吸的力量和降下横膈膜所形成的吸气的力量之间产生一种抗力,这种力道就是气息结实的根源所在)。吸气不可太满,八成左右就可以了;太满的话气息就会僵硬不流畅,发出的声音也会随之而僵硬和干涩。吸满气后不要着急往外呼,保持吸气的状态3～5秒钟,体会气息在体内充盈的感觉。此时,还可以做这样一个动作:将气息提到胸腔然后再压入腹腔,然后再返回胸腔。这个动作的好处是,可以明显地感受到比较抽象的气息在体内的运作过程,可以更好地理解和把握气息,会觉得肺的下部及腰部都充满了气息,感觉气息进入到丹田。保持几秒钟,然后再轻缓地呼出,随着呼出的气可练习轻喊"小兰"、"阿花"等,一声声呼唤渐渐远去。

2.想象吹小瓶练习

想象自己吹小药瓶的感觉(或真的找来一个小瓶),对着小瓶口吹气,吹得均匀,小瓶会发出长长的"喔"的声响。如果吹得过快过猛,就不会有这种效果。

3.单元音韵母发音练习

用一口气连续发六个单元音韵母 a—o—e—i—u—ü,并努力保持音高和音强的恒定不变。

(二)慢吸快呼训练

口鼻同时吸气,但是呼气时只用嘴。呼吸时后声腔(软腭)始终保持挺立的状态。吸气时感觉气息的运动状态,胸腔、腹腔、肋骨都有打开的感觉,腹壁站定。注意吸气时,在胸部扩张的同时,使腹部肌肉向小腹的中心位置收缩,腹壁保持不凸不凹的状态。由于腹肌的收缩,使呼吸的力量和下降的横膈膜所形成的吸气的力量之间产生一种拮抗力,这种力道就是气息结实的根源所在。

1.重复简单的绕口令体会慢吸快呼的状态

(1)吃葡萄不吐葡萄皮儿。

(2)四是四,十是十,十四是十四,四十是四十。

(3)化肥会挥发。

(4)京剧是京剧,警句是警句。

(5)一二三四五六七,数了半天一棵树,一棵树上七个枝,七个枝上七样果,苹果、葡萄、石榴、柿子、李子、栗子、梨。

2.数数练习

一,一个一。一二,二一,一,一个一。一二三,三二一,二一,一,一个一。一二三四,四三二一,三二一,二一,一,一个一。一二三四五,五四三二一,四三二一,三二一,二一,一,一个一。一二三四五六,六五四三二一,五四三二一,四三二一,三二一,二一,一,一个一。一二三四五六七,七六五四三二一,六五四三二一,五四三二一,四三二一,三二一,二一,一,一个一。

要求每个句子里的内容用一口气说完。句子短,用气少,吸气就少一些,状态比较放松,控制意识也弱;句子长,尤其说最后一句"一二三四五六七……"必须进气深、进气多,进气快而控制意识强,用气均匀,才能一口气说完。

(三)快吸快呼训练

快吸时应注意保持慢吸时"两肋打开、吸到肺底、腹壁站定"的基本状态,只是将慢慢吸气改为在不经意间一张嘴的一瞬间即吸气到位。就像突然在远处发现了你正要找的人、准备喊他的瞬间吸气。快吸快呼的训练,可选练快板、戏曲、曲艺的贯口段子,要求呼吸控制急而不促、快而不乱、长而不喘。

1.快板书练习

快板书是由数来宝演变而来的,因沿用数来宝的击节乐器两块大竹板儿(大板儿)和五块小竹板儿(节子板儿)而得名。快板书突破了数来宝原来"三、三、七"的句式,在七言对偶的基本句式之外,增添了单字垛、双字垛、三字头、四字联、五字垛等句式,以及重叠、连叠句的长句式。随着句式的丰富,"七块板儿"的运用也有了新的演变。例如,大小板儿的混合连奏多用于开书板儿和段落之间的过渡,说书中间的击节和烘托则以节子板儿为主,以大板儿为辅,而大板儿又成为模拟事物、辅助表演的道具。为了提高艺术格调,避免传统数来宝的"江湖气",快板书演员借鉴竹板书、西河大鼓和各种演唱艺术的长处,革新口风语气和表演动作,增强了刻画人物、描述情景的表现能力。请练习下面这篇著名的快板书《吹牛》:

说,星期天我到郊区,碰到了两只蝈蝈和蛐蛐,它俩正在吹牛皮。这个蝈蝈说:"我在南山,吃了一只斑斓虎。"这个蛐蛐说:"嘿!我在北山,一口就吞了半条大叫驴。"这个蝈蝈说:"我卷卷须,拔倒了万年大松树。"这个蛐蛐说:"我蹬蹬腿,踹倒了高山,变成平地。"这个蝈蝈说:"飞禽走兽,都归我管。"这个蛐蛐说："天上飞的，地上跑的，水里游的，草坑里蹦的我都给它们定规矩。"正是这两个家伙说大话，从村子里，呱呱呱，哏哏哏，扑楞楞楞，跑来了一只芦花大公鸡，"当"的一口把蝈蝈吞进了肚子里。小蛐蛐一见有了气，开言有语地骂公鸡："我说公鸡呀，你不该，南山吃了我的亲娘舅，北山吃了我的姑妈姨。四两的棉花你纺一纺，蛐爷爷不是好惹地，今天你犯到我的手，咱们俩，定要分个上下和高低。"说完了话，它蹬蹬腿，摸摸牙，卷卷须，往前一蹦——也喂了鸡！

练习要求：由一般速度练习开始，逐渐加快速度。气息、吐字要配合好，气息通畅自然，吐字清晰利落，感情具有起伏变化。

2.贯口段子练习

贯口，又名趟子，是"说"功的一种。演员将篇幅较长的一段说词一气说出，要求流畅清晰、节奏明快。演员需要事先背诵，以达到渲染情节、展示技巧、产生笑料等作用。请练习下面这两篇著名的贯口段子：

(1)后汉三国有一位忠厚人，此人姓鲁，名肃，字子敬。皆因刘备当阳大败，夏口屯兵，鲁肃同孔明过江东，舌战群儒，对周瑜念《铜雀台赋》，言说曹操下江东所为二乔，以乐晚景。气坏周公瑾，那周瑜才与曹操势不两立。阚泽下书，怒打黄盖，庞统献连环之计，周瑜用火攻。只皆因欠东风，周郎身染重病，南屏山借东风。周瑜密差丁奉、徐盛去杀孔明。赵子龙箭射篷绳，孔明才得活命。火烧战船，曹兵大败，荆襄九郡，俱为刘备占领。到后来屡讨荆州，刘备总是不还，竟自难为鲁子敬，那金圣叹老先生批三国说："鲁子敬是一位忠厚人也。"

(《八扇屏·忠厚人》)

(2)孟苏七式拳，寸锦张关东拳、斜穿星秋拳、正丝缠风拳、怀德摔踩拳、潭芳滚漏拳、燕青跌架拳、李遽硬绷拳、三星炮锤拳、虎鹤双行拳，有达尊拳、迷祖拳、太乙拳、太岁拳、太祖长拳、五祖贺阳拳、太祖七十二式拳，有一宗拳、二元拳、三趟拳、四通锤拳、四把岳家拳、五占拳、五虎爬山拳、六合拳、六合八法拳、七圣拳、七星访友拳、八仙拳、八极拳、九进飞龙拳、十把内外拳、十二钩拳、十三太保拳、十三抓少林拳、一十八内闪翻拳、二十四擦马拳、三十六匕首拳、七十二横拳、小石拳、一百零八罗汉拳，飞虎拳、伏虎拳、青龙拳、蛟龙拳、螳螂拳、白鹤拳、大黑拳、大蟒拳，有鼠拳、牛拳、虎拳、兔拳、龙拳、蛇拳、马拳、羊拳、猴拳、鸡拳、狗拳、豹拳、狮拳、熊拳、凤拳、鹞拳、飞虎鞭拳、白猿通臂拳，有大洪拳、小洪拳、大成拳、密宗拳、内家拳、外家拳、殷家拳、杨家拳、霍家拳、赵家拳、蔡家拳、莫家拳、朝阳拳、宝剑拳、开山拳、靠山拳、工力拳、乒乓拳、崩磨拳、子母拳、白眉拳、拖靠拳、士门拳、地趟拳、太子剑拳,有空手、硬手、行手拳,形意、心意、如意拳,劈拳挂拳、截拳跳拳,有弹拳、快拳、绷拳、攒拳、长拳、短拳、横拳、断拳、南拳、泰拳、仰拳、插拳、花拳、套拳、撩拳、扎拳、劈挂手拳、自然拳、阴阳太极拳、五当太乙五行拳!

（《论拳》）

（3）有蒸羊羔儿、蒸熊掌、蒸鹿尾儿、烧花鸭、烧雏鸡、烧子鹅、卤猪、卤鸭、酱鸡、腊肉、松花小肚儿、晾肉、香肠儿、什锦苏盘儿、熏鸡白肚儿、清蒸八宝猪、江米酿鸭子、罐儿野鸡、罐儿鹌鹑、卤什件儿、卤子鹅、山鸡、兔脯、菜蟒、银鱼、清蒸哈什蚂、烩鸭丝、烩鸭腰、烩鸭条、清拌鸭丝儿、黄心管儿焖白鳝、焖黄鳝、豆豉鲇鱼、锅烧鲤鱼、烀烂甲鱼、抓炒鲤鱼、抓炒对虾、软炸里脊、软炸鸡、什锦套肠儿、卤煮寒鸦儿、麻酥油卷儿、熘鲜蘑、熘鱼脯、熘鱼肚、熘鱼片儿、醋熘肉片儿、烩三鲜儿、烩白蘑、烩鸽子蛋、炒银丝、烩鳗鱼、炒白虾、炝青蛤、炒面鱼、炒竹笋、芙蓉燕菜、炒虾仁儿、烩虾仁儿、烩腰花儿、烩海参、炒蹄筋儿、锅烧海参、锅烧白菜、炸木耳、炒肝尖儿、桂花翅子、清蒸翅子、炸飞禽。炸汁儿、炸排骨、清蒸江瑶柱、糖熘芡仁米、拌鸡丝、拌肚丝、什锦豆腐、什锦丁儿、糟鸭、糟熘鱼片、熘蟹肉、炒蟹肉、烩蟹肉、清拌蟹肉、蒸南瓜、酿倭瓜、炒丝瓜、酿冬瓜、烟鸭掌儿、焖鸭掌儿、焖笋、炝茭白、茄子晒炉肉、鸭羹、蟹肉羹、鸡血汤、三鲜木樨汤、红丸子、白丸子、南煎丸子、四喜丸子、三鲜丸子、氽丸子、鲜虾丸子、鱼脯丸子、饹炸丸子、豆腐丸子、樱桃肉、马牙肉、米粉肉、一品肉、栗子肉、坛子肉、红焖肉、黄焖肉、酱豆腐肉、晒炉肉、炖肉、黏糊肉、烀肉、扣肉、松肉、罐儿肉、烧肉、大肉、烤肉、白肉、红肘子、白肘子、熏肘子、水晶肘子、蜜蜡肘子、锅烧肘子、扒肘条、炖羊肉、酱羊肉、烧羊肉、烤羊肉、清羔羊肉、五香羊肉、氽三样儿、爆三样儿、炸卷果儿、烩散丹、烩酸燕儿、烩银丝儿、烩白杂碎、氽节子、烩节子、炸绣球、三鲜鱼翅、栗子鸡、氽鲤鱼、酱汁鲫鱼、活钻鲤鱼、板鸭、筒子鸡、烩脐肚、烩南荠、爆肚仁儿、盐水肘花儿、锅烧猪蹄儿、拌稂子、炖吊子、烧肝尖儿、烧肥肠儿、烧心、烧肺、烧紫盖儿、烧连帖、烧宝盖儿、油炸肺、酱瓜丝儿、山鸡丁儿、拌海蜇、龙须菜、炝冬笋、玉兰片、烧鸳鸯、烧鱼头、烧槟子、烧百合、炸豆腐、炸面筋、炸软巾、糖熘饹儿、拔丝山药、糖焖莲子、酿山药、杏仁儿酪、小炒螃蟹、氽大甲、炒荤素儿、什锦葛仙米、鳎目鱼、八代鱼、海鲫鱼、黄花鱼、鲥鱼、带鱼、扒海参、扒燕窝、扒鸡腿儿、扒鸡块儿、扒肉、扒面筋、扒三样儿、油泼肉、酱泼肉、炒虾黄、熘蟹黄、炒子蟹、炸子蟹、佛手海参、炸烹儿、炒芡子米、奶汤、翅子汤、三丝汤、熏斑鸠、卤斑鸠、海白米、烩腰丁儿、火烧茨菇、炸鹿尾儿、焖鱼头、拌皮渣儿、氽肥肠儿、炸紫盖儿、鸡丝豆苗、十二台菜、汤羊、鹿肉、驼峰、鹿大哈、插根儿、炸花件儿、清拌粉皮儿、炝莴笋、烹芽韭、木樨菜、烹丁香、烹大肉、烹白肉、麻辣野鸡、烩酸蕾、熘脊髓、咸肉丝儿、白肉丝儿、荸荠一品锅、素烩春不老、清焖莲子、酸黄菜、烧萝卜、脂油雪花儿菜、烩银耳、炒银枝儿、八宝榛子酱、黄鱼锅子、白菜锅子、什锦锅子、汤圆锅子、菊花锅子、杂烩锅子、煮饽饽锅子、肉丁辣酱、炒肉丝、炒肉片儿、烩酸菜、烩白菜、烩豌豆、焖扁豆、汆毛豆、炒豇豆，外加腌茎蓝丝儿。

《报菜名》

(四)快吸慢呼训练

这是播音创作中实际使用的方法，要以前面的练习作为基础。第一步，快吸。口鼻同时快速吸气，一瞬间将气息吸满，然后停3~5秒体会气息的运动。第二步，慢呼。后声腔立起，打开气息通道，使气息更多更快地吸入体内，同时也可以减少气息和喉部的摩擦声。当然，后声腔并非得立得越高越好。训练时可以紧紧围绕下面两个具体练习展开：

1.韵母的上声夸大练习

具体作法是：急速吸气，略停顿后，缓缓呼出。可以这样体会：想象一位久别的很要好的朋友，突然出现在你面前，你惊奇地倒抽一口气，几乎喊叫出来，就停止在这种状态上。几秒后，仿佛有一股外部的力量将小腹向后推压，感到小腹在与这股外来力量的对抗中，气息缓缓呼出。这时横膈膜有力地起着支持作用。这样快速地吸气，正是播音中经常要用的快吸慢呼。呼气时，可以通过夸大韵母上声的方法进行练习：

单韵母：ǎ、ǒ、ě、ǐ、ǔ、ǚ、ěr

复韵母：ǎi、ěi、ǎo、ǒu、iǎ、iě、uǎ、uǒ、ǚě、iǎo、iǒu、uǎi、uěi

鼻韵母：ǎn、iǎn、uǎn、üǎn、ěn、ǐn、uěn、ǔn、ǎng、iǎng、uǎng、ěng、ǐng、uěng、ǒng、iǒng

2.喊人练习

选择由发音响亮的音节组成的人名，比如阿毛、阿花、小兰、小安、小刚、张南等进行模拟喊人练习。假设这个被"喊"的人在远处，你发现了他，要喊他，于是迅速地抢吸一口气，然后拉长声音大声呼喊。

四、呼吸控制运动状态训练

(一)声调练习

汉语是声调语言。在汉语里，声调是音节结构不可缺少的重要组成部分，具有重要的辨义作用。例如，"题材"和"体裁"、"练习"和"联系"等词语都是依靠声调来区别意义的。声调是相对音高的变化。当一个人情绪激动时，只普通话的一个"去声"就可达到两个半八度的音域。就声音形成而言，汉语语势变化的基础是四声调值的变化。四声的不同音高主要靠气息的运动来调节,一个是小腹松紧变化,另一个是"胸部支点"的变化。声音的高低起伏反映在气息上会在前胸有不同的"着力点"、"紧张点",这叫做"胸部支点"。这是气息压力不同的表现,就像给自行车打气,活塞下压的力量大,输出的气就足;活塞下压的力量小,输出的气就弱。如果用控制打气筒输出气量大小的道理来比喻说话时气息在胸部的活动及气息量的变化,可以设想把打气筒倒置在胸部,打气筒的"压把儿"在小腹。小腹较紧,"气柱"密度大、力强,支持的声音高;相反,小腹较松,"气柱"密度小、力弱,即使气息量大,音高也相对较低。基于音高与气息的这种关系,我们可以设想在前胸有一个声调的五度制标尺:5度在锁骨窝处,即胸骨的上端,这是胸部支点的上限;1度在横隔下降的位置,这是胸部支点的下限;1~5之间还有相应的2度、3度、4度等。发音时要着意体会相应调值在这个五度制标尺上的上下滑动。做四声的练习,目的是用气息上下走通的感觉,体会声调的高低升降变化。一方面,从胸部支点的上下移动体会气息的运动。另一方面,从声音来检验气息是通的还是憋在胸部、僵持在某一点上或是卡在了喉部。必须防止由喉部肌肉的"卡"和"松"来控制气息而发出的"卡紧"、"发扁"的四声。所以,我们可以通过"四声夸张"的训练,体会随音高变化而调整气流量、气流力度、呼吸支点上下通畅移动等呼吸控制运动状态。要领如下:首先,分别掌握汉语音调阴平、阳平、上声、去声的呼吸控制特点。其次,分别掌握四声夸张发声的呼吸控制后,可用比日常说话稍夸张的音域连续发一组同声韵夸张的四声。重点在于体会四个声调调值的相对高度变化,即阴平(55),阳平(35),上声(214),去声(51)。注意小幅度夸张时呼吸控制细微的变化,要有意识地使呼吸控制有所变化,而这种变化又体现在腹肌的用力程度上。最后,用高低音的极限音域,发夸张的同声韵四声音节。要求:音程长、声调全、气息有较大幅度的运动变化。

　　1.四声基本练习

　　(1)阴平。阴平是高平调,调值是55,发音时声带始终是拉紧,声音又高又平。用气类似唱高音时的拖腔,要保持气流量小、气流力度强、口腔控制力度较强等发高音时的配合状态。呼吸控制方式单一,不必变化。注意发音时喉头舌根应放松,喉部有上下抻长感,不可挤压。小腹从开始就收得较紧,胸部支点较高且保持在同一处,差不多在锁骨窝处,注意不可突破这个上限。请体会:

　　擦 郭 轻 边 歌 机 师 先 妈 家 先 通 章 光 千 坡 包 搭 单 帮 声 仙 纠

　　(2)阳平。阳平是中升调,调值是35,发音时声带由不松不紧到逐渐拉紧,声音由不高不低直至升到最高。用气是由发中音时适中的流量、力度配合渐渐向力度加强而流量渐小的配合过渡,同时口腔控制必须渐强,特别是软腭向上挺的力度要渐强。呼吸控制力度总体上是渐强的,特别是在最后发到高音顶端时,小腹的给气力度要托住,使声音在从中音到高音过渡的时候,尽量像在一个均匀的管子里向上走,而不是像牛角那样下宽上窄。如果气息力度跟不上发高音的需要,只单纯扼紧喉部时,则无法保证声音宽柔、圆润、响亮;相反,声音会变得窄、尖、干、涩。开始时小腹较松,逐渐收紧,胸部支点由胸骨中间向上移动到锁骨窝处。请体会:

麻来团图毒霞房年怀求平零英贤梅红流孪严良节学值

（3）上声。上声是低升调,调值是214,发音时声带由较松慢慢到最松,再到很快地拉紧。声音由较低慢慢到最低,然后再快速升高。上声的发音,无论高音或者呼吸控制都是难度较大的,因为它们一直在变化,而且变化幅度较大。上声调呼吸控制的基本状态是,从适中的流量、力度变为发低音的流量大、力度小的状态,然后再变为像发阳平那样,渐渐减小流量,增大力度的控制状态。腹肌的实际控制是先松后紧,口腔控制则是先紧后松再紧。意念上想象气息在一个U型的管子里运动的感觉。开始时小腹放松,胸部支点向下滑动到最下限即横膈膜,最后收紧小腹,胸部支点也迅速向上移动到前胸的声调5度制标尺的4度处。发上声时,宜"前长后短",即声音向下走的时间长一些,向上走的时间快而短。如果不能正确地掌握低音、中音、高音的呼吸状态,练上声夸张练习很容易出现声噎、声嘶、声竭的现象。请体会:

马跑赌赏把甲俭显桶光海悯磊选好走楚主爽柳得给秒

（4）去声。去声是高降调,调值是51,发音时声带先拉紧,后放松,声音从最高降到最低。从高音及呼吸控制上看,去声发音似乎容易把握,但当音高渐低、呼吸控制渐松时,很可能因为气流量过小、力度过小而使音高降到低音时,发生声音噎哑、沙涩、闷暗的现象。要注意随着音高的下降,气流量由小到多,气流力度由适中到较强。开始时小腹收得很紧,胸部支点在锁骨窝处,接着稳稳地向下移动直到胸骨的下端,做去声练习时音程应大一些。专业用声的呼吸控制不同于生活中说话时发低音的状态,比生活中的呼吸控制要强,要让气一直托到音发完为止,呼吸控制的最后一瞬类似于"就气",不能过早地在音尚未发完时就"撤劲"。请体会:

骂就坏地破贵靠料报字是度夏价县痛动务诈恙翘叫断

2.四声同声韵夸大练习

吧拔把爸 搭答打大 田南赧难 飞肥斐肺 颗咳可客 多夺躲剁 豁活火货

妞牛钮拗 先贤显现 猪竹煮著 星行醒性 充虫宠冲 挖娃瓦袜 屈渠取去
汪王网忘 薛学雪谑 晕云允运 嘬昨左座 知直指制 些鞋写泄 出除椅处

要求：音程长，声调全。

3.双音节词语组合练习

第一组：

阴—阴：分工 中央 军官 功勋 交通 飞机 星期 音标 刊登 资金 东风 村庄
阴—阳：工人 光芒 忽然 音节 中国 包含 英雄 宣传 批评 观摩 钻研 心得
阴—上：真理 思考 推理 参考 工厂 浇水 开水 针灸 欣赏 烧火 风景 兵种
阴—去：经验 工具 机械 工作 脱粒 翻地 吃饭 音乐 鸡蛋 书架 光线 开会

第二组：

阳—阴：淮阴 崇高 行星 红花 农村 镰刀 船舱 晴天 棉衣 房间 茶杯 图钉
阳—阳：和平 时常 轮流 船头 棉田 红旗 黎明 农民 联盟 言行 黄河 陶瓷
阳—上：锄草 邮筒 糖果 苹果 牛奶 棉袄 狭窄 营养 谜语 团长 南北 毛笔
阳—去：革命 文化 学术 文件 实验 原料 劳动 食物 牛肉 毛裤 颜色 缝纫

第三组：

上—阴：火车 老师 北方 指标 雨衣 小说 海军 体操 港湾 酒精 许多 首先
上—阳：口型 朗读 古文 考察 改革 旅行 祖国 果园 岭南 铁锤 鲤鱼 雪人
上—上：改选 举手 指导 讲演 本领 首长 总理 保险 勇敢 友好 反省 减少
上—去：土地 柳树 打破 稿件 纽扣 典范 广大 巩固 妥善 努力 统治 感谢

第四组：

去—阴：卫星 电灯 日光 陆军 月刊 特征 步枪 列车 兽医 辣椒 药方 信箱
去—阳：汽油 辟谣 麦苗 贵阳 药丸 皱纹 种植 会谈 晋南 近年 命名 事实
去—上：入伍 跳舞 制止 特写 字母 汉语 字典 历史 地理 电影 戏曲 报纸
去—去：遍地 扩大 论调 地道 贺信 注意 示范 大会 议案 照相 办事 电报

4.四声四音节组合练习

第一组　四声同调练习：

春天花开　江山多娇　珍惜光阴　前途光明　人民团结　豪情昂扬
回国华侨　儿童文学　厂长领导　理想美好　妥善处理　日夜奋战　胜利
闭幕　电话会议　地震预测　到会祝贺

第二组　顺序组合练习：

孤云野鹤　心明眼亮　胸怀广阔　坚持努力　思前想后　山河锦绣
风调雨顺　高朋满座　深谋远虑　兵强马壮　精神百倍　兵强马壮
山明水秀　山盟海誓　千锤百炼　飞檐走壁　风调雨顺　心怀叵测
瓜田李下　发凡起例　光明磊落　妖魔鬼怪　优柔寡断　安常处顺

第三组　逆序组合练习：

破釜沉舟　万马腾空　智勇无双　探讨原因　刻苦读书　暮鼓晨钟

大有文章　万古流芳　痛改前非　四海为家　大显神通　逆水行舟

逆水行舟　妙手回春　热火朝天　兔死狐悲　驷马难追　信以为真

步履维艰　万古流芳　倒果为因　地广人稀　调虎离山　奋起直追

第四组　四声交错练习：

忠言逆耳　水落石出　身体力行　得心应手　无可非议　集思广益
绝对真理　百炼成钢

卓有成效　轻描淡写　班门弄斧　五光十色　明目张胆　信口开河
营私舞弊　胸有成竹

开天辟地　一清二白　三言两语　豪气冲天　春暖花开　恼羞成怒
豪言壮语　气冲霄汉

情意绵绵　山高水长　一衣带水　天涯海角　江天一色　春风浩荡
壮志凌云　好高骛远

（二）绕口令练习

1.石室诗士施氏，嗜狮，誓食十狮。氏时施适市视狮。十时，适十狮适市。是时，适施氏适市。氏视是十狮，恃矢势，使十狮逝世。氏拾是十狮尸，适石室。石室湿，氏使侍拭石室。石室拭，氏始试食十狮尸。食时，始识是十狮，实十石狮尸。试释是事。

2.高高山上有座庙，庙里住着两老道，一个年纪老，一个年纪少。庙前长着许多草，有时候老老道煎药，小老道采药；有时候小老道煎药，老老道采药。

3.太阳从西往东落，听我唱个颠倒歌。天上打雷没有响，地下石头滚上坡；江里骆驼会下蛋，山里鲤鱼搭成窝；腊月苦热直流汗，六月暴冷打哆嗦；姐在房中手梳头，门外口袋把驴驮。

4.一葫芦酒九两六，一葫芦油六两九。六两九的油，要换九两六的酒，九两六的酒，不换六两九的油。

5.营房里出来两个排，直奔正北菜园来，一排浇菠菜，二排砍白菜。剩下八百八十八棵大白菜没有掰。一排浇完了菠菜，又把八百八十八棵大白菜掰下来；二排砍完白菜，把一排掰下来的八百八十八棵大白菜背回来。

6.天上看，满天星；地下看，有个坑；坑里看，有块冰。坑外长着一棵松，松上落下一只鹰，松下坐着一老僧。僧前放着一部经，经前点着一盏灯，墙上钉着一根钉，钉上挂着一张弓。说刮风，就刮风，刮得男女老少难把眼睛睁。刮散了天上的星，刮平了地上的坑，刮化了水里的冰，刮倒了坑外的松，刮飞了松上的鹰，刮走了松下的僧，刮乱了僧前的经，刮灭了经前的灯，刮掉了墙上的钉,刮翻了钉上的弓。

（三）格律诗练习

格律诗是指唐以后的古诗,分为绝句和律诗。篇式、句式有一定规格,音韵有一定规律,变化使用也要求遵守一定的规则。它是古老和传统的诗体,结构严谨,字数、行数、平仄或轻重音、用韵都有一定的限制。不同的国家有不同的格律诗,如中国的近体诗（绝句、律诗）,西方的十四行诗、五行打油诗、四行诗,西班牙的八行诗,意大利的三行诗以及日本俳句等。格律诗是在字数、韵脚、声调、对仗各方面都有许多讲究的诗。它规定诗有定句,句有定字,字讲平仄,严格压韵,而且律诗的中两联要对仗等。它是根据汉语一字一音,音节声调的特点和诗歌对音乐美、形式美、精练美的特殊要求而产生的,所以具有相当强的生命力。格律诗对声律的要求极为严格。声律包括压韵和平仄,其中又以平仄最重要。格律诗分为绝句和律诗,都分五言和七言,律诗还有排律。格律诗的音乐性很强,讲究韵律和平仄,在朗读时应表现出抑扬顿挫的韵味。朗读下列格律时应当注意:一是要读出音律美,划分好语节;二是按照呼吸运动状态与声调结合的要求,用较慢的速度将音节清清楚楚地读出来,尤其要注意韵脚的音节一定要读得饱满;三是在朗读是要注意体会诗词的情景、意境等,做到声情并茂。

1. 朝辞白帝彩云间,千里江陵一日还。两岸猿声啼不住,轻舟已过万重山。

（李白《早发白帝城》）

2. 春眠不觉晓,处处闻啼鸟。夜来风雨声,花落知多少。

（孟浩然《春晓》）

3. 葡萄美酒夜光杯,欲饮琵琶马上催。醉卧沙场君莫笑,古来征战几人回?

（王翰《凉州词》）

4. 秦时明月汉时关,万里长征人未还。但使龙城飞将在,不教胡马度阴山。

（王昌龄《出塞》）

五、换气训练

1. "狗喘气"练习

狗在夏天天热时,常常吐着舌头快速地喘气。练习"狗喘气"是寻找换气感觉的好办法。这种练习可以使练习者体会到横膈膜在呼吸换气中快速颤动的活动状况,从而掌握换气要领。在练"狗喘气"时胸口感觉是张开的。此时下巴与喉结往下沉,是一种"懒洋洋"的松弛状态。

2. 喊人练习

阿毛是你的小弟弟,只有四岁。这天你放学回到家里,妈妈正在厨房做饭⋯⋯

（1）阿毛在屋里玩，你放下书包说："阿毛，你过来，我给你讲个故事。"

（2）阿毛没在屋，你边找边喊："阿毛，阿毛⋯⋯"

（3）阿毛经常到邻院去玩，你隔墙喊："阿毛，阿毛⋯⋯"

（4）跑到院外，忽远忽近地喊"阿毛，阿毛⋯⋯"忽然看到远处的大河，脑子里闪过一个可怕的念头，喊"阿毛，阿毛⋯⋯"转身向家里跑，边跑边喊"妈妈，妈妈，阿毛不见了。"

3.诗词练习

第一首：

你从雪山走来，春潮是你的风采；你从远古走来，巨浪荡涤着尘埃。

你向东海奔去，惊涛是你的气概，你向未来奔去，涛声回荡在天外。

你用甘甜的乳汁，哺育各族儿女；你用纯洁的清泉，灌溉花的国土。

你用健美的臂膀，挽起高山大海，你用磅礴的力量，推动新的时代。

我们赞美长江，你是无穷的源泉，我们依恋长江，你有母亲的情怀。

长江啊长江！

（《话说长江》主题歌《长江之歌》，节选）

第二首：

就是那一只蟋蟀	就是那一只蟋蟀
钢翅响拍着金风	在你的记忆里唱歌
一跳跳过了海峡	在我的记忆里唱歌
从台北上空悄悄降落	唱童年的惊喜
落在你的院子里	唱中年的寂寞
夜夜唱歌	想起雕竹做笼
	想起呼灯篱落
就是那一只蟋蟀	想起月饼
在《豳风·七月》里唱过	想起桂花
在《唐风·蟋蟀》里唱过	想起满腹珍珠的石榴果
在《古诗十九首》里唱过	想起故园飞黄叶
在花木兰的织机旁唱过	想起野塘剩残荷
在姜夔的词里唱过	想起雁南飞
劳人听过	想起田间一堆堆的草垛
思妇听过	想起妈妈唤我们回去加衣裳
	想起岁月偷偷流去许多许多

就是那一只蟋蟀　　　　　　　就是那一只蟋蟀

在海峡那边唱歌　　　　　　　在你的窗外唱歌

在海峡这边唱歌　　　　　　　在我的窗外唱歌

在台北的一条巷子里唱歌　　　你在倾听

在四川的一个巷子里唱歌　　　你在想念

处处唱歌　　　　　　　　　　我在倾听

比最单调的乐曲更单调　　　　我在吟哦

比最谐和的音响更谐和　　　　你该猜到我在吟些什么

凝成水　　　　　　　　　　　我会猜到你在想些什么

是露珠　　　　　　　　　　　中国人有中国人的心态

燃成光　　　　　　　　　　　中国人有中国人的耳朵

是萤火　　　　　　　　　（流沙河《就是那一只蟋蟀》,节选）

变成鸟

是鹧鸪

啼叫在乡愁者的心窝

第三首:

忘了是在江南,江北,

是在哪一个城市,哪一个园子里捡来的了,

被夹在一册古老的诗集里,

多年来,竟没有些微的损坏。

蝉翼般轻轻滑落的槐树叶,

细看时,还占着些故国的泥土呢。

故国哟,啊啊,要等到何年何月

才能让我回到你的怀抱里

去享受一个世界上最愉快的

飘着淡淡的槐花香的季节?

（纪弦《一片槐树叶》,节选）

4.《三字经》诵读练习

人之初　性本善　性相近　习相远　苟不教　性乃迁　教之道　贵以专

昔孟母　择邻处　子不学　断机杼　窦燕山　有义方　教五子　名俱扬

养不教　父之过　教不严　师之惰　子不学　非所宜　幼不学　老何为

玉不琢　不成器　人不学　不知义　为人子　方少时　亲师友　习礼仪

香九龄　能温席　孝于亲　所当执　融四岁　能让梨　弟于长　宜先知

首孝悌　次见闻　知某数　识某文　一而十　十而百　百而千　千而万

三才者　天地人　三光者　日月星　三纲者　君臣义　父子亲　夫妇顺
曰春夏　曰秋冬　此四时　运不穷　曰南北　曰西东　此四方　应乎中
曰水火　木金土　此五行　本乎数　曰仁义　礼智信　此五常　不容紊
稻粱菽　麦黍稷　此六谷　人所食　马牛羊　鸡犬豕　此六畜　人所饲
曰喜怒　曰哀惧　爱恶欲　七情具　匏土革　木石金　丝与竹　乃八音
高曾祖　父而身　身而子　子而孙　自子孙　至玄曾　乃九族　人之伦
父子恩　夫妇从　兄则友　弟则恭　长幼序　友与朋　君则敬　臣则忠
此十义　人所同　凡训蒙　须讲究　详训诂　明句读　为学者　必有初
小学终　至四书　论语者　二十篇　群弟子　记善言　孟子者　七篇止
讲道德　说仁义　作中庸　子思笔　中不偏　庸不易　作大学　乃曾子
自修齐　至平治　孝经通　四书熟　如六经　始可读　诗书易　礼春秋
号六经　当讲求　有连山　有归藏　有周易　三易详　有典谟　有训诰
有誓命　书之奥　我周公　作周礼　著六官　存治体　大小戴　注礼记
述圣言　礼乐备　曰国风　曰雅颂　号四诗　当讽咏　诗既亡　春秋作
寓褒贬　别善恶　三传者　有公羊　有左氏　有谷梁　经既明　方读子
撮其要　记其事　五子者　有荀扬　文中子　及老庄　经子通　读诸史
考世系　知终始　自羲农　至黄帝　号三皇　居上世　唐有虞　号二帝
相揖逊　称盛世　唐有禹　商有汤　周文武　称三王　夏传子　家天下
四百载　迁夏社　汤伐夏　国号商　六百载　至纣亡　周武王　始诛纣
八百载　最长久　周辙东　王纲坠　逞干戈　尚游说　始春秋　终战国
五霸强　七雄出　嬴秦氏　始兼并　传二世　楚汉争　高祖兴　汉业建
至孝平　王莽篡　光武兴　为东汉　四百年　终于献　魏蜀吴　争汉鼎
号三国　迄两晋　宋齐继　梁陈承　为南朝　都金陵　北元魏　分东西
宇文周　与高齐　迄至隋　一土宇　不再传　失统绪　唐高祖　起义师
除隋乱　创国基　二十传　三百载　梁灭之　国乃改　梁唐晋　及汉周
称五代　皆有由　炎宋兴　受周禅　十八传　南北混　辽与金　帝号纷
迨灭辽　宋犹存　至元兴　金绪歇　有宋世　一同灭　并中国　兼戎翟
明太祖　久亲师　传建文　方四祀　迁北京　永乐嗣　迨崇祯　煤山逝
廿二史　全在兹　载治乱　知兴衰　读史者　考实录　通古今　若亲目
口而诵　心而惟　朝于斯　夕于斯　昔仲尼　师项橐　古圣贤　尚勤学
赵中令　读鲁论　彼既仕　学且勤　披蒲编　削竹简　彼无书　且知勉
头悬梁　锥刺股　彼不教　自勤苦　如囊萤　如映雪　家虽贫　学不辍
如负薪　如挂角　身虽劳　犹苦卓　苏老泉　二十七　始发愤　读书籍
彼既老　犹悔迟　尔小生　宜早思　若梁灏　八十二　对大廷　魁多士

彼既成　众称异　尔小生　宜立志　莹八岁　能咏诗　泌七岁　能赋棋

彼颖悟　人称奇　尔幼学　当效之　蔡文姬　能辨琴　谢道韫　能咏吟

彼女子　且聪敏　尔男子　当自警　唐刘晏　方七岁　举神童　作正字

彼虽幼　身已仕　尔幼学　勉而致　有为者　亦若是　犬守夜　鸡司晨

苟不学　曷为人　蚕吐丝　蜂酿蜜　人不学　不如物　幼而学　壮而行

上致君　下泽民　扬名声　显父母　光于前　裕于后　人遗子　金满堂

我教子　惟一经　勤有功　戏无益　戒之哉　宜勉力

5.新闻稿件播读练习

（1）**本台消息**：记者从刚刚闭幕的十一届全国人大常委会第十三次会议获悉，我国有关部门将抓紧研究高校毕业生到中西部地区特别是贫困地区的工资、津贴和社会保障等相关福利待遇问题，以鼓励更多的优秀高校毕业生到中西部地区特别是贫困地区工作。

根据全国人大常委会办公厅关于请研究处理有关审议意见的函和国务院办公厅要求，发展改革委会同有关部门就十一届全国人大常委会第十次会议《对国民经济和社会发展计划执行情况报告的意见和建议》进行了认真研究，提出了改进工作的措施。十一届全国人大常委会第十三次会议期间，全国人大常委会办公厅将国务院办公厅转报来的发展改革委关于落实全国人大常委会对国民经济和社会发展计划执行情况报告审议意见的报告印发给了常委会组成人员。

就常委会组成人员提出的有关解决高校毕业生到贫困地区基层单位任职收入待遇的问题，发展改革委的报告表示，鼓励高校毕业生到基层、中西部地区、农村实现就业，是缓解高校毕业生就业困难的重要途径。在落实中确实存在由于工资收入水平不同影响高校毕业生到贫困地方工作积极性的现象。这主要是因为不同地区的经济发展、财政状况、物价水平等方面差异较大，加上一些发达地区发放的津贴远远高于欠发达地区，使得工资收入水平确实存在较大差距。为解决这一问题，按照党中央、国务院统一部署，中央纪委联合有关部门已在 2006 年启动实施了规范公务员津贴工作。目前，这项工作已取得阶段性重要成果。

（2）**本台消息**：记者从共青团青岛市委获悉，青岛日前启动包括向务工青年开展订单式培训等内容的"新市民·青年凝聚力计划"，吸引各地务工青年到青岛就业发展，帮助企业解决用工短缺问题。

据介绍，"新市民·青年凝聚力计划"主要内容包括开通"新青年择业直通车"，在火车站、长途汽车站以及进城务工青年聚集地方，设立宣传点，发放宣传单页，组织和发动青年农民工参与"新市民·青年凝聚力计划"；联系劳动力输出大省,有组织地开展劳动力引进;开通大巴车,组织农民工实地考察各家工厂和青岛市容市貌,帮助他们更好地选择工作。

同时,为帮助刚来青岛工作的务工青年尽快熟悉青岛生活,更好地投入到工作中去,青岛在入职前对务工青年进行培训。培训内容包括党团知识、青岛市的基本情况、城市的文明公约、军事训练、法律法规、职业健康安全、拓展训练和文娱活动等。此外,青岛联系各类培训机构,为新市民提供免费或低价的职业技能培训课程。

据了解,青岛还依托企业开展"新市民·青年凝聚力计划",即发挥团组织在企业中的文化、教育和引导作用,以青年文化活动为载体,以青年职业发展和技能提升为目标,加强企业青年群体的文化建设和组织建设,提升务工青年的凝聚力。

(3)**本台记者报道**:从有关方面获悉,近年来,中国青年高血压人数迅速上升,"后备军"数量亦庞大到高于患病人数。

此间专家指不良生活习惯和缺乏运动是其主因,并呼吁政府部门设置餐饮业相关国家标准,并更多关注民众体育设施。

在上海高血压研究所成立五十周年之际,海内外诸多顶级专家将聚会申城,在"高血压展望"研讨会上共探高血压流行病学最新进展以及未来趋势。今天主办方举行的新闻会上,上海高血压研究所所长朱鼎良说,中国和来自美、英等国的知名专家将在研讨会上发表学术演讲。

朱鼎良告诉记者,中国目前高血压患者可能达1.8亿。而近年来,中国35岁左右人群以及农村人群中,患高血压人数迅速攀升。生活不规律、吸烟、饮酒、缺乏运动等不良生活现状,日益加快的生活节奏,各种压力以及老龄化等,都是导致高血压患者增多的原因。

朱鼎良称,在中国十大危害人类生命的因素中,高血压名列第一。他指出,不仅患者增多,血压正常值内偏高者也增加迅速。这位专家表示,这样的高血压"后备军"数量已超过患者数量,约达2亿。积极预防、早期诊断并治疗显得十分重要。

另一位高血压专家王继光指出,中国正处于高速发展时期,城市化快速扩展,20到30岁年轻人患高血压者增多。他呼吁政府有关部门在食品加工领域设立相关的国家标准,以限制诸如盐、味精等调味品在成品、半成品中的使用量。同时希望体育部门能够建设更多的大众体育场所,以满足需要。

(4)**本台记者报道**:由文化部组织的赴四川地震灾区慰问团十多名知名书法、剪纸和绘画艺术家,今天上午来到四川地震灾区汶川县映秀镇老街村,为灾区群众写春联、剪花鸟福字,给迎来震后第二个春节的山村带来了格外的喜庆欢乐。

文化部于春节来临前开展的此次"吉祥新春,温暖同行"送春联、送年画下基层活动,邀请了全国近30位知名书法家、几位全国著名剪纸艺人以及当地书画名家,分赴四川省汶川县映秀镇、崇州市,陕西省汉中市宁强县、略阳县,甘肃省天水市秦城区、徽县、成县等地震重灾区,为当地群众书写春联,以优美典雅而又充满深情的艺术作品送去新春的祝福,并与当地群众一起喜迎文化新春。

今天来到老街村为灾区群众书写春联的著名书法家、中国艺术研究院中国书法院院长王镛说,自己是震后第一次来到灾区,虽然以前在北京时也同大家一起为灾区捐款捐作品,但到灾区来亲身感受灾区在党和政府的关心帮助下,在灾区人民的辛勤努力下发生的可喜变化,并为山村群众写春联,是特别有意义的。王镛写完一副春联,正思索写一个什么样的横批,周围的群众争相说着"喜迎新春"、"重建家园"等,王镛笑笑,说这些都在对联上写了,只见他饱蘸浓墨,挥笔写下"万象更新"四个字,引起大家一片赞许和笑语欢声。

听说今天艺术家要来山村为大家写春联、剪纸和绘画,老街村的乡亲们早就聚集到村文化活动中心的广场上。这个文化活动中心以及全村的新楼房,都是震后在全国人民的支持帮助下新建的,重建家园、幸福生活的喜悦洋溢在大家的脸上眉梢,整个山村就像过节日一样。广场旁的路口,静静地立着一块汉白玉石碑,一枚鲜红的党徽旁写着"老街村:'特殊党费'援建项目",老街村接受"特殊党费"60.1万元,援建房屋倒塌农户138户以及这座凝聚着喜庆欢乐的文化中心。一位羌族姑娘请书法家陈忠康博士写一副春联,书法家问她想写什么内容,她说,就写这两行吧:"家园重建谢党恩,万众一心爱祖国!"在大家围着书法家写春联的时候,广场的另一边,已准备好了送给灾区群众的春联和年画。为了此次"吉祥新春,温暖同行"送春联、送年画下基层活动,文化部特别印制了5万份由著名书法家书写的春联和两万份中国美术馆馆藏年画精品,送给四川、甘肃、陕西地震灾区的群众。

(5)**本台记者报道**:体坛盛会精彩闭幕,奥运圣火永存心中。第二十九届奥林匹克运动会闭幕式24日晚在国家体育场隆重举行,来自各国各地区的运动员、教练员和来宾在团结、欢乐、和谐的气氛中,共同庆祝北京奥运会取得圆满成功。

胡锦涛、江泽民、吴邦国、温家宝、贾庆林、李长春、习近平、李克强、贺国强、周永康等党和国家领导人,国际奥委会主席罗格、终身名誉主席萨马兰奇,以及来自世界各地的领导人和贵宾出席闭幕式。

北京奥运会是在奥林匹克运动史上留下辉煌一页的体育盛会。来自204个国家和地区的1万余名运动员在过去16天里挑战极限、攀越新高，刷新了38项世界纪录和85项奥运会纪录，多个国家和地区实现了奥运会金牌和奖牌零的突破，奏响了更快、更高、更强的激情乐章，描绘了团结、友谊、和平的壮丽画卷。作为东道主的中国，为把北京奥运会办成一届有特色、高水平的奥运会作出了巨大努力，完善的比赛场馆设施，出色的组织服务工作，赢得了奥林匹克大家庭和国际社会的广泛好评。中国体育代表团取得了51枚金牌、100枚奖牌的优异成绩，第一次名列奥运会金牌榜首位，创造了中国体育代表团参加奥运会以来的最好成绩。

（6）**本台记者报道**：国务院办公厅5日发出紧急通知，要求各地区、各有关部门和单位加大工作力度，切实解决企业拖欠农民工工资问题。

通知要求各地区、各有关部门要把解决企业拖欠农民工工资问题作为当前一项重要而紧迫的任务抓紧抓细，确保各项措施落到实处。按照属地管理、分级负责、谁主管谁负责的原则，进一步明确地方各级人民政府和有关部门的责任，省级人民政府负总责。

通知要求地方各级人民政府要在普遍检查的基础上，集中力量重点解决建设领域企业拖欠农民工工资问题。要抓紧组织对本行政区域内所有在建工程项目支付农民工工资情况逐一排查，发现拖欠工资问题或欠薪苗头及时督促企业妥善解决；对反映投诉的建设领域工资历史拖欠问题，也要认真加以解决。要加强行政司法联动，加大对欠薪逃匿行为的防范、打击力度。对因拖欠工资问题引发的劳动争议，要开辟争议处理"绿色通道"，对符合立案条件的当即立案，快速调处，力争在春节前办结；对符合裁决先予执行的拖欠工资案件，可以根据劳动者的申请裁决先予执行。通知指出，各类企业都应依法按时足额支付农民工工资，不得拖欠或克扣。建设工程承包企业追回的拖欠工程款应当优先用于支付被拖欠的农民工工资。因建设单位或工程总承包企业未按合同约定与建设工程承包企业结清工程款，致使建设工程承包企业拖欠农民工工资的，由建设单位或工程总承包企业先行垫付被拖欠的农民工工资。因工程总承包企业违反规定发包、分包给不具备用工主体资格的组织或个人，由工程总承包企业承担清偿被拖欠的农民工工资责任。

通知强调，加大力度解决建设领域拖欠工程款问题。对于政府投资的工程项目已拖欠的工程款，要由本级政府限期予以清偿；涉及拖欠农民工工资的，先行垫付被拖欠的工资。对于房地产开发等项目已拖欠的工程款，要督促建设单位限期还款；涉及拖欠农民工工资的，先行垫付被拖欠的工资；对不具备还款能力的项目，可采取资产变现等措施筹措还款资金。

(7)**本台记者报道**：三名大学毕业生，来自不同的学校，年龄阅历也不同，但一起创业短时间内就取得了"开门红"，公司营业额过了百万元。近日，记者采访了这三名大学生，谈起自己创办的专做校园内户外广告、餐厅桌面广告、DM 杂志等业务的渗透广告传媒有限公司，三人都认为，他们的成功秘诀是团队合作，优势互补。

2009 年 5 月，他们合伙成立了济南渗透广告传媒有限公司。短短 9 个多月时间，他们已经拥有一份校园杂志和三家网站，合作伙伴已囊括济南的 41 家高校（校区），客户包括百事可乐、蒙牛等多家知名企业。在去年的第十一届全运会上，该公司还慷慨解囊为全运会捐款。他们不但解决了自己的就业问题，还招聘了 6 名应届大学毕业生，并给 30 多名在校大学生提供了兼职机会。

谈起创业取得的初步成功，他们认为，秘诀在于三个创业伙伴的优势互补。去年毕业于山东师范大学的魏东善于交流，在公司主要负责谈判；27 岁的胡童尧毕业于山东经济学院，在一家大型集团工作了五六年，有一定的工作经验，考虑事情周密；从山东轻工业学院毕业两年的徐宁，此前一直开店卖电子产品，有一定的经营能力。

魏东深有感触地说，每次遇见困难心灰意冷时，只要坚持下去，很快就会发现转机。他也提醒准备创业的大学生：创业首先要学会和别人合作组织个团队，再者要吃苦耐劳，持之以恒地坚持下去，不能轻言放弃。

(8)**本台记者报道**：今天，中国青年报副社长谢湘、人民日报教科文部教育组组长袁新文和知名时评人郭松民做客人民网教育频道点评 2008 年度教育界大事件。访谈中，郭松民表示，"义务教育学杂费全免，与其说是历史性的进步，某种意义上说不如说是一个回归"，义务教育的免费在历史上曾经实现过，后来推进了教育市场化的改革一度被取消。

今年秋季，教育部和财政部在青海西宁召开了免除城市义务教育阶段学生学杂费工作会议，全面免除城市义务教育阶段学生学杂费工作在秋季落实。同时，农村的中等职业教育也逐步免费。这两项政策进一步促进了我国教育公平。

郭松民表示："义务教育学杂费全免，与其说是历史性的进步，某种意义上说不如说是一个回归，义务教育的免费在我们共和国的历史上曾经实现过，后来推进了教育市场化的改革以后，一度被取消了，尤其是农村改革以后，农村的中小学丧失了投资主体，国家的投资没有及时跟进。所以义务教育出现了马鞍形。我觉得如果进步，应该说在这 30 年经历了这样一个理念的变化或者是进步，就是一开始，我们的教育是作为一个公共品提供，中间出现了一些弯路,把它作为商品化提供,教育市场化和商品化损害了教育公平。包括这次城市义务教育学杂费全免,农村已经免了,国家加大对教育的投入,又开始意识到教育是一种公共品。我觉得经历了这样的反复,也许我们对教育是公共品这样的认识更深刻了,从这个意义上说是非常大的进步。"

郭松民认为,农村职业教育逐步免费是非常好的信息,因为我国实际上是需要大量劳动者人口。"但是我要坦率说来得晚了一点,这个在15年前,20年前推出这样的措施,会比现在好得多。"

(9)最近,中共中央办公厅印发了《关于进一步从严管理干部的意见》,这是认真贯彻落实党的十七大和十七届四中全会精神,加强干部管理的一项重要举措。

在子女教育问题上,人们常说"严是爱,宽是害,严整治家家兴旺"。治家如此,治党同理。对干部的教育管理,也要讲"严是爱,宽是害"。

何谓"严"? 就是用比普通群众更高的道德标准和更严的行为规范来约束干部,对干部违纪违法的处理比对一般人的处理更严肃、更严格。

何谓"宽"? 就是对干部放松要求,对"小毛病"不闻不问,不敢抓不敢管;出了"大问题"能捂则捂、能盖则盖,处理上能松则松、能宽则宽。

党要管党、从严治党,首先要体现在从严管理干部上。俗话说"严师出高徒"。对干部的工作学习"严",有利于鞭策其以知难而进、持之以恒的精神状态艰苦奋斗,鼓励其以只争朝夕、力争上游的敬业精神建功立业。对干部的业余生活"严",可以砥砺其洁身自好,保持高尚的生活情趣和道德操守。当他们中有人出现思想偏差、道德滑坡苗头时,予以及时提醒,可以把问题消灭在萌芽状态。当他们中的少数人腐败堕落、违法乱纪时,进行严厉查处,就会警示多数人免蹈覆辙。这是对干部的真爱,更是对党的事业的大爱。

当前,在不少地方,对干部的管理失之于宽、失之于软。有的干部出了问题,上级部门和领导干部不是以负责任的态度对当事人从严教育、从严处理,而是出于私心保护或者包庇。这么做,要么是怕伤了感情拉不开面子,不愿得罪人;要么是怕影响本地本部门的形象,想"内部消化";要么是自身不干净,怕查严查深了会牵扯到自己。这对党的事业和干部的成长非常有害。干部也是人,也会有惰性和缺陷,也都有七情六欲。如果疏于教育、放任管理,面对功名利禄与灯红酒绿,一些自律不严、责任心不强的人难免就会迷失自我、迷失方向,思想上不思进取、得过且过,工作上散漫飘浮、敷衍塞责,生活上不拘小节、热衷应酬,从庸俗化和"小毛病"最终到"小洞不补,大洞吃苦","千里之堤,溃于蚁穴"。

对干部严格要求、严格管理,与对干部关心爱护不仅不矛盾,而且恰恰是关心爱护的具体体现。各级党组织和领导干部要明白"严是爱，宽是害"的道理，旗帜鲜明地对干部严格教育、严格管理、严格监督。对极少数屡教不改、顶风违纪者，要严肃查处，绳之以法，以正纲纪、以儆效尤。

万事严中取。对干部自身来讲，要正确认识组织上的"严"，摆正心态，认真对待，真正把监督当作一种爱护，真心实意地接受监督，对自己严格要求，常修为政之德，常思贪欲之害，常怀律己之心，时时刻刻自重、自省、自警、自励，努力做到"心不动于微利之诱，目不眩于五色之惑"，在各种诱惑面前永保不败。

（10）多年以后，当我们回顾自己的毕业典礼，记忆中留下了什么？是程式化的讲话？是照例的"希望"？还是在提示下如雷鸣般响起的掌声？或许，我们实在想不起太多，因为这一天这一刻对很多人来说，只不过像无数大学时光一样悄无声息地划过去了，甚至平静得发淡，至多，绽起几个类似抛帽欢呼的激情涟漪罢了。

由此看来，华中科技大学2010届的7700余名毕业生是幸福的。因为他们有被称为"根叔"的校长李培根院士。在毕业典礼上，"根叔"16分钟的演讲，被掌声打断30次，好些同学感动得泪流满面，哭得一塌糊涂。当全场7700余名学子起立高喊"根叔！根叔"的时候，这动情的一幕，将永远镌刻在他们的记忆中，成为人生旅途上时时响起的心灵号角。而这声声呼喊，也堪称中国高等教育界的空谷足音。

但凡感人之作，无不用心创造。李培根说："校长要用心讲话。"他放弃了秘书代笔的"领导待遇"，2000余言，每一个字都是自己想，自己写，自己敲，连文字录入都不要秘书帮忙，最后完稿于飞机上面。

当我们捧读这篇用心写出来的演讲稿，最为之感动的，不是它不打官腔，也不是它新颖活泼，串联了"俯卧撑"、"躲猫猫"、"打酱油"、"妈妈喊你回家吃饭"、"蜗居"、"蚁族"、"被就业"等网络热词，而是一颗力透纸背的关爱之心，时而像睿智的师长在提醒，时而像开明的父亲在谈话，时而像牵挂的母亲在碎碎念。温家宝总理说，要像对待自己的孩子一样对待年轻农民工。透过"根叔"演讲稿的字里行间，人们能感受到，他是把学生们当成了自己的孩子，而且很爱这些孩子。

也许，一篇精彩的演讲说明不了太多问题，有的时候，还有作秀的嫌疑。但对"根叔"来说，这篇演讲稿不是一时感情迸发之作，而是长期爱心积累的结晶。据报道，在华中科大，李校长一向与学生亲切交往，甚至是"零距离"接触。学生写信求助他很快批复解决，很多同学常常与他一聊就是几个小时，食堂里和同学们围桌而坐的有"根叔"，球场上和学子们拼抢投篮的有"根叔",在学校 BBS 上"潜水"的有"根叔",与网瘾学生面对面座谈的有"根叔"……可以说,"根叔"一直就生活在同学们之中,他关注着大家的成长,关心着大家的喜乐哀愁,早就与同学们结成了非同一般的情谊。他用心讲话,更是在用心当校长做教育,惟其如此,演讲才能字字句句打动人心,引起强烈共鸣。

"我也得时时拷问自己的良心,到底为你们做了什么?还能为华中科大学子做什么?"作为一位大学校长,"根叔"的责任心与爱心,对照社会现实,显得那样稀缺和珍贵,所以引起人们的热捧。

当前,我们看到利益链条在侵蚀教育的肌体,行政化在扭曲教育的品格。尤其在一些地方,上学成了拿钱买文凭的一种交易,学校成了拼命追逐利润的"公司",教授成了榨取学生剩余价值的"老板",而本应为师生服务的行政管理人员成了高高在上的"主人"。这种功利化运行、行政化管理的教育,早已偏离了以人为本的本位,必然造成管理者与教员之间、师生之间、学生之间等普遍蔓延的隔膜、冷漠,对学生成长、教育发展带来深远的负面影响。近年来,发生在校园的一些悲剧性事件,举其著名者,从马加爵到杨元元,各有各的不幸和悲哀,但爱心的缺席,人情的淡漠,难道不是使他们丧失了对这个世界最后一点信心和念想的无情推手吗?中国青年报曾做过一项调查,结果显示当下青年普遍对大学母校的印象改变了,许多大学毕业生谈起母校时感情淡薄。这些问题,应该引起我们深重的忧思。

记得多年前,笔者和来自全国各地的同学们初入燕园,就在大家惊叹于图书馆新馆的壮伟、百周年纪念讲堂的别致、理科楼群的精巧的时候,一位学兄说了这么一个掌故。某年开学时节,作为北大副校长的季羡林先生,因为衣着朴素,竟被一个新生当作"校工"并被分配了看守行李的任务。季老欣然从之,在未名湖畔守候良久,直到这个新生办完入学手续过来取行李。我们顿时觉得,北大高耸入云的一切,都不如这个故事更有魅力。"所谓大学者,非谓有大楼之谓也,有大师之谓也。"因为,大师有大智,更有大爱。大智教人,大爱化人,大学才能成其为"明明德,亲民,止于至善"的育人圣地。

鲁迅说过,教育植根于爱。爱因斯坦也说,只有爱才是最好的教师,它远远超过责任感。今天,功利化的浮云、行政化的坚冰已成为教育界愈演愈烈的现实问题,如何"把丑陋转化成美丽"?我们需要切实有效的教育制度改革,也需要持之以恒的人文精神改造。季老在未名湖畔守望的身影,"根叔"在华中科大真情的演讲,给予人们感动,更带来深刻的启示:人文必求人本,大学须有大爱,教育精神的重铸,必自爱人开始,尤其是从爱学生开始。而这,正是教育之树滋长繁茂的深层根系所在。

(人民时评《"根叔"告诉我们教育精神的根在哪里》,节选)

（11）如今，不论是传统的、现代的，还是东方的、西方的，各种艺术形式如花涌来，又如花盛开。然而落英缤纷之后，拨开霓裳翻飞的形式外衣，细细品味，会发现民族艺术，比如京剧，依然更加让人气澹神明，回味悠长。

京剧的内涵是很美的，美色中暖香四溢。京剧的美由几千年文明内敛而成，唐的风采，宋的意韵，"八千里"的豪气，"清风亭"的慷慨，以及杨柳岸边的晓月……都如万物复苏时的清光，将道德伦理、家国情怀、人生际遇，深凝在清凌凌的京胡声中送出，宛如一条河流，不尽流淌着民族的风骨和风情，不分昼夜地滋养着共有的精神家园。

京剧的形式也是很美的。一代又一代艺术家心手传递，融进非凡的艺术创意。举手投足，唱念做打，巧目顾盼……京剧舞台虽然简单，有时只有一桌二椅，可是演员的"四功五法"、言行举止，却是一招一世界，一念一生辉。于是，水袖圆场、西皮二黄，只要声韵乍起，舞台便如添万束追光，将剧场瞬间点亮，文化精神的起承转合托举出民族艺术的山高水长。

前几天看程派的《锁麟囊》，仅仅一个水袖，便甩出万千气象。霎时飞向高空，转瞬笔直落下，一道白光尚未从眼前划过，又被演员干脆利落收于掌中。收放之间，风起云涌，风卷云舒。几个急切切的圆场，前俯后仰，左突右旋，更加迷幻出艺术的曼妙风姿。京剧的程式、写意与虚拟之美，令人心醉神迷，剧场里满座无声。鼓乐声中，人们的神情随演员的表演起伏波动，并骤而掌声齐鸣。那一刻，想必人们的内心一点点归于平静，身边喧嚣的世界，渐渐远离。

其实，京剧的幽柔与慷慨之韵，不光铭刻着我们追寻精神家园的路径，还昭示着我们飞翔于未来世界的底蕴。中国戏曲艺术门类数百种，作为民族艺术的代表，京剧在满堂生辉、老枝新翠的当下，唤起人们心底的文化自信，激发明日的艺术豪情，这是民族艺术的共生共荣之景。万物流转之中，民族艺术是我们面向未来、世界展示的人文情怀和重要实力。京剧表演艺术大师梅兰芳上世纪二三十年代，赴美国演出《太真外传》时，引起巨大轰动。一位诗人这样描述："观者台下百千万，我能知其心中十八九，男子皆欲娶兰芳以为妻，女子皆欲嫁兰芳以为妇……"这就是京剧艺术的魅力，俘获人心不逊于利器。

当然，历经200年的坎坷与辉煌，京剧除了留给我们自信与自尊，也难免遭遇悲怆和失意。越来越多的文化选择挤压着传统艺术的生存空间，音乐、影视、网络发展迅速，流行的、外来的、商业的等各种艺术，琳琅满目。京剧面临严峻挑战。但尽管如斯，音符里蛰伏着前人的创作意志，程式里铭刻着民族艺术生命秘籍的京剧，其所凝聚的文化精神，所传递的壮阔旋律，不会因岁月变迁而损其光。从勾栏瓦舍,到登堂入室,京剧在深厚的民间土壤里一路走来,也将在民众的关注中变新并且绰约前行。正如影视取代不了报刊,网络取代不了阅读,现代视听取代不了舞台艺术一样,民族艺术的光华和精魂什么时候都不会消失。

我们有时所缺的,是定下心来,带着一颗感恩和享受的心,踏上民族艺术之旅,体味来自精神家园的芳香,感受温暖与润泽。

（刘玉琴《人民日报文艺点评:京剧是有温度的》,节选）

思考题

1. 简要说明人类呼吸器官的基本构成情况。
2. 简要说明胸腹联合式呼吸法的基本要领。
3. 简要说明胸腹联合式呼吸法中呼气的基本要领。
4. 简要说明胸腹联合式呼吸法中吸气的基本要领。
5. 结合平时的练习,举例说明体会及练习呼气的三种方法。
6. 简要说明换气的基本要领。

第四章　口腔控制

声音是有声语言艺术传情达意的重要载体,是播音员和主持人传达思想表达感情的重要手段,声音的好坏直接影响传播效果。气势磅礴,豪放洒脱,文静淡雅,谦和柔美,沉缓深切,宁静悠远,娓娓动听,清新流畅,这些风格迥然相异的声音无不散发着无穷的艺术魅力,给人带来美感。不过,对于从事播音与主持艺术工作的人员而言,拥有美好动听的声音固然重要,但这还远远不够。因为在演播的过程中,不仅要以声传情,更要以字词传情。优美动听的声音是播音员和主持人进行创作的主要手段,但是这种语言已经不是纯粹的生活语言,而是生活语言的扩大和美化,要达到良好的艺术效果,就需要创造一个有利于咬字吐字以及共鸣的环境,这个环境就是口腔。一方面口腔是人体发声的最后一部分通道。作为语音的制造场,在大脑的支配下,口腔中的唇、齿、腭加工出载有一定意义和感情的词语。另一方面,作为发声器的"喇叭",口腔使喉部发出的声音得到扩大和美化。可见,不管是吐字还是共鸣,口腔都具有重要意义。在播音创作过程中,强调口腔控制,既有利于咬字与吐字,更有利于共鸣。

其实,在我国传统声乐理论中,有许多关于咬字吐字的论述。例如,明代魏良辅认为:"曲有三绝,字清为一绝,腔纯为二绝,板正为三绝。"①他将"字清"列于三绝之首,可见古人对咬字吐字的重视程度。清代李渔《闲情偶寄》中的"学唱主人,勿论巧拙,只看有口无口。字从口出,有字即有口;如出口不分明,有字若无字,是说话有口,唱曲无口,与哑人何异哉?"②生动而具体地说明了在戏曲演唱中吐字的重要性。清代徐大椿在《乐府传声》中论述得更加细致:"凡曲以清朗为主,欲令人人知所唱为何曲,必须字字响亮。然有声极响亮,然人仍不能知为何语者,何也?乃交代不明。何为交代?一字之音必有首腹尾,必首腹尾已尽,然后再出一字,则字字清楚。若一字之音未尽,或已尽而未收足,或收足而于交界之处未能划断,或划断而下字之头未能矫然,皆为交代不清……故声愈响,则音愈长,必尾音尽而后起下字,而

---

①　魏良辅《曲律》,载《中国古典戏曲论著集成》(第五集),中国戏剧出版社 1959 年版,第 149页。

②　李渔著 江巨荣、卢寿荣校注《闲情偶寄》,上海古籍出版社 2000 年版,第 132 页。

下字尤须用力,方能字字清澈,否则反不如声低者之出口清楚也。"①这段话的意思是说歌唱的出字应该清晰、明朗,要让听的人明白唱的是什么内容,一定要将字唱响亮。然而,有的人声音是很响亮了,但别人还是听不清他在唱什么。这就是因为语言交待得不清楚。怎么才能唱清楚呢? 每个字的读音,都有字头、字腹、字尾,必须把字的头、腹、尾都交待完了,才能唱下面的字,这样每个字才能交待得清清楚楚。如果一个字的字音还没唱完,或者虽唱完了但收尾不准不足,或收尾虽准却与下一字的字头衔接处粘连在一起,中间未断开,或虽然断开了,但下一字的字头唱得不明确,喷口没用力,所有这些都属于交待得不清楚。

当然,播音创作中的咬字吐字与戏曲歌唱中的咬字吐字并不完全一致。在借鉴相关演唱艺术中咬字吐字理论的基础上,我们将播音创作中对吐字的要求归结为:准确规范、清晰集中、圆润饱满、流畅自如。

准确规范是指字音准确、规范。其中,最基本的要求是,发出的声音在声、韵、调等方面符合普通话的发音标准。比如,z、c、s 不能发成咬住舌尖的齿间音;"婆婆"的"婆"不能发成"pe"等。进而言之是指吐字圆润饱满,字正腔圆。要咬准字头(声母和韵头),做到吐咬清楚,出字准确、干脆、有力。而做到这一点的关键是把握好声母的发音部位和发音方法,并且能够与韵头快速巧妙结合。要发响字腹,做到清晰、实在、响亮,拉开立起,圆润饱满。而做到这一点的关键是适当扩大口腔的开度,把握口腔松紧度,发得响亮并有一定的长度。只有这样,字腹才能发得坚实稳定,声音响亮并且送得远。韵尾的归音要干净利落,不拖不带,唇舌到位,口腔由合到闭,肌肉由紧到松,声音由强到弱,渐弱渐止,清晰圆满。有韵尾的音节,发音时收准韵尾,归音到位;没有韵尾的音节,尽管不需要归音,但要保持口形,直到声音渐止后再恢复自然状态。可见,只有遵守语音规则,在符合语音规律的前提下发音,才能把字音发得更完美、更悦耳。

清晰集中,是指字音清楚易懂,力量集中。清晰,是播音发声的一大特点,因为我们是要通过有声语言把思想感情和各种信息传达给受众,有声语言的质量势必会直接影响宣传效果。在播音发声的咬字过程中,声母和韵母的发声都应具有严格的动作。咬清字头、咬准字腹、收韵良好的咬字动作,必然具备清晰性效果,使别人能清楚地听懂作品的内容,以利于受众在理解作品内容的基础上领会作品的丰富内涵;否则,就会影响作品内容的表

---

① 徐大椿《乐府传声》,载《中国古典戏曲论著集成》(第五集),中国戏剧出版社 1959 年版,第310 页。

达以及播音员和主持人的情感抒发。比如,声母 z,c,s,zh,ch,sh,如果发音部位不正确,本身就会带有很大的杂音、噪声,再通过传输设备传递到受众耳朵里面的时候自然会更加刺耳,甚至模糊掉一部分关键性的语音信息。吐字清晰,最基本也是最重要的就是声母、韵母、声调的发音。因此,练习声母时,要严格掌握其发音部位和发音方法,发音要集中有力。练习韵母时,要控制好口腔的开合、唇形的圆展及舌头的升降前后,发音要圆润清晰。练习声调时,要先从读准单个音节的声调开始,然后再练习语句中的每个音节的声调。练习吐字归音时,要重视正音练习。所谓正音练习就是根据普通话的读音标准校正自己的地方音和习惯音。总之,要做到吐字清晰、真切清楚,必须改善发音方法,提高字音质量。集中也是播音发声在吐字方面的突出特点。集中的声音易于入耳,容易唤起听众观众的注意,易于打动人心。退一步而言,如果声音集中了,即使音量小一些也能在电声设备的作用下,很好地把声音传出去;否则,字音不集中,再大的音量也达不到好的效果,不但会影响字音的清晰度,还会使人感到播讲者精神不饱满、状态不积极。只有声音集中才能提高语音的清晰度,才能获得较为丰富的泛音共鸣,使字音圆润、悦耳、动听。声音集中主要表现在两个方面:一是咬字的共鸣位置统一,二是咬字动作规范统一。

圆润饱满是对吐字的审美要求。它是指声音要有比较丰富的泛音共鸣、悦耳动听,无杂音、噪音,富于表现力。要做到圆润饱满,要求合理地控制发声共鸣的关键部位,自如地进行咬字器官的动作控制,使每一个音节都具有和谐的共鸣。从某种意义上讲,这样的咬字才能真正体现汉语语音的音乐性特点。其中,"饱满"除了指韵头、韵腹、韵尾发音的连续性和整体性之外,还包括韵尾收音的到位及声调调形和调值的完整等。如果一个音节的韵尾归音不到位,整个音节的发音就会显得不饱满。普通话音节的韵尾音素,有元音音素和辅音音素两种类型,元音韵尾为 i、u,辅音韵尾为 n、ng。由于韵尾较之韵腹发音弱、轻、短些,切不可为了收音到位,将韵尾 i、u 发得如同作为单韵母时一样,这样会使发音从"饱满"变成"膨胀"以至"死板"。韵尾 i、u 的舌位,应该比作为单韵母时的 i、u 的舌位低些、央些。辅音韵尾 n、ng,虽然较韵腹发音也弱、轻、短些,但其发音部位仍然清晰可辨,n 的发音部位在口腔前部的上齿龈,ng 的发音部位在口腔后部的软腭。发音部位触碰处的两个发音器官在发音时一定是有接触的,它们都是鼻塞音。此外,声调的发音是贯穿于音节全过程的,其作用和地位不可小视。调型和调值是声调的两个要素,二者要统筹兼顾,不可偏废。比如,发阴平调,如发成 44 或 33,虽然调型正确了,但调值不对,整个声调的发音同样无法真正"饱满"。

　　流畅自如是指发出的每一个音节都融汇在完整的语流当中。在言语交际过程中,受众想听的绝不是一个一个单独的音节,而是想通过完整的语流来获取信息、受到感染,所以作为播音员和主持人来说必须确保播讲的灵活自如、轻快流畅。要做到流畅自如,就必须使单个音节中声母、韵母、声调等的发音自如过渡,以保证词语的连续与完整;一个一个句子的发音自如过渡,以保证作品内容的连续与完整,而不是片面追求咬字的清楚而忽视意义的连续与完整,最终导致作品内容的断续和散乱。在演播过程中,只有口腔的发音动作熟练、协调,才能确保整个语流如同一串饱满的珠子,晶莹,润泽,轻快,作品内容表达清楚、连续、完整,产生字字动听、声声入耳的表达效果,使广大受众既获得丰富的信息又得到无限的美的享受。

　　要确保吐字准确规范、清晰集中、圆润饱满、流畅自如,必须重视口齿的认真打磨——正如战士的武器是枪一样,播音员和主持人"战胜敌人"、顺利完成播音主持任务的"武器"是口腔。"工欲善其事,必先利其器"。口腔的控制训练是获得良好的吐字归音能力的重要前提,是获得优美动听音色的可靠保证。

第一节　咬字器官及其功能

　　振动产生声音,声带是人类发音器官中掌管振动的重要角色。其实,口齿唇舌不但能发出声音,更是能帮助声带修饰语音的重要器官,为此,有人将它称作人类的第二副"声带"。设想一下,如果发声时不移动口齿唇舌,只靠声带发声,有声语言还有存在的可能吗? 可见,一段连贯的语流中吐字归音是否准确圆润,与口齿唇舌的运动密切相关。

　　由肺呼出的气流在喉部通过振动声带发出声音,经咽腔到达口腔,在口腔内受到各种节制而形成不同的字音,这个节制的过程叫做"咬字"。口腔内对声音起节制作用的各个部位就是咬字器官。吐字器官包括双唇、舌、上下齿、上下齿龈、上颚以及下颌等。咬字器官是一个协调动作的整体,各个部位互相关联,但是它们之间又是各有分工的,在吐字过程中起着不同的作用。咬字器官中最主要的是双唇和舌。舌又可以分为舌尖、舌叶、舌面和舌根几个不同部分(图 4-1)。

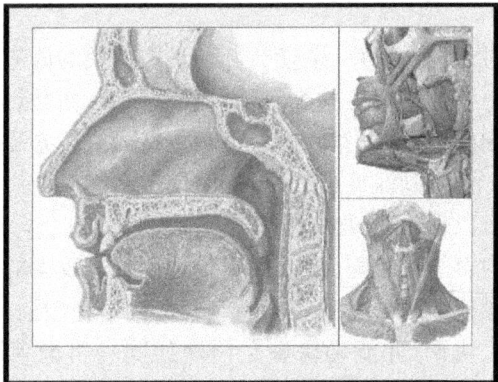

图 4-1 咬字器官

1. 唇

口唇部位于面部的正下方,是吞咽和说话的重要器官之一,也是构成面部美的重要因素之一,可产生丰富的表情,形态特别引人注目。在医学上口唇部的范围包括上下唇和口裂周围的面部组织,上至鼻孔底线,下至颏唇沟,两侧至鼻唇沟。唇分为上唇和下唇,闭在一起时只有一条横缝,即口裂。口裂的两头叫做口角。嘴唇主要由皮肤、口轮匝肌、疏松结缔组织和黏膜组成。在上唇中部有一条发育程度不同的纵沟,称人中,这是人类特有的结构。上下唇均可以分成三部分:一是皮肤部,也叫白唇;二是红唇部,是口唇轻闭时,正面所见到的赤红色口唇部,红唇部皮肤极薄,没有角质层和色素,因而能透过血管中血液颜色,形成红唇;三是黏膜部,在唇的里面,为口腔黏膜的一部分。唇的活动受到唇部肌肉的控制和牵动。唇上肌有笑肌和颧肌。提颧肌时面部表情呈微笑状,声音也随之变得明亮而有光泽。唇下肌牵动下唇。口轮匝肌带动唇进行撮、合。颊肌纤维向口角汇聚并可牵动口角向后,使颊部贴近上下颌牙齿。在普通话语音的构成中,双唇的作用非常明显。单韵母发音时,由于唇形圆展的不同,就能构成不同的音素。如连续从 a、o、e、i、u 发到 ü,就能体会到随着唇形的变化,口腔状态也发生了变化,音色从 a 变成了 i 又变 ü。韵母的开、齐、合、撮等四呼与开始发音时的唇形更有着密不可分的关系。开口呼发音时唇形自然咧开,上下唇之间的裂缝较宽;合口呼发音时则唇形较圆。辅音的构成中也离不开双唇的作用。例如,双唇音 b 发音时,双唇紧闭,形成阻碍,较弱的气流冲破双唇阻碍,爆发成声,声带不颤动;双唇音 m 发音时,双唇紧闭,形成阻碍,软腭下降,打开鼻腔通路,气流由鼻腔通过,声带颤动。

唇是发音吐字的最后一道大门,要兜得住、放得开、收得拢。发音时,双唇不能过分地向前突出；否则，字音不容易清晰，听着像是在唇齿之间又加了一道"嘴"子，使声音带有 u 的色彩。一定要唇齿相依，那样字音容易出口，声音听着明亮、清晰。此外，还要加强唇部收撮的练习，只有唇部收撮力强，字音才能达到集中准确的要求。

2. 齿

这里主要指牙关。牙关的开度直接影响到口腔开度及口腔容积的大小，在发音过程中的作用很大。一是影响口腔的泛音量。发不同元音的不同口腔开合度的比例关系全靠牙关控制，要保证每个元音音色鲜明而饱满，就要有略大于口语的适当的口腔开度。二是牙关是声束由咽腔进入口腔的必经通道。通道宽敞，声束就能顺利通过，口咽部的共鸣能较好发挥，声音通畅响亮；否则，一方面声音闷塞褊狭，另一方面容易使声束冲上鼻腔而产生不必要的鼻音，如"泰山"。三是影响舌的活动范围。为使字音清晰而圆润，舌的活动幅度比平时要大，这就必须打开牙关创造条件。牙关的打开也使口腔前部的器官运动更灵活有力。

3. 舌

舌是口腔底部向口腔内突起的器官，由平滑肌组成，是人类语言的重要器官。人类全身上下，最强韧有力的肌肉就是舌头。在所有发音器官中，舌是活动最积极、影响最大的咬字器官。舌附于下颌骨，分上下两面。舌体的前 2/3 位于口腔内，后 1/3 段参与咽前壁的构成，称为"舌面后"，也叫做"舌根"。舌主要由横纹肌构成，分为舌内肌和舌外肌两部分。舌内肌与舌外肌协同动作，使舌能进行复杂而灵活的伸缩、卷翻、凹凸等运动，对构字成声起着重要作用。从吐字来讲，辅音发音时，大多数音都是由舌与口腔中别的部位构成阻碍而形成的；元音发音时，所有的音都离不开舌面或舌尖高低、前后的运动。无论发辅音还是发元音，都要锻炼舌的中纵线的力量。舌的力量加强了，声音就集中；否则，字音就模糊，声音就散漫。舌的弹动力越强，辅音就发得越清晰；舌高点越鲜明，元音的音色也越鲜明；舌头的弹动力越强、幅度越大，字音就越圆润饱满。舌的弹动还决定了字音的美感程度。可见，舌的符合规律的活动状态直接影响字音的准确、清晰和集中。从共鸣来讲，舌是口腔内体积与表面积较大的无骨质肌肉组织，它的状态对整个口腔共鸣也会产生影响。如果舌根抬起，势必会影响咽喉部的声音顺利到达口腔；如果压住舌根，则会导致喉部肌肉紧张，所以发声时舌头后部应尽量平展一些。如果舌面中前部平坦松软无力，音波就吸收得多一些，声音容易发暗。相反，如果舌面中前部较有韧性有力量，音波打上去就不容易被吸收，声音就响亮一些。所以，字音的准确、清晰、集中、圆润、响亮跟舌的活动关系很大,有必要加强对舌的控制训练。

4.腭

腭,又称口盖,分前后两部分,前 2/3 是硬腭,后 1/3 是软腭,它们像一块"隔板"分隔口腔和鼻腔。硬腭呈穹隆状,周围有一圈牙弓,覆有软组织的骨质水平板构成支架,中纵线由前向后明显突出,用舌可以明显地触摸到。它是气流挟带声音挂于硬腭前的通道。软腭上升时堵塞鼻腔通路,气流从口腔出。软腭下降时堵塞口腔通路,气流自咽壁到达鼻腔从鼻腔出,形成鼻音。腭对口腔共鸣和构字有着不可忽视的作用。每个人的口腔构造不同,上颌的形状就有差异。一般情况下,上颌的穹隆状态决定了共鸣的状况。腭拱宽长低泛音共鸣较充分,腭拱短深高泛音共鸣较充分。发音时,硬腭前部是声音的内感区,当声束沿着腭的中纵线到达这里时能感觉到声音集中、明亮。假如此时适当地提软腭打开后声腔,就能较好地发挥后声腔的作用,使声音宽厚结实,整个口腔共鸣得以充分发挥。在吐字过程中,许多字音都是舌软腭接触或接近而形成的。例如,舌根音 g、k、h 的发音部位是舌面后部与软腭。发音时,软腭的升降比较灵活,它控制着咽口的大小和鼻腔通道的开闭,鼻音和口音完全由软腭的升降来决定。因此,加强对软腭的控制也非常必要。

需要指出的是,口腔各部分器官及它们的运动形式是咬字吐字的生理学基础,这些器官的协调活动都是在人体神经系统的调节与支配下完成的。任何身体的运动都受到心理的指挥或暗示,播音员和主持人的意志、情感、愿望等在很大程度上与心理因素有关。有时候心理的制约因素甚至远远超过发声技巧。因此,在播音创作过程中,应该充分重视心理状态的自我调适,以情带声,以情感人,而非仅仅局限于具体发音器官的位置及活动状态。

第二节　口腔控制的基本要领

吐字的过程就是各咬字器官互相配合协同灵活动作的过程。为了使字音清晰、饱满、圆润、悦耳,必须坚持做到提起上口盖打开口腔,加强唇舌的灵活度和力度,找到字音挂在硬腭前部的感觉。

一、打开口腔

在有声语言艺术活动中,口腔的开度比平时说话时要大,这就是通常所说的"打开口腔"。打开口腔是指发音时口腔内里的容积大,口腔内壁肌肉绷起,呈"腔圆壁坚"的状态,这样可以适当加大口腔容积,确保各咬字器官运动自如,为字音的拉开、立起创造条件,使音波在口腔内得到良好共鸣,从而发出圆润响亮的声音。口腔是人类发音共鸣腔中最容易控制的,打开口腔可以从"提颧肌、打牙关、挺软腭、松下巴"等四个方面做起。

1. 提颧肌

颧肌为面部表情肌,起于颧骨,肌束斜向内下方,终于口角的皮肤和颊黏膜,部分纤维移行于口轮匝肌。颧肌由面神经颧支支配。提颧肌是指颧肌稍有紧张的感觉。颧肌用力向上提起时,口腔前上部有展宽感觉,鼻孔也随之有稍许张大,同时使唇尤其是上唇贴紧牙齿。唇齿相依使唇的运动有了依托,较之于松颧撅唇、唇齿分离更容易把握咬字的力度,对吐字的清晰明亮会产生积极的影响。

值得指出的是,外部颧肌的提起必须与内心积极的情感运动相互配合。人体解剖学认为,颧肌属于运动系一类,是面部肌肉的一部分,可随人的意志而收缩,面部肌肉又主要分布在口裂和眼裂的周围,分为环行肌和辐射状肌两种。颧肌属于辐射状肌,它的上方位于眼轮匝肌与咬肌上方之间,下部与笑肌和口轮匝肌相接。在开大或闭合孔裂时(颧肌提起)而牵动面部皮肤显出喜、怒、哀、乐等各种表情。由此可见,提颧肌时面部表情不是呆板的、无表情的,它会使面部显出喜、怒、哀、乐等各种表情。"艺术就是情感,一切艺术都是创造出来的表现人类情感的知觉形式。"(罗丹语)所以,光有外部"提颧肌"显出的表情还不够,还得有内心的情感相配合。因为颧肌属于面部肌肉,它是以开大孔裂来牵动面部皮肤显出喜、怒、哀、乐等各种表情的,所以,当开大孔裂时,颧肌提起,口腔打开,这时的面部表情是积极主动的状态,正好用来配合思想感情运动的需要,有声语言的发出也显得明亮、圆润、积极。相反,如果思想感情运动起来之后,颧肌没有提起,口腔的开度不够,这时的面部表情就不是积极主动的状态,也就不能够配合思想感情的运动,有声语言也就达不到"圆润、明亮、积极"的效果,在心理状态上给人不积极、不情愿的感觉,在声音上给人以"偏冷、偏暗、偏沉"的印象。所以,提颧肌与思想感情的运动二者一内一外,内外结合,先内而后外,相互协调相互作用,缺一不可。

平时练习提颧肌时可以用微笑来体会,也可以用开大口同时展开鼻翼的办法来体会,这样连续快速反复做多次,颧肌部位会明显发酸。颧肌力量加大了,咬字时也就会自然提起了,提颧肌对提高声音的亮度和字音的清晰度都有明显作用。

2. 打牙关

上下颌之间的关节俗称牙关,打开牙关主要是指双侧上下后槽牙之间应保持一定的距离,有抬起上颌中部的感觉。打开牙关的动作要领是:说话时,上颌主动抬起,上下臼齿之间似有一指厚的海绵垫,同时两颊肌肉用力撑开向外绷起。牙关的开度直接影响到口腔开度及口腔容积的大小,在发音过程中具有积极作用:第一,影响口腔的泛音量。发不同元音的不同口腔开合度的比例关系全靠牙关控制,要保证每个元音音色鲜明而饱满,就要有略大于日常口语的适当的口腔开度。第二,牙关是声束由咽腔进入口腔的必经通道。通道宽敞,声束就能顺利通过,口咽部的共鸣能较好发挥,声音通畅响亮;否则,要么声音闷塞褊狭,要么使声束冲进鼻腔而产生不必要的鼻音。第三,影响舌的活动范围。为使字音清晰而圆润,舌的活动幅度比平时要大,这就必须打开牙关,创造条件。牙关的打开也使口腔前部的器官运动更灵活有力。

打牙关的练习方法很多,这里列举比较实用有效的一些。可以用带 u 的音节来进行练习。韵母 u 的开口度最小,声音易闷,我们就针锋相对地练,打开牙关,两颊肌肉外展,可得到较明亮的声音。练习时可以对比一下,先是牙关不开,两颊肌肉松塌着发带"u"的音节,然后再按照打开牙关的正确要领发带"u"的音节,音高不变,但后者的音色上一定会有明显的改善。此外,还可以通过练习绕口令来打开牙关,如反复练习"你会炖炖冻豆腐,你来炖我的炖冻豆腐,你不会炖炖冻豆腐,就别胡炖乱炖、炖坏了我的炖冻豆腐"等段子。练习时,不要求速度,要注重感觉,带着轻松愉快的心情,兴奋地打开牙关反复练习,声音比较明亮,声音效果好。如果连续说两三遍,两颊肌肉感到发酸,口腔的状态就对了。经常练习,形成打开牙关的习惯,两颊肌肉也就不会发酸了。

3.挺软腭

软腭指上颌后部柔软的地方,也就是舌头舔不到的那部分上颌,它与舌根相对,后面紧连着小舌(即悬雍垂)。软腭提起,鼻腔通路即被切断,这是发元音的一般状态;软腭下垂,鼻腔通路打开,这是日常呼吸及发鼻辅音或鼻化元音的状态。在吐字过程中,如果软腭升降的活动不积极,经常处于下垂状态,就会出现鼻音。软腭挺起,即软腭部分向上用力,这个动作可以使口腔后部空间加大,并减少灌入鼻腔的气流,避免过多的鼻音色彩。挺起软腭可以起到两方面的作用:一是加大口腔后部空间,改善音色;二是缩小鼻咽入口,避免声音大量灌入鼻腔而造成鼻音。其实,挺"是一个基本状态,由于音节的不同,不能保持一成不变,结合咬字,软腭挺起时口腔后部应呈倒置的桃形,并非抬得越高越好。此外,如以小舌头(悬雍垂)为中点的话,软腭挺起时两侧力量应向小舌头集中。如果力量相反,软腭兜下来,就会造成字"扁"、鼻音等问题。所以,用力了并不等于挺起了,要特别注意力的方向。

挺软腭可以用"半打哈欠"或"举杯痛饮"的动作来体会。所谓"半打哈欠",就是嘴不要张那么大,但还是做一个深吸气的动作,此时口腔直对着的后咽壁有"吸凉气"的感觉。"举杯痛饮"时口腔后部打开及用力深吸气的动作,同样会在后咽壁有"凉"的感觉,也可以体会挺软腭的动作要求。通过做这些练习,可以检验软腭是否挺起来了。还可以拿一面镜子对着口腔检查一下。先张开嘴,软腭放松,自己可以清楚地看到小舌头;然后,做挺软腭的动作,如果看不到小舌头了,就说明软腭挺起来了。要注意体会并记住软腭挺起这个动作的实际感觉。发音时软腭能够挺起,声音会比较洪亮、比较集中。此外,有些字音(如"好hao")发音时可以明显感觉到口腔后部的开度较大,用它去带发其他音节也会收到较好的效果。在练习中一方面注意揣摩"挺软腭"的动作要领,一方面注意听辨自己的发音是否比较明亮、圆润,只要坚持练习,就会形成良好的打开后声腔发音的习惯。不过,值得注意的是,音节的构造是各不相同的,再加上实际表达的需要,播讲时不能一"挺"到底,还应有程度上的变化;否则,会带来"音包字"的问题。

4. 松下巴

在吐字发音过程中,下巴即下颌向内微收,处于放松、从容的状态,不能着意,更不能着力;否则,会使舌根紧张,咽管变窄,口腔变扁,把字咬"横"、咬"死",让人听了难受。如果打开口腔的意识及着力点放在下巴上,不仅会导致喉部紧张发音费力、口型不雅观,更重要的是由于口腔这个共鸣腔形状不稳定,基本处于"大撒口"的状态,因而使得声音很难听,显得傻气。下巴是否放松,对声音的好坏影响最大。下巴发紧,不仅声音紧张、单薄难听,而且音量小,共鸣感差,同时由于下巴和喉头位置很近,下巴的紧张必然引起声带周围肌肉的紧张,造成声带负担过重,说不了多久就会感觉嗓子疲劳、疼痛,难以持久。由于生理构造的原因,松下巴在打开口腔方面比抬上颌更具有实质性效果。因此,无论从形象上看,还是从声音效果讲,下巴的大幅度活动是绝对应该避免的。在练习过程中,可以用"牙疼时说话"的感觉来体会下巴是怎样放松的。其实,只要前三步做得非常到位,便会明显感觉到上颌主动地往上方提起来。这时,只要能够做到不刻意地往下收紧下巴,就可以轻松地实现"放松下巴"的目标了。

由于人体发声器官的各部分不能单独工作,通常是相互协调、互相作用的,因此,打开口腔是通过有关部位协同动作在实际运用中一次完成的。基本方法是:提颧肌之前下巴先稍微往后收,牙关(上下槽牙张开)打开,软腭自然上提挺起,颧肌自然向上提。看来,"提颧肌、打牙关、挺软腭、松下巴"

这四个要点是协调统一一次完成的——挺软腭使口腔后部空间扩大,打开牙关使口腔中部展开,提颧肌使口腔的前部适当打开,下颌内收放松使口腔形状稳定。这一系列动作配合,使得口腔全面地打开,为咬字吐字提供了良好的"制造"场所和绝佳的共鸣环境。

二、唇舌灵活,力量集中

唇和舌是重要的咬字器官,它们的活动轻巧灵活,不仅直接关系到字音的清晰度、圆润度,而且还影响到音量的大小、音色的刚柔等更多方面。

1. 唇舌灵活

唇舌灵活是语音流畅、自如的前提;否则,就会出现吃字(音节部分或全部含混不清)、滚字(音节间"粘连")、走音和语言僵滞现象。唇舌灵活,一方面是指唇的撮、展动作变化灵巧。唇是声音的主要出口,普通话的全部音节与唇形之间都有较为密切的关系。如果发音时唇部前突,等于在唇齿之间加了个"声筒",会带上不好听的 u 音色彩,使人感到沉闷,字音也容易包在口中。如果收拢双唇使得唇齿紧紧相依,声音就会明朗许多,字音也容易吐出口外。如果唇形不正确,字音就会出错。唇与颊相连,唇的状态也会带动充当口腔侧壁的颊肌状态,从而影响字音的色彩。唇部的活动应该努力做到:撮展非常灵活——在不停地活动中确保字音清晰、集中;活动时要唇不离齿——活动幅度太大容易感到"嘴倒不过来"。例如,遇到撮口呼与齐齿呼韵母的音节时,如地区医院、第七医院、青年剧院、经济、京剧、演员、语言等词语,如果唇的撮展变化不灵活,就会出现发音错误。另一方面是指舌的前后、上下运动灵活轻巧。舌是口腔中活动最积极、影响最大的咬字器官。单就声母而言,普通话 22 个辅音音素中,除 b、p、m、f 外,其余 17 个无不依赖于舌的活动。而在音节中,则全部都需要舌头的积极活动。因此,对舌的控制,是磨炼口齿中的重要一环。舌的活动直接影响字音的准确:辅音,成阻部位许多音都与舌有关,如 j、z、zh;元音,舌位的高低前后则能够造成音位的区别,如 a、i。字音的清晰、圆润、集中、响亮也与舌有关:舌的弹动力强,声母的发音就清晰,相反,如果舌头绵软松散,阻气乏力,声音就较模糊;元音的舌高点把口腔分为前后两个腔体,舌高点越鲜明,元音音色越清晰;无论发元音、辅音,舌的有关部分力量越集中,声音越集中;舌比较韧挺,声波被它吸收的少些,声音就明亮些,如果完全松软,声音就暗些;舌后部抬高或后退都会使口咽变窄,不利于声束的通过和共鸣的发挥,压舌根又会造成喉部肌肉紧张,因而发音时舌面后部以平展状态为好。舌的运动不灵活,不仅会直接影响到舌尖、舌面、舌根等声母的发音,更会影响到前鼻音韵母、后鼻音韵母乃至所有韵母的发音。

2.唇舌力量集中

唇舌力量集中是指在发音过程中,唇舌力量应尽量集中,声母的成阻点接触面小而有力。具体地说,唇的力量,要集中在唇中央 1/3 处,不必满唇用力,这样可以使声音清晰有力、灵活轻巧。为了加强唇舌的力量,可以做相关部位声母的喷弹练习。例如,通过用力蓄气连续爆发"b"、"p"等声母的"本音"来体会并加强唇的"喷弹力";用"八百标兵奔北坡,北坡炮兵并排跑,炮兵怕把标兵碰,标兵怕碰炮兵炮"等绕口令进行反复练习,以获得明确的唇部着力的感觉。唇是发声的最后一道关口,唇的力量集中,不但可以减少因为双唇松弛形成唇齿之间的腔体造成的湍流,确保声音干净、明亮、集中,还可以改善画面形象。相反,唇的力量分散,不但会使字音发散、音色变暗,同时还会影响画面形象。舌头力量的集中可以从两个方面掌握:一是将力量集中在舌头的前后中纵线上,二是在发音过程中舌体取收势,收拢上挺。发音过程中,舌头尤其不可"瘫软",且发音时舌头的接触部位应尽量呈"点"状而非模糊的"面"状。因为舌头的前中后各个部位都与汉语的发音有关。这样做,一方面可以保证舌体与硬腭或齿背接触的着力点准确有力,使舌的动作在咬字过程中弹动有力而灵活;另一方面,能有效地克服舌根紧张而舌前中部无力的毛病,确保舌头前后的力量均衡。生活中尽管有人表现出舌头的某一部分的松或紧的毛病,不过,多数人表现为舌根紧张。舌根紧张会在咬字发音时带来一系列毛病。例如,人们印象中的说话"大舌头"现象,就是因舌头力量不均衡,尤其是舌根紧张、整个舌头缺乏灵活性而造成的。舌头力量的锻炼有许多行之有效的方法。例如,可以如反复练发 za、ca、sa、da、ta、na、la、zha、cha、sha 等音节加强舌尖或舌头前部的力量,反复练发 jia、qia、xia 等音节加强舌面或舌头前部的力量,反复练发 ga、ka、ha 等音节加强舌根或舌头后部的力量等。通过练习,认真体会舌体不同的用力部位,做到接触部位准确而且轻巧有力,并由前到后地全面锻炼舌头的力量。另外,如果存在舌根紧张的毛病,可以用反复发"力量"等词语的方法,加强舌头中前部的力量,以取得舌力的平衡。当然,也可以根据自己的情况,有选择地练习绕口令锻炼舌力。例如,"白石塔,白石搭,白石搭白塔,白塔白石搭,搭好白石塔,白塔白又大。""板凳宽,扁担长,板凳比扁担宽,扁担比板凳长,扁担要绑在板凳上,板凳不让扁担绑在板凳上,扁担偏要板凳让扁担绑在板凳上。"等简短而实用的绕口令就是不错的选择。总之,无论是发辅音还是发元音,唇、舌的有关部分力量都要集中,这样声音才能集中。

三、明确声音的走向和字音着力的位置

在口腔控制训练过程中,还应该注意声音的走向和字音着力的位置。有些人单纯为了追求厚实的有共鸣的声音,只将注意力放在听辨自己的声音上,不去用心控制口腔状态,不去用心控制声音的走向,结果声音到达喉口以后就失去控制,只能沿着舌面被"推送"到口外,因此,声音显得散和垮。为了确保咬字清晰、力量集中,发音时,应保持清晰的口腔控制的引导意识,引领经由口腔出来的声音,沿着上颌的中纵线前行,经由软腭向硬腭前部冲击。这样,就会感觉声音仿佛是"挂"在硬腭上,字音能透出口外,强化的是声音的穿透力。声音的基本走向是:喉口——后咽壁——软腭——硬腭——人中。硬腭前部是口腔共鸣的主要内感区,以此为字音的着力位置,可以明显改善音色,提高声音效果;尤其在弱控制时,掌握这一要领能够有效地改善声音质量,使声音响亮动听、小而不塌。在用声时要有距离感、目标感,这样的控制意识加上和相关动作的配合,就能有效地改善声音质量,使声音润泽响亮集中。总之,打开口腔是为了提供良好的语音制造场和获得良好的共鸣环境,咬字器官在发音过程只有互相配合,协调动作,才能达到口腔控制的最终目的。

第三节　吐字归音

吐字归音是我国传统戏曲艺术中对吐字咬字方法的概括。明代沈宠绥在《度曲须知》一书中指出:"凡敷演一字,各有字头、字腹、字尾之音。头尾如末厘指,而字腹则出字后,势难遽收尾音。"[①]可见,吐字归音是指如何使舞台语言发音清晰、唇舌有力、收音完满、字正腔圆的技巧,也就是如何把每个字有头、有腹、有尾地交待清楚的方法。吐字归音的技巧是舞台语言基本功训练中的重要环节。其实,作为一种吐字方法,吐字归音强调的是吐字的动态控制,是对发音动作过程的控制,实际上是一种经过加工的艺术化的发音方法。在播音发声的吐字中,吐字归音也是值得借鉴且行之有效的重要方法。

---

① 沈宠绥《度曲须知》,载《中国古典戏曲论著集成》(第五集),中国戏剧出版社1959年版,第249页。

一、普通话语音的特点

吐字归音是从音系特征的角度来研究有声语言艺术的，是建立在对汉语语音特点充分认知的基础之上的理论概括与经验总结。要掌握吐字归音的基本方法，有必要先了解一下普通话语音的特点。

普通话是"以北京语音为标准音，以北方话为基础方言，以典范的现代白话文著作为语法规范的现代汉民族共同语"。以北京语音为标准音，指的是以北京话的语音系统为标准，并不是把北京话一切读法全部照搬，普通话并不等于北京话。普通话语音的特点可以在多方面的比较中加以了解与把握。

首先，与印欧语系相比，普通话语音的特点是：①没有复辅音，清辅音多。复辅音是指两个或两个以上的辅音连在一起的现象。在印欧语系中，复辅音是很常见的，普通话中没有复辅音。普通话的基本结构单位是音节，一个音节一般只有一个辅音，在音节的开头充当声母。如果一个音节有两个辅音，必定是一个在音节开头充当声母，另一个在音节末尾充当韵尾，中间会有元音隔开。这样，普通话语音音节的界线清楚，从听感上能够自然区分，读起来也富有节奏感。普通话里清辅音多，特别是 b、d、g 等辅音不但是清辅音，而且是弱的清辅音，发音不紧张，音节比较舒缓，辅音的响度小可以进一步衬托元音的清亮。②有声调。普通话的音节除包含声母和韵母外，还有一个贯穿整个音节的声调。

其次，与方言相比，普通话在语音方面的特点是：①声母系统以清辅音为主，古全浊声母清化。普通话 21 个辅音声母中只有四个浊音声母，即 m、n、l、r，它们分别来自中古音的次浊声母，而在许多其他方言，比如吴方言、粤方言中，浊音声母的数量相对较多。②韵母系统以元音为主，元音占优势。在普通话的音节里，可以没有辅音，但绝不能没有元音。元音至少一个，最多可达三个（ā-huā-huài），而且多数是复元音。据统计，用"a"这个最响亮的元音音素（开口度大，前元音，高元音等音质响亮的特征）充当主要元音的音节约占全部音节的 40%。在许多其他方言中，许多复元音却纷纷转化为单元音。③多数音节都是以元音收尾的，用辅音收尾的音节中充当韵尾是两个鼻辅音—n、ng。④有四个调类。相对于许多南方方言来说，普通话的调类数目是比较少的。迄今为止，我国东南部的几个大方言区中仍保留着入声。入声是指带有塞辅音韵尾[-p-t-k]或喉塞音韵尾[-ʔ]的一种短促声调。普通话中入声消失，分别归入阴平、阳平、上声、去声之中。

通过比较，可以概括普通话音节结构的特点：

第一,每个音节由声母、韵母、声调三个部分组成,其中声母和韵母是音质音位,声调是非音质音位;每个音节有一到四个音素,元音成分占优势。

第二,普通话中共有 22 个声母,其中 21 个辅音声母、1 个零声母。21 个辅音声母分别是 b、p、m、f、d、t、n、l、g、k、h、j、q、x、zh、ch、sh、r、z、c、s。

第三,共有 39 个韵母,其中 10 个单韵母,即 a、o、e、ê、i、u、ü、-i(前)、-i(后)、er;13 个复韵母,即 ai、ei、ao、ou、ia、ie、ua、uo、üe、iao、iou、uai、uei;16 个鼻韵母,即 an、ian、uan、üan、en、in、uen、ün、ang、iang、uang、eng、ing、ueng、ong、iong。

第四,普通话多数音节的发音口腔由闭而开再到闭,两头小中间大,响亮的主要元音居中,这是普通话吐字"珠圆玉润"的客观基础。

第四,根据结构,韵母分为韵头、韵腹和韵尾三部分,可以充当韵腹的有 10 个元音:a、o、e、ê、i、u、ü、-i(前)、-i(后)、er;可以充当韵头的有 3 个元音:i、u 和 ü;可以充当韵尾的有两个元音 i、u(包括 o)和两个辅音 n 和 ng,根据韵头的不同情况,韵母可以分为开、齐、合、撮四呼:没有韵头而韵腹又不是 i、u、ü 的叫做开口呼,韵头或韵腹是 i 的叫做齐齿呼,韵头或韵腹是 u 的叫做合口呼,韵头或韵腹是 ü 的叫做撮口呼。四呼的划分,与唇型的圆展直接相关,这种划分在普通话的吐字中意义重大。

第五,汉语是声调语言,有 4 个调类,即阴平、阳平、上声、去声,它们调型分明,带有音乐性,极富抑扬顿挫之美。

二、吐字归音的基本要领

要真正落实吐字归音的基本要领,需要把握出字、立字、归音的基本特点及规律。根据汉语音节的结构特点,将一个音节分为字头、字腹、字尾三部分,把一个音节的发音过程分成出字、立字、归音三个阶段,即吐字发音时要咬准字头,发响字腹,收紧字尾,并且注意把这三部分联系起来,从字头滑到字腹,再滑到字尾,形成一个如"枣核形"般的整体。

(一)出字的要领

1.什么是出字

出字是指在吐字归音过程中对字头的处理。由于字头涉及声母和韵头,出字便直接影响到口齿的纯净、口形的正确。因为字腹和字尾的发音要靠字头来带动,因此出字是字正的首要因素。为了强调出字的重要地位,徐大椿在《乐府传声·出字口诀》中提出不仅要注意掌握字头中声母的发音部位,同时还要注意出字时的口形。他指出:"欲正五音,而不于舌唇齿牙喉处着力,其音必不正。""呼字十分真则其形自从;其形十分真,则其字自协,此自然之理。若不知其形,而求其声,则终身不能呼准一字也。"①京剧界常说的"喷口",就是指在出字时字头发音要有口劲;否则,就会虚而不实、飘而不定。但是,要注意不要过分用力,那样反而不美,也不要把字头拖得过长,免得造成词语发音模糊。在实际发音中,这种要求主要落实在声母的发音过程中,即声母必须按一定的发音部位和发音方法咬准咬实,所以又有人把声母的发音称作"咬字"。古人说"咬字千斤重,听者自动容"。"咬字要用七寸三分劲儿",这是说出字要用巧劲儿,要集中而富于弹性。例如,"天 tiān"的声母"t",其发音过程应是:先在准确位置(舌尖与上齿龈)上蓄积足够气力,然后迅速除去舌尖与上齿龈的阻力,打开口腔。老艺人把出字过程形象地比作"噙",说"咬字如噙虎",意思是说,出字时就像大老虎叼着小老虎跳跃山涧一样,不紧不松;否则,叼紧了,小老虎会被咬死;叼松了,小老虎会从口中滑落。

零声母是以元音开头的音节,出字也要讲究力度才能使音节鲜明清晰。具体的情形是,以 i,u,ü 开头的零声母音节,舌位适当提高,增加舌相应部位的紧张度,使之有适度的摩擦,即发成半元音[j]、[ɥ]、[w],如"言"、"汪"、"雨"等,让"韵头"成为"字头";以 a,o,e 等开头的开口呼的音节,相应增加元音有关舌位的肌肉紧张度,必要时可在音节前加喉塞音,并且要注意与其前一字的"划断",切忌连续不断,造成吐字不清,甚至"吃字"。例如,"何往"两字,容易连读成一个字"huang"字。又如,"斗志昂扬"中的"志昂扬"三字,一定要在"志"归音后再出"昂","昂"字归音之后再出"扬"字;否则,可能会念成"张扬"两字。

2.出字的基本要求

出字的要求可以概括为"叼住弹出,部位准确;气息饱满,干净利落;唇型到位,短暂敏捷;定型标准,准确自然。""叼住"是指咬字要有一定力度,即成阻部位的肌肉要有一定的紧张度,阻气有力;咬字的力量要集中在相应部位的纵中部,而不是满口用力。"弹出"是指声母的除阻阶段,也叫做吐字阶段,应轻捷有力,像弹出弹丸,不粘不滞,不拖泥带水,不使拙劲。"叼住弹出"应在瞬间完成,长了会形成"字疵"。唇舌不用力会让听者感觉到"浮",出字无力,字音模糊;出字时用力过大或满口用力,又显得"拙",容易影响语言的流畅和语气,节奏的自如运用。

---

① 　徐大椿《乐府传声》,载《中国古典戏曲论著集成》(第五集),中国戏剧出版社 1959 年版,第 182 页。

（二）立字的要领

1. 什么是立字

立字是指在吐字归音过程中对字腹的处理。《顾误录》指出："每字到口，须用力从其字母发音，然后收到本韵，字面自无不准。"例如，"天"字则从"梯"字出，收到"焉"字；"巡"字则从"徐"字出，收到"云"字；"小"字则从"西"字出，收到"咬"字；"东"字则从"都"字出，收到"翁"字之类。[1] 在一个音节中，韵头与声母紧紧相连构成字头，是声母与韵腹之间的一个过渡；字尾仅仅是完成收音；能充分发挥共鸣作用、开口度最大、发音最响最长。在吐字中发挥重要作用的是字腹。字是随着的拉开而在口腔中"立"起来的，字腹在一个音节中口腔开度最大，泛音共鸣最丰满，声音共鸣最响亮。因此，一个音节是否"珠圆玉润"，与字腹的发音有着密切关系。

立字的正确与否与四呼即口型问题有很大关系，必须明确口型与立字的关系。四呼作为四种口型，既然是由韵头或韵腹中不同的元音决定的，这就为立字决定口型提供了语音学的根据。正确地掌握立字的发音要领，才能有正确的口型；正确地运用口型才能实现正确的立字，两者间的辩证关系科学地体现着汉语语音的客观规律，忽视或否定其中的任何一个方面都会形成韵头不清或是立字模糊，以致字音不准、吐字不清影响听辨。

2. 立字的基本要求

立字的具体要求是：拉开立起，气息均匀；音长音响，圆润饱满；窄韵宽发，宽韵窄发；前音后发，后音前发；圆唇扁发，扁唇圆发。

"拉开立起，气息均匀"是指在字头轻轻弹出之后，口腔随着字腹的到来而拉开到适当的程度，感觉字音随上颌的提起而"立起来"，结合声束向硬腭前部的流动冲击，产生字音挂在上颌的感觉。如果拉不开，字音就会发扁、不饱满。在牙关打开的前提下，口腔开度略大于生活语言的字腹开度，以便取得较清晰的音色和较丰富的泛音共鸣。

"音长音响"是指字腹所占的时值较长，响度最大，是音节的主体部分，它需要引长，也能够引长，它对音节的发音质量起着至关重要的作用。因此，字腹发音时口腔要适当扩大，随字腹拉开立起，发音应较完整，持续时间稍长。"圆润饱满"是针对声音共鸣而言的。字腹既是一个音节中开度最大的部分，也是色彩最丰富、共鸣最丰满的部分，因此，圆润是稳定字音造型，使字头和字尾有所依附从而达到"字正"且"腔圆"的重要条件，所以，字腹要

---

[1] 王德晖、徐沅澄《顾误录》，载《中国古典戏曲论著集成》（第五集），中国戏剧出版社 1959 年版，第 211 页。

松开扩充,吐音要圆。

　　"窄韵宽发,宽韵窄发"是在字腹舌位高低方面的要求。"窄韵"是指高元音,"宽韵"是指低元音。由于字腹的舌位高低不同,开口度的大小就不一样,声音的色彩、响度、口形的宽窄自然存在差异。为了使声音色调一致、线条统一,须将口形宽窄不一的韵母,分别采用宽韵窄发和窄韵宽发的方法来咬字发音。先说"宽韵窄发"。韵母 a 舌位低,口腔开度较大,声音较响。凡是韵腹为 a 的单韵母、复韵母、鼻韵母,都属于宽韵母。宽韵母的字,发声中声波容易从口咽腔内传导出来,声音比较开,音量相对来说比较大。这一类字音容易横、咧,表现力较差。为了避免这些缺点,就要采用窄发的方法,使口咽腔状态变得窄一些、圆一些、立一些,声音着力点的位置靠后些。也就是发 a 时,随着音的不断升高,口咽腔逐渐加入 u 的成分。再说"窄韵宽发",凡是韵腹为 i、u、ü、o、e 的单韵母、复韵母、鼻韵母,都属于窄韵母。韵母 i 是前、高舌面元音,er 是卷舌音;e 虽是半低舌位,口腔开度呈半开的自然状态,但由于常与介母 i、ü 相拼合组成音节,因此这些字的口腔开度也比较小,口腔开度呈半闭状态;u 是高、后舌面音,口腔开度呈闭合状态。故凡是由韵母 i、e、o、u 分别作韵腹的复韵母、鼻韵母都称窄韵母。窄韵母由于舌位较高,口腔开度较小,口咽腔内空间也小,声音容易挤、窄,不符合发声时声音要响亮要具有穿透力的要求。为了弥补窄韵母字音的不足,改善声音的色彩和响度,发声时对窄韵母要采用宽发的方法,就是将窄韵母在口咽腔发音部位、形态基本不变的前提下,适当扩大字音在口咽腔空间空间内的容量。具体方法就是保持口咽腔圆、立、竖的一定形态,抬软口盖,尽量张开嘴巴,稳定喉结,使声音嘹亮、贯通、流畅。

　　"前音后发,后音前发"是在字腹舌位前后方面的要求。字腹的前后,是指元音发音时舌位在口咽腔的前或后而言。舌位靠前的韵母色调明亮,舌位靠后的韵母色调比较暗淡。要使咬字发音的色调比较一致,就要用前韵母后咬、后韵母前咬的方法来进行调节。先说"前韵后发",凡是发 i、ü 的,都是舌位较高的前韵母,它们发音部位都在口咽腔前面。由于舌位高、前的特点,它们的发音色调比较明亮。凡是由 i、ü 分别作韵腹或韵头是 i、ü 所构成的韵母,都属前韵母。因前韵母本身色彩明亮、靠前,故感到亲切、自然、口语化,这些是它的主要优点。由于舌位高,口咽腔内空间容量较小,声音虽亮但尖、白、扁、窄、音量很小,有时还容易产生字多声少的字包声的现象,不利于声音的发挥。为了发挥前韵母的优点,保持声音色彩明亮、自然,防止白、扁、尖、炸的毛病产生,使声音柔婉、浑厚、统一,更富于艺术表现力,对前韵母一般都要采用后咬的方法,就是发音中在不影响字清字准的前提下,将前韵母的字在口咽腔内声音的着力点向后拉,而声音在口咽腔发音部位基本不变。虽然上提软腭、后咽壁的提立已经使咽腔内咬字发音的部位向后,但这还不够,还必须从头脑、心理及感觉上,再将字音的着力点向后拉、用打呵欠那样的感觉来咬字发音。再说"后音前发",凡是发音为 o 或 u 的都是后韵母,u 是高舌位,o 是半高舌位。它们都在口咽腔后面作形发音。凡是字腹或字尾分别由 o、u 构成的复韵母都属于后韵母一类。后韵母利于发声状态的确立,尤其利于较高音域的发音,但音色比较暗淡。由于舌位后、高,声音有时易向后倒,音色空,字音不易清楚,有时还会产生声包字的现象。为了防止这种现象并充分发挥利于发声状态的特点,对属于后韵母的字,一般要采用后音前发的方法;否则,发音部位本身比较靠后,咬字发音中再向后拉,声音更后倒,字音不清,音色暗淡,甚至产生虚、空、声包字的现象。后韵母前咬是纠正、弥补、调整这些现象的好方法。

"圆唇扁发,扁唇圆发"是由作字腹的主要韵母唇形圆或展的特点来决定的。先说"扁唇圆发"。如 i、e、a 几个元音,它们的口形都有展唇或近似展唇的特点,把这部分展唇音素在口咽腔中圆着、竖着发音,同时,发挥后咽壁的挺立、稳定作用,使口咽腔保持圆和竖的一定形态,把字咬清。再说"圆唇扁发",u、o、ü 三个韵母都是圆唇,它们在口咽腔中的发音都有比较竖的发音趋向。发声时对这些字要采用圆唇扁发的方法。"圆唇扁发,扁唇圆发"可以弥补音素"扁"或"圆"的"先天"不足,使声音扁圆得当、音色柔美、贯通统一。

(三)归音

1. 什么是归音

归音是指吐字归音过程中对字尾的收尾处理。从语音学角度看,每一次肌肉紧张度的增而复减,就形成一个音节。声母的紧张是突然增强的,紧张的最高点落在主要元音上,字尾处在紧张度下降的阶段上,如果忽略这个阶段,就成了"半截字"。多数人在吐字方面最容易犯的毛病就是不归音,造成半截字,听起来不完整。正如沈宠绥所言"收者什一,不收者什九"①。戏曲界对收尾历来都很重视。沈宠绥的《度曲须知》问世,把当时戏曲用韵分成五类,即收鼻音、收抵腭、收噫音、收鸣音、收闭口音。传至清代,戈载的《词林正韵》进一步把收尾分成六类,即展辅收音、敛唇收音、直喉收音、穿鼻收音、抵腭收音、闭口收音,俗称"曲韵六部",现今仍然沿用。

---

① 沈宠绥《度曲须知》,载《中国古典戏曲论著集成》(第五集),中国戏剧出版社 1959 年版,第155 页。

　　归音与口型有相应的关系。在整个吐字过程中,一般说来,口型要保持不变;否则,声音必然随之改变,以致字音混淆、无从分辨。因此,遇到必须归音的字,必须按照韵尾的韵母进行收尾,其口型很自然地总会有所改变。例如,"春眠不觉晓,处处闻啼鸟"的韵脚是油求辙,都是开口呼的口型,韵母都是 ou,又都是以 u 收尾,口音的口型丝毫不变是不可能的。不过,由于归音只在字音即将结束的瞬间音强很轻,所以并不影响整个音节的口型归属。所谓归韵正确,收尾到家,首先要强调"到家",即韵尾要交代清楚,以求声音表达得准确、完整。其次,收音还必须适时、适度,要自然地圆润过渡;否则,僵直生硬,会在字的收尾时把字咬"死"。总之,运用之妙,存乎一心。收音在字尾,要"守之有力"。尾音收得恰当与否,对于"字正"起着"毕功一役"、"宝塔结顶"的作用。收得不好、不准,或是会前功尽弃,或是会出现差错。总之,归音的运用,要讲究自然,要有相当的艺术功力。

　　2.归音的基本要求

　　归音的要求是:"尾音轻短,完整自如;避免过紧,谨防僵硬。归音到位,送气到家;渐弱渐止,趋向鲜明。"这里重点是"到位"和"弱收"。"到位"是针对有尾韵母而言的。普通话中充当尾音的元有 i,u,辅音有 n,ng。所谓到位是尾音要归到应有的位置上。当然,这里说的到位,不是要求像单发 i,u,n,ng 那样舌位高紧、闭合完全,而是要求舌的趋向鲜明,口腔有个渐闭的过程。"弱收"是针对强收而言。有的人矫枉过正,把尾音收得重而紧,违反了音节发音的生理规律,不但显得矫揉造作或笨拙,更会在很大程度上影响吐字的流畅和语言的节奏。我们大致归纳一下归音的主要规律:第一,鼻辅音 n、ng 做字尾时,尾音要归到应有的位置,否则会出现前后鼻音的混淆:n,舌尖要收到上齿龈,阻住口腔通道,鼻音一出即收;ng,舌根要收到软腭处,阻住口腔通道,鼻音一出即收。第二,u(包括 o)作字尾时,唇形要收圆,并有一定的舌位高度。第三,i 作字尾时,不能完全归到 i 的位置,而是在舌向 i 的位置抬起的过程中弱收,这种弱收叫做趋向鲜明,而不强调字尾的 i 的到位,遇到 ai、ei、uei 等韵尾是 i 的音节,归音时在舌前部向 i 的方向运动当中声音收住,如台、菜的字尾,最后不能归死,即不应该有咬死的 i 的尾音,不然,就会显得小气、生硬,不够洒脱大方。第四,开尾音节,即只有韵腹没有韵尾的音节,如韵母为 a、e、i、u、ü、舌尖前特殊元音-i、舌尖后特殊元音-i 的音节,这些音节虽然没有韵尾同样也需要归音,即字音结束肌肉紧张度同样是增而复减的。由于开尾音节是在主要元音上也就是口腔最大开度上结束,随着肌肉紧张度的减弱,口型很容易也随之变小,这样就会使音色起变化。因此要注意保持音色与口型,直至音节结束再变动.在肌肉紧张度下降的情况下保持口型,也是需要一定功力的,要求干净利落,到位弱收。没有这样的归音习惯,则一定会影响到语流的风格。

（四）"枣核形"

如果在播音中能恰当地运用吐字归音,做到字头有力、字腹饱满和字尾归音,那就会使吐字不仅准确清晰,而且圆润饱满。民间有人用"枣核形"来形容吐字过程。这种字头、字尾小,字腹大的形象描述概括出吐字归音的发音特点。枣核形是对字头、字腹、字尾三个阶段的整体要求,即字头和字尾占的时间短些,恰似一个枣核的两端,字腹占的时间长、力量相对也强些,好比枣核中间的鼓肚儿,一个音节的完整发音过程就像一个枣核的形状。例如,iao、iou 的发音过程,就是比较典型的两头小、中间大的枣核形,口腔开度由小到大、由闭到开,再由大到小、由开到闭。"枣核形"的总体感觉是:字头叼住弹出,字腹拉开立起,字尾到位弱收,合起来恰好形成一个两头小中间大的枣核,它涉及音节各部分口腔的开合度及所占的时值。它是一个整体,是在口腔各部分不断滑动的过程中完成的,包含着无限数量的音素,不是从头跳到腹再跳到尾,而是整个字音要有滑动感,整体感,应构成一个完整、立体的形状——"枣核形"。它不仅是吐字归音的规矩,也体现了清晰集中、圆润饱满的审美要求,如图 4-2 所示:

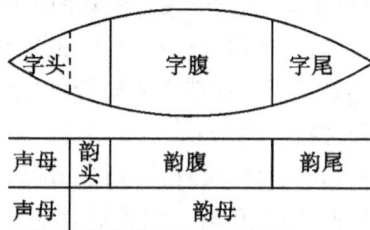

字头		字腹	字尾
声母	韵头	韵腹	韵尾
声母		韵母	

图 4-2 "枣核形"示意图

"枣核形"训练是使发音规格化的必要过程,作为技巧训练它最终是要为表达思想感情服务的,所以,要求达到"枣核形"是为了使我们的普通话更加标准更加纯正。但是,在实际的播音创作过程中,要根据思想内容的需要而灵活运用,不能本末倒置,不可一味追求技巧和方法、片面强调字字如"枣核",这样必然会破坏语言的节奏,削弱声音的感情色彩,违背语言交流的本质。总之,吐字归音和其他声音技巧一样,都是为表达思想感情服务的,"枣核形"只是一个整体感觉,绝不是说大要大到什么程度、小要小到什么程度,这些都须因人而异、因情而变、由境而生。

第四节 口腔控制训练

一、口部操训练

正确的发音离不开各发音器官的积极努力、主动配和。唇形的圆展、舌位的高低、口腔开度的大小,直接影响到发音的规范程度。

（一）口腔开合练习

1. 打牙关练习

（1）口张大,再闭合,张嘴像打哈欠（打槽牙,挺软腭）,闭嘴如啃苹果（松下巴）,由慢到快,反复多次。注意开口的动作要柔和,两嘴角向斜上方抬起,上下唇稍放松（提颧肌）。经常做这个练习,可以克服口腔开度的问题。

（2）开前声腔。首先做好准备动作,颈部及下颌放松,双眼微闭,双唇放松呈自然态,舌尖轻抵下齿背,吸足一口气。然后开始正式动作,张开口提硬腭,舌面前低后高,渐使口腔前大后小,形成喇叭状。动作由六步组成一回合:①小开口;②中开口;③大开口;④大开口;⑤中开口;⑥小开口。（注意:开口与开口之间要有一个小的顿息,形成节奏感,以感知不同的前开口度的差异。打开口腔前部的练习,可以帮助体会 i、ê 及前 ɑ 等音素的发音舌位,增强颧肌张力,克服发音时开口偏小、偏扁的毛病,提高发音亮度。）

（3）开后口腔。首先做好准备动作,准备动作同"开前口腔"操。然后开始正式动作,张开口提软腭,舌面前高后低,渐使口腔前小后大,形成倒喇叭状。动作由六步组成一回合:①小开口;②中开口;③大开口;④大开口;⑤中开口;⑥小开口。（注意:开口与开口之间要有一个小的顿息,形成节奏感,以感知不同的后开口度的差异。打开口腔前部与打开口腔后部的差异是:前者舌尖抵下齿背,舌端稍紧张;后者舌尖离开下齿背,舌面后部稍紧张。前者提升硬腭,舌面前低后高,口腔形成喇叭状;后者提升软腭,舌面后部凹下,口腔形成倒喇叭状。打开口腔后部的练习,可以帮助体会 u、o 及后 ɑ 等音素的发音舌位,增强对软腭的控制能力,帮助方言区人克服软腭普遍松塌、发音偏前的毛病。）

2. 提颧肌练习

用双手轻揉两颊,让肌肉充分放松。在此基础上,靠主动提起颧肌,带动两嘴角上扬,上唇大致成一字,露出部分门齿。这个练习可适当多做,最好能成为发声时的条件反射动作,不仅能使得发声时的表情自然亲切,说话时口型较美,更重要的是,它可以是声音清晰、集中又不失柔和、亲切。

3. 挺软腭练习

(1)张大口练习。弯腰、身体前倾,将下巴放松地靠在一个高度合适的桌面上。通过颈后部肌肉的收缩将口腔的上半部分抬起,下巴仍然靠在桌面上不动。(此姿势和正常的张口动作相反,刚开始时可能不太习惯,可以将自己的颅骨想象成箱子盖,下颌骨想象成箱子底,模拟"掀开"箱盖的动作来练习。注意要保证下巴的放松和固定。)如果没有合适的桌面辅助,也可以略收下颌,用手固定下颌进行练习,但一定要保持下巴的稳定。如果练习中能明显感觉到颈后肌肉的紧张,说明动作是正确的;反之,如果口腔,下颌处肌肉紧张,则是不正确的。初学者最好能每天坚持张口几十到一百次左右,形成习惯动作。

(2)半打哈欠练习:在上一练习的基础上,充分放松下颌,打开牙关,保持大开口吸气的状态,努力抬高自己的软腭上部及小舌部位。感觉像打呵欠的动作,并极力保持此种状态一段时间,体会口腔内容积明显增大的感觉。

4. 松下巴练习

(1)在放松的基础上震摇下巴。在下巴充分放松的基础上,保持张大口的姿势,舌头自然伸出口外,以颈部为轴左右甩动下巴和舌头。注意需保持颈部为轴的平行转动动作,而非整体甩头,否则易引起头晕。

(2)下颌的移动和画圈练习。在放松下巴和张大口的基础上,可以将下颌骨左右平行移动,或按顺时针、逆时针方向画圈,运动时应明显感觉到后牙关充分打开,下颌充分放松,幅度可尽量增大。

5. 颊部练习

颊部的练习也是十分重要的。如果颊部的肌肉没有力量,咬字就很含混,字音的清晰度就受影响。练习颊部肌肉的力量可以采取咀嚼练习的方法。基本要领是:张口作咬食物动作,口的张开幅度由小到大、由慢到快;闭口作嚼食动作,幅度尽量大。张开咬嚼与闭口咀嚼结合进行,舌自然平放,练习时反复做。

(二)唇部练习

(1)喷。也称双唇打响。双唇紧闭,将唇的力量集中于唇中纵线 1/3 的部位,唇齿相依,不裹唇,阻住气流,然后突然连续喷气出声,发出 P、P、P 的音。合口呼、撮口呼撮唇不好的人可以多练。

(2)咧。将双唇闭紧尽力向前撮起,然后将嘴角用力向两边伸展(咧嘴)。反复进行。

(3)撮。轻轻闭拢双唇,尽力向前撮起,用鼻深吸一口气,接着双唇同时向左、向右、向上、向下撕拉,至最大后收回向正前方撮出圆唇。动作由五步组成一回合:一是轻闭双唇;二是用鼻吸气;三是左右撮唇;四是上下撮唇,五是前撮圆唇。(注意:向左右撮唇至最大时,唇要绷紧绷薄,双唇可往口里边噘三次,然后收唇用力向前撮出。撮唇时,力量要向唇中部集中。撮双唇的练习,可以帮助体会 i、e、ê 等音素与 ü、o、u 等音素不同的发音唇形,增强唇肌调控能力,帮助方言区人克服发圆唇音时双唇普遍不够圆的毛病,切实提高发音标准度。)

(4)绕。双唇闭紧向前撮起,然后向左或向右做 360 度的转圈运动。

(三)舌部练习

(1)刮舌:舌尖抵下齿背,舌体贴住齿背,随着张嘴,用上齿沿舌面刮,尽力加大舌面上翘的曲拱度,目的在于增加舌面隆起的力量。口腔开度不好的人和发舌面音 j、q、x 有问题的人可以多练习。

(2)顶舌:闭唇,用舌尖顶住左内颊,用力顶,可把舌尖想象成针尖,用力去扎破口腔这个气球。然后,用舌尖顶住右内颊,做同样练习。如上,左右交替,反复练习。

(3)绕舌:闭唇,把舌尖伸到齿前唇后,向顺时针方向环绕 360 度,然后向逆时针方向环绕 360 度,交替进行。

(4)伸舌:将舌伸出唇外,舌体集中,舌尖向前、向左、向右、向上、向下尽力伸展。意念上尽量把舌尖想象成一个点,使舌尖慢速、用力向外伸,多做这个练习,可使舌体集中、舌尖能集中用力。

(5)弹舌:舌尖上翘,快速来回弹上齿下缘,这个练习可以增加舌头的灵活性。

(6)立舌:舌身平伸,将舌尖向后贴住左侧槽牙齿背,然后将舌沿齿背推至门齿中缝。使舌尖向左侧翻滚成竖立状,夹在上下齿之间,接着将竖立的舌身放倒复原,然后再向右侧翻滚成竖立状,夹在上下齿之间。左翻滚右翻滚加起来为一回合,动作分为五步:①平伸舌身;②向左滚立;③向右倒平;④向右滚立;⑤向左倒平。(注意:相对来说,做左翻滚右翻滚动作比较难,开始可能不协调,动作可做慢一些,舌身左滚立起后用齿轻嗑三下,舌身右滚立起后再用齿轻嗑三下,以感知翻滚效果。待动作熟练后,可不必齿咬,将左翻滚右翻滚两个动作连着做,一气呵成。舌的横向滚卷练习,可以综合增强舌尖、舌面的灵活性,对于改进边音 l 的发音有益,对声母韵母发音及语流畅顺能起到间接帮助作用。)

(7)舌打响:又叫打舌响。主要包括以下四种不同方法:①舌尖与上齿龈接触打响。将舌尖顶住上齿龈,用力持阻,然后突然弹开,发出类似"t"的响声。发不好 d、t、n、l 的人可以多练。②舌尖与硬腭接触打响,舌尖顶住硬腭,阻住气流,再突然放开,爆发出〔t〕、〔t'〕的声音。这一练习,对舌尖成阻无力的人改善舌尖成阻、持阻的力量有益。③舌面前部与硬腭前部接触打响。舌面前部贴顶住硬腭前部,阻住气流,再突然放开,爆发出〔t〕、〔t'〕的声音。这一练习,对舌面无力的人改善舌面成阻、持阻的力量有益。④舌根抬起至软腭交界处,用力发 ga(嘎)音,体会舌根与软硬腭交界处不断地连续做"阻气——突然打开——阻气——突然打开"的打响动作。这一练习可以改善舌根的力量及灵活性。

(8)捣舌:将一个像枣核一样的物体(枣核、橄榄核等),竖放在舌面上,尖端正对着口腔前后中纵线,用舌面挺起的动作使它翻转起来,反复进行练习。

二、出字训练

(一)单音节字词练习

1.声母韵母的拼合练习

要求:唇舌要有一定的力度,弹动轻快;要注意唇形,开口呼唇形自然,口咧不要过大;齐齿呼口咧不要太扁太窄;合口呼不要撅唇;撮口呼唇形不要太圆,只撮上唇两角。

开口呼:ba、pa、ma、fa、da、ta、na、la、ga、ka、ha、zha、cha、sha、ra、za、ca、sa

齐齿呼:bi、pi、mi、di、ti、ni、li、ji、qi、xi

合口呼:bu、pu、mu、fu、du、tu、nu、lu、gu、ku、hu、zhu、chu、shu、ru、zu、cu、su

撮口呼:nü、lü、ju、qu、xu

2.声母与单元音韵母的拼合练习

开口呼音节:巴爬马发打他那拉嘎喀哈闸查啥砸擦萨阿波破墨佛哦么

齐齿呼音节:笔皮米地替尼利基奇喜依

合口呼音节:部普木富读图努卢古枯虎朱楚树如族促素吴

撮口呼音节:女旅据区徐雨

3.声母与复元音韵母的拼合练习

开口呼音节:百派买带台鼐来该开海摘柴晒在才赛爱被陪没非内类

齐齿呼音节:俩家恰瞎牙别瘪灭爹铁捏列借切写也标飘秒

掉 条 鸟 聊

　　合口呼音节:挂 跨 花 抓 刷 挖 多 拖 诺 落 国 阔 或 捉 绰 说 若 昨 错
所 我

　　撮口呼音节:虐 略 决 却 学 月

4.带调单韵母音节练习

b 巴 拔 把 爸 m 妈 麻 马 骂 d 搭 答 打 答 d 低 迪 抵 地 t 梯 提 体 替
j 几 即 挤 继 q 七 其 起 器 x 希 习 洗 细 f 夫 扶 腐 副 t 突 图 吐 兔
ch 出 雏 楚 处 sh 书 赎 蜀 树 q 区 渠 娶 去 x 虚 徐 诩 旭 c 疵 辞 此 次

(二)双音节词语练习

1.同声母双音节词语练习

b:颁布 板报 奔波 褒贬 摆布 阜鄙 宝贝 包办 步兵 标本 辨别 步兵

P:批评 偏旁 乒乓 匹配 拼盘 铺平 澎湃 品牌 排炮 婆婆 瓢泼 偏僻

m:麦苗 眉目 门面 磨灭 迷茫 面貌 妹妹 牧民 美妙 明媚 密码 弥漫

f:发奋 反复 方法 犯法 仿佛 非法 分封 复方 芳菲 防风 肺腑 丰富 夫妇

z:造作 总则 做作 栽赃 再造 喷喷 走卒 祖宗 咂嘴 贼赃 在座 自尊

c:苍翠 仓促 残存 猜测 草丛 参差 涔涔 层次 淙淙 苍翠 匆匆 从此

s:森森 飒飒 嫂嫂 诉讼 琐碎 搜索 瑟缩 僧俗 思索 色散 松散 色素

d:达到 带动 单调 当代 弹道 导弹 吊灯 登顶 当初 道德 等待 调度

t:谈吐 探讨 淘汰 塔台 抬头 体态 天堂 天体 吞吐 体贴 团体 妥帖 听筒

n:奶牛 男女 恼怒 嫩嫩 拿捏 南宁 呢喃 女奴 能耐 泥泞 农奴 奶娘

l:拉力 利落 流利 来历 蓝领 磊落 理论 联络 铃兰 履历 罗列 轮流 浏览

zh:战争 针织 真正 政治 住址 珍重 真挚 种植 住宅 支柱 长者 驻扎

ch:超产 车窗 出产 出丑 抽查 戳穿 澄澈 春潮 橱窗 车床 充斥 长城

sh:赏识 身世 上声 身上 少数 山水 闪失 生疏 设施 神圣 绅士 杀手

r:忍让 冉冉 仍然 仁人 溶溶 苒苒 荣辱 忍让 如若 柔韧 软弱 闰日 荏苒

j:积极 经济 家具 紧急 坚决 讲究 计较 基金 进军 讲解 荆棘 寂静 捷径

q:齐全 凄切 祈求 恰巧 弃权 亲切 欠缺 氢气 情趣 全球 秋千 请求

x:喜讯 行星 习性 虚心 详细 现象 想象 学习 休息 心胸 星星 选修

g:杠杆 高贵 更改 梗概 公共 古怪 尴尬 高歌 广告 观光 灌溉 光顾

k:开垦 苛刻 开课 开阔 刻 可靠 慷慨 夸口 空旷 宽阔 可口 亏空 克扣

h:航海 海河 呼唤 辉煌 花卉 红花 欢呼 豪华 缓和 谎话 黄昏 挥霍

2.不同声母双音节词语练习

j-q:机器 进去 坚强 极其 加强 及其 金钱 价钱 技巧 减轻 健全 郊区

q-j:前进 情景 期间 清洁 请教 秋季 情节 请假 其间 奇迹 器具 迁就

zh-ch：支持 指出 正常 主持 展出 照常 真诚 侦察 争吵 支撑 忠诚 专长

ch-zh：车站 沉重 成长 初中 长征 厂长 沉着 垂直 产值 城镇 传真 处长

z-c：自从 再次 总裁 座次 总参 杂凑 造次 资财 资材 自裁 紫菜 早操

c-z：存在 操作 操纵 村子 惨遭 词组 嘈杂 错字 擦澡 才子 菜子 测字

z-zh：杂志 组织 增长 自重 作者 遵照 总之 自转 坐镇 在职 自主 资助

zh-z：主宰 制造 著作 制作 治罪 沼泽 职责 侄子 转赠 铸造 装载 壮族

c-ch：财产 采茶 促成 错处 彩绸 残喘 餐车 操场 操持 辞呈 草创 粗茶

ch-c：差错 场次 长辞 陈醋 冲刺 车次 成材 尺寸 纯粹 储藏 春蚕 船舱

s-sh：丧失 丧事 松手 随身 桑树 琐事 唆使 算术 随时 随手 诉说 宿舍

sh-s：世俗 石笋 申诉 神速 疏散 生死 殊死 誓死 输送 神色 哨所 胜似

zh-j：之间 中间 直接 逐渐 着急 证据 专家 主讲 庄稼 镇静 整洁 知觉

j-zh：接着 集中 简直 建筑 紧张 记者 禁止 进展 兼职 竞争 纠正 居住

ch-q：长期 初期 澄清 春秋 重庆 唱腔 出奇 出去 城墙 呈请 出气 重启

q-ch：清楚 起初 前程 青春 清晨 汽车 清除 起床 气喘 汽船 球场 凄楚

sh-x：实现 首先 数学 实行 上下 熟悉 顺序 事先 手续 施行 事项 生效

x-sh：形式 显示 学生 小时 吸收 先生 小说 牺牲 学说 稀少 享受 销售

j-x：进行 继续 教训 决心 举行 机械 教学 局限 江西 家乡 景象 急需 坚信

x-j：下降 夏季 先进 小姐 选举 戏剧 新疆 细节 细菌 下级 相继 袭击 香蕉

q-x：情绪 情形 期限 清醒 气象 清晰 取消 谦虚 前线 倾向 倾斜 缺陷

x-q：下去 星期 先前 心情 吸取 学期 掀起 限期 兴起 兴趣 性情 寻求

z-s：自私 总算 子孙 阻塞 赞颂 葬送 赠送 棕色 走私 杂碎 砸碎 子嗣

s-z：色泽 孙子 所在 塞子 嫂子 嗓子 塑造 丧葬 三足 散座 四则 桑梓

c-s：彩色 蚕丝 菜色 才思 沧桑 伦俗 草酸 醋酸 厕所 粗俗 赐死 刺死

s-c：色彩 桑蚕 私藏 松脆 酸菜 算错 四次 三餐 颂词 素材 讼词 色散

zh-c：制裁 注册 政策 珠翠 仲裁 致辞 祝词 中餐 铸错 择菜 账册 至此

zh-s：真丝 整肃 致死 转送 装蒜 正色 长孙 找死 诊所 周岁 珠算 竹笋

ch-z：池子 赤子 插嘴 插足 插座 茶座 掺杂 斥责 超载 吵嘴 趁早 称赞

ch-s：茶色 拆散 场所 超速 沉思 陈诉 称颂 成色 充塞 尘俗 吃素 重塑

sh-z：识字 沙枣 擅自 扇子 上座 师资 勺子 生造 失踪 氏族 实在 始祖

sh-c：赏赐 上层 上苍 深感 身材 神采 失策 侍从 失聪 上策 水彩 水草

z-ch：资产 祖传 组成 最初 尊称 尊崇 早晨 在场 赞成 嘴唇 增产 早茶

z-sh：作数 杂史 杂书 杂耍 杂税 再生 在世 宗师 左手 遭受 做事 自身

c-zh：彩照 参政 参照 侧重 惨重 词缀 餐桌 瓷砖 粗重 村镇 财政 存折

c-sh：磋商 擦拭 才识 财神 参数 蚕食 残杀 措施 催生 此时 从事 次数

（三）四音节词语练习

b:跋山涉水　百发百中　半路出家　包罗万象　暴跳如雷　闭关自守　波澜壮阔

p:平易近人　普天同庆　披星戴月　跑马观花　匹夫有责　旁观者清　旁敲侧击

m:马到成功　满面春风　弥天大谎　面目全非　莫名其妙　默默无闻　漠不关心

f:发扬光大　飞沙走石　风吹草动　分秒必争　防患未然　翻来覆去　放虎归山

z:自得其乐　再接再厉　责无旁贷　自告奋勇　罪魁祸首　左右为难　字里行间

c:惨不忍睹　沧海桑田　草木皆兵　侧目而视　藏头露尾　此起彼伏　才疏学浅

s:司空见惯　丝丝入扣　死里逃生　死去活来　四面楚歌　四通八达　死有余辜

d:大刀阔斧　大公无私　点石成金　顶天立地　多多益善　单刀直入　登堂入室

t:谈虎色变　偷天换日　同甘共苦　土崩瓦解　通宵达旦　兔死狐悲　吞吞吐吐

n:南腔北调　能说会道　能者多劳　弄假成真　怒发冲冠　怒火中烧　袅娜多姿

l:冷若冰霜　劳苦功告　离题万里　里应外合　两全其美　炉火纯青　来来往往

zh:掌上明珠　招兵买马　振振有词　争先恐后　珠圆玉润　郑重其事　至理名言

ch:触类旁通　长篇大论　长期共存　畅所欲言　陈词滥调　沉默寡言　成人之美

sh:深入人心　神采奕奕　身价百倍　实事求是　史无前例　始终不解　世外桃源

r:若无其事　若有所思　如愿以偿　仁至义尽　人定胜天　日落西山　燃眉之急

j:积少成多　疾言厉色　集思广益　济济一堂　急如星火　箭在弦上　皆大欢喜

q:七上八下　其貌不扬　奇耻大辱　取之不尽　奇珍异宝　旗鼓相当　千载难逢

x:熙熙攘攘　喜出望外　心领神会　喜新厌旧　兴高采烈　洗耳恭听　心照不宣

g:甘心情愿　纲举目张　高歌猛进　歌功颂德　各自为政　功德无量　恭恭敬敬

k:开卷有益　刻骨铭心　空前绝后　扣人心弦　苦尽甘来　康庄大道　开天辟地

h:海阔天空　海枯石烂　海誓山盟　骇人听闻　和平共处　豪情壮志　惶惶不安

（四）绕口令练习

这里，我们将选取到的绕口令依照声母的发音部位顺序进行排列。之所以这样做，主要考虑这一部分我们重点练习的是出字即声母的发音。不过，在练习的过程中，其他方面的问题如声调、韵母等当然也不能忽视。我们练习绕口令是为了让口齿更加清楚。因此，练习绕口令要有计划、按要求进行：第一，绕口令绕的点不同，所以要为了解决自身的某个问题来安排练习；第二，要努力去表达所说的事物之间的关系和变化，不要总想着绕嘴的字音；第三，要在快速吐字的正确方法下进行唇舌的利索；第四，要在打开口腔等要领下不说错字；第五，不能只为了语音就压着后部扁着声音单纯去"绕"。

1.与双唇音相关的绕口令

（1）八百标兵奔北坡，炮兵并排北边跑。炮兵怕把标兵碰，标兵怕碰炮兵炮。

(2)巴老爷有八十八棵芭蕉树,来了八十八个把式要在巴老爷八十八棵芭蕉树下住。巴老爷拔了八十八棵芭蕉树,不让八十八个把式在八十八棵芭蕉树下住。八十八个把式烧了八十八棵芭蕉树,巴老爷在八十八棵树边哭。

(3)一平盆面,烙一平盆饼,饼碰盆,盆碰饼。

(4)白伯伯,彭伯伯,饽饽铺里买饽饽。白伯伯买的饽饽大,彭伯伯买的大饽饽。拿到家里喂婆婆,婆婆又去比饽饽。不知白伯伯买的饽饽大,还是彭伯伯买的饽饽大

(5)白庙外蹲一只白猫,白庙里有一顶白帽。白庙外的白猫看见了白帽,叼着白庙里的白帽跑出了白庙。

2. 与唇齿音相关的绕口令

(1)粉红墙上画凤凰,凤凰画在粉红墙。红凤凰、粉凤凰,红粉凤凰、花凤凰。

(2)蜂花商场卖混纺,红混纺、黄混纺,粉混纺、粉红混纺,黄粉混纺、红粉混纺和黑混纺。

3. 与舌尖前音相关的绕口令

(1)山前有四十四棵死涩柿子树,山后有四十四只石狮子。山前的四十四棵死涩柿子树,

涩死了山后的四十四只石狮子。山后的四十四只石狮子,咬死了山前的四十四棵死涩柿子树。

不知是山前的四十四棵死涩柿子树,涩死了山后的四十四只石狮子,还是山后的四十四只石狮子,咬死了山前的四十四棵死涩柿子树。

(2)四是四,十是十,十四是十四,四十是四十。莫把四字说成十,休将十字说成四。若要分清四十和十四,经常练说十和四。

(3)三山撑四水,四水绕三山,三山四水春常在,四水三山四时春。

(4)四十四个字和词,组成了一首子词丝的绕口词。桃子李子梨子栗子橘子柿子槟子榛子,栽满院子村子和寨子。刀子斧子锯子凿子锤子刨子尺子做出桌子椅子和箱子。名词动词数词量词代词副词助词连词造成语词诗词和唱词。蚕丝生丝热丝缫丝染丝晒丝纺丝织丝自制粗细丝人造丝。

4. 与舌尖中音相关的绕口令

(1)白石塔,白石搭,白石搭白塔,白塔白石搭,搭好白石塔,白塔白又大。

(2)调到敌岛打特盗,特盗太刁投短刀,挡推顶打短刀掉,踏盗得刀盗打

倒。

（3）太阳从西往东落，听我唱个颠倒歌。天上打雷没有响，地下石头滚上坡；江里骆驼会下蛋，山里鲤鱼搭成窝；腊月苦热直流汗，六月暴冷打哆嗦；姐在房中手梳头，门外口袋把驴驮。

（4）柳林镇有个六号楼，刘老六住在六号楼。有一天，来了牛老六，牵了六只猴；来了侯老六，拉了六头牛；来了仇老六，提了六篓油；来了尤老六，背了六匹绸。牛老六、侯老六、仇老六、尤老六，住上刘老六的六号楼，半夜里，牛抵猴，猴斗牛，撞倒了仇老六的油，油坏了尤老六的绸。牛老六帮仇老六收起油，侯老六帮尤老六洗掉绸上油，拴好牛，看好猴，一同上楼去喝酒。

5. 与舌尖后音相关的绕口令

（1）认识从实践始，实践出真知。知道就是知道，不知道就是不知道。不要知道说不知道，也不要不知道装知道，老老实实，实事求是，一定要做到不折不扣的真知道。

（2）史老师，讲时事，常学时事长知识。时事学习看报纸，报纸登的是时事，心里装着天下事。

（3）刚往窗上糊字纸，你就隔着窗户撕字纸，一次撕下横字纸，一次撕下竖字纸，横竖两次撕了四十四张湿字纸！是字纸你就撕字纸，不是字纸，你就不要胡乱地撕一地纸。

（4）山上住着三老子，山下住着三小子，山腰住着三哥三嫂子。山下三小子，找山当腰三哥三嫂子，借三斗三升酸枣子，山当腰三哥三嫂子，借给山下三小子三斗三升酸枣子。山下三小子，又找山上三老子，借三斗三升酸枣子，山上三老子，还没有三斗三升酸枣子，只好到山当腰找三哥三嫂子，给山下三小子借了三斗三升酸枣子。过年山下三小子打下酸枣子，还了山当腰三哥三嫂子，两个三斗三升酸枣子。

6. 与舌面音相关的绕口令

（1）七加一，七减一，加完减完等于几？七加一，七减一，加完减完还是七。

（2）七巷一个漆匠，西巷一个锡匠，七巷漆匠用了西巷锡匠的锡，西巷锡匠拿了七巷漆匠的漆，七巷漆匠气西巷锡匠用了漆，西巷锡匠讥七巷漆匠拿了锡。请问漆匠和锡匠，谁拿谁的漆，谁用谁的锡？

（3）京剧叫京剧，警句叫警句。京剧不能叫警句，警句不能叫京剧。

（4）稀奇稀奇真稀奇，麻雀踩死老母鸡，蚂蚁身长三尺六，六十岁的老头躺在摇篮里。

7. 与舌根音相关的绕口令

(1)哥挎瓜筐过宽沟,赶快过沟看怪狗。光看怪狗瓜筐扣,瓜滚筐空哥怪狗。

(2)树上卧只猴,树下蹲条狗。猴跳下来撞了狗,狗翻起来咬住猴,不知是猴咬狗,还是狗咬猴。

(3)华华有两朵黄花,红红有两朵红花,华华要红花,红红要黄花。华华送给红红一朵黄花,红红送给华华一朵红花。

(五)零声母音节的发音练习

1.单音节字词练习

(1)开口呼:开始发音时唇裂较宽,唇较放松。发音时口裂不要过大,喉部用力,如:a,o,e,er,ai,ei,ao,ou,an,en,ang,eng。

(2)齐齿呼:开始发音时唇形扁平,上唇几乎与上齿下缘平行。发音时口裂不要过扁,要相对圆一些,后牙用力,如:i,ia,ie,iao,iou,ian,in,iang,ing。

(3)合口呼:开始发音时唇呈圆形,因发 u 时前声腔大,口唇有合拢之感,因此称合口呼。发音时唇不要向前突出,满口用力,如:u,ua,uo,uai,uei,uan,uen,uang,ueng,ong。

(4)撮口呼:开始发音时,唇形较圆,因发 ü 时前声腔小,有撮唇感,因此叫撮口呼。发音时撮两唇角即可,唇用力,如:ü,üe,üan,ün,iong。

2.双音节词语练习

(1)开口呼零声母:偶然 额外 按照 恶毒 奥秘 耳朵 安全 挨打 拗口 昂扬 偶然

(2)齐齿呼零声母:谚语 游泳 洋溢 遗忘 友谊 抑扬 演讲 意义 压抑 扬言 语言

(3)合口呼零声母:无畏 委婉 娃娃 外婆 晚上 晚会 文艺 问题 弯曲 婉转 无望

(4)撮口呼零声母:预约 约定 永远 用意 预留 预言 雨季 余额 鱼鹰 跃进 榆树

三、立字训练

字音的响度和长度都集中体现在字腹上,只有做到字腹拉开立起、圆润饱满,字音才能字正腔圆、优美动听;相反,字腹立不起来,字音就会显得扁、紧、小气,似是而非,模棱两可。因此,字腹发音时要求口腔一定充分打开,使字腹拉开立起。立字的功夫主要通过复合韵母音节的练习得到,练习时注意韵母舌位的移动和唇形的变化滑动速度快速而自然,整个音节发音过程中字腹占的时间最长。这样，才能保证字音的清晰、圆润和响亮。

（一）打开口腔练习

播音和主持时的口腔要比平时说话时大。在训练口腔总体配合时，除了用打开牙关、提起颧肌、挺起软腭的要求来体会外，还可以用朗读以下成语来体会具体吐字时的口腔开度。下列成语的第一个音节都是容易体会打开口腔的音节，在朗读时可以以第一个音节打开口腔的感觉带发后面的音节——使后面的音节也能尽量打开口腔开度的发音。例如：

来龙去脉	来日方长	来来往往	来势凶猛	狼狈不堪	浪子回头
牢不可破	老当益壮	老生常谈	雷厉风行	冷嘲热讽	两袖清风
量力而行	龙腾虎跃	包罗万象	超群绝伦	刀山火海	道貌岸然
调兵遣将	泛滥成灾	防患未然	放虎归山	光明磊落	广开言路
高风亮节	高瞻远瞩	豪情壮志	江河日下	光明正大	慷慨激昂
排山倒海	开天辟地	波涛汹涌	春暖花开	阳光灿烂	豪言壮语
雷电交加	龙飞凤舞	康庄大道	呼风唤雨	浩气长存	风光无限

（二）改善音色练习

普通话语音中的元音，都是经口腔共鸣成声的。发音时软腭挺起，接触咽壁，挡住鼻腔通路，音波从口腔发出。发任何元音，都必须在生活语言的基础上对其进行改进。第一，窄韵宽发，宽韵窄发。发开口呼元音 a、o、e 时，如果口腔开得过大，易使声音发散，采用宽韵窄发的方法，使口腔开度有所控制，会使声音更加明亮、集中、圆润、有力度；齐齿呼元音 i、u、ü 时，口腔开度小，口腔容积也较小，舌尖肌肉紧张，容易声音发颤，采用窄音宽发的方法，可以加大口腔容积，改进声音响度。第二，前音后发，后音前发。前元音 i、e、ü 发音位置靠前，如果把握不当，不但明亮度不增加，而且很容易使声音偏前。若采用前音后发的方法，可以对这三个音的亮度有所控制；后元音 u、e、o，发音位置靠后，与唇的距离长。如果把握不好，后元音的音素更加闷暗，采用后音前发的方法，可以使后元音的亮度增加。第三，圆唇扁发，扁唇圆发。圆唇音 u、e、o，发音时双唇向前撮成圆形，采用圆唇扁发的方法，使唇形为扁圆形，采用双唇的口部聚拢的力量带动嘴角微微向前。这样，双唇的肌肉也容易绷紧，发出声音自然响亮也不闷。扁唇音 a、i、e，发音时不能太扁，太咧嘴；否则，影响声音的圆润度，采用扁唇圆发的方法，使其控制得稍圆一些，宽度增加一些，可以增加其亮度和圆润度。

1. 以"宽音"带"窄音"达到"窄韵宽发"

安宁 按语 按理 傲气 奥秘 八股 巴黎 拔河 把戏 板栗 宝贝 保密 仓库
草地 抄袭 达因 打击 刚毅 傻气 康熙 来去 劳力 马蹄 毛衣 麻痹 昂扬

2.以"窄音"带"宽音"达到"宽韵窄发"

技法 机械 苴麻 沮丧 苦熬 孤傲 提拔 渔霸 巨大 毒打 激发 立方 库房
寄放 里拉 蓖麻 出门 礼堂 碧桃 复杂 起赃 臆造 图案 回来 轨道 孤单

3.以"前音"带"后音"达到"后音前发"

提高 预告 诗歌 体格 帝国 因果 阴沟 尸骨 难过 鼻孔 嗜好 刺客 理科
碧空 敌寇 司库 实况 余额 帝王 以往 失望 义务 比武 自找 教导 迷途

4.以"后音"带"前音"达到"前音后发"

刚毅 港币 高低 告捷 戈壁 革职 个别 更迭 梗死 宫女 共事 谷雨 过眼
船次 毫厘 合理 横笛 红利 厚意 蝴蝶 抗体 考妣 可以 乌鱼 东西 航行

5.以"圆唇"带"扁唇"达到"扁唇圆发"

物理 武器 晚稻 语言 跃进 郁积 原来 韵味 涌动 月亮 诬陷 忘记 舞蹈
局势 决定 句子 曲牌 缺失 虚心 需要 雪地 血迹 权利 选择 眷恋 挽救

6.以"扁唇"带"圆唇"达到"圆唇扁发"

白菊 佩服 抱负 伴随 单元 海魂 笑语 教育 衣物 戏剧 滋润 实惠 答对
稳妥 倘若 苹果 比喻 接触 房屋 茶树 来源 成全 男女 儿女 好处 情绪

(三)单韵母发音练习

1.开口呼单韵母发音练习

a:巴 爬 马 发 打 他 那 拉 嘎 喀 哈 闸 查 啥 砸 擦 萨 阿

发达 打靶 喇叭 砝码 大妈 哈达 爸爸 妈妈 拉萨 沙发 大厦 马达 哪怕
八面玲珑 跋山涉水 茶余饭后 大有作为 大智若愚 飒爽英姿 马不停蹄

o:波 破 墨 佛 哦

薄膜 磨破 伯伯 婆婆 默默 菠萝 薄弱 破获 萝卜 泼墨 馍馍
莫名其妙 迫不及待 默默无闻 模棱两可 博学多才 迫在眉睫 破釜沉舟

e:么 德 特 讷 乐 格 克 和 这 车 社 惹 泽 策 穑 额

特赦 折合 特色 客车 色泽 割舍 合格 苛责 隔阂 瑟瑟 折射 这个
责无旁贷 克己奉公 得心应手 歌舞升平 可歌可泣 刻骨铭心 和盘托出

-i(前):资 紫 字 疵 辞 此 次 思 死 似

再造 再做 遭罪 做作 参差 残存 璀璨 催促 葱翠 匆促 速算 琐碎
左右为难 字里行间 孜孜不倦 自以为是 财大气粗 残羹剩饭 沧海桑田

-i(后):之 直 止 至 痴 迟 尺 赤 诗 时 使 是 日

支持 知识 直至 值日 只是 咫尺 指示 智齿 吃食 迟至 实施 失职 时事
知己知彼 知无不言 债台高筑 沾沾自喜 插科打诨 差强人意 茶余饭后

er:二 耳 饵 儿

而今 而且 儿女 儿戏 儿歌 耳朵 耳环 而后 二胡 二黄 儿童 儿子 二期

耳目一新 耳濡目染 耳熟能详 耳闻目睹 尔虞我诈 取而代之 温文尔雅

2.齐齿呼单韵母发音练习

i:笔 皮 米 地 替 尼 利 基 奇 喜 依

笔记 地理 机器 极力 霹雳 离奇 立即 秘密 起义 激励 基地 记忆 习题

立竿见影 地大物博 一技之长 避难就易 比比皆是 疲于奔命 低声下气

3.合口呼单韵母发音练习

u:部 普 木 富 读 图 努 卢 古 枯 虎 朱 楚 树 如 族 促 素 吴

突出 互助 图书 辜负 读书 糊涂 出租 孤独 补助 粗鲁 辅助 疏忽 瀑布

不共戴天 不速之客 出口成章 出类拔萃 出奇制胜 触景生情 孤芳自赏

4.撮口呼单韵母发音练习

ü:女 旅 据 区 徐 雨

语句 豫剧 序曲 区域 屈居 须臾 语序

旭日东升 与人为善 举世无双 举一反三 举足轻重 据理力争 聚精会神

(四)复韵母发音练习

1.开口呼复韵母发音练习

ai:百 派 买 带 台 冁 来 该 开 海 摘 柴 晒 在 才 赛 爱

爱戴 白菜 拆台 开赛 太白 彩排 晒台 采摘 海带 开采 拍卖 灾害 抬爱

爱莫能助 爱屋及乌 塞翁失马 爱憎分明 拍手称快 开天辟地 开诚布公

ei:被 陪 没 非 内 类 给 黑 这 谁 贼

肥美 北非 贝贝 贝类 北美 肥美 非得 妹妹 配备 飞贼 黑妹 霏霏 狒狒

黑白分明 飞黄腾达 飞沙走石 费尽心机 废寝忘食 悲欢离合 杯弓蛇影

ao:包 跑 毛 到 套 脑 老 高 靠 好 找 朝 少 饶 造 草 扫 袄

懊恼 包抄 报道 报考 操劳 茅草 冒号 祷告 高潮 骚扰 号召 高烧 高考

劳而无功 老成持重 老生常谈 老态龙钟 饱食终日 报仇雪恨 草草了事

ou:剖 某 否 抖 头 耨 楼 够 抠 后 周 抽 手 肉 走 凑 艘 偶

丑陋 抖擞 豆蔻 露头 佝偻 口头 叩首 兜售 喉头 漏斗 收购 手头 后头

踌躇满志 守口如瓶 手疾眼快 首当其冲 手舞足蹈 愁眉不展 厚古薄今

2.齐齿呼复韵母发音练习

ia:俩 家 恰 暇 牙

假牙 加压 下家 恰恰 下牙 佳佳 恰恰 贾家 下降 三峡 加价 家鸭

驾轻就熟 嫁祸于人 价值连城 恰如其分 恰到好处 狭路相逢 家喻户晓

ie:别 瘪 灭 爹 铁 捏 列 借 切 写 也

结业 趔趄 姐姐 歇业 乜斜 结节 铁屑 猎猎 贴切 节烈 铁鞋 夜夜

铁面无私 借题发挥 别出心裁 喋喋不休 切磋琢磨 切齿痛恨 别具一格

iao:标 飘 秒 掉 条 鸟 聊 交 巧 小 尧

吊销 疗效 巧妙 教条 调教 飘摇 秒表 渺小 叫嚣 调料 娇小 缥缈 笑料
表里如一 标新立异 雕虫小技 咬文嚼字 调兵遣将 交头接耳 摇摇欲坠

iou:谬 丢 牛 六 纠 求 修 有

久留 锦绣 幽囚 求救 久久 绣球 优秀 悠久 牛油 留有 旧友 游泳 舅舅
丢卒保车 流芳百世 流连忘返 有声有色 休戚与共 救死扶伤 求同存异

3. 合口呼复韵母发音练习

ua:挂 跨 花 抓 刷 挖

挂花 哗哗 耍滑 花褂 娃娃 画画 牵挂 红花 花袜 牙刷 梅花 古话
画龙点睛 抓耳挠腮 华而不实 花好月圆 画饼充饥 哗众取宠 夸夸其谈

uo:多 拖 诺 落 国 阔 或 捉 绰 说 若 昨 错 所 我

错过 蹉跎 哆嗦 堕落 过火 骆驼 硕果 错落 脱落 陀螺 阔绰 懦弱 火锅
脱颖而出 落井下石 络绎不绝 多愁善感 过河拆桥 过目成诵 缩手缩脚

uai:怪 快 坏 拽 揣 摔 外

外快 飞快 破坏 甩卖 海外 拽开 国外 怀揣 外踝 国槐 门外 对外 乖乖
歪风邪气 外强中干 拐弯抹角 快马加鞭 宽大为怀 脍炙人口 海纳百川

uei:对 腿 归 亏 悔 追 吹 水 芮 最 催 岁 为

垂危 翠微 回归 推诿 悔罪 汇兑 归队 追悔 围嘴 水位 会徽 尾随 荟萃
对答如流 推陈出新 归心似箭 微乎其微 瑞雪丰年 水乳交融 岁岁平安

4. 撮口呼复韵母发音练习

üe:虐 略 决 却 学 月

雀跃 侵略 鲜血 血压 约会 跃进 绝学 约略 超越 紧缺 确定 断绝 小学
血气方刚 却之不恭 绝路逢生 略胜一筹 学以致用 雪上加霜 学而不厌

(五)鼻韵母发音练习

1. 开口呼鼻韵母发音练习

an:半 盘 满 反 但 潭 南 蓝 赶 看 含 盏 产 山 燃 咱 蚕 三 安

参战 黯然 案板 反感 参赞 感叹 反感 勘探 烂漫 谈判 酣战 单产 懒汉
安居乐业 按兵不动 暗送秋波 半信半疑 闪闪发光 昙花一现 三言两语

en:本 喷 门 分 嫩 跟 肯 很 阵 趁 身 人 怎 岑 森 恩

根本 本分 沉闷 门诊 人参 审慎 深圳 人身 仁人 认真 深沉 振奋 粉尘
分门别类 身临其境 门户之见 门庭若市 分道扬镳 纷至沓来 身不由己

ang:帮 旁 忙 放 当 躺 囊 浪 刚 抗 行 张 常 上 脏 藏 桑 昂

帮忙 仓房 厂房 盲肠 行当 刚刚 帐房 商场 苍茫 当场 商行 上场 上当
长歌当哭 长期共存 长生不老 畅所欲言 当机立断 当务之急 当之无愧

eng:蹦 捧 蒙 风 等 疼 能 冷 更 坑 横 正 成 声 增 曾 僧

承蒙 成风 丰盛 更正 更生 萌生 升腾 生成 省城 征程 整风 声称 逞能 瞠目结舌 成败利钝 成年累月 成人之美 承上启下 成竹在胸 乘人之危

2. 齐齿呼鼻韵母发音练习

ian:边 片 面 点 天 年 连 见 前 先 烟

电线 简便 偏见 年限 鲜艳 牵连 见面 艰险 田间 联翩 前线 检点 千年 年富力强 坚持不懈 颠沛流离 点石成金 天造地设 面若桃花 前车之鉴

in:宾 品 民 您 林 进 亲 新 因

近邻 拼音 信心 亲近 金银 新近 亲信 紧紧 尽心 辛勤 濒临 薪金 近因 饮水思源 引人注目 引经据典 隐姓埋名 心血来潮 宾至如归 心心相印

iang:娘 亮 讲 强 香 洋

两样 良将 洋相 响亮 香江 踉跄 洋枪 湘江 洋姜 想象 两项 相像 粮饷 将错就错 将计就计 江河日下 两全其美 量力而行 枪林弹雨 相提并论

ing:并 平 名 顶 听 拧 另 井 请 性 应

叮咛 冰凌 经营 宁静 命令 明净 影评 清明 影星 评定 领情 伶仃 精明 冰清玉洁 并驾齐驱 听天由命 名不虚传 鼎鼎大名 顶天立地 惊涛骇浪

3. 合口呼鼻韵母发音练习

uan:段 团 暖 乱 关 宽 换 转 穿 栓 钻 窜 酸 完

贯穿 软缎 乱窜 专断 转弯 婉转 专款 转换 传唤 宦官 宽缓 换算 酸软 欢天喜地 完璧归赵 短兵相接 冠冕堂皇 轩然大波 环环相扣 川流不息

uen:吨 吞 论 滚 捆 混 准 春 顺 润 尊 村 孙 温

昆仑 滚滚 文论 温存 温顺 谆谆 论文 混沌 春笋 愚蠢 困顿 稳扎稳打 魂飞魄散 浑然一体 温文尔雅 文过饰非 闻过则喜 滚瓜烂熟

uang:光 矿 黄 装 窗 双 望

狂妄 框框 往往 网状 状况 窗框 双簧 惶惶 双双 秋霜 向往 形状 汪洋 旷日持久 亡羊补牢 狂风暴雨 望尘莫及 光可鉴人 光明正大 广开言路

ueng:翁 嗡 瓮 蓊 翁

渔翁 老翁 嗡嗡 水瓮 蓊菜 渔翁 白头翁 主人翁 瓮中捉鳖

ong:动 同 弄 龙 工 空 红 中 冲 总 从 送 聪

共同 中东 动容 浓重 龙钟 通红 公众 轰动 空洞 隆重 通融 恐龙 洪钟 耸人听闻 洪水猛兽 动人心弦 功德无量 供过于求 龙腾虎跃 烘云托月

4. 撮口呼鼻韵母发音练习

üan:捐 泉 玄 袁

源泉 涓涓 全权 清泉 学院 永远 方圆 轩辕 婵娟 圆圈 眷恋 回旋

源源不断 拳拳之心 全心全意 轩然大波 涓涓细流 犬马之劳 全情投入

ün：军 裙 寻 熏 韵

军训 逡巡 平均 搜寻 遵循 遗训 依循 均匀 神韵 人群 循环 醺醺 应允 循序渐进 寻根究底 群策群力 寻死觅活 寻章摘句 循规蹈矩 循循善诱

iong：窘 穷 胸 用

炯炯 迥然 汹汹 长兄 平庸 踊跃 无用 误用 汹涌 熊熊 永久 永远 穷困 庸人自扰 穷则思变 用兵如神 迥然不同 穷凶极恶 穷途末路 凶多吉少

（六）绕口令练习

1.针对单韵母的绕口令练习

（1）坡上立着一只鹅，坡下就是一条河。宽宽的河，肥肥的鹅，鹅要过河，河要渡鹅。不知是鹅过河，还是河渡鹅。

（2）鼓上画只虎，破了拿布补。不知布补鼓，还是布补虎。

（3）一位爷爷她姓顾，上街打醋又买布。买了布，打了醋，回头看见鹰抓兔。放下布，搁下兔，上前去追鹰和兔，飞了鹰，跑了兔。打翻醋，醋湿布。

（4）北贫坡上白空有个伯伯，家里养着一百八十八只白鹅，门口种着一百八十八棵白果，树上住着一百八十八只八哥。八哥在白果树上吃白果，白鹅气得直叫：我饿！我饿！

（5）张伯伯，李伯伯，饽饽铺里买饽饽，张伯伯买了个饽饽大，李伯伯买了个大饽饽，拿回家给婆婆，婆婆又去比饽饽，也不知是张伯伯买的饽饽大，还是李伯伯买的大饽饽。

（6）老齐欲想去卖鱼，巧遇老吕去牵驴，老齐要用老吕的驴去驮鱼，老吕说要用我的驴去驮鱼就得给我鱼。要不给我鱼，就别想用我的驴去驮鱼，二人争来争去，都误了去赶集。

（7）七队的齐老七和戚小七，清晨起来抢簸箕，抢起簸箕簸，簸完把墙砌。砌完墙又一口气的修机器，他们心红手巧为集体。

（8）进了门儿，倒杯水儿，喝了两口运运气儿，顺手儿拿起小唱本儿，唱了一曲儿又一曲儿。练完了嗓子我练嘴皮儿，绕口令儿，练字音儿，还有单弦牌子曲儿，小快板儿，打鼓词儿，越说越唱越带劲儿。

2.针对复韵母的绕口令练习

（1）大妹和小妹，一起去割麦，大妹割小麦，小妹割大麦，大妹帮着小妹推大麦，小妹帮着大妹背小麦，推完大麦背小麦，背完小麦推大麦，堆罢大麦堆小麦，大妹小妹齐打麦，大妹打小麦，小妹打大麦，拍拍打打，打打拍拍，大妹小妹多欢快。

（2）树上卧只猴，树下蹲条狗。猴跳下来撞了狗，狗翻起来咬住猴，不知是猴咬狗,还是狗咬猴。

(3)天上飘着一片霞,水上飘着一群鸭。霞是五彩霞,鸭是麻花鸭。麻花鸭游进五彩霞,五彩霞挽住麻花鸭。乐坏了鸭,拍碎了霞,分不清是鸭还是霞。

(4)水上漂着一只表,表上落着一只鸟。鸟看表,表瞪鸟,鸟不认识表,表也不认识鸟。

(5)一葫芦酒,九两六。一葫芦油,六两九。六两九的油,要换九两六的酒,九两六的酒,不换六两九的油。

(6)一个胖娃娃,画了三个大花活蛤蟆;三个胖娃娃,画不出一个大花活蛤蟆。画不出一个大花活蛤蟆的三个胖娃娃,真不如画了三个大花活蛤蟆的一个胖娃娃。

(7)九十九头牛,驮着九十九个篓。每篓装着九十九斤油。牛背油篓扭着走,油篓磨坏篓漏油,九十九斤一个篓,还剩六十六斤油。你说漏了几十几斤油?

(8)有个小孩叫巧巧,巧巧有个哥哥叫摇摇。摇摇划船带巧巧,巧巧要去看姥姥。姥姥站在桥头笑,欢迎巧巧和摇摇。

(9)盘里放着一个梨,桌上放块橡皮泥。小丽用泥学捏梨,眼看着梨手捏着梨,比比,真梨、假梨差不离。

(10)梅小卫叫飞毛腿,卫小辉叫风难追。两人参加运动会,百米赛跑快如飞。飞毛腿追风难追,风难追追飞毛腿。梅小卫和卫小辉,最后不知谁胜谁。

3.针对鼻韵母的绕口令练习

(1)黄花花黄黄花黄,花黄黄花朵朵黄,朵朵黄花黄又香,黄花花香向太阳。

(2)一个半罐是半罐,两个半罐是一罐;三个半罐是一罐半,四个半罐是两罐;五个半罐是两罐半,六个半罐是三罐;七个、八个、九个半罐,请你算算是多少罐。

(3)老方扛着黄幌子,老黄扛着方幌子。老方要拿老黄的方幌子,老黄要拿老方的黄幌子,末了儿方幌子碰破了黄幌子,黄幌子碰破了方幌子。

(4)东边来个小朋友叫小松,手里拿着一捆葱。西边来个小朋友叫小丛,手里拿着小闹钟。小松手里葱捆提松,掉在地上一些葱。小丛忙放闹钟去拾葱,帮助小松捆紧葱。小松夸小丛像雷锋,小丛说小松爱劳动。

(5)半边莲,莲半边,半边莲长在山涧边。半边天路过山涧边,发现这片半边莲。半边天拿来一把镰,割了半筐半边莲。半筐半边莲,送给边防连。

（6）杨家养了一只羊，蒋家修了一道墙。杨家的羊撞倒了蒋家的墙，蒋家的墙压死了杨家的羊。杨家要蒋家赔杨家的羊，蒋家要杨家赔蒋家的墙。（《杨家养了一只羊》）

（7）东洞庭，西洞庭，洞庭山上一根藤，青青藤条挂金铃。风起藤动金铃响，风停藤定铃不鸣。

（8）天上看，满天星。地下看，有个坑。坑里看，有盘冰。坑外长着一老松，松上落着一只鹰。松下坐着一老僧，僧前放着一部经，经前点着一盏灯，墙上钉着一根钉，钉上挂着一张弓。说刮风，就刮风，刮得男女老少难把眼睛睁。刮散了天上的星，刮平了地上的坑，刮化了地上的冰，刮倒了坑外的松，刮飞了松上的鹰，刮走了松下的僧，刮乱了松前的经，刮掉了墙上的钉，刮翻了钉上的弓。这是一个星散、坑平、冰化、松倒、鹰飞、僧走、经乱、灯灭、钉掉、弓翻的绕口令。

（9）山前有个严圆眼，山后有个严眼圆，二人山前来比眼，不知是严圆眼的眼圆，还是严眼圆的眼圆。

（10）东运河，西运河，东西运河运东西。南通州，北通州，南北通州通南北。

三、归音训练

字尾的归音不仅保证字音的完整，还表现出说话人的或雅或俗，或文或野。归音撒口，显得大大咧咧，懈怠疏懒，满不在乎的感觉。归音过死，显得矫揉造作或笨拙。归音的要求是：干净利落，到位弱收。

"十三辙"是在北方说唱艺术中依照韵母的韵身相同或相似标准归纳出来的类，目的是为了使诵说、演唱顺口、易于记忆，富有音乐美。"十三辙"的名目是：发花、梭波、乜斜、一七、姑苏、怀来、灰堆、遥条、由求、言前、人辰、江阳、中东。"十三辙"中每一辙的名目不过是符合这一辙的两个代表字，并没有其他的意义，所以同样也可以用这一辙的其他字来代表该辙，如"梭波辙"也可以叫做"婆娑辙"、"言前辙"，也可以称作"天仙辙"。练习时要注意要领：韵拉开立起，韵尾归音到位，注意情、声、气的结合。

1. 发花辙（a、ia、ua）韵母练习

（1）烟笼寒水月笼沙，夜泊秦淮近酒家。商女不知亡国恨，隔江犹唱后庭花。

（杜牧《泊秦淮》）

（2）待到秋来九月八，我花开后百花杀。冲天香阵透长安，满城尽带黄金甲。

（黄巢《不第后赋菊》）

（3）长记碧纱窗外语，秋风吹送归鸦。片帆从此寄天涯。一灯新睡觉，思梦月处斜。便是欲归归未得，不如燕子还家。春云春水带轻霞。画船人似月，细雨落杨花。

（纳兰性德《临江仙》）

（4）朱雀桥边野草花，乌衣巷口夕阳斜。旧时王谢堂前燕，飞入寻常百姓家。

（刘禹锡《乌衣巷》）

2. 梭波辙（o、e、uo）韵母练习

（1）鹅、鹅、鹅，曲项向天歌，白毛浮绿水，红掌拨清波。

（骆宾王《咏鹅》）

（2）猿愁鱼踊水翻波，自古流传是汨罗。苹藻满盘无处尊，空闻渔夫扣舷歌。

（韩愈《湘中》）

（3）玉楼天半起笙歌，风送宫宾笑语和。月殿影开闻夜漏，小晶帘卷近秋合。

（顾况《宫词》）

3. 乜斜辙（ie、üe）韵母练习

（1）西风烈，长空雁叫霜晨月。霜晨月，马蹄声碎，喇叭声咽。雄关漫道真如铁，而今迈步从头越，从头越，苍山如海，残阳如血。

（毛泽东《忆秦娥·娄山关》）

（2）千山鸟飞绝，万径人踪灭。孤舟蓑笠翁，独钓寒江雪。

（柳宗元《江雪》）

（3）怒发冲冠，凭阑处、潇潇雨歇。抬望眼，仰天长啸，壮怀激烈。三十功名尘与土，八千里路云和月。莫等闲、白了少年头，空悲切。 靖康耻，犹未雪；臣子恨，何时灭！驾长车、踏破贺兰山缺。壮志饥餐胡虏肉，笑谈渴饮匈奴血。待从头、收拾旧山河，朝天阙。

（岳飞《满江红》）

4. 遥条辙（iao、ao）韵母练习

（1）春眠不觉晓，处处闻啼鸟。夜来风雨声，花落知多少。

（孟浩然《春晓》）

（2）折戟沉沙铁未销，自将磨洗认前朝。东风不与周郎便，铜雀春深锁二乔。

（杜牧《赤壁》）

（3）岱宗夫如何，齐鲁青未了。造化钟神秀，阴阳割昏晓。荡胸生层云，决眦入归鸟。会当凌绝顶，一览众山小。

（杜甫《望岳》）

5. 一七辙(i、ü、er、-i[前]、-i[后])韵母练习

(1)黄四娘家花满溪，千朵万朵压枝低。留连戏蝶时时舞，自在娇莺恰恰啼。

（杜甫《江畔独步寻花》）

(2)海上生明月，天涯共此时。情人怨遥夜，竟夕起相思。灭烛怜光满，披衣觉露滋。不堪盈手赠，还寝梦佳期。

（张九龄《望月怀远》）

(3)客从东方来，衣上灞陵雨。问客何为来，采山因买斧。冥冥花正开，扬扬燕新乳。昨别今已春，鬓丝生几缕。

（韦应物《长安遇冯著》）

6. 姑苏辙(u)韵母练习

(1)锄禾日当午，汗滴禾下土。谁知盘中餐，粒粒皆辛苦。

（李绅《悯农》）

(2)爆竹声中一岁除，春风送暖入屠苏。千门万户瞳瞳日，总把新桃换旧符。

（王安石《除日》）

(3)寒雨连江夜入吴，平明送客楚山孤。洛阳亲友如相问，一片冰心在玉壶。

（王安石《芙蓉楼送辛渐》）

7. 怀来辙(ai、uai)韵母练习

(1)飒飒西风满院栽，蕊寒香冷蝶难来。他年我若为青帝，报与桃花一处开。

（黄巢《题菊花》）

(2)半亩方塘一鉴开，天光云影共徘徊。问渠哪得清如许，为有源头活水来。

（朱熹《观书有感》）

(3)潇湘何事等闲回，水碧沙明两岸苔。二十五弦弹夜月，不胜哀怨却归来。

（钱起《归雁》）

8. 灰堆辙(ei、uei)韵母练习

(1)葡萄美酒夜光杯，欲饮琵琶马上催。醉卧沙场君莫笑，古来征战几人回。

（王翰《凉州词之一》）

(2)西塞山前白鹭飞,桃花流水鳜鱼肥。青箬笠,绿蓑衣,斜风细雨不须归。

（张志和《渔歌子》）

(3)东皋薄暮望,徙倚欲何依。树树皆秋色,山山唯落晖。牧人驱犊返,猎马带禽归。相顾无相识,长歌怀采薇。

（王绩《野望》）

(4)草树知春不久归,百般红紫斗芳菲。杨花榆荚无才思,唯解漫天作雪飞。

（韩愈《晚春》）

9. 油求辙(iou、ou)韵母练习

(1)故人西辞黄鹤楼,烟花三月下扬州。孤帆远影碧空尽,唯见长江天际流。

（李白《黄鹤楼送孟浩然之广陵》）

(2)独立寒秋,湘江北去,橘子洲头。看万山红遍,层林尽染;漫江碧透,百舸争流。鹰击长空,鱼翔浅底,万类霜天竞自由。怅寥廓,问苍茫大地,谁主沉浮? 　　携来百侣曾游,忆往昔峥嵘岁月稠。恰同学少年,风华正茂;书生意气,挥斥方遒。指点江山,激扬文字,粪土当年万户侯。曾记否,到中流击水,浪遏飞舟?

（毛泽东《沁园春·长沙》）

(3)细草微风岸,危樯独夜舟。星垂平野阔,月涌大江流。名岂文章著,官应老病休,飘飘何所似,天地一沙鸥。

（杜甫《旅夜书怀》）

10. 言前辙(an、ian、uan、üan)韵母练习

(1)黄河远上白云间,一片孤城万仞山。羌笛何须怨杨柳,春风不度玉门关。

（王之涣《凉州词》）

(2)月落乌啼霜满天,江枫渔火对愁眠。姑苏城外寒山寺,夜半钟声到客船。

（张继《枫桥夜泊》）

(3)秦时明月汉时关,万里长征人未还。但使龙城飞将在,不教胡马度阴山。

（王昌龄《出塞》）

11. 人辰辙(en、in、uen、ün)韵母练习

(1)清明时节雨纷纷,路上行人欲断魂。借问酒家何处有,牧童遥指杏花村。

（杜牧《清明》）

(2)繁华事散逐香尘,流水无情草自春。日暮东风怨啼鸟,落花犹似坠楼人。

(杜牧《金谷园》)

(3)千里黄云白日曛,北风吹雁雪纷纷。莫愁前路无知己,天下谁人不识君。

(岑参《别董大》)

12.江阳辙(ang、iang、uang)韵母练习

(1)床前明月光,疑是地上霜。举头望明月,低头思故乡。

(李白《静夜思》)

(2)敕勒川,阴山下,天似穹庐,笼盖四野。天苍苍,野茫茫,风吹草低见牛羊。

(北朝民歌《敕勒歌》)

(3)君家何处住,妾住在横塘。停船暂借问,或恐是同乡。

(崔颢《长干行·其一》)

13.中东辙(eng、ing、ong、iong、ueng)韵母练习

(1)千里莺啼绿映红,水村山郭酒旗风。南朝四百八十寺,多少楼台烟雨中。

(杜牧《江南春》)

(2)横看成岭侧成峰,远近高低各不同。不识庐山真面目,只缘身在此山中。

(苏轼《题西林壁》)

(3)死去元知万事空,但悲不见九州同。王师北定中原日,家祭无忘告乃翁。

(陆游《示儿》)

(4)青山横北郭,白水绕东城。此地一为别,孤蓬万里征。浮云游子意,落日故人情。挥手自兹去,萧萧班马鸣。

(李白《送友人》)

五、枣核形训练

字头、字腹、字尾是字音的三个组成部分,它们相互联系共同构成了字音不可分割的整体。在练习吐字归音时必须叼住"字头"滑到"字腹"拉开立起再滑到"字尾"弱收,中间没有间歇,但每一部分的特征却要表现清楚,用说唱艺人形象的话来说,就像一个"枣核形"。合于出字、立字、归音要求的吐字过程应构成一个完整、立体的形状——"枣核形"。"枣核形"是以声母

为一端,韵尾为一端,韵腹为核心,是出字、立字、归音的基本要求。它不仅是吐字归音的规矩,也体现了清晰集中、圆润饱满的审美要求。"枣核形"必须有气息的支撑,整个字音要有滑动感、整体感,不能听出头、腹、尾。"枣核形"训练是使发音规格化的必要过程,作为技巧训练它最终是要为表达思想感情服务的,所以,在投入使用时,"枣核形"不能一成不变。字字出于一模,必然会削弱语言的感情色彩,破坏语言节奏,影响内容的表达。不过,枣核形只是一个整体的感觉,但绝不是说大要大到什么程度、小要小到什么程度、开要开得怎么样,这些都要视不同情况而有所变化,或拉长或缩短,还可以调节吐字力度,这都是允许的,是有利于表达的。

1. 诗词练习

第一首:

寒雨连江夜入吴,平明送客楚山孤。洛阳亲友如相问,一片冰心在玉壶。

(王昌龄《芙蓉楼送辛渐》)

第二首:

江南好,风景旧曾谙。日出江花红胜火,春来江水绿如蓝。能不忆江南?

(白居易《忆江南》)

第三首:

我如果爱你——
绝不像攀援的凌霄花
借你的高枝炫耀自己;
我如果爱你——
绝不学痴情的鸟儿
为绿荫重复单调的歌曲;
也不止像泉源
常年送来清凉的慰藉;
也不止像险峰
增加你的高度,衬托你的威仪。
甚至日光。
甚至春雨。
不,这些都还不够!
我必须是你近旁的一株木棉,
作为树的形象和你站在一起。
根,紧握在地下

叶,相触在云里。

每一阵风过

我们都互相致意,

但没有人

听懂我们的言语。

你有你的铜枝铁干

像刀、像剑,

也像戟;

我有我的红硕的花朵

像沉重的叹息,

又像英勇的火炬。

我们分担寒潮、风雷、霹雳;

我们共享雾霭、流岚、虹霓。

仿佛永远分离,

却又终身相依。

（舒婷《致橡树》,节选）

2.新闻稿件播读练习

要求:用记录速度播读。用记录速度播读稿件是练习吐字归音的好方法。用记录的速度播读稿件不仅要求速度慢,而且要字清、意准,使抄收人听清记下。一般要播三遍,前两遍慢读,第三遍用正常的速度校对。

(1)**本台记者报道**:江苏省教育厅日前公布 2008 年全省中小学生竞赛活动项目,面向中小学生的各类竞赛活动总量被严格控制,小学阶段面向学生的学科类竞赛活动被全部叫停。

据江苏省教育厅有关负责人介绍,全国高中数学、物理、化学、生物、信息学(计算机)5 项奥赛和"三模一电"比赛、科技创新大赛、电脑制作活动,仍按惯例组织进行,除此以外,江苏中小学生今年不再参加其他任何全国性的竞赛活动。今年江苏继续严格控制面向全省中小学生的各类竞赛活动总量,共批准 10 项省级竞赛活动。未经省教育厅批准,各地教育行政部门和学校不得擅自组织面向中小学生的各类竞赛活动。

江苏省教育厅强调,竞赛活动不得与升学挂钩,且须遵循学校与学生自愿参加原则,任何单位和个人不得以任何名义强行要求学校和学生参加竞赛活动。

各类竞赛活动一律不允许收取活动费、报名费或其他各种名目的费用,不得推销或变相推销相关资料、书籍或学习用品,不得以赛促销。对已批准的竞赛活动,主办单位不得委托任何其他机构或单位组织比赛。

(2)**本台记者报道**:在教育部今天召开的 2008 年第 2 次例行新闻发布会上,教育部基础教育司司长姜沛民在回答记者提问时表示,在中小学试行"京剧进课堂"是根据现在国家整个弘扬民族精神总体要求的一项很重要的举措,其中涉及的具体剧目设置,将通过一个专家委员会在今后的工作中进行进一步明确。

教育部基础教育司司长姜沛民介绍说,随着时代的发展和社会生活的变迁,反映近现代和当代现实生活的民族音乐作品同样纳入音乐课程中。同时也提出,音乐是人类文化传统的重要载体,是人类宝贵文化遗产和智慧的结晶,通过学习民族音乐,了解和热爱祖国的音乐文化,华夏民族音乐将会产生强大的凝聚力,有助于培养学生的爱国主义情怀。这是说我们在课程上对整个民族文化的传承提出了明确要求,里面也包括传承音乐的一些形式。

他表示,我们在中小学试行"京剧进课堂",就是根据这个要求,根据现在国家整个弘扬民族精神总体要求很重要一项举措。具体的剧目设置,现在有一个专家委员会,在今后的工作中进行进一步明确,我们对整个改革的方向是肯定的,就是说在目前中小学里,在整个的弘扬民族精神文化上通过一定的载体,加强这方面工作,非常有意义。

(3)**本台记者报道**:随着城市化进程步伐加快,中国农民工群体发生了脱胎换骨式的变化,正在从"卖苦力"向"拼智力"、从城乡"两栖"向定居城市、从涌入城市向回乡创业发展。

阜阳市是安徽省人口最多的农业大市,也是全国重要的劳务输出基地,2009 年全市总人口 987.8 万人,农村劳动力 500 多万人。每年春节过后,大批外出民工旅客乘坐火车集中奔向长江三角洲、珠江三角洲和京津地区等大中城市,形成了百万民工外出"淘金"的壮观景象。

记者透过阜阳站这扇"窗口",看到了民工大军有序流动出现的新变化,这一变化折射出了时代进步。

——农民工观念在转变,不再择日出行,更多人是避峰外出。春节是中国的传统节日,过去在外工作的人们多是抱着"有钱没钱回家过年"的观念。而今,情况变化了,许多民工是留在城市过年,待节后适时回家看看。这样一来错开春运高峰,免去人挤人的旅途辛劳;二来可节省一笔不菲的路途费用。

——铁路运力充足,农民旅客出行越来越轻松。农历正月初六,阜阳市外出务工人员出现出行高潮。阜阳站一切从方便旅客出发,今年春运开设售票窗口 180 个,比去年增加 99 个,创历年春运之最。同时还开通了上海铁路局 95105105 电话订票服务热线,为旅客开辟了方便之门。他们将购票区划分为预售票区和当日票区,旅客到站购票方便。这样,既让购买预售票的旅客吃下了定心丸,又方便了当日随到随走的旅客。节后 10 天,阜阳站安全运送旅客达 62.9 万人,同比增长 15.4%。

——新生代农民工靓装出行。"过去出门,蛇皮袋里装被子;如今回来,旅行包里装票子。"在阜阳火车站,记者看到,新生代农民工着装变得亮丽多彩,行包越背越小,大都拿着手机,听着 MP3,有的农民旅客还带上了笔记本电脑,他们的形象变得越来越美了,改变了过去农民工特有的外在形象。

——务工大军趋向年轻化,新生代农民工成为主力军。在采访中,记者了解到,有文化、懂技术、年纪轻的"80后"、"90后"新生代农民工越来越受到市场青睐,并成为劳务输出的主力军。

——城乡差别进一步缩小,农民工生活越来越好。劳务输出对农民来说,带回来的不仅是财富,更重要的是带回先进技术和现代文明。如今,腰包鼓起来的农民在家乡盖起了新楼房,购置了新家具。2009 年,阜阳市已建起 19 个农民工创业园,返乡创业人数达到 1.8 万人,带动当地富余劳动力转移就业 15.5 万人,农民工生活也越来越好。

(4)**本台记者报道**:针对一些高校自主招生考试不考语文的情况,上海市一些政协委员联名提交提案,认为此举草率、短视,而且与宪法和相关法律法规相抵触。

1 月下旬,上海 6 所高校开展自主招生测试,其中有些高校放弃了对理科生考查语文科目,或者规定全部考生仅测试数学和英语两科。

对于这种做法,第一提案人胡光律师表示,语文教育不仅仅是某一个公民自身素质提高的需要,也是全民族文化传承的需要。任意取消语文考试,不仅违反《宪法》、《国家通用语言文字法》、《教育法》等法律法规的规定,而且将严重误导中小学的教育方向,直至动摇中华民族文化传承的根基,长远的危害不可估量。

胡光说,普通高等院校的招生入学考试,承担着相当大的社会责任,就是对公民的全面素质培养、情操的培养和民族文化传承。如果高校自主招生暗示或明示"语文"可以牺牲,无疑就是向学生、家长、中小学和社会发出了一个错误信号,即语文在各学科中仅占有次要地位,相较于数学、英语而言只是锦上添花、可有可无的"软学科"。

他认为,这一错误观念的形成将不仅贻害基础教育领域,同时也会对目前社会上"重理轻文"、"重英文轻中文"起到推波助澜的作用。"高考需要减负,但不是简单地删除某一个学科,而是要科学地研究怎么考。"胡光说。

胡光表示,语文教育绝非简单地认字写字,它还包括培养语言表达能力、锤炼逻辑思维、塑造文学审美和情趣、丰富人格情操等或立竿见影或潜移默化的综合素养的培养。"我在美国留学多年,英语是主要工作语言,我的最深刻体会是,母语学不好的人,也别想把外语学好。语言有很多共通之处,它们不是矛盾体。"

(5)**本台记者报道**:在日前举行的全国中小学生艺术展演活动中,上海校园艺术氛围给来自全国各地的师生留下了深刻印象。师生们走进华东师大二附中、尚德实验学校等中小学校一起分享艺术教育经验,共同领略艺术的独特魅力。

上海市教委副主任李骏修告诉记者,截至目前,上海义务教育阶段艺术课程开设率已达100%,除音乐、美术、劳技等基础性课程外,已把舞蹈、陶艺、沪剧、评弹、话剧等20多个艺术种类,作为选修和拓展课引入课堂。不少区县还结合本区域人文特点,新增了富有浓郁地域特色的民间艺术培训。同时,近5年来,上海形成了6000余名教师的艺教队伍,师资质量明显提高。

在注重艺术教育课程开设的同时,上海还不断加强学生艺术社团与实践基地建设。上海市学生艺术团包括交响乐、民乐、合唱、舞蹈、戏曲、工艺、书画等24个分团,80%的区县成立了区县一级的学生艺术团,90%的学校成立了以合唱团、舞蹈团、文学美术社团和乐队为主的艺术社团,全市拥有音乐类校级团队近2000个,基本形成了三级学生艺术社团网络。

上海还创办了布谷鸟学生音乐节、金孔雀学生舞蹈节等学生艺术节,形成一年一个项目、五年一个循环的基本做法,每年有百万余学生参与各类艺术活动。近10年来,有30多万学生参加市级艺术竞赛,涌现出3000多个优秀校园文艺创作节目,有4万多件学生作品获得展示。

该市聘请梅葆玖、尚长荣、秦怡、茅善玉、黄豆豆等名师名家,坚持数年利用暑期免费为青少年开展民族文化培训,使14万学生受益。市教委还聘请了400多位专业工作者,担任学校艺术活动兼职辅导员,并成立"上海市艺术教育委员会关心下一代专家指导团",100多位文艺界、教育界的老专家积极参与。

(6)传统节日蕴藏着朴素情感内涵和共同上进精神。今年37岁的吉林省长春市民岳女士在街头的小摊上细致地挑选了五彩线、香包和艾蒿后,又到超市选购了一些粽子和鸡蛋。距离中国传统佳节端午节还有一天的时间,她已经把所需要的物品购置齐备了。她说:"这些年我都会在端午节的早上,把五彩线系到老公和女儿的手腕上。"

五彩线也叫长命缕,其颜色来自中国神话传说中的"凤凰"身上的五种色彩,是具有祈福和祝愿的吉祥载体。很多中国人每逢端午节都会系上五彩线,祈求平安幸福。

岳女士小时候每年佩戴的五彩线都由母亲亲手制作。为人母之后,她每次回想起那种记忆,都很感动。现在,她延续了母亲的做法,每年都会把端午节营造得特别温馨,让一家人其乐融融。

6月16日是中国农历五月初五端午节。对于这个有着2000多年历史的古老节日,中国各地都已呈现浓郁的喜庆氛围,在江苏、湖北、海南等南方省份,赛龙舟比赛成为端午节活动的主角;在北京、辽宁、吉林等北方地区,包粽子擂台赛、赛诗会等则众彩纷呈。

中国民间文艺家协会副主席曹保明认为,中国传统节日所有蕴藏的朴素情感内涵和共同上进精神,是其延续千年、得以传承和发展的根本所在。"赛龙舟、吃粽子、系五彩绳、挂香包、插艾蒿等,这些习俗之所以到今天还有生命力,就是因为它们背后都有着美好的寓意。"

端午节的起源,在中国有很多说法。有人认为是纪念爱国诗人屈原,有人说是纪念伸张正义的伍子胥,还有人说是纪念大孝女曹娥……虽然说法各异,但都体现了中华民族千百年来的传统美德和高尚品质,对先人人格魅力的崇拜,表达了对真善美的追求。

在中国,汉、满、蒙、苗、彝等36个民族都过端午节,风俗各异,但无一例外地追求欢乐、安康、吉庆、和谐。端午节去年被列入人类非物质文化遗产代表作名录,这种民族文化已经成为人类共同的文化财富。

在香港一家杂志社工作的王溪真告诉记者,今年端午节的第43届香港赤柱国际龙舟锦标赛上,不仅是中国人独享的节日活动,也有许多外国健儿参加,208支参赛队伍中,有的队一半以上的队员都是外国人。

赛龙舟这项古老运动所象征的积极向上的精神,使其影响广泛。王溪真说,过去龙舟竞渡是传统习俗,如今则演变为企业培养员工团队精神、年轻人锻炼身体的运动。它既有挑战性,又能训练大家的团队协作意识,还能让同事关系更紧密。

在经济快速发展的中国,人们的生活节奏越来越急促,而端午节等传统节日,则为人们提供了休憩心灵的驿站。从2007年开始,中国将清明节、端午节、中秋节等传统节日定为法定假日,人们有了更多的时间享受亲人和朋友的相聚。越来越多的中国人也在用手机短信等形式在这些节日相互致意问候和祝福,"天涯共此时"。

曹保明说，无论人们用古老习俗还是现代方式纪念端午节，那种尊崇先贤同时祈求未来美好的情怀从未变过。

（7）**本台消息：**在劳务输出大省甘肃，留守儿童问题一直很突出。截至2007年底，仅父母双方外出务工的农村留守儿童就有71万。其中，小学、初中留守儿童53万，占农村中小学生总数的20％以上。多数留守儿童出现心理障碍，许多留守儿童行为习惯不良，身体状况令人担忧。

为解决这一问题，甘肃省妇联提出实施"关爱农村留守儿童百分之百覆盖行动"，省级财政于2009年投入2000万元，在全省选择留守儿童较多的农村乡镇建设1000所留守儿童之家。其中，在留守儿童较集中的乡镇中学或小学建963所；在经济较发达、学龄前留守儿童较集中的村小学或农村幼儿园建37所。今年4月下旬，1000所留守儿童之家建设工作圆满完成。

甘肃省出台了《开展关爱农村留守儿童活动实施方案》，明确了13项管理制度，各级政府都建立了农村留守流动儿童工作联席会议制度，层层签订了目标责任书；以班级为单位，对留守儿童及监护人的基本情况进行登记，建立了留守儿童档案，做到了一人一卡；各留守儿童之家建立了反映儿童进步成长的记录簿。

甘肃各地广泛开展"给父母的一封信"、"我是留守儿童我能行"等主题活动；定期开展法制讲座，给留守儿童做心理辅导；鼓励留守儿童积极参加体育、阅读等兴趣小组，参与帮助"五保户"、"孤寡老人"等社会实践活动。通过努力，大多数留守儿童得到了学习、生活、心理等方面的关爱，学习成绩有了提高，养成了良好的行为习惯，一部分已成为所在学校的优秀学生。

思考题

1. 播音发声对吐字的要求是什么？

2. 什么是咬字、咬字器官？

3. 简要说明汉语音节结构的特点。

4. 什么是吐字归音？什么是艺术发声中的"枣核形"？

5. 简要说明咬字器官配合的基本要领。

6. 如何打开口腔？

7. 声音发出的路线是怎样的？请结合个人体会加以说明。

第五章　喉部控制

　　喉部就是人们平常说的嗓子。喉头内的声带作为振动器官,在有声语言的发声中占有重要位置。它的振动状况直接影响声音的质量。有人认为嗓子好坏是天生的,这话有一定的道理,但不全对。喉部构造确实是天生的,像声带的长短、薄厚等等,它决定了一个人发声的特征。但是,即使是同一个人,由于发声时使用的方法不同,声音的质量也会出现很大差别。而没有经过发声训练的播音员或主持人往往在喉部控制方面存在一些问题,如发音时喉部紧张、用力,或是发音时挤压嗓子,发出的声音过紧,以及播音用声过实、过虚,超出了语言表达需要的范围和程度等等,这都会在很大程度上影响播音质量,严重的甚至影响喉部的发音能力,缩短播音寿命。因此,我们要了解和掌握喉部发音机制,科学地使用嗓子,改善和美化声音并确保喉部卫生与健康。

第一节　喉部构造及成声原理

一、喉部构造

　　喉位于颈前正中,舌骨之下,上通喉咽,下接气管。在成人相当于第3～6颈椎平面之间。喉是由软骨、肌肉、韧带和黏膜等构成的一个形如倒椎体之管状器官,既是呼吸道的一部分,又是发音器官,具有重要的生理功能。

喉上通喉咽,下接气管,由硬骨、软骨、肌肉、神经、血管等很多组织所构成,位于舌头后下方,气管上方的区域里。喉的前面有皮肤、筋膜及肌肉覆盖。喉的最高点是会厌的上缘,最下缘为环状软骨下缘。发声主要是由第十对脑神经"迷走神经"支配,这对神经也管心跳、肠胃蠕动等等(图5-1)。

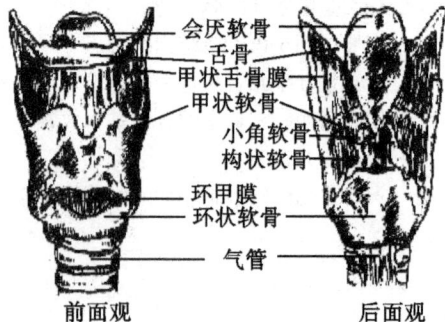

会厌软骨
舌骨
甲状舌骨膜
甲状软骨
小角软骨
构状软骨
环甲膜
环状软骨
气管

前面观　　　后面观

图 5-1　喉腔

（一）喉软骨

喉部是靠一些肌肉韧带使其悬吊于颈部的一个可动性的结构,喉部的支撑架构由多块软骨组成,其中最有名的是甲状软骨,它因为形状如盾甲而得名。甲状软骨的两个软骨板在中线相连,相交上缘凹陷叫做甲状切迹,男人的交角为 90 度,女人则呈 120 度相交,由正前方观之,是喉最突出的部分。声带就位于此软骨之内。除此之外,还有一块环状软骨、一块会厌软骨、一对杓状软骨、一对小角软骨和一对楔状软骨。这些软骨之间利用各种膜及韧带相连接,再加上复杂的肌肉与黏膜,构成了复杂且精细的喉部结构。在组成喉的软骨支架的 11 块软骨中,有 5 块对发声有直接意义(图 5-2)。

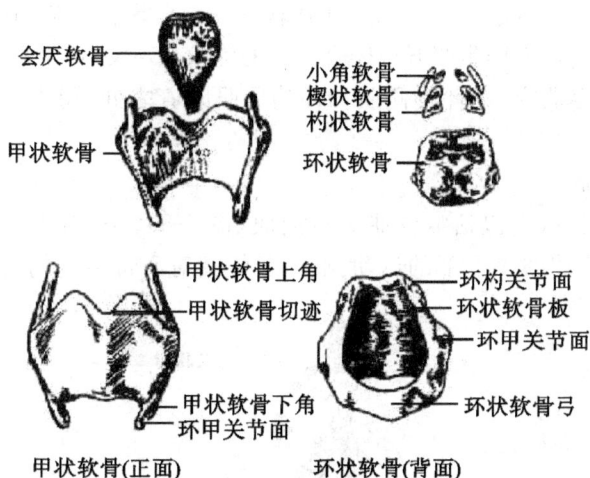

图 5-2　喉软骨

1. 甲状软骨

甲状软骨是喉支架中最大的一块软骨,形状如同竖立的向后半开的书,两侧由左右对称的甲状软骨翼板在颈前正中线汇合形成一定的角度,男性夹角较小且上端向前突出,称为喉结,女性近似钝角,喉结不明显。两侧甲状软骨翼板后缘向上、下端延伸,呈小柱状突起,分别称为上角和下角,上角较长,借韧带与舌骨大角相连;下角较短,其内侧面与环状软骨后外侧面的小凹形成环甲关节。甲状软骨上缘正中有一"V"形凹陷,称甲状软骨切迹,为识别颈正中线的标志。

2. 环状软骨

环状软骨是喉与气管环中唯一完整的环形软骨,是喉支架的基础,对支持喉腔通畅,保证呼吸甚为重要。若因外伤缺损,常致喉狭窄。环状软骨位于甲状软骨之下,下接气管,前部较窄,称环状软骨弓,后部向上延展而较宽阔,称环状软骨板。

3. 会厌软骨

会厌软骨扁平如叶状,上缘游离呈弧形,茎在下端,附着于甲状软骨前角的内面。会厌分舌面和喉面,舌面组织疏松故感染时易肿胀,婴儿与儿童会厌质软呈卷叶状,并向前隆起似"Ω"或"∧"形,成年后多近于平坦,质较硬。

4. 杓状软骨

杓状软骨,又名披裂软骨,位于环状软骨板后上缘,呈三角锥形,左右各一,顶尖向后内方倾斜,其底部和环状软骨连接成环杓关节,它在关节面上的滑动和旋转可使声带张开或闭合。底的前角名声突,声带后端附着于此。底的外侧角名肌突,为环杓侧肌和环杓后肌附着之处,司声门的开放与关闭。

(二)喉肌

喉部相关肌肉包括喉外肌及喉内肌(图 5-3)。喉内肌主司声带的运动,喉外肌主司整个喉部的运动。喉内肌依其对声带运动的功能分为外展

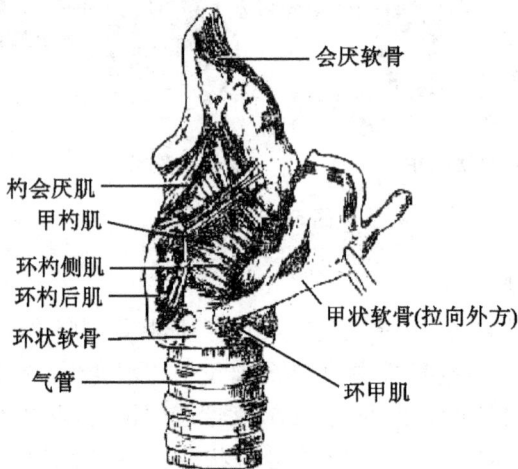

图 5-3 喉内肌

肌、内缩肌、松弛肌、紧绷肌以及喉腔入口的肌肉简称喉门肌。外展肌、环杓后肌是喉头唯一的一对使声带外展的肌肉,此肌收缩时使杓状软骨之肌突向内侧倾斜,而声带突侧向外侧移动促使声带外展。内收肌的功能是使声

带靠拢，包括环杓侧肌、杓间横肌及杓间斜肌三组肌肉。松弛肌的功能是造成声带变松、变短与变厚，因而发出较低声调，包括声带肌与甲杓肌。紧绷肌最主要的是环甲肌，它可造成声带的紧绷，因而发出较高的音调。喉门肌是指喉头腔入口的肌肉，包括杓会厌肌、甲会厌肌及喉室肌(假声带肌)。按照功能，喉内肌可分为四组。第一组是环杓后肌，它起自同侧环骨弓两侧的上缘，止于杓状软骨肌突之前面，收缩时使两侧杓骨接近，致两侧声带内收而关闭声门，使声门外展。第二组是环杓侧肌，它起自环状软骨背面之浅凹，止于杓状软骨肌突之后部，环杓后肌收缩使杓状软骨的声带突向外转动，使两侧声带后端分开，使声门内收。第三组是环甲肌，它起于环骨弓前外侧，止于甲骨下缘，收缩时将甲杓肌拉紧，使声带紧张度增加。第四组是甲杓肌，它前起甲骨中央前联合，后止杓骨声带突，这组肌肉收缩时使声带松弛。喉外肌最主要的功能是负责整个喉部的运动，可分为三组：一组是使喉头上举的肌肉，一组是使喉头下压，另一组是辅助喉头上举的咽肌，此组咽肌收缩时，间接造成喉头之上举。总之，经由这些肌肉的精巧配合，人类乃能发出各种声音。

(三)喉腔

喉腔上起自喉入口，下达环状软骨下缘并接气管。由室带与声带分隔为三区(图 5-4)：

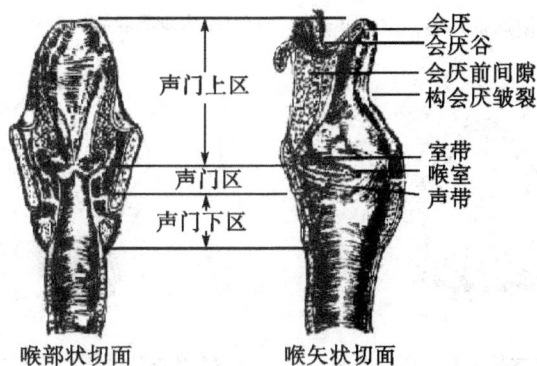

会厌
会厌谷
会厌前间隙
杓会厌皱裂

室带
喉室
声带

声门上区
声门区
声门下区

喉部状切面　　喉矢状切面

图 5-4　喉腔

一是声门上区。它位于室带之上，其上口通喉咽部，呈三角形称喉入口，声门上区前壁为会厌软骨，两旁为杓会厌皱襞，后为杓状软骨，介于喉入口与室带之间又称喉前庭。二是声门区。所谓的声门，指的就是真声带之间的空间，它位于室带与声带之间，包括：①室带，又称假声带，左右各一，位于声带上方并与声带平行，由室韧带、肌纤维及黏膜组成，呈淡红色。②声带,位于室带下方,左右各一,由声韧带、声肌及黏膜组成,因缺乏黏膜下层,含血管少,在间接喉镜下呈白色带状,其游离缘薄而锐,声带的长度男性约为15毫米,女性约为10毫米。两声带间的空隙称声门裂,简称声门。声带张开时呈一等腰三角形,是喉腔中最狭窄部分。声门前端称前联合。③喉室,开口于声带与室带之间的椭圆形空隙,其前端向上外伸展成喉室小囊,内含黏液腺分泌黏液润滑声带。三是声门下区。声带下缘至环状软骨缘以上的喉腔,上部较扁窄,向下逐渐扩大为圆锥形并移行至气管。

三、声带的构造及其制声原理

利用喉镜检查可看到喉部内的声带,声带的一端系于杓状软骨上,另一端系于甲状软骨上。前者受杓状肌的控制,后者受环甲肌的控制。另外,还受声带内甲状杓状肌的控制(图5-5)。它是由两片黏膜皱褶状的构造组成,每一黏膜皱褶包含上皮层、黏膜下固有层及肌肉层,而声带之间的空间

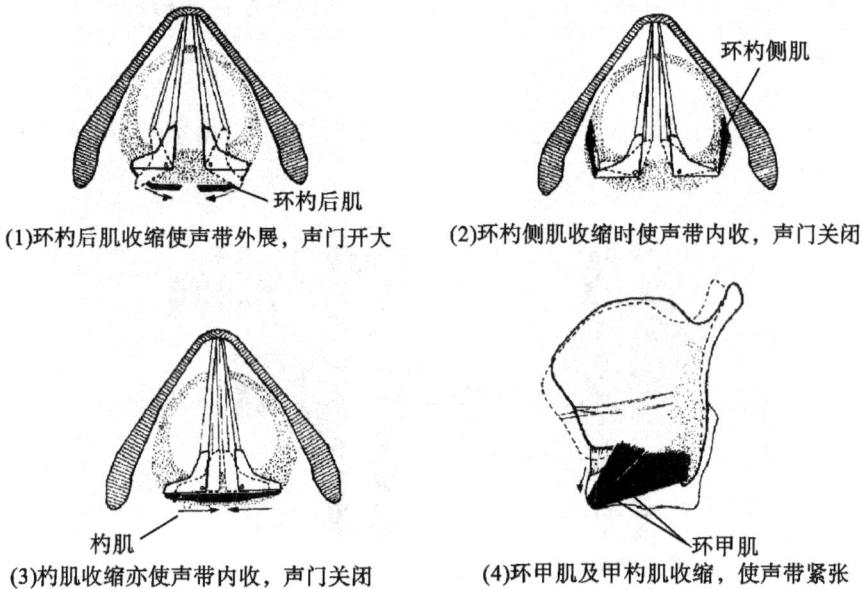

(1)环杓后肌收缩使声带外展,声门开大

(2)环杓侧肌收缩时使声带内收,声门关闭

(3)杓肌收缩亦使声带内收,声门关闭

(4)环甲肌及甲杓肌收缩,使声带紧张

图5-5 声带

则称为声门。声带与附近肌肉群和软骨互相运作,它不但可以自行伸长、缩短或向左右伸缩,甚至于在振动的同时都可以改变它的长度与厚度,亦可以在一部分肌肉放松时让另一部分缩紧,两片声带的前端与甲状软骨紧密相连,它的大概位置就在颈部喉结的后方,所以两片声带在前端这里是固定

的,它的后端分别和杓状软骨的两个声带突相接,由于杓状软骨的牵引,可以开关,所以在解剖学上,声带被称为甲杓肌。

(一)声带的构造

声带的结构极其复杂,它是分层结构振动体,分为上皮层、黏膜下固有层、肌肉层。黏膜下固有层又分为表浅、中间、深层三层,中间及深层合组为声带韧带。最内层肌肉层为声带肌,是甲杓肌的一部分。在解释声带黏膜波动的覆膜—主体学说中,上皮层与黏膜下表浅层称为覆膜,中间及深层黏膜下层称为转变层,肌肉层称为主体。很多人以为是声带韧带振动发声,其实这是错误的观念。声带韧带本身是不振动发声的,而是黏膜在振动发声。声带韧带是像我们平常说的筋或腱,是非常致密而坚硬的。中间有一层松松垮垮的间质层,最外层是黏膜层。间质层在幼儿时期非常薄,等于是声带的黏膜,直接套在声带的韧带上;青春期发育时,间质层逐渐增厚。但增厚并不是因为里面有肌肉,而是和女性荷尔蒙有关。青春期时荷尔蒙产生变化,会使间质层的含水量慢慢增加,就会让声带增厚,也变得比较大。男性也因为声带变得粗、宽、长,声音就开始变低。女性也会有这样的变化,只是没有那么明显。所以,大人和小孩的声带在生理上没有什么差别,只有间质层在成人较厚,而间质层在显微镜下看是空空的,没什么东西,含水而已。这精妙的构造使得气流通过声门时,声带的黏膜得以产生如海浪般的波动,称为喉脉冲波。声带的运动可分前端和后端两个部分来说明,声带的前端是长在喉结的下方约0.3公分的地方(甲状软骨),然后连到后端,靠“披裂软骨”来扭转声带使声带拉长,拉长时的方向是前端要向下后端向后扭转。如此拉长后声带的长度则比原来未拉长前长1/3或1/2。一个婴儿刚出生,他的声带后端是非常发达的,可是以后受到语言辅音的影响,声带后端慢慢退化,前端反而发达起来。其实,声带的后端远比前端更重要。

(二)制声原理

1. 声音的产生与声带振动

声音的产生,主要靠大脑来控制,这就是经过第十对脑神经“迷走神经”到“喉返神经”,而让声带闭合。声带在发声时向内关闭声门产生阻力,呼吸系统则须负责提供稳定的气流来拮抗此一阻力,以使声带产生振动,才有办法出声,这里所提到的声带振动产生音波是针对元音的产生而言的,对辅音而言,不一定需要声带振动,对于爆破音或摩擦音,它们的产生是在声门开启的状态下,由呼吸系统提供足够的气流,使口腔口咽等部位能借由调整而产生这些声音。简言之,产生元音或辅音都需要呼吸系统提供气流。肺部及胸廓都是具有弹性的结构,不论是用力吸气或呼气使它们脱离休息状态,都会产生一个被动的反弹力量。以正常音量说话时,声门下压力约为 5 到 12 公分水柱压力;如果想要改变音量、频率或音质,都会需要改变声门下压力。例如,激动大声的说话就需要较大的声门下压力。简言之,在说话时,呼吸系统并非只是单纯的提供一个持续稳定的气流。

事实上,就连咬字的声道部分也会对声门阻力产生影响,像发爆破音或摩擦音都必须迅速改变声门阻力,因为要维持发声音量的稳定性,呼吸系统必须迅速地改变来配合发声的需要。由于声门下压力取决于声门阻力及呼气力量,两者的变化都会造成声门下压力的改变。如果呼吸气流不能迅速地改变,就需要靠迅速地改变声门阻力,以达到所需的声门下压力。

声带是真正的发音器官,除了发音没有别的作用。不过,声带毕竟不同于双簧管的簧片。因为簧片是薄薄的两片,只要吹气,就可以振动,可是声带并不是薄薄的簧片,它是有厚度的,并且表面湿湿黏黏的。大脑命令五对控制声带的肌肉将声带闭拢,同时又命令横膈上升,将空气推出,造成声带下方气管内的气压上升。当气压大到闭合的声带挡不住时,声带就会被下方气管内的气压撑开,空气一下子通过声带,于是声带下方气管内的气压一下子骤减;降至不足以撑开闭合声带的程度,于是声带又重新闭合,回到一开始的状态,但上升的横膈膜马上又使声带下方气管内的气压上升,然后声带又被撑开,形成一个周期。这样的周期 1 秒钟大概 100 次。这种振动方式会产生一种波浪纹,我们无法直接看到声带在振动,但是可以观察到产生的波浪纹。

发音时,声带主要是横向振动,就是向内向外振动。声门开大时,边缘变钝变厚;闭合时,边缘变锐变薄。声门关闭的时间远远超过开放的时间。发音开始前,声带进入发音准备状态。开始发音时,喉部肌肉收缩,使两侧声带达到必要的紧度并相互靠拢或闭合,使声门缩小或关闭。这个时候,从肺部流出的气息使声门下气压增高,当气压超出声带闭合度时,气息就会周期性地迫使声带稍向两侧分开而冲出来。在冲出后的一瞬间,声带又恢复原来的闭合状态;接着又是增高气压、冲开声带和随之闭合。声带的颤动有很强的节奏性,一般人在正常说话时每秒颤动约 80~400 次之间,它所产生的声带音也就是有节奏性的周期波,成为语音中的浊音声源(图 5-6)。

2. 声音的变化与声带运动

发声使呼出气流的气体动力的能量被转换成音响能量。通过喉内肌不同的组合作用,可以调整声带张力、长度、形状以及弹性,最终达到改变音量、频率和音质的目的。可见,尽管声带振动不能直接形成语音,但对语音的音高、音色、音强等具有重要影响。

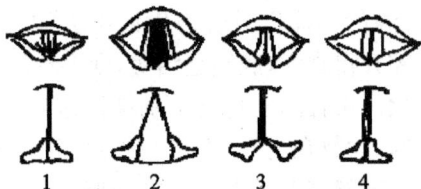

图 5-6　声带的振动周期

第一，音高的变化。声带作为发音体，它的振动是由吸入肺叶的气而产生的。音高的形成和发声体振动的频率振动次数有关系。发音体振动得越快，频率越高，音就越高，反之就越低。长而粗厚的发音体振动慢，短而细薄的发音体振动快。语音的高低与人的声带的长短、厚薄、松紧有关。一般来说，妇女和儿童的声带短而薄，所以说话时声音高一些（妇女 150～300 赫兹，儿童 200～350 赫兹），男子的声带长而厚，所以说话的声音低一些（60～200 赫兹）。同一个人的声音的高低不同，是由于人类有控制声带松紧的能力。声带如同小提琴的琴弦，可通过调整张力及长短来改变声音的频率（即声调的高低）。为了建立各种不同的频率，声带必须维持特殊程度的张力；如果声带的张力增加，频率就会提高。所以，在发声过程中，发最低音阶时，须松弛声带，此时声带长度最大且振动慢；发高音时则须紧张声带，降低声带宽度及厚度。为了建立各种不同的基础频率，声带必须维持特殊程度的张力以及每单位面积的质量；如果声带的张力增加、每单位面积的质量减少，基础频率就会提高。发最低音阶时须松弛声带，长度最大而振动慢，儿童和女性因声带较短，振动较快，发音较高；发高音阶时须紧张声带，降低宽度及厚度，故声带较长较厚的男性较难发高音。人类发音的范围约为两个八度音程，经训练后可达两个半音程，少数可达三或三个半音程。肌肉的作用常需要一个相对应肌肉的拮抗，以提高音调而言，除了环甲肌的作用外，还需要声带肌及甲杓肌的相对作用才能增加声带的张力；相反，若想降低音调，就需要上述肌肉的作用均减弱。当然，喉外肌改变喉部的位置也会影响音调调节我们听到的声音。例如，舌骨上肌肉群将喉部向上提，缩短上声道，就会使音调提高。

第二，音量的变化。音量就是声音的轻重或者强弱，它取决于振幅，即振动着的空气粒子的压力。音量是物体振动时声音的客观量，而听话人的主观感受则叫做响度。音量的大小首先同呼出的气流量的大小和发音时用力的程度有关。发音时用力大，气流强，声音就强或重，反之就弱或轻。其次，音量的大小与共鸣腔有关，共鸣腔越大，腔体结构质地越硬，则声音越强,也就是说,声道过滤的功能以及音声发射出去的情形也会影响音量大小。以口腔为例,口腔开得越大,腔壁越结实,则声音越响亮。

第三,音色的变化。声音的质量与个别结构差异以及个人使用发声机制的习惯有关。声带脉冲波在男声、女声与气息声时是不同的。男性的关闭期较快,会使其在音声频谱上呈现较丰富的谐和音;当关闭期延长时,声音较不清晰,因为高频处的谐音和振幅会变小,所以女声比男声具有较多的气息音。这种声音性质与许多女性在发声时后声门区会有小缝细有关。当后声门区的缝细更大时,会产生更大的气息声,而谐和音也会被乱流造成的噪音所取代,尤其在超过 5000 赫兹以上的频率范围此现象会更显著。粗糙的声音是因为声带振动的频率变动太大或振幅变动太大。发音时声门紧密闭合,声带振动发出的是乐音性质的明亮实声;声门轻松闭合或半闭合,声带振动的乐音成分为主,也带有部分气流摩擦音,发出的是柔和的虚实声;声门开度略大,声带不振动,完全是气流摩擦音,这是耳后也就是气声的发音状态。当然,在每种声音类型中,由于声门开度、气流强度的不同,还有着若干层次的变化,如图 5-7 所示。

实声 　　　　虚实声 　　　　虚声 　　　　气声

图 5-7　声音类型示意图

第四,音长的变化。音长指声音持续时间的长短,声学上以秒作计算单位,是属于绝对时值,音乐上则以节拍来表示,属于相对时值,如全音符、二分音符、四分音符等。从发声生理来讲,音长的长短与发声气息长短和声门闭合阻抗大小有关。

第二节　喉部控制的基本要领

从喉部图片可知,舌下肌肉借助舌下甲状腺而把活动的喉头与舌下骨连接起来。喉头上通咽腔,而下部则通往气管,再往远处,它通过支气管的分布和肺部连接,喉头的上下部是由形成声门的声带把它们分开的。这样一来,就形成了一条下面自肺部起到咽腔上部,再进一步到口腔和鼻咽腔的贯通的声音传送道。正是由于喉头和舌下肌肉直接相连,因此,它就有了随之垂直活动的能力。可见,发声时喉头所处的位置是否稳定以及喉头是否放松是衡量发声生理状态正确与否的重要标准。这里,我们从喉头相对稳定、喉头相对放松等方面谈谈喉部控制的基本要领。

一、喉头相对稳定

所谓喉头位置相对稳定,是指发声时的喉头始终处于自然、自如、颈部肌肉放松的稳定状态。因为喉头的上、下移动,直接影响声带松与紧的张力。喉结往上抬、往上跑,声带就会减小它的张力;喉结往下降、往下沉,就能拉紧声带,使它的张力增加。看来,要保持口咽腔共鸣空间,最关键的是要使喉头保持相对稳定,且稳定在低位置上。

喉头稳定的优点很多。首先,喉头位置的稳定能够获得优美、洪亮、完整的声音。例如,二胡、小提琴等乐器,它们的弓与弦的接触点都在琴的下方而不在上方。其实,人的嗓子也有同样的发声原理,因为喉头里面的声带是发声的基础,尽管声带音(基音)及其微弱,但它是声音的根本,没有了基音,声音就像无本之木、无源之水,就不可能有任何的声音,更谈不上产生泛音、产生共鸣。其次,稳定的喉头位置能获得正确的发声状态。喉头稳定,播音员和主持人的声音"根基"就扎实,其咽管内就容易形成较大空间,气流冲击声带发出的基音,经过这个咽腔的共鸣,就可以发出优美的声音。而且咽后部的咽壁很容易挺立,这样也能获得正确的声音状态。最后,稳定的喉头能对嗓子起到保护作用。喉头不稳定自然会带来一系列负面影响:第一,喉头不稳会造成气息上浮。在发声中,气息支持着声音,而喉头中的声带(又称声门)是气息的"门户"。若声门往下,则气息支持点也较低,发声时声音的支点也就牢固;若声门往上,造成气息上浮,势必引起声音的飘浮,从而造成发声时间短,气息不够等情形。第二,喉头不稳定还会引起发声时脖子往前伸,影响演播时的画面形象。第三,喉头不稳定会使发出的声音产生挤卡现象。喉头往上提往往使甲状软骨与舌骨造成挤卡,发出捏挤的声音。这是因为喉头上提,使咽管缩小,即咽腔共鸣区缩小,舌肌也随之上提,同时造成舌根向上抬起并且导致舌根僵硬,而僵硬的舌根对学习者来说是非常有害的。第四,喉头不稳会使发出的声音没有宽度,缺乏立体的效果,声音不够饱满。这是因为喉头上提时形成到咽腔共鸣体上了,虽说还有头腔共鸣,但咽腔与胸腔的共鸣就减少了。还有连带引起的舌根上翘并僵硬等不良现象使口腔的共鸣体也小了,故而也失去了不少共鸣腔体。因此,在发声过程中,"喉"一定要稳定在一定的位置上。有的播音员或主持人在演播过程中,声音"挤"、"卡",声音刺耳,一个十分重要的原因就是喉头不稳定。

正确的喉头位置形成于打开喉咙深吸气的状态之中。当我们喝水前那一瞬间,喉头就处于发声的正确位置,不发声时要做到这一点其实并不困难。但是,发声时,要保持喉头稳定在正确的位置上就不是那么容易做到了。因此,开始进行发声练习时就要十分重视喉头的稳定。要根据各人的具体情况,选择最恰当的方法进行练习。具体说来,可以采取以下四种方法:

1. 吸气练习

吸气时喉头会自然下降,一是因为喉外的胸甲肌向胸骨方向收缩,二是横膈收缩下降变平,连带使得整个支气管树—气管—喉头系统一起下降。所以,我们可以通过反复做不发声张开大嘴缓慢地深吸气练习来感受此两组肌肉的协同运动,并且在吸气时注意体会喉结随深呼吸下沉、下降的活动感觉。在心理意识上有了明确的“喉头向下沉”的感觉之后,便可以用手指摸着喉头,一下接一下地把喉头吸下来。这种辅助性下降喉结的“吸喉”功能锻炼,可以增强环甲肌收缩、拉低喉头的力量,应经常练习。

2. 打嗝练习

打嗝时喉头也会下降。因此,可借助声门的强迫关闭发声而感受声带的真实存在位置,并借助上腹向外顶来检验横膈膜的收缩,同时协同动作的还有后腰部肌肉向下的收缩。

3. 打呵欠练习

人在“打呵欠”时喉头会自然下降,软腭也会自动抬起,咽管(咽腔:鼻咽腔、口咽腔、喉咽腔)会随着“打呵欠”的动作拉开上下的距离,扩张腔体的空间容积,这样声音的共鸣通道宽敞而又通畅,声音和气息可以自由方便地流通。“打呵欠”分三个阶段:引发、扩张、消退。在这三个不同阶段,以“引发”状态为“喉头下降”的最佳状态。因为这时的鼻腔与咽腔肌肉刚开始兴奋,这种舒展、扩张的力量非常含蓄。法国著名生理声学家于松称它为“隐蔽的呵欠”,英国著名声乐理论家凯萨利则把它叫做“半打呵欠”。这两位专家均强调“打呵欠”的分寸感,也就是说,在“引发”的状态下,用“打呵欠”的感觉打开“喉咙”。歌唱者如果不能准确地掌握“打呵欠”的分寸感,而采用“扩张”状态这种最大的“打呵欠”动作,不仅保持不住喉头周围不受干扰的松弛感,而且会用力过头儿,使声音出现僵硬和气浅。平时练习时,还可以用闭嘴的“打哈欠”进行练习。因为闭口打哈欠的时候,里边的状态也是开的、抬的。如果演播的时候能一直保持这个状态的话,那么,声音则一般不会发“白”发“扁”,而会变得圆润、结实。

4. 综合练习

第一步,通过打哈欠体会喉头的打开与下降。可以用手感觉自己喉头的位置是否在相应的位置上。第二步,在喉头下降的基础上发短暂的 a 音或 u 音。做这个练习时,常常有时吸气正确了,呼气出声时喉头又往上跑了,所以应随时保持吸气的状态。第三步,发延长的 a 音或 u 音。这些由短到长的音都应分布在中声区的音域中。第四步,发上绕或下绕的 a 音或 u 音,以获得正确的发声状态。

总之,在发声过程中,使喉头保持相对稳定是十分重要的。这里强调的是"相对稳定"。因为很多辅音的发声机理决定了发辅音时喉头必然上行,所以要做到喉头的位置纹丝不动是不可能的。不过,大量的实践经验表明,要想发出良好的声音,必须使喉头始终处于最适宜发声的部位。在教学当中,常常发现一些学生在稳定喉头的过程中,出现一些错误的方法。例如,有的学习者往往用舌肌的力量把喉头压下来,这样,喉头可能压下来了,但舌肌却僵硬了,而舌肌僵硬则会导致喉音、舌头不灵活,使发出的声音僵硬、沉重、失去弹性,以至语流不畅。也有的初学者想放喉头但是没有放好,喉头还是往上提,结果形成用舌根阻住的现象,声音显得发闷发暗。这两种现象都必须及时发现及时纠正,应该努力做到:放下喉头时下巴应自然放下,舌肌要放松,舌头应放平,不能往后缩,舌根不能往后翘。

二、喉头相对放松

我们可知,喉头既是发声器官又是共鸣器官,它在颈前垂直向下运动的位置决定喉咽共鸣腔的长短。根据流体力学中的柏努利力学效应,当气息流速增加时,管壁会受到由外向内的向心力作用,使管子的口径缩小。因此,我们可以通过选取合理的喉头位置与增加气息流速方法来改变喉咽腔的体积。不过,这种体积的改变必须与喉内声带振动的长度成正比例关系,才能获得科学良好的喉咽部共鸣,并由此扩散到其他腔体。从音响学角度看,如果咽喉质地结构密度较大,不仅共鸣良好,而且传播性能强。如果咽喉质地结构密度小,不仅共鸣效果差,而且传播性能也慢。因此,发声时,如果咽腔里的肌肉质地疏松,不能有力收缩,声带上放射出的声波就会就近在周围扩散振动、传播速度就慢;如果咽喉里的肌肉收缩有力、管壁比较坚固,声波必然会共鸣良好,其传播效果也好。这样,发声时喉部也会感到舒畅轻松。不过,咽喉腔的肌肉收缩并非愈紧张发声效果愈佳,这里还有一个用力适度的问题。"要是那时的收缩是用上了很大的劲,把那里的肌肉挤僵硬了,声波就给堵塞住,不能到前方去了。这时声带上的声波仍在不断放射,前面去不了,就只能仍在那里振动了。只是这时由于肌肉带的挤紧,所得的音响效果与肌肉放松(紧张度适当)时完全不同,就像小提琴加上弱音器。

所以肌肉放松(紧张度适当)时的音色是明亮的,挤紧了咽喉的声音是闷暗的。这足以说明,声音的音响效果,不仅仅是声音振动地点的问题,振动地点的肌肉松紧度适当也是关键。"①显然,想使咽喉的肌肉能够自然而紧张适度地运动,就必须进行有效的控制,确保喉部肌肉保持相对放松。总之,喉部放松在发声时意义重大。首先,喉部放松,声带才能自如振动,发出泛音丰富的悦耳的乐音。如果喉部用力,影响声带的自如振动,不仅对发音不利,甚至会出现难听的噪音。其次,喉部放松,用较小的气流就能使声带振动,发音效率高。相反,声带紧密闭合,冲开它就需要增加气息力度,发出的声音比较"硬",声带也容易疲劳。最后,喉部放松,声音才会明亮、集中。因为控制喉部肌肉活动的喉上神经与喉下神经属于迷走神经的分支,刺激迷走神经控制区,会大大降低喉肌张力,对发音产生消极作用,造成音量减弱和鲜明性减少。换言之,喉部越用力发出的声音越暗淡。

显然,想使喉的肌肉能够自然而紧张适度地运动,就须进行科学合理的发声训练。可以采取吸气状态发音的方法感觉喉部的放松。基本要领是:第一步,用又吸又叹的感觉发声。在起音之前和发音过程中心理上想好一条声音的管状通道(位于口腔后面的咽腔这根管子里)。第二步,保持吸气状态。发声时感觉喉头向胸口发声位置下沉、下降。喉底的"管子口"微微张开。第三步,短促而有力地喘气,让气息碰响发声位置上的"嗓子根儿",发出响亮的 a 音。第四步,持续发音时感到喉头下方的"管子口"有一种扩张力,这是环甲肌向下收缩时拉住喉头的力量,于是在胸部产生了发音气息上的支持感。发声的时候,两条声带不是紧密闭合,而是轻松靠拢,喉部有上下松开的感觉。用这种方法发出的声音,音色介于实声与虚声之间,它比虚声结实,比完的实声柔和,是乐音占优势的虚实声。

当然,讲究喉部相对放松,并非喉部一点都不用力,而是用一种自然、恰到好处的"力道"为动听的声音提供支持。

三、喉部控制与呼吸控制、共鸣控制相结合

语音是气息运动和声带振动形成的物理现象,是发声器官协调工作的结果,并非哪一个器官的单独运动。因此,在研究发声过程中喉部的作用时,一定不能忘记强调气息的作用、口腔的作用以及共鸣的作用。事实上,只有喉部、口腔、呼吸等发音器官有机地统一、协调动作,才会产生美妙动听的声音。换句话说,只有在讲究与气息控制、口腔控制、共鸣控制协调配合

---

① 白光《声乐研究》,人民音乐出版社 1957 年版,第 70 页。

的前提下,让声带借助所有发音器官的力量,积极、自由、轻松地振动,才能发出自然悦耳的声音。这种状态可以简单地概括为"两头紧中间儿松"。两头即下头和上头,下头指两肋与小腹,上头是指口腔。"两头紧"是指发音的注意力应当集中在两肋与小腹对气息的控制,集中在口腔对吐字与咬字的控制上;中间是指喉头和声带。"中间儿松"是指放松喉部,使声带处于能够自如振动的状态。

　　首先,喉部的声带与呼出的气息之间要相互配合。声带振动的条件有两个:一是声门下由于呼吸部位对头维持了足够的气压;二是两侧声带由于杓状软骨的转动向中间靠拢并维持这种稳定的靠拢力量。声带闭合的一瞬间被气的压力冲开,然后因声带肌特别是甲杓肌和环甲肌的收缩的力量又再恢复原位。这样,极快地重复开合的动作造成疏密波,于是便出现由气压和声带靠拢拉紧的力量而产生的不同频率的声音。在声音延长直到下次吸气前,气和声就构成了一对矛盾,即用气和挡气发声的矛盾。发声以气为动力,而气又以发声为目的,这是发声的一对对立统一的矛盾,也是发声过程中的中心环节。这对矛盾处理得当,声音就稳定,就有弹性,就动听,这口气就发挥了最好的效能;否则就会出现漏气、气不够、声音质量不好等种种问题。从力学角度上讲,声与气配合得好,是气给了声带一个作用力,声带因充分振动又给气一个反作用力。而气与声的配合有三种常见的错误,应当注意避免。一是因气大于声而失衡。原因在于声带因观念错误或病变而不靠拢或不够靠拢,于是大量气息未引起声带振动而溢出,这时我们听到一种空虚、缺乏结实度和亮度的声音,而气本身也自觉短促,不能支持一个完整的表达。二是因声带靠拢、闭合、挡气的力量过大,接近了声门下的气息压力,致使气滞住,不能通畅,更不能体现流动感,再加上喉腔周围一些肌肉的挤压致使声音有种逼迫的难听音色。三是因声带靠拢闭合的肌肉动作不协调、不稳定,致使声门状态不稳定,时而空,时而凝,音色时暗时亮,声音发抖。可见,有控制的气息是使声带轻松、稳定工作的基础。一方面,气息要有一定的密度才能够造成适当的声门下压;如果呼气量过少、气柱密度小,声音就不结实、发飘、"有气无力",或是声音"只在嗓子眼里"透不出口外。另一方面,必须根据表达需要灵活控制气息的流速;如果气息失去控制地往外流,喉部就会自动紧缩以节制气流,用喉部节制气流来发音,不仅会增加喉部负担,而且会使声音捏挤、不自然、缺少变化。

　　其次,喉部的声带与口腔之间要相互配合,即通常所说的在咬字上下工夫。在咬字上下工夫,我们的理解是,唇、舌负责将辅音做准、做好、做出,咽喉、舌头等将元音找到、立住,然后用呼气加上上颌的提起把元音送出去,而元音一旦找到,咽喉的位置不再变化。以"剖"的发音为例:第一步,用嘴唇作出辅音 p;第二步,在咽喉部构造好元音 ou;第三步,提起上颌,用气息把 ou 这个元音呼出去。通常所说的把字咬住,实际上就是指第三步。也就是说,元音一旦构造好了,就不要动了,马上把气息呼出去;如果这个时候口腔里的发元音的构造改变了,在把这个元音呼出去的时候,就会给自己造成阻力,就是所谓的声音不通了。此外,解除喉部的力量,一定要在自然、放松状态但又精神集中、兴奋的前提下进行正确咬字,这样才会找到声带的自然质感,咬字的支架感觉也便会越来越明显,自然气息的合理性与呼吸的弹性也才具有保证,力量才会越来越巧,喉部的力量才会变得越来越微妙,才不再那么"挤"。相反,不咬字,单纯从喉部放松这方面来入手,甚至全部从后边来咬字,都会出现一种假象,仿佛声带负荷减小了,喉头下沉并且稳定了,但实际上很容易漏气、憋气。

第三节　喉部控制训练

任何一个靠嗓音工作的人谁都想拥有一副好嗓子,可是光靠想是不能解决问题的,必须积极体会,勤奋磨炼,并且从最根本上了解嗓子是如何变好和如何变坏的。只有这样,才有可能选择正确的发音方法,纠正错误的发声方法,也才能够真正保护好自己的发声"本钱"(声带),延长声带的使用寿命。

在美声唱法中,人声的性质类型与提琴等乐器一样具有以下概念:第一类概念是男、女。男人的声带大约比女人长 1/3,因此喉头大小也不一样。从颈前外形看,男人的甲状骨突出一些,而女人的则较为扁平,多数人的并不突出。声带是振动体,声带长大的,当然发的声音就低;而声带短小的发的声音就较高。第二类的概念是高、中、低。根据声带的长短厚薄、宽窄以及咽腔的长短、自然喉位的高低,可以分别界定出高、中、低音。这样,在声乐中总共就有六个声部,即男高音、男中音、男低音和女高音、女中音、女低音。声音类型是人声随其出生和经青春期变为成人声音后的客观存在的现实,某人是什么声种可能会搞错,但绝不能选择。高、中、低音就像衣服的大、中、小号一样是人为的概念。其实,每个人的声音都不同,也完全有介乎两个声部之间的声音种类,分得再细也难于完全和彻底。每个声音类型都有它特定的音域,这个音域也因人而异有些微区别。对于每个学习美声唱法的歌者来说,歌唱发声器官条件决定了声音属于哪个声音类型,具体划分必须慎重,必须由专家来鉴定。

进行播音创作时声音高低变化的幅度要远远低于歌唱发声。不过,正如前面所提到的那样,在任何情境之下,都存在由个体所决定的声音类型的差异。因此,为了更加科学地锻炼自己的声音,最大限度地挖掘自己声音方面的潜力,播音员和主持人也必须了解自己的声音类型,充分把握基本的音色特征,并在科学认知的基础上,从音高、音量、音色、音长等方面展开对喉部控制能力的训练。

一、喉部基本状态训练

1. 气泡音练习

吸气,放松声带,做打哈欠状,声门闭合,气流从中均匀通过,从高到低发"a"音,当发到最低音区时,就会听到声音如一串气泡冒出来。随着气息的调节,气泡可大可小,可稀疏可密集,有点像青蛙的鸣叫,又有点像摩托车的引擎声,这就是"气泡音"。"气泡音"是人的真声的最低音,是气和声结合的产物,气息过大和过小都发不出"气泡音"。发"气泡音"时,人的面部肌肉是放松的,略呈微笑状,喉咙不卡,喉头自然下移,鼻咽腔开放,舌头平放在口腔。这些状态正是良好发声所要求的状态。在练习"气泡音"时,能感觉到它是贴着开放的鼻咽腔壁上行至眉宇之间发出的。用这种感觉结合元音练习,带出来的元音一定是集中的、明亮的声音。"气泡音"可以作为练声者每天早晨开嗓"第一课"。"气泡音"能提高声带的机能,解除声带疲劳,使声音更加优美动听,同时,它还能医治一些常见的喉科疾病,如声带水肿、咽部发炎等。

2. "弹唇"练习

双唇闭合,即用气息冲击嘴唇,使它发出"嘟嘟"的声音,一定要使双唇颤动,更要使唇声响亮。"弹唇"练习应体会的内容是:第一,用小腹肌慢收缩的感觉压迫气息冲击双唇;第二,使气息自始至终均匀流动,不能一会儿气多,一会儿气少,均匀是最关键的;第三,使声带处于轻松闭合状态,进行声带按摩,帮助已疲劳的嗓音尽快恢复"生机";第四,体会一口气能弹多长时间,这也是控制气息的关键。

3. "哼鸣"练习

"哼鸣"也称之为哼唱。是用鼻腔发出"m"音来练习发音的方法。在声乐训练中,"哼鸣"是寻找"声音正确的安放位置部位"并以此来获得良好歌声共鸣的一种特殊的练声方法。同样,在播音发声的训练过程中,"哼鸣"也是我们获得正确的喉部状态、声带状态以及共鸣状态的练习方法。"哼鸣"练习能使整个发声器官处于一种放松、自然的状态,进行"哼鸣"练习时,颧肌微提，上下颌都有上提、下放的感觉，双唇似闭非闭，舌头平放，软腭轻轻上提，使喉原音在口咽腔与鼻腔里同时产生共鸣。这种轻柔和谐的振动过程就是"哼鸣"练习时的基本状态。由于"哼鸣"时不需要可以张开口腔，因此较容易找到发声时身体稳住的感觉。"哼鸣"练习时应始终保持深呼吸状态，使气息在腰腹肌有力控制的支点上稳稳下沉，然后气流向头腔、鼻腔上送，喉部肌肉放松，可以帮助学习者体会稳定喉头、放松喉部的感觉。"哼鸣"练习分为闭口哼鸣、开口哼鸣两种。初学者以练习闭口哼鸣为宜。练习闭口哼鸣的基本步骤是：第一，身体自然直立，胸部自然扩张，两肩放松，吸进适量气息并注意保持吸气的姿势，寻找呼吸支点；第二，嘴唇微闭，舌头自然放平，舌尖轻抵下齿龈，下颌和颈部肌肉放松，牙关打开；第三，颌关节向上打开，鼻道打开，感到声音集中在鼻腔上方，找哼鸣焦点，哼在气上。不论音高音低，都始终保持这种感觉，这对于协调音色很有益处。

练习哼鸣时，方法一定要正确；否则，发出的声音又紧又僵，带出来的声音就不会有好的效果。哼鸣正确了，带出来的声音才会好。检验哼鸣的对错，可以在哼鸣时看嘴巴能否随便动作而不影响声音的进行；若不受影响，就说明方法对了。

二、音高变化训练

从物理声学原理来看，决定音高有三个基本条件：发音体的体积、张力、厚度。在这三个条件中，改变其中一个或两个条件，都能使发音体的音高改变。例如，同是一根琴弦，当拧紧琴弦时，音就会从低变高。当渐渐拧松琴弦时，音就会从高变低。这是使同一发音体只改变它的张力就能变化音高的情况。又如，同一厚薄的钢片琴，音越高的体积越小，音越低的体积越大。这是相同厚度的发音体，体积大小的改变能使音高变化的情况。再如，发音体虽然体积大小相等，但它们的厚度不同。例如，敲锣时，厚的锣声音就低，薄的锣声音就高。这是发音体的体积相同而厚度不同产生不同音高的情况。人的发音体——声带，在心理的支配下，运用科学的发声方法，使音高从低到高、从高到低自如灵活地变化。它的发音现象，完全符合物理声学原理揭示的规律。如果喉结能够稳定地降低在低喉位置上使声带始终处于拉紧的架势上工作，声带不仅拉紧了，而且，声带的边缘也随之变薄。在这种积极的状态下工作的声带就可以实现灵活改变音高的目的。声带在改变音高的发音过程中，还有一个重要的条件，即声带的振动面积（振动体积）也在不断地变化：用元音变圆的方法，不断缩短声带的振动体积。正是因为人具有高级思维，所以能用巧妙的办法使声带发音体在发音时同时改变音高变化的三个条件。因此,歌唱家可以凭着喉结里面两条小小的声带,唱出 2 个甚至 3 个 8 度的宽广音域,创造出惊人的人声奇迹来。然而,歌唱家对发音器官的调整,并不像小提琴家在指板上移动把位改变小提琴弦长振动的体积来变更音高那样一目了然。从人声角度看,音高是振源体的准确长度、准确厚度和准确张力的产物。这种长度、厚度、张力在所有音高上都不相同。当振源体振动时,在每秒钟有它准确的震动次数(频率)。所有音高的频率都不相同。在日常生活中,最佳音高位置是中音区,这时候发音不觉得吃力,用声舒服,而且别人听着也感觉舒服。然而,作为从事播音与主持工作的人而言,为了准确地发音,出色地完成自己的本职工作,绝不能单纯地满足于自然的发声能力,尤其在音高的拓展方面,必须在学会调整喉头与声带的发音机能的基础上,努力使自己的音高变化幅度达到 1 个半 8 度到 2 个 8 度左右。

1.“а”的延长音练习

“а”音是普通话语音中口腔开度最大的一个音素,也是普通话语音中出现频率较高的一个音素。用“а”的发音作为声音训练的主要方法之一,有利于取得符合特定艺术形式要求和自身条件的最佳音色,并且可以使这种基本音色稳定下来。另外,通过练发不断延长的具有稳定音色的“а”音还可以提高气息稳定持久的控制能力。练发延长的“а”音要取得的基本音色应该是一种以实为主、虚实结合的音色,以实为主、虚实结合的音色。练习的步骤是:第一,先找好并控制好两肋着力的感觉;第二,然后摆好唇形,打开口腔;第三,从弱起发声,此时发出的即是正确的“а”音;第四,按照以上方法尝试发音“а”。尽量延长声音,在延长的过程中不断判断,不断调整,寻找正确的感觉。在发声的过程中,要保持两肋对呼吸的控制,声音可以弱一些,重要的是状态正确。最初练习时,常出现的问题有两个:一是两肋的控制有困难,最初还可能会顾此失彼,要记住第一重要的是两肋的控制不能有改变;二是口腔总是开度不够大,主要是上下后牙的距离开度不够,练习时宁可稍大一点,不能不够。要求在“а”音中混进适当的“о”音成分,目的是为了发“а”时把口腔后部打开,软腭提起,使声音响亮、通畅。练习时应注意以下几个问题:一是要有相对较大的口腔开度,主要是后声腔要开;二是舌头要自然平,稍收拢,上下齿微露,唇齿相依;三是各咬字器官要保持均衡的紧张状态;四是吸气吸到七八成满,呼气的时候均匀平稳,一直保持两肋着力的感觉;五是要依据自己习惯的音量和音高,以及对音色的想象来发出标准的“а”音来。

2.音域拓展练习

（1）单元音 a、i 的螺旋式上绕练习：上绕练习从自然音高开始发出 i、a 音,想象自己的身体是一个又圆又粗的柱子,声音从底端（小腹）向上层层上绕,气息要拉住,小腹逐渐收紧。

（2）单元音 a、i 的螺旋式下绕练习：下绕练习也是从自然音高开始发 a 音或者 i 音,层层下绕,气息要托起,小腹逐渐放松。

一般来说,下绕音要比上绕音容易些,气息比较易于控制,声音容易连贯。下绕音第一个音较高,发声器官的肌肉处于比较紧张的状态,随着音高的降低,肌肉随之逐渐放松,而逐渐放松比逐渐紧张要容易控制。相反,上绕音对初学者来说极易形成喉头上提,造成声音挤压。因此,练习要求做到：第一,从自然音高开始；第二,声音的提高或降低,要有气息的保证和共鸣腔的配合,一是发高音时要增加小腹的收缩压力,下面给的气足一些,把气顶上去,二是令口腔里边开大一些,声束向上走,声音才能取得高音共鸣,从而发出较高的声音。

（3）短句的阶梯式升高练习：①我们的目的一定能够达到。②我们决不放弃！③伟大的祖国,伟大的人民。

要求：从自己的自然音高开始不断重复朗读,每一次都要比上一次提高一点儿音高直到不能再高；再从自己的自然音高开始不断重复朗读,每一次都要比上一次降低一点儿音高直到不能再低。可以想象的声音分别在五个高度发声：井底——地面——桌面——天花板——蓝天白云之上。

注意：第一,一边发音,一边体会向高音过渡时小腹收缩力的逐渐增加,以及口腔后部的逐渐开大,声束的冲击点沿上颚逐渐由前向后走。第二,避免下颌下意识地随着声音的升高而渐渐抬起,切不可在喉部增加压力靠捏挤的办法发出高音。第三,高音不是喊上去的,而是通过气息控制和共鸣调节得到的。第四,发高音的时候不要过分的窄尖,发低音的时候不要过分的宽空,要力求做到上下行的时候音色是统一的,是和谐的。第五,喉头要相对地稳定下来,高音不要过分地上提,低音不要过分地下压。

3. 确定音高练习

确定自己自如音高的范围,可以从主观判断和客观判断两个方面进行。所谓主观判断就是通过对自己声音音色的质量和自然度这种对比判断来确定自如音高的范围,可以采取用不同的音高来朗诵一首诗的方法进行确定。客观判断是指用钢琴或者校音器来确定上绕下绕音的音域范围。

（1）短句的不同音高练习

①这就是白杨树,西北极普通的一种树,然而决不是平凡的树！

②一个读书人,一个有机会拥有超乎个人生命体验的幸运人。

③以青春之我,创造青春之家庭,青春之国家,青春之民族,青春之人类,青春之地球,青春之宇宙,资以乐其无涯之生。

④真正的信仰是建立在岩石上的,而其他的一切都颠簸在时间的波浪上。

(2)诗歌的不同音高练习

①黄河远上白云间,一片孤城万仞山。羌笛何须怨杨柳,春风不度玉门关。

（王之涣《凉州词》）

②朝辞白帝彩云间,千里江陵一日还。两岸猿声啼不住,轻舟已过万重山。

（李白《早发白帝城》）

③月落乌啼霜满天,江枫渔火对愁眠。姑苏城外寒山寺,夜半钟声到客船。

（张继《枫桥夜泊》）

④葡萄美酒夜光杯,欲饮琵琶马上催。醉卧沙场君莫笑,古来征战几人回。

（王翰《凉州词》之一）

要求:第一,从高到低,分几个不同音高地朗诵上述诗歌作品,然后进行比较,找出自己的最舒服的发音,确定自己的自如音高的范围。第二,注意把握诗歌的内容和情感的表达。因为一种声音练习都不单纯是练习声音形式的,更要学会根据文本表达的要求,结合内容和情感表达进行练习。

4.结合音高的变化,进行诗词朗诵练习

(1)明月几时有? 把酒问青天。不知天上宫阙,今夕是何年。我欲乘风归去,又恐琼楼玉宇,高处不胜寒,起舞弄清影,何似在人间。　　转朱阁,低绮户,照无眠。不应有恨,何事长向别时圆。人有悲欢离合,月有阴晴圆缺,此事古难全。但愿人长久,千里共婵娟。

（苏轼《水调歌头》）

(2)金樽清酒斗十千,玉盘珍羞值万钱。停杯投箸不能食,拔剑四顾心茫然。欲渡黄河冰塞川,将登太行雪满山。闲来垂钓碧溪上,忽复乘舟梦日边。行路难,行路难,多歧路,今安在? 长风破浪会有时,直挂云帆济沧海。

（李白《行路难》）

5.短文朗诵练习(注意每个段落开头时起音的高低)

假如你想做一株腊梅,假如你乐意成为我们家属中的一员,那么你必须坚忍,必须顽强,必须敢于用赤裸裸的躯体去抗衡暴风雪。你能么?

当北风在空旷寂寥的大地上呼啸肆虐,冰雪冷酷无情地封冻了一切扎根于泥土的植物,当无数生命用消极的冬眠躲避严寒的时候,你却应该清醒着,应该毫无畏惧地伸展出光秃秃的枝干,并且要把毕生的心血都凝聚在这些光秃秃的枝干上,凝结成无数个小小的蓓蕾,一任寒风把它们摇撼,一任严霜把它们包裹,一任飞雪把它们覆盖……没有一星半瓣绿叶为你遮挡风寒!你能忍受这种煎熬么?也许,任何欢乐和美都源自痛苦,都经历了殊死的拼搏,但是世人未必都懂得这个道理。

假如你想做一株腊梅,你必须具备牺牲精神,必须毫无怨言地奉献出你的心血和生命的结晶。你能么?

当你历尽千辛万苦,终于迎着风雪开放出你的小小的花朵,你一定无比珍惜这些美丽的生命之花。然而灾祸常常因此而来。为了在万物肃杀时你的一枝独秀的花朵,为了你的预报春天信息的清香,人们的刀斧和钢剪将会无情地落到你的身上,你能承受这种牺牲么?也许,当你带着刀剪的创痕进入人类的厅堂,在一只雪白的瓷瓶或者一只透明的玻璃瓶里默默完成你生命的最后乐章时,你会生出无穷的哀怨,尽管有许多人微笑着欣赏你,发出一声又一声由衷的赞叹。如果人们告诉你:奉献和给予是一种莫大的幸福,你是不是同意呢?

假如你想做一株腊梅,你必须忍受寂寞,必须习惯于长久地被人们淡忘冷落。你能么?

请记住,在你的一生中,只有结蕾开花的那些日子你才被世界注目。即便是花儿盛开之时,你也是孤零零的,没有别的什么花卉愿意和你一起开放,甚至没有一簇绿叶陪伴你。"好花须得绿叶扶",这样的格言与你毫不相干。当冰雪消融,当温暖的春风吹绿了世界,当万紫千红的花朵被水灵灵的绿叶扶衬着竞相开放,你的花儿早已谢落殆尽。这时候,人们便忘记了你,春之圆舞曲是不会为你奏响的。

假如你问我:那么,你们何必要开花呢?

我要这样回答你:我们开花,决不是为了炫耀,也不是为了献媚,只是为了向世界展现我们的风骨和气节,展现我们对生命意义的理解。当然,我们的傲骨里也蕴藏着温柔的谦逊,我们的沉默中也饱含着浓烈的热情。这一切,人们未必理解。你呢?

我把做一株腊梅的幸与不幸、欢乐与痛苦都告诉你了。现在,请你告诉我,你,还想不想做一株腊梅。

哦,我的南方的朋友,我把腊梅向我透露的一切,都写在这里了。当你在和煦的暖风里读着它们,不知道你还会不会以留恋的心情,想起我书桌上那几株腊梅。此刻,北风正在敲打着我的窗户,而我的那几株腊梅,依然在那里默默地绽蕾,默默地吐着清幽的芬芳……

(赵丽宏《假如你想做一株腊梅》,节选)

三、音强变化训练

音强取决于音波的振幅,有声语言的音强,同呼出气流的强弱及咬字器官的用力程度有关。其实,声音大小并没有好坏之分,关键是能够依据语言环境的具体变化以及自己的发音能力,自如地控制音量的大小。如果平时说话声音细小,则应运用胸腹联合呼吸通过加大气息加强唇舌力度来增强自己的音量,使表达显得成熟自信。相反,对于平时说话音量比较大的人而言,如果是在演播室里的用声,就需要控制气息量用较小的声音说话,可把握在与一两个人近距离谈话时的音量。

1. 加大音量的练习

(1)我爱你,中国!

(2)白杨树是不平凡的树。

要求:从小声到大声,开始像对身边的人耳语,然后声音逐渐放大,让距离自己远一点的人能听到——让坐在远处的人能听到——让在门外的人能听到,在控制声音强弱的过程中细心体会气息控制和唇舌力度的变化。

2. 减弱音量练习

(1)天色越来越暗了。

(2)这张照片的主人已经不在人间了,照片本身也在一场浩劫中化成了灰,但是当时的情景,却永远留在我和妻子的心里。

要求:声音由中等音量开始,逐渐声音向轻、小走,声音大小强弱的变化要自如。音量适当减弱时,切忌不要失去气息的支撑,吐字要轻巧而非全然不要控制,松塌含混。音量大小的实际运用要根据当时的环境条件(场合大小、人员多少、室内室外、现场气氛、感情态度、有无电声设备等)来决定,同时,还要依据内容的主次及具体情景的特征、情感的运动,而有音量强弱的自如变化。

3. 音量变化练习

(1)设定不同的场景和距离,朗读孟郊的《游子吟》。

慈母手中线,游子身上衣。临行密密缝,意恐迟迟归。谁言寸草心,报得三春晖?

情境一:自己轻声低吟。

情境二:设置不同的距离,让对方能够听见。它们分别是 5 米——10 米——50 米。

情境三:想象自己站在舞台中央,台下有数百名观众听你朗诵。

情境四:随着诗歌的内容和情感的变化,感觉自己的声音也跟着变化。

（2）根据不同情境，试着发出不同的声音。

情境一: 阿毛是你五岁的小表弟，虎头虎脑的，很可爱，他就站在距你几步远的门口，你亲切地招呼了他一声:"来，阿毛。"（用声提示:较小的音量，声音明朗而柔和，气息适中。）

情境二: 阿毛走了过来，边走边喊着:"我要出去玩，我要出去玩!"由于奶奶在隔壁房间午休，你担心阿毛的喊声吵醒了奶奶，忙竖起手指放在嘴唇上，说:"小声点，阿毛。"（用声提示:小音量，低弱声，声音虚而弱。）

情境三: 你连忙带他下楼，他和小朋友们玩皮球。几个小伙伴一起争抢着一个皮球，阿毛也挤在里面，你略带呵斥地说:"阿毛，回来!"（用声提示:较大音量，中等强度的声音，声音较响亮，清晰度较高。）

情境四: 阿毛不听话，好像就没听见你的话，依然夺抢着皮球，你高声喊:"阿毛!"（用声提示:大音量，高强度的声音，声音靠前，气息下沉。）

情境五: 抢到皮球的阿毛为了躲避小伙伴的追赶，抱着球就朝马路对面跑去，正好一辆汽车飞驰而来，你惊慌地喊:"小心，阿毛!"（用声提示:高强的呼喊声，声音靠前偏虚，气息压力增大。）

做上述练习时应注意:①要区分音高和音量着两个不同概念，不要错误地将低音与小音量混同，也不要将高音与大音量混同。②要把握相对统一的音色，大音量不含不挤，小音量不压不捏。③要把握咬字的力度，大音量的时候力度要小，小音量的时候力度要大。

四、音色变化训练

在播音创作过程中，播音员和主持人所要表达的思想感情的是多种多样且瞬息万变的，而作为与之互为表里的声音形式，理应具有与之相适应的丰富色彩。音色的变化是通过气息位置的深浅、气息量的大小、口腔开度的不同、唇舌力度的强弱、咬字位置的前后等多方面的控制变化得来的，而且是受到具体情感影响的。同一个人的音色，在一定范围内可以有宽窄、明暗、刚柔、虚实的变化。例如，气息足一些，口腔开度大一些，唇舌力度强一些，声音就有刚的色彩;相反，气息少一些，气流速度和缓一些，口腔开度小一些，唇舌力度弱一些，声音就相对柔一些。再如，口腔开度大，舌位靠前，声音就显得明亮;相反，口腔开度小，舌位靠后，音色就显得闷暗。我们知道，鉴于播音员和主持人交际活动的特殊性，话筒跟前的播音员、主持人的基本音色是"虚实结合，以实为主"的虚实声，只有采用这样的音色，有声语言才能声声入耳、语流畅达，才会产生令人折服的力量。因此，在演播过程中，音色的变化主要表现为实声，虚声、虚实声等之间的相互转换。实声主要虚声是声带较为松弛,声门适度开启时发出的声音。虚声不同于假声。假声是由喉部披裂肌组起主导作用作有机收缩运动,使声带作局部振动,声门闭合呈菱形合缝状,声带边缘变薄且锐利,发出的声音高远轻巧。这种声音频率高、灵活性强。"虚实结合,以实为主"的虚实声是指喉部环甲肌组织起主导作用做有机的收缩运动,声门轻松闭合,喉部上下松开,声带边缘振动发出的明朗朴实的声音。

值得指出的是,音色运用一定要遵循自然的原则,语言运用要质朴、真实,不允许声音的刻意化妆,不违背自己的生理条件硬去模仿别人音色;否则,轻则"画虎不成反类猫",重则极易造成发声器官的病变。

(一)"虚实结合,以实为主"的虚实声练习

1. a、i 的虚实声练习

发音要领:第一步,音色由虚到实,吸一口气,保持吸气时喉部的状态(此时声门打开),开始发音,然后是声音逐渐产生由柔和到明亮的变化,声门由打开逐渐转为关闭,体会喉的状态;第二步,音色由实到虚,吸一口气,然后屏住气,让声门保持在闭合的状态,开始发音,此时声音是坚实明亮的实声,然后逐渐打开声门,声音逐渐产生由明亮到柔和的变化,声门由关闭逐渐转为打开,体会喉的状态。

2. u 的虚实声上绕练习

发音要领:发 u 音时唇微闭成"撮口",放下喉头,喉咙打开放松,上下畅通好似一根管子,口腔形成腔大口小的共鸣箱,呼气出声引起口腔、咽腔、胸腔等的共鸣,找寻混合共鸣的感觉。同时,上唇要努力做到唇齿相依,唇的中纵线的 1/3 处着力。随着音高的变化,要保持声音的上下一致,做到松、通、空。"松"是指声音松弛,不挤不压,喉咙打开,放松,在深深的气息的支持下,将声音推出,圆润、丰满、浑厚。"通"是指声音从下腹部(即丹田)涌出,至胸腔通过喉送出口外,上下如同一根管状通道,上通下达,气息流畅,音量不大却有明显的上下一体的振动感。"空"是指声音的流动的空间感,没有明显的着力点。做这个练习要注意:第一,不压喉头,使喉头自然放下,可用深吸气来体会喉头放下;第二,下巴、舌根都要放松,口咽腔不僵硬;第三,发音时要感到鼻腔、口腔、胸腔是贯通的,像一根通畅的管道。

(二)元音音色对比练习

1. 单元音两层次音色对比练习

每个单元音要有两种音色变化,体会喉部在发柔和的虚声与明亮的实声两种状态时的不同感觉。

a(实声)—a(虚声)　　o(实声)— o(虚声)　　e(实声)— e(虚声)

i(实声)— i(虚声)　　　u(实声)—u(虚声)　　　ü(实声)—ü(虚声)

2.单元音多层次音色对比练习

a(实声)a(虚实声)—a(虚声)　　　o(实声)—o(虚实声)—o

e(实声)—e(虚实声)—e(虚声)　　　i(实声)—i(虚实声)—i(虚声)

u(实声)—u(虚实声)—u(虚声)　　　ü(实声)—ü(虚实声)—ü(虚声)

3.复元音韵母两层次音色对比练习

ai(实声)—ai(虚声)　　ei(实声)—ei(虚声)　　ao(实声)—ao(虚声)

ou(实声)—ou(虚声)　　ia(实声)—ia(虚声)　　ie(实声)—ie(虚声)

ua(实声)—ua(虚声)　　uo(实声)—uo(虚声)　　üe(实声)—üe(虚声)

iao(实声)—iao(虚声)　iou(实声)—iou(虚声)　uai(实声)—ai(虚声)

uei(实声)—uei(虚声)

4.复元音韵母多层次音色对比练习

ai(实声)—ai(虚实声)—ai(虚声)

ei(实声)—ei(虚实声)—ei(虚声)

ao(实声)—ao(虚实声)—ao(虚声)

ou(实声)—ou(虚实声)—ou(虚声)

ia(实声)—ia(虚实声)—ia(虚声)

ie(实声)—ie(虚实声)—ie(虚声)

ua(实声)—ua(虚实声)—ua(虚声)

uo(实声)—uo(虚实声)—uo(虚声)

üe(实声)—üe(虚实声)—üe(虚声)

iao(实声)—iao(虚实声)—iao(虚声)

iou(实声)—iou(虚实声)—iou(虚声)

uai(实声)—ai(虚实声)—ai(虚声)

uei(实声)—uei(虚实声)—uei(虚声)

(三)元音音色连续变化练习

1.单元音音色由实到虚的连续变化练习

a(实声)→a(虚声)　　o(实声)→o(虚声)　　　e(实声)→e(虚声)

i(实声)→i(虚声)　　u(实声)→u(虚声)　　　ü(实声)→ü(虚声)

a(实声)→a(虚实声)→a(虚声)　　　o(实声)→o(虚实声)→o(虚声)

e(实声)→e(虚实声)→e(虚声)　　　i(实声)→i(虚实声)→i(虚声)

u(实声)→u(虚实声)→u(虚声)　　　ü(实声)→ü(虚实声)→ü(虚声)

2.单元音音色由虚到实的连续变化练习

a(虚声)→a(实声)　　o(虚声)→o(实声)　　　e(虚声)→e(实声)

i（虚声）→i（实声）　　　u（虚声）→u（实声）　　　ü（虚声）→ü（实声）

a（虚声）→a（虚实声）→a（实声）　　　o（虚声）→o（虚实声）→o（实声）

e（虚声）→e（虚实声）→e（实声）　　　i（虚声）→i（虚实声）→i（实声）

u（虚声）→u（虚实声）→u（实声）　　　ü（虚声）→ü（虚实声）→ü（实声）

3. 复元音韵母音色由实到虚连续变化练习

ai（实声）→ai（虚声）　　ei（实声）→ei（虚声）　　ao（实声）→ao（虚声）

ou（实声）→ou（虚声）　　ia（实声）→ia（虚声）　　ie（实声）→ie（虚声）

ua（实声）→ua（虚声）　　uo（实声）→uo（虚声）　　üe（实声）→üe（虚声）

iao（实声）→iao（虚声）　iou（实声）→iou（虚声）　uai（实声）→ai（虚声）

uei（实声）→uei（虚声）　　　　　　ai（实声）→ai（虚实声）→ai（虚声）

ei（实声）→ei（虚实声）→ei（虚声）　　ao（实声）→ao（虚实声）→ao（虚声）

ou（实声）→ou（虚实声）→ou（虚声）　ia（实声）→ia（虚实声）→ia（虚声）

ie（实声）→ie（虚实声）→ie（虚声）　　ua（实声）→ua（虚实声）→ua（虚声）

uo（实声）→uo（虚实声）→uo（虚声）　üe（实声）→üe（虚实声）→üe（虚声）

iao（实声）→iao（虚实声）→iao（虚声）iou（实声）→iou（虚实声）→iou（虚声）

uai（实声）→ai（虚实声）→ai（虚声）　uei（实声）→uei（虚实声）→uei（虚声）

4. 复元音韵母音色由虚到实连续变化练习

ai（虚声）→ai（实声）　　ei（虚声）→ei（实声）　　ao（虚声）→ao（实声）

ou（虚声）→ou（实声）　　ia（虚声）→ia（实声）　　ie（虚声）→ie（实声）

ua（虚声）→ua（实声）　　uo（虚声）→uo（实声）　　üe（虚声）→üe（实声）

iao（虚声）→iao（实声）　iou（虚声）→iou（实声）　uai（虚声）→ai（实声）

uei（虚声）→uei（实声）　　　　　　ai（虚声）→ai（虚实声）→ai（实声）

ei（虚声）→ei（虚实声）→ei（实声）　　ao（虚声）→ao（虚实声）→ao（实声）

ou（虚声）→ou（虚实声）→ou（实声）　ia（虚声）→ia（虚实声）→ia（实声）

ie（虚声）→ie（虚实声）→ie（实声）　　ua（虚声）→ua（虚实声）→ua（实声）

uo（虚声）→uo（虚实声）→uo（实声）　üe（虚声）→üe（虚实声）→üe（实声）

iao（虚声）→iao（虚实声）→iao（实声）iou（虚声）→iou（虚实声）→iou（实声）

uai（虚声）→uai（虚实声）→uai（实声）uei（虚声）→uei（虚实声）→uei（实声）

（五）词语音色变化练习

1. 分别用实声、虚实声、虚声三种不同音色读单音节字词

bā 巴　bá 拔　bǎ 把　bà 罢　fāng 方　fáng 房　fǎng 仿　fàng 放

dī 低　dí 敌　dǐ 底　dì 弟　jū 居　jú 局　jǔ 举　jù 据

zhī 知　zhí 职　zhǐ 止　zhì 至　zuō 作　zuó 昨　zuǒ 左　zuò 座

bāi 掰　bái 白　bǎi 摆　bài 败　jiā 家　jiá 夹　jiǎ 甲　jià 架

bāo 包 báo 薄 bǎo 宝 bào 抱

2.词语内部虚实声对比练习

勾画 刚才 松软 半截儿 穷人 吵嘴 乒乓球 少女 篡夺 牛顿 沉默 富翁 傻子 持续 佛像 被窝儿 全部 乳汁 对照 家伙 灭亡 连绵 小腿 原则 外国 戏法儿 侵略 咏叹调 愉快 撒谎 下来 昆虫 意思 声明 患者 未曾 感慨 老头儿 群体 红娘 觉得 排演 赞美 运输 抓紧 儿童 症状 机灵 昂首 对方 定期 电压 调拨

要求：第一步，每个词语内部的虚实声对比练习，如勾（实声）—画（虚声）、勾（虚声）—画（实声）；第二步，双音节词语的虚实声对比练习，如勾画（实声）—勾画（虚声）、勾画（虚声）—勾画（实声）。

（六）朗诵诗词，体会音色变化

（1）胜日寻芳泗水滨，无边光景一时新。等闲识得东风面，万紫千红总是春。

（朱熹《春日》）

（2）空山新雨后，天气晚来秋。明月松间照，清泉石上流。竹喧归浣女，莲动下渔舟。随意春芳歇，王孙自可留。

（王维《山居秋暝》）

（3）更能消几番风雨，匆匆春又归去。惜春常怕花开早，何况落红无数。春且住，见说道，天涯芳草无归路。怨春不语，算只有殷勤，画檐蛛网，尽日惹飞絮。　　长门事，准拟佳期又误。蛾眉曾有人妒。千金纵买相如赋，脉脉此情谁诉？君莫舞，君不见，玉环飞燕皆尘土。闲愁最苦，休去倚危栏，斜阳正在，烟柳断肠处。

（辛弃疾《摸鱼儿》）

要求：第一步，分别用实声、虚实声、虚声三种不同音色朗读这两首诗；第二步，根据作品内容表达的需要，具体设计、变换不同的音色。

（七）朗诵文章片断，体会音色的基本变化

（1）看哪！人人脸上挂着喜悦的泪花，个个兴高采烈，流水发出欢笑，山岗也显得年轻。他们在倾听，倾听，倾听着这震撼世界的声音：中华人民共和国成立了！中国人民从此站起来了！

提示：这是一段热情洋溢，富于感染力的文字。练习时注意声音要庄重大方，采用明亮的实声，吐字力度均匀，有穿透力，气息要稳定、扎实。

（2）党中央、国务院始终高度重视民生问题，历来把人民利益高于一切作为制定政策、做工作的出发点和落脚点，特点是在保障人民群众饮食用药方面做出了一系列正确的决策和部署，有效地维护了人民群众的财产和生命安全,促进了社会稳定和谐。郑筱萸曾经是国家食品药品监督管理局的主要负责人,在保护人民群众用药安全方面,肩负着极其重大的使命和责任。作为一名党的高级干部,郑筱萸本应以对党和人民高度负责的态度,正确运用手中的权力,尽心尽力地履行职责,全心全意地为人民服务。但他却为一己之私,不惜利用权力大肆收受贿赂,玩忽职守。他的行为,严重侵害了国家工作人员职务的廉洁性,严重破坏了国家药品监督的正常工作秩序,严重危害了人民群众用药安全及生命财产安全,造成极其恶劣的社会影响,郑筱萸最终落得身败名裂、倾家荡产的下场,实属罪有应得。

提示:这是一条新闻的片断,这则新闻消息内容严肃,气氛庄重。练习时注意声音要偏厚重一些,以实声为主,音高略高些。吐字力度强,节奏明快。

(3)这张照片的主人已经不在人间了,照片本身也在一场浩劫中化成了灰,但是当时的情景,却永远留在我和妻子的心里。

提示:这段文字内容哀伤,充满悲痛的色彩。练习时注意声音暗弱、低沉,使用虚声,较多使用胸腔共鸣,节奏缓慢。

(4)像柳絮,像飞蝶,清绵绵,意切切,我爱这人间最美的花朵,白雪飘飘,飘飘白雪。看她那晶莹的花瓣,铺满了天边的原野,看她那轻盈的舞姿,催开了红梅的笑靥,呵,白雪飘飘,飘飘白雪,她赠给大地一片皎洁,她撒向人间多少欢悦。是她用纯真的爱情,滋润着生命的绿叶,是她把热烈的追求,献给那美好的季节。呵,白雪飘飘,飘飘白雪,她赠给人间多少向往,她纵情欢呼新的岁月。

提示:这段文字是深情讴歌大自然的美丽精灵——雪花的,内容生动,感情真挚。练习时可用较小的音量,声音柔和,气息深长。

(5)风,呼呼地刮着;雨,哗哗地下着,黑暗笼罩着大地。"要记住,革命!"——我想起他牺牲前说的话。对,要记住革命!我抬起头,透过天边的风雨,透过无边的黑暗,我仿佛看见了一条光明大路,这条大陆一直通向遥远的陕北。我鼓起勇气,迈开大步,向着部队前进的方向走去。

提示:这段文字表达了革命者向着胜利、向着光明执著追求的坚定信念。练习时要注意:第一,用声吐字柔中有刚;第二,声音可由低到高,由虚到实。

(6)黑暗的旧中国,地是黑沉沉的地,天是黑沉沉的天。灾难沉重的人民啊,你身上带着沉重的锁链,头上压着三座大山。你一次又一次地呼喊,一次又一次地战斗,可是啊,夜慢慢,路漫漫,长夜难明赤县天……

提示:这段文字比较忧伤,用声较暗弱、偏沉,字字句句伴着叹息发出,咬字较迟,气息沉缓,伴有句中顿挫或句间停歇等。

(7)柳条儿青,柳条儿长,柳条儿随风在飘荡。摇来了春天,摇来了小鸟,摇得那湖水闪闪亮。柳条儿青,柳条儿长,柳条儿随风在飘荡。我去做柳笛儿吹起来,滴呖呖像小鸟在歌唱。

柳条儿青,柳条儿长,柳条儿随风在飘荡。请来春姑娘荡秋千,秋千挂在柳条上。

提示:这段内容比较活泼、欢快,要求用声比较偏前,音高柔和;口腔状态比较松弛,舌头较灵活;字音弹发快而饱满;气息灵活变化多;情感昂扬向上。

(八)朗诵范仲淹的《岳阳楼记》,进一步体会音色的基本变化

庆历四年春,滕子京谪守巴陵郡。越明年,政通人和,百废具兴。乃重修岳阳楼,增其旧制,刻唐贤今人诗赋于其上。属予作文以记之。

予观夫巴陵胜状,在洞庭一湖。衔远山,吞长江,浩浩汤汤,横无际涯;朝晖夕阴,气象万千。此则岳阳楼之大观也。前人之述备矣。然则北通巫峡,南极潇湘,迁客骚人,多会于此,览物之情,得无异乎?

若夫霪雨霏霏,连月不开,阴风怒号,浊浪排空;日星隐耀,山岳潜形;商旅不行,樯倾楫摧;薄暮冥冥,虎啸猿啼。登斯楼也,则有去国怀乡,忧谗畏讥,满目萧然,感极而悲者矣。

至若春和景明,波澜不惊,上下天光,一碧万顷;沙鸥翔集,锦鳞游泳;岸芷汀兰,郁郁青青。而或长烟一空,皓月千里,浮光跃金,静影沉璧,渔歌互答,此乐何极!登斯楼也,则有心旷神怡,宠辱偕忘,把酒临风,其喜洋洋者矣。

嗟夫!予尝求古仁人之心,或异二者之为,何哉?不以物喜,不以己悲;居庙堂之高则忧其民;处江湖之远则忧其君。是进亦忧,退亦忧。然则何时而乐耶?其必曰"先天下之忧而忧,后天下之乐而乐"乎。噫!微斯人,吾谁与归?

时六年九月十五日。

五、音长变化训练

从发音的生理层面看,一个音节出字、立字和归音的音程长,音波占的时间就长;反之,发音过程短,音波持续时间也短。从声音的物理层面分析,语速的快慢是由每个音节的音长、音节之间的长短、语流中停顿的多少与停顿时间的长短共同决定的。从心理层面上看,有的人说话拖腔拉调、慢条斯理,两个字一拖,三个字一顿,俗称打官腔;有的人说话过快,像打机关枪,让

人来不及思索。从心理状态上看,心理紧张,即兴讲话会张口结舌、语无伦次;心理不积极,可能无精打采、四平八稳,或装腔作势、漫不经心;心理过于松懈,把话筒前的工作当成流水线上熟练工的简单重复工作,主持时就会满足于说套话,语速飞快像开快车。因此,语速的把握要考虑具体节目的视听受众群的年龄、文化、接受习惯、理解能力;要考虑节目内容的特性与色彩,及其在人心理上的反映;受众不熟悉的内容、需要强调的内容要说慢一些;大家比较好理解的,次要的内容适当加快速度。

总之,用声基本功是语言富于表现力和感染力的物质基础,在内心丰富、情感激荡、感受准确的前提下,有弹性的声音与表达技巧的配合,才能让受众感到可亲、可信、喜闻乐听。

1. 朗读下面这首诗,注意语速的变化

当蜘蛛网无情地查封了我的炉台
当灰烬的余烟叹息着贫困的悲哀
我依然固执地铺平失望的灰烬
用美丽的雪花写下:相信未来

当我的紫葡萄化为深秋的露水
当我的鲜花依偎在别人的情怀
我依然固执地用凝霜的枯藤
在凄凉的大地上写下:相信未来

我要用手指那涌向天边的排浪
我要用手掌托住太阳的大海
摇曳着曙光那枝温暖漂亮的笔杆
用孩子的笔体写下:相信未来

我之所以坚定地相信未来
是我相信未来人们的眼睛
她有拨开历史风尘的睫毛
她有看透岁月篇章的瞳孔

不管人们对于我们腐烂的皮肉
那些迷途的惆怅、失败的苦痛
是寄予感动的热泪、深切的同情
还是给以轻蔑的微笑、辛辣的嘲讽

我坚信人们对于我们的脊骨

那无数次的探索、迷途、失败和成功

一定会给予热情、客观、公正的评定

是的，我焦急地等待着他们的评定

（食指《相信未来》，节选）

2.运用适当语速朗诵散文

我来到广阔的草原上，被细微的声音吸引。

那是自草原底层所发出的，牧草舒络筋骨的声音；那是被风吹袭时，草尖与游云相互拥舞的声音；那是人声交错的世界里听不到的微语——人的眼眸与耳识总是停伫在尘世的荣华上，遗忘了草原上有更深奥的交谈。

我逐渐明了，其实人世的生灭故事早已蕴涵在大自然的荣枯里，默默地对人们展示这一切，预告生生不息，也提挈流水落花。人必须穷尽一生之精神才能彻悟，但对这草原上的每一棵草而言，春萌秋萎，即具足一生。

人没有理由夸示自己生命的长度，人不如一株草，无所求地萌发，无所怨悔地凋萎，吮吸一株草该吮吸的水分与阳光，占一株草该占的土地，尽它该尽的责任，而后化泥，成全明年春天将萌生的草芽。——众草皆如此，才有草原。

我不断追寻，哪里能让我更沉稳，哪里可以教我更流畅。在熙扰的世间，却不断失望，现在才知道，我所企盼的，众山众水其实早已时时招引，只是我眼拙了——山的沉稳，成就了水的流畅，水的宽宏大量，哺育了平野人家、草原牛羊。

如果田舍旁的稻花曾经纾解我的心，不仅是勤奋的庄稼人让它们如此，更是平野与流水让它们如此。如果深山里的松涛曾经安慰我，那是山的胸襟让它如此。如果桃花的开落曾经换来我的咏叹，我必须感恩：是山、水、花、鸟共同完成的伦理，替我解去身上的捆绳。

我不曾看到一座单独的山，山的族群合力镇住大地；也不曾看到一条孤单的河，水的千手千足皆要求会合；不曾有过不凋萎的桃花，它们恪守生灭的理则，让四季与土地完成故事。

荣，是本分；枯，也是本分。

我眼前的草原，无疑也是天地伦常的一部分。吸引我的这一幅和谐，乃是天无心地苍茫着，山无心地盘坐着，草原无心地拂动着，牛羊无心地啮食着，而我无心地观照着。

此时的我，既是山里的一块岩，也是天上游动的云；是草的半茎，也是牛羊身上的汗毛。

人不能自外于山水,当我再次启程,我是一株行走的草,替仍旧耽溺在红尘里的我,招魂。

(简桢《一株行走的草》,节选)

3.用正常语速播读新闻

(1)**本台记者报道:**"高中取消文理分科的必要性和可行性"——作为教育部公开向社会征求意见的《国家中长期教育改革和发展规划纲要》20 大问题之一,在意见征集首日便在网民、教育界人士间引发热火朝天的争论。记者发现,大多数网民和受采访者都赞同"取消分科",不过,在取消的"可行性"上却大打折扣。专家坦言,取消文理分科的关键在于高校招生制度的改革。

昨天有关高中取消文理分科征求民意的消息成为不少门户网站的头条,与此同时,网民发帖点评热情极高。到昨天下午 5 点,新浪网网民留言数量超过 11000 条,而腾讯网关于"高中是否取消文理分科"的调查吸引 26 万余名网民投票,结果显示,赞同取消分科的比例接近 54%,认同文理分科的比例接近 40%,"取消派"意见目前占据上风。

一位支持取消分科的网友表示,文理分科让一些优秀的学生选择了理科,这些孩子以后是国家的栋梁,但他们轻视文科,没有人文气质。而一位从事文科工作的网友叹息,工作时间越长越感到一个文科生具有理科素养多么的重要! 一个人要学会兼顾文科和理科两种思维方式。

不过,部分赞同文理分科的网友认为,取消文理分科不仅不会减轻学生负担,相反还会加重他们的负担,"取消前学 6 科,取消后学 9 科,科科都要非常努力。"

(2)**本报记者报道:**今晚 20:30,国家大剧院包括外景景观、室外园林、无演出剧场、公共大厅及办公区域的所有照明灯光全部熄灭,仅开启必要的消防应急灯。市民、游客与国家大剧院的员工一起,见证了国家大剧院参与"地球一小时"活动的过程。

今年是国家大剧院第二次参与"地球一小时"活动,除当天熄灯外,国家大剧院还通过官方网站向全社会发出倡议,倡导观众、战略合作伙伴、大剧院的员工一起积极参与。由于 3 月 27 日晚正值大型音乐舞蹈史诗《复兴之路》演出,国家大剧院在演出前免费发放"地球一小时"海报和胶贴等宣传品,并在开演提示钟声后特别插入一段广播,号召当晚所有观众参与这项活动,重视低碳生活。参与"地球一小时"活动是大剧院一贯注重节能减排理念的延伸。通过两年的运营,国家大剧院已经把低碳环保融入到演出、艺术生产、艺术普及教育、艺术交流等日常运营的方方面面。

思考题

1. 简要说明喉部的基本构造。

2. 简要说明声带的构造及其制声原理。

3. 结合实际练声实践说明喉部控制的基本要领。

4. 怎样才能做到喉部控制与呼吸控制、共鸣控制相结合？请结合实际体会加以说明。

5. 为什么发声时要做到喉头放松、喉头稳定？

6. 为什么说"声带振动不能直接形成语音，但对语音的音高、音色、音强等有重要影响"？

第六章 共鸣控制

语音是由声带的振动而发出的。而气流冲击声带产生的喉原音本身不仅十分微弱，也谈不上有多么美，它必须经过身体各声腔的共鸣再传送出来，才是有效率的声音。在发声的过程中，共鸣调节具有扩大音量、改善音色、提高声音色彩表现力的作用。

首先，充分地调节共鸣可以扩大音量。其实，人的声带发出的基音开始的时候是很小、很弱的，这个微弱的基音是通过人体的共鸣腔来逐级增响、逐级扩大。这种共鸣现象，很像吹小号的情形：声门的闭合发音，就像嘴唇对着号嘴儿吹出的声音，音低时嘴唇用的劲儿就松、就小；音高时嘴唇用的劲儿就紧，就大。如果光吹号嘴儿，那声音就很小，也很难听。把号嘴儿安在小号上再吹，声音就不一样了，变得又丰满又明亮，吹出来的声音可以传得很远。这就是共鸣作用，它把号嘴原来微弱的基音，通过弯弯曲曲的号管儿的增响变得又响又亮又大——如果说从号嘴儿吹响的基音是 1 的话，那么，经过几个不同的共鸣腔体，声音就会从 1 扩大到 10，再从 10 扩大到 100。可见，共鸣具有多么神奇的作用。根据科学监测和研究，有技巧的用声者在发声时，仅用了声带总能量的 20% 左右。看来，充分地调节共鸣不仅有助于扩大音量，而且还可以在发生的过程中真正减缓声带的压力，确保声带"青春永驻"。

其次，充分地调节共鸣可以改善音色，达到洪亮、丰满、悦耳、动听的效果。著名戏剧家洪深指出："优美的声音，全靠有适宜的共鸣。"音色是由多方面因素决定的。从生理上看，每个人的声带构造不同，声音也不一样。声带长而厚，音色就浑厚一些；声带短而薄，音色就明亮一些。各种共鸣腔内的共鸣效果各有特色，可以发出各种不同声音来。由于共鸣腔的范围很小，只要轻微一动，音色立即就会产生变化，因而在调节共鸣侧重时，要注意掌握分寸感。一般来说，胸腔共鸣使声音浑厚有力、口腔共鸣使声音明亮清晰，头腔共鸣使声音丰满，富有金属色彩，有穿透力。共鸣是发声器官各部位协调动作的结果，不能孤立地强调某一种共鸣。混合共鸣是发声的总原则。当然，由于每个人先天生理条件的不同，其发声效果也不相同，这也就是所谓的个人特色。不过，人的共鸣腔体是可以改变、可以调节、可以灵活掌握运用的，共鸣腔体的变化则可以创造出各种不同的音色。只要发音器官没有病变或损伤,经过共鸣调节的训练之后,每个人的音色都能够得到相应的改观与美化。从现实情况来看,天生就有一副"金嗓子"的人并不多。仅以从事播音和主持工作的人员而言,在许多现在看来成绩斐然深受观众喜爱与认可的播音员和主持人当中,绝大多数人的嗓音条件并不是很好,有的人甚至嗓音偏差。不过,正是凭着他们的不懈努力,刻苦磨炼,努力调整,最终才使声音得到了很大改善与美化。

最后,充分地调节共鸣可以提高声音色彩的表现力。在播音创作过程中,只有正确运用共鸣调节,才能使声音色彩丰富、力度增强。当然,表达的过程是一个传情达意的过程,内容是第一位的,共鸣的调节只有服从内容和感情的需要,才能真正做到声情并茂,实现内容和形式的完美统一。

其实,所有的语言发音过程中都存在共鸣现象。人在说话时不管主观上是否想运用共鸣腔,在发声时都离不开它。不同的是,掌握了正确发声方法的人,能正确的发挥各个共鸣腔的最高效率,发出优美而动听的声音,并且能按照自己的意志能动地去控制它、运用它,使它随着表达者头脑中所想象的音色和要求进行有机的活动。要想获得优美动听的声音,没有比发声时随着音区的变化而调整发声器官的工作状态,恰如其分地调节运用不同的共鸣腔进行发声更为重要的了。发低音时,除应该用胸腔和咽喉部位的共鸣把声音唱得深沉饱满以外,还必须力求得到硬腭等靠前部分的鼻腔共鸣和头声的感觉;发中音时,应逐渐减少胸声,使更多的头声混合进去,随着音的声高,向纯头声过渡;进入高音区时,则应以鼻腔和头部共鸣腔为主,辅之以少许口腔及咽部的共鸣。这就是对共鸣腔体的调节和运用。这样发出的全部声音,是由不同比例的各部分共鸣混合而成的。人们在日常说话时,由于距离近、对象少、音色好不好、音量大不大都无关紧要,所以,可以不太顾忌共鸣的一些要领。但是,对播音员或主持人来说就不一样了。一方面,他们的声音必须足够高、足够集中,以便借助电声设备甚至不借助电声设备都能够让受众听得见、听得清;另一方面,他们的音色必须圆润一些、集中一些且具有较强的表现力,以便得到受众的认可,圆满完成播音或主持工作。因此,为了成为一名优秀的播音员或主持人,必须下工夫努力学习与掌握播音发声的共鸣控制方法。

第一节　共鸣的原理和分类

气息通过适当闭合的声门,使声带振动发出音响,这种声音叫做喉原音。喉原音既不优美,也极微弱,它必须通过某种腔体来抑制音响中那些不可取的泛音,同时又能激发那些可增强声门音的泛音,才能发出既明亮又优美的声音。在语音中,能够调节声音的腔体包括喉腔、咽腔、口腔和鼻腔等(图 6-1)。喉头以上各共鸣腔统一起来,可以叫做"口咽喇叭"。咽腔部分不但可以扩大和缩小,还可以拉长和缩短,形似长号的伸缩管部。该共鸣

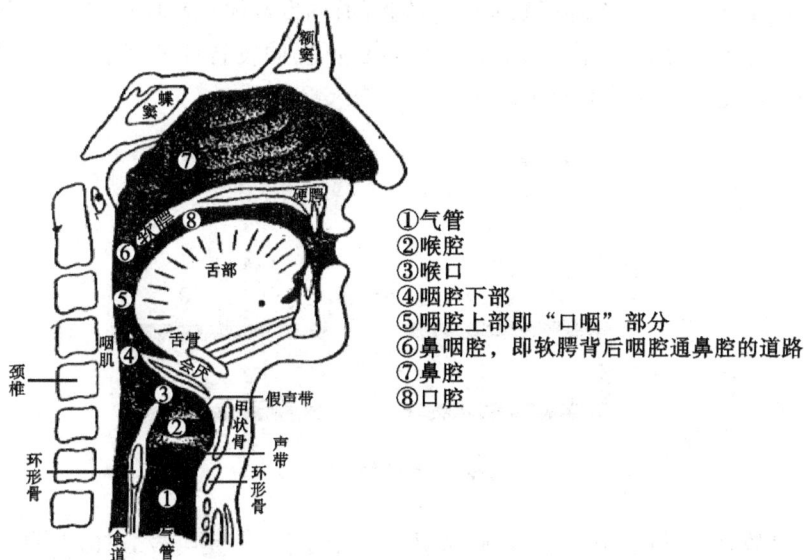

①气管
②喉腔
③喉口
④咽腔下部
⑤咽腔上部即"口咽"部分
⑥鼻咽腔,即软腭背后咽腔通鼻腔的道路
⑦鼻腔
⑧口腔

图 6-1　人类的共鸣腔

腔的调节性变化,可使声带发出的原音之中各泛音成分受到不同作用:发低音时声道拉长,低泛音成分扩大;发高音时则缩短,高泛音成分扩大。除了这几部分主要共鸣腔以外,胸腔和头腔等部分也可以发生共鸣。可是,要想引起胸腔和头腔的共鸣作用,喉、咽、口、鼻这几个共鸣腔必须首先造成强有力声响把声音扩大到一定的程度,然后才能达到胸腔或头腔的共鸣,使声音得到加强和扩大。因此,我们要想利用胸腔或头腔的共鸣,必须在加强锻炼咽、口、鼻腔共鸣的基础上来实现。一般称软腭以上为"上部共鸣",这部分共鸣腔的形体不变,都是固定的。软腭以下一般称为"下部共鸣",其共鸣腔的形体是可以改变的。变化口腔状态的主要机制是舌头、嘴唇、下颌和软腭的动作。舌头可以有前伸、后缩、提高、降低、平伸、翘卷等活动,嘴唇可圆可扁,下颌可开可闭,软腭后部可以上升或下垂。这些动作的互相配合,就形成不同形状的共鸣腔,也就产生不同的声音。

一、共鸣的原理

(一)共鸣的含义

共鸣是一种物理现象。当一个发音体振动发音时,则产生固有的振动频率的基音,基音频率的振幅能激起临近的、同发音体基音频率相同或近似的发音体或物体空间振动发音。这时,临近的、同发音体的音量会立刻增强、扩大,这就是声学上的所说的共鸣,如图6-2所示。

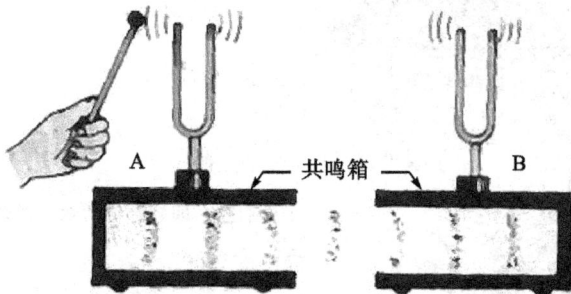

图6-2 共鸣的原理

在物体空间内部形成共鸣必须具备三个条件:一是与发音体固有频率相同或近似的物体空间;二是置于物体空间内部的发音体;三是物体空间内部储有充足的空气。这三个条件缺一不可。有关的物理实验表明,这些条件在产生共鸣音响时具有十分重要的作用。第一个实验是:将一个电铃置于空气压缩机密封的玻璃罩(玻璃罩内空间的共振频率与电铃振动的固有频率接近)内,充气后按动电钮,立刻便听到玻璃罩产生响亮的共鸣音。之所以会产生这样的结果,因为共鸣的三要素同时发挥了作用。第二个实验是:用压缩机抽净玻璃罩内的空气形成真空,再按电钮时只见电铃摆动却听不见声音。这说明,空气是传导声音的媒介物质,离开了它,共鸣音就无法产生。第三个实验是:将电铃上的玻璃罩取掉,按动电钮时电铃声就失去了丰满的共鸣音色,音量也小得多。它充分证实了物体空间的共振作用。有这种空间和没有这种空间,声音效果是截然不同的。第四个实验是:如果只有物体空间和里面的空气,却没有发音体在振动,不仅无法产生共鸣,而且声音根本就无从想象。

在声学上,共鸣分两种。一个物体振动发声时,引起近处与他频率相同的物体一齐振动,两个物体并没有直接接触,这种共振叫感应共鸣。如果两个物体频率并不相同,但其中一个物体振动发音时与另一个物体直接接触,使它一齐振动,这叫做强迫共鸣。语音的共鸣绝不是一种单纯形式,它是一种复合共鸣。它一方面要有自然深入并实于高压力的交流,在促成声带振动后形成高效能的声波;另一方面还必须恰当地调节各共鸣腔体,使声波获得最佳的共鸣以提高发声能力,也就是说,语音的共鸣既有感应振动,也有强迫振动。

(二)语音共鸣原理

语音的共鸣是喉原音引起人体共鸣腔内的空气振动而产生的。喉原音是声带振动而产生的。发声体除了整体振动外,还有部分振动。部分振动产生的声音称为泛音。发声体的音色取决于泛音的多少,而共鸣器官的形状大小不同,泛音就不同,泛音不同,音色就不同。人类的发声共鸣腔体,如上部共鸣区的鼻腔、鼻窦、上颌窦、额窦、蝶窦和筛窦,下部共鸣腔区的口腔、咽腔、喉上部、胸腔等,构造、空间、容积、大小、形状各个不一,所以振动的频率就各不相同。语音由声带振动产生后,先后经过喉部(喉头软骨内部之空间)、下咽、口咽及鼻咽、口腔等共鸣腔,产生程度不等的美化与放大后,向外传送。很显然,当喉原音经过不同的共鸣腔时,有的泛音会被加强,有的泛音会被削弱或吸收,这样就产生了语音的差异。此外,在人体当中,头腔是一个比较特殊的共鸣腔体。因为头腔不是利用有空气的腔体作为传声的共鸣腔,而是利用固体的骨组织的传导作用而加强声音的强度。声音的强度是构成声音响度的重要因素之一,骨传导作用与高音相结合,声音自然增加响度。在生活语言中,虽然意识不到它的共鸣作用,但在高声说话或发某些音时,"骨传导"的共鸣作用也在参与扩大音响的行列。

人体的共鸣器官,如胸腔、咽腔(喉咽腔、口咽腔、鼻咽腔)、口腔、鼻腔、头腔(头骨中空的窦穴)等,不仅生理构造各不相同,而且容积大小、位置高低也各不相同。它们容积由大到小、位置由低到高像宝塔似地竖起来,既能彼此相通,也能彼此阻隔。这些大小不同的腔体为低、中、高不同频率的声音创造了生来俱有的"和声含量关系"的共鸣空间。这些共鸣腔不同于其他乐器。第一,它不仅仅能够发出优美的乐音,而且能够情真意切地传递信息、表达思想感情。第二,它们的形状可以根据不同音色的要求,随时加以改变和调节。当这些腔体在不同音区里产生共鸣时,不同的腔体状态及不同的共鸣,在用声者的感觉里留下的印象并不相同。胸腔的构造使它适合对低音产生共鸣,头腔的构造使它适合对低音产生共鸣。不过,发低音只能说是以胸腔共鸣为主,并不能完全抛弃头腔共鸣。如果得到头腔共鸣的协作,发出的声音将是纯厚而清亮的;相反,如果仅仅注意胸腔共鸣而忽视头腔共鸣,声音虽然有一定的厚度,但是声音发"闷",也传不远。发高音只能说头腔共鸣起主要作用,对胸腔共鸣也不应该完全不去利用。如果仅仅注意头腔共鸣,没有胸腔共鸣,会使声音"关闭",听上去好像鼻子不通,声音发扁。此外,根据科学的研究,共鸣腔壁表面的软硬程度和泛音也有关:硬些可增加高频泛音,使声音明亮,软些的高频泛音就少,音色就柔和。当然,无论绷紧或者放松,都必须以不失去弹性为前提;否则,或者明亮刺耳,或者闷暗无力,都不是好的音色。

(三)共鸣与气息、制声的关系

共鸣的基本原理告诉我们,共鸣与气息、咬字之间都有密切的关系。首先,共鸣与气息之间关系密切。共鸣需要腔体,所有的共鸣腔体都要连通一气,从心理上塑造人的整体发声状态。共鸣腔体不仅互为相通,而且,在发声时要积极而又松弛地打开。"共鸣状态和呼吸状态特别密切,好的共鸣状态就是深呼吸状态。用深呼吸的感觉把腔儿打开了等在那儿唱,好的共鸣音响就出来了。"[1]同时,共鸣不仅需要腔体,而且需要腔体里的空气。因为空气是使声音传导和发生振动的媒介物质。"一个好的共鸣音响,声音里面总是有混着气儿的感觉。这个气儿来源很深。胸腹之间的气儿和上面各种空腔都互相通着气儿。上下通气儿,里外通气儿。音越高,气儿越通。所以说,'高位置'与'深呼吸'是辩证统一的整体。没有'深呼吸'就没有'高位置',没有'高位置'说明你用的气也不深。"[2]共鸣与气息的关系,就如同鱼和水的关系:鱼离开了水就会干死,有了水就变得活跃了。想让声音"水灵",就必须像在渠里放水那样让共鸣腔的通道产生通气的感觉,这就是通常所说的"以气带声"。其次,共鸣与制声之间具有密切关系。"基音不纯,泛音也杂"这句话可以说是一语道出了共鸣与制声之间的关系。在发音的过程中,只有打开所有的共鸣腔体使基音在这些腔体中按照"和声含量"的关系产生共鸣,让基音在各种腔体中混合共鸣,声音才能变得丰满、圆润而又富有明亮的色彩。

二、共鸣的分类

声带是语音的唯一的发声体,称为声源。它本身不发声,正确的发音是气息冲击声带,经过上部共鸣(蝶窦、额窦、鼻腔、鼻咽腔)和中部共鸣(喉腔、胸腔)而形成的。在发声中各个声区在谐和共鸣腔各部位的共鸣效果时有所偏重的。主要分为三种:第一种,在发声中,凡属声气主流道中的喉腔、喉

---

① 邹本初《歌唱学:沈湘歌唱学体系研究》,人民音乐出版社 2004 年版,第 173 页。
② 邹本初《歌唱学:沈湘歌唱学体系研究》,人民音乐出版社 2004 年版,第 173 页。

咽腔、口咽腔、口腔等共鸣腔均为主部共鸣腔。在混声区及自然声区的发声时偏重运用这些部位的共鸣效果。第二种,在发声中,凡属声气主流道以上的共鸣部分,如鼻咽腔、鼻腔、头腔等共鸣腔等为上部共鸣腔,在高音区发声时它们属于偏重部位。第三种,凡声气主流道以下的部位,如胸腔属基部共鸣腔,在低音区发声时,则偏重于基部共鸣。所有的共鸣腔又可分为可调的和不可调的两种。可调的有鼻咽腔、口咽腔、喉咽腔、口腔、喉腔、胸腔等。这些共鸣腔没有固定的体积和形状,可根据发声的要求及其共鸣色彩的偏重和咬字的需要予以控制。能否有效地恰当地掌握它和控制它,是掌握正确共鸣发声技巧的关键环节。不可调的共鸣腔有额窦、蝶窦、鼻腔等。这些共鸣腔具有固定的空间,体积和形状无法调节。共鸣中的强弱比例,则由气息冲击的强弱或声传方向的控制及其他相应部位的控制而形成。这里,我们主要依据生理构造,着重分析一下胸腔共鸣、喉腔共鸣、咽腔共鸣、口腔共鸣、鼻腔共鸣和头腔共鸣。

(一)胸腔共鸣

前面已述,胸腔为低音共鸣腔。不过,在发声过程中,胸腔除适合于低音,还在全音域的整体共鸣里发挥着丰满的基础共鸣的作用。无论在哪个音区,如果离开了胸腔共鸣,就会失去松弛的"落底"的声音,就会给人一种"声音浮浅"的感觉。

获得胸腔共鸣的具体办法是:发声时,咽喉部呈打哈欠状态,下颌自然下垂,把声波的反射点从硬腭移向下齿背上,使声波在喉头和气管附近引起更多的振动,并继续传送到胸腔里引起共鸣。练习胸腔共鸣时,一定要松弛,千万不要过分地追求胸腔共鸣而去压迫喉头,把浓重的喉音误认为是胸腔共鸣。从表面上看,喉声有近似胸腔共鸣的音色,而且喉声在胸腔上部的锁骨那里也有些振动。但是,胸腔共鸣与喉声具有本质上的区别,那就是胸腔共鸣并不妨碍吐字清晰,喉声则必然会阻碍字音的念读。此外,胸腔共鸣也需要在口腔共鸣的基础上加以调节。在播音创作过程中,由于作品内容的需要,声音如需要一定的深度和宽度时,胸腔就成为口腔共鸣不可缺少的基础。当两者浑然一体、运用自如时,不但从声音色彩上给听众庄严、深沉的感觉,在内容上也会让听众感到真实、可信。

在实际运用的时候,有一些音调比较高的人,由于声音比较单窄,应在自己声音条件允许的情况下适量地加些胸部共鸣,使音色得到改进。但也有一部分男声,他们的原声低音比较丰富,在日常谈话时会让你感到他的胸部在明显振动。一旦进入工作状态时,就失去了大部分胸部共鸣的声音,变得浅薄、虚假。胸腔共鸣的效果,不仅可以增强音响效果,而且还能强化氛围；即使使用较轻的音量，加上胸腔共鸣的作用时，所得到的气氛就完全不同。胸腔共鸣还可以调和声音，因为一般到了高音区时，会产生尖锐刺耳的感觉，尤其是女声，如果加上点胸腔共鸣，这种刺耳的声音就可得到改变。

（二）喉腔共鸣

根据发声管道的结构，声音可以在声带以上的喉腔、咽腔、口腔、鼻腔、头腔构成共鸣，也可以同时在声带以下的气管，如气管、胸腔等空间里形成共鸣。在这些共鸣腔中，喉腔尤其重要。因为在声门上边有一个由楔状软骨支持、由杓会厌襞形成的类似环形的空间，嗓音中明亮的"鸣响"，即相当于 2800 赫兹（女声在 3200 赫兹上，男声在 2800～2900 赫兹上）的高共振峰音就产自这里。可见，喉腔不仅是一个发声振动体，还是一个重要的共鸣体，如图 6-3 所示，正如有人形容的那样、"声音共鸣器的形状很扩音喇叭筒，喉头就是喇叭芯子"。

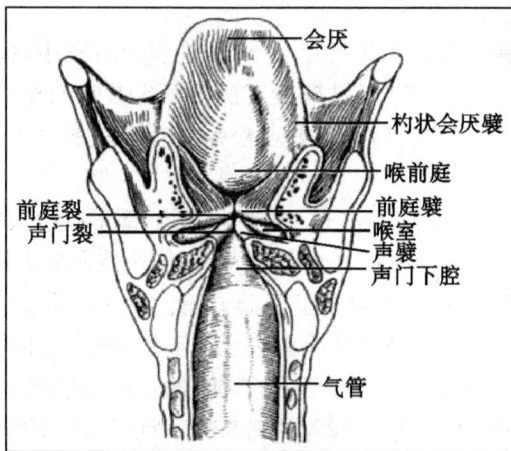

图 6-3　喉腔正面观

声音从喉头到嘴唇经过的通道就是共鸣腔，它的形式大部分决定于喉和口的形式。因此，喉腔形态的调节直接关系到整个发声管道中声音共鸣的质量。要想获得良好的共鸣，必须从改变喉腔的形态与质地入手。首先，从声带发出的声波，要想迅速达到鼻咽、口腔等高共鸣部位，必须有一个节能高效的起点——喉腔。喉头既是发声器官又是共鸣器官，它在颈前垂直向下运动的位置决定喉共鸣腔的长度。根据流体力学中的柏努利力学效应，当气息流速增加时，管壁会受到由外向内的向心力使管子的口径缩小。这就是说，我们可以通过选取合理的喉头位置与增加气息的流速来改变喉咽腔的体积。而这种体积的改变又必须与喉内声带振动的长度成正比例关系，才能获得科学良好的喉咽部共鸣并由此扩散到其他腔体的共鸣。其次，从音响学角度看，喉腔质地结构密度较大，不仅共鸣良好，而且传播性能强；咽喉质地结构密度小，不仅共鸣效果差，而且传播性能慢。因此，喉腔里的肌肉如果在发声时质地疏松，不能有力收缩，声带上放射出的声波就会就近在周围扩散振动，传播速度就慢；如果咽喉里的肌肉收缩有力、管壁比较坚固，声波必然会共鸣良好，传播速度就快，而且喉部在发声时也会感到轻松舒服。不过，喉腔的肌肉收缩并非越紧张越好，应当用力适度。正如音乐教育家吕白光先生所指出的那样："歌声的音响效果，不仅仅是声音振动地点的问题，振动地点的肌肉松紧度适当也是关键。"显然，要想使喉部的肌肉自然而紧张适度地运动，就须进行科学合理的训练。

（三）咽腔共鸣

咽腔（图 6-4，喉咽腔、口咽腔、鼻咽腔）位于口腔后部，自然构成连接鼻腔、口腔、胸腔的开管形的腔体，咽，靠近喉，对音量和音质有最先最有力的影响，是共鸣控制的一个内感区。当咽腔足够大时，它将强化嗓音中的

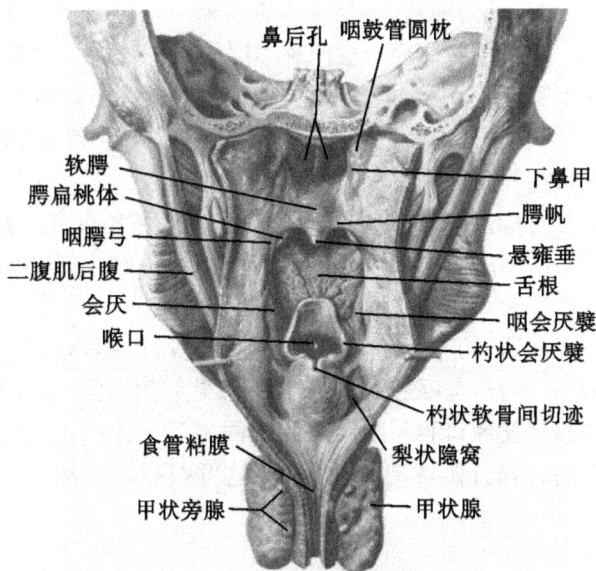

图 6-4　咽腔

那些低泛音（500 赫兹左右），从而使音色圆润、浑厚、饱满。对咽腔进行积极控制，有助于声音的上下贯通。这里着重介绍一下咽腔各个部位不同的共鸣状态及其重要作用。

第一，咽壁的共鸣反射作用。咽壁，也叫"后咽壁"。它从上而下，连接鼻咽腔、口咽腔、喉咽腔后面那条光滑的肌肉与黏膜层组织。它既能绷紧，也能松弛，这和头部的姿势有密切关联——挺胸抬头，眼光平视，后颈略为"梗直"时，咽壁处于绷紧的状态；后颈稍有松懈，咽壁则处于松弛的状态。咽壁的紧与松，对声音的共鸣与反射的效果影响很大。从声学的角度来看：绵软而表面粗糙的物质易于吸声音，对声波的反射效果弱；坚硬而表面光滑的物质不易吸音，对声波的反射效果强。因此，用声者应保持正确的姿势，使咽壁具有一定的紧张力，让它坚强和挺立起来。

第二，咽腔的共鸣通道作用。口腔后面竖立的"咽管"是发声最为关键的共鸣腔体。它不仅可以使声带发出的"基音"逐级增响扩大，而且，它是下连胸腔、上达头腔最重要的共鸣通道。声音通不通、圆不圆、音色美不美、亮不亮，都和它有直接的关系。用声者应在心理上，通过"想、听、看"的办法，建立一条声音的共鸣通道的"表象"，让声音像"火箭在轨道上发射升空"似的进入头腔。这种心理指导在调整咽腔共鸣的过程中将发挥奇妙的作用。

第三，鼻咽口的头腔共鸣作用。鼻咽口在发声的过程中有两种不同的状态：一种是小舌头贴向咽壁；一种是小舌头略为松弛地向上抬起，感觉小舌头向前撮起。这两种状态会产生两种不同的声音效果。如果小舌头在发声时向后贴在了咽壁上，就会把鼻咽口给堵死，这样势必影响头腔共鸣。正确的做法是，到了高音区以后，鼻咽口仍是张开的，口腔和鼻咽腔有气儿通着。这种鼻咽口与鼻咽腔同时保持"吸气"扩张的感觉对于产生头腔共鸣音色非常重要，它是打开通向头腔的"门户"。声音从鼻咽口进入鼻咽腔之后，就在这个椭圆形的空腔里形成声音的涡流，于是，头腔里就有了声音，并且在鼻咽口之上产生出一个集中而又明亮的小共鸣点。

第四，腭弓（柱肌）的"拢音"作用。歌唱家之所以能够用美声唱法唱出圆润、优美的共鸣乐音，与咽腔腭弓（柱肌）的"拢音"作用有着重要关系。在口咽腔两侧的腭弓就像口腔与咽腔之间的两扇门。这两扇门完全敞开，发出的声音是散的、白的；如果在心理上能将这"两扇门"靠拢一些，就能将声音"拢住"。

（四）口腔共鸣

口腔是从口咽腔通向前方的共鸣腔，它的上面由硬口盖与软腭连接，构成一个穹形的半圆弧度的顶。这种上口盖弧的弧度大小则因人而异、各不相同。一般来说，上口盖弧度大的"圆屋顶"，形成口腔共鸣的效果好。口腔下面的舌头构成了口腔的底，前面的嘴则形成了释放声音的喇叭口。口腔与咽腔一样可以被自觉控制。口腔中软腭、咽柱、舌头（还包括下颌）位置的变动可以直接改变口腔与咽腔的体积大小和形状（使之连成一体或隔成两室），从而产生各种不同的音色（图 6-5）。

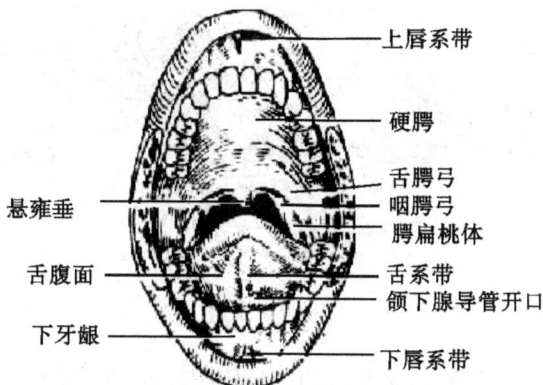

图 6-5 口腔

口腔是声音从喉咙发出后的第一个共鸣区域，它是发声非常重要的部分，是胸腔共鸣和头腔共鸣的基础。发声时口腔自然上下打开，颧肌微提，下颌自然放下稍向后拉，上颌有上提的感觉。这样，声带发出的声波就随着气息的推送离开咽喉流畅向前，在口腔的前上方即硬腭前部集中反射而引起振动。这个硬腭前部也叫做硬口盖。这种口腔共鸣效果明亮、靠前、集中，易于和头腔取得联系，且可减少咽喉的负担，起保护声带的作用。口腔共鸣要有声音的"点"和"心"（即共鸣焦点）。首先必须使口腔中的各有关部分唇、齿、牙、舌以及相适应的咽、喉自然地松开，会厌轻轻抬起，以使咽、喉、腔通畅，口腔壁、咽腔壁的肌肉积极坚硬，这样才会获得良好的共鸣效果。

（五）鼻腔共鸣

鼻由外鼻、鼻腔、鼻窦三部分构成。鼻腔是上呼吸道的入口，正中由鼻中隔分为左右相同的两部分，从前鼻孔开始到后鼻孔为止，后面与鼻咽腔相通。鼻窦是鼻腔四周颅骨和面骨内的含气空腔，体积较小，共有四对，分为上颌窦、筛窦、额窦和蝶窦（图 6-6）。一般认为，它们也都具有共鸣功能。

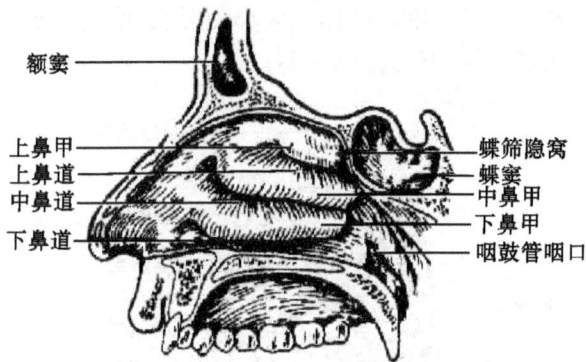

图 6-6　鼻腔

　　鼻腔共鸣是通过软腭来实现的。当软腭放松,鼻腔与口腔的通路打开,声音在鼻腔得到了共鸣。软腭关闭后,声音沿硬腭传导到鼻腔内壁,可以感到鼻腔在振动。这是声音在鼻腔的两种共鸣方式。鼻腔的大小、形状是固定的,它是靠软腭(以及小舌)的升降来决定是否参与发音。当我们发辅音 m、n、ng 的时候,软腭下降,口腔在唇(m)、齿龈(n)、上颌后部(ng)受阻,声带发出的声音经口、鼻腔共鸣从鼻孔辐射出去。如果在发元音的同时降低软腭,打开鼻咽通道,元音就会具有较浓的鼻音色彩,这称之为鼻化元音。鼻化元音赋予元音一种新的色彩,但在演播中应力求避免;否则,影响字音的清晰度。在发音中有这样毛病的人,可以采取不要让鼻子通气的方法来改变,因为这样的练习意味着软腭上升,关闭鼻腔通道。当然在演播中,口腔开口度增大,如发 a 音时,会不自觉地伴有软腭的少量下降,此时不仅感觉不到有鼻音音色,反而会觉得响亮一些。但开口度小的音如 i,绝不能下降软腭,就算只有少量的鼻音,听众也会马上感到是你将元音鼻化了。在有声语言艺术中,尤其是遇到带有鼻韵尾-n、-ng 的音节时,由于字音延长,在主要元音部分软腭已略有降低,因此带有鼻音色彩。随着舌头移动到-n、-ng部位时,软腭完全降下,鼻咽通畅,这种鼻音拖腔能充分发挥鼻腔的共鸣作用。鼻音字经过鼻腔的美化加工后,会给人一种明亮、畅通的感觉。在演播中,平均每分钟要读 200 多个音节,时间短促,充分发挥鼻腔共鸣是有一定困难的。但应该做到:发前鼻音-n 时,舌尖抵到上齿龈;发后鼻音-ng 时,舌根抬起与软腭相接。在此同时,堵塞口腔通路、软腭下降,让气流从鼻腔流出,发出鼻音,而做到收音到位。在作品中,尤其是带鼻韵尾的音节,在句尾、段尾或由于感情的需要,要强调它的时候,更要充分发挥鼻腔的共鸣作用,让听众感到语句完整、声音洪亮,这样表现力也不会被削弱了。可是,常有一些演播者,由于口腔各部肌肉松懒,前后鼻音归不到位,既影响了字音的标准,同时也不能充分发挥鼻腔的共鸣作用,稍不注意,前后鼻音还会发生混淆。对于这些人来说,首先应该注意鼻韵尾的归音,在可能的条件下,充分发挥鼻腔的共鸣作用。必须指出的是,强调鼻腔共鸣并非强调鼻音,因为这两者并不是一回事。鼻腔共鸣是音波随部分气流通过鼻腔产生共鸣后,随即被推射到体外。而鼻音现象是由于软腭下降,隔断了口鼻之间的通道,音波被全部堵塞在鼻中,推射不出来。两者在客观听觉上和主观感觉上是完全能区别出来的。从客观听觉上比较,前者明亮、流畅,后者闷暗、堵塞。从主观感觉上相比,前者贯通自如,后者憋气、淤阻。这就是鼻腔共鸣和鼻音的根本区别。要想获得良好的鼻腔共鸣,必须坚持以下几点:首先,鼻腔共鸣是声波在鼻骨上的振动,如果鼻腔堵塞,声波虽然仍可以到鼻骨上振动,但是振动时两面的海绵层抵紧,会妨碍声波完善的振动,声音效果不可能明亮清晰,而是沉闷含糊。因此,鼻腔共鸣的要点是鼻子的通畅,即鼻腔在吸气时应充分打开。这样,既可以扩大进气通道,也可以为字音进入鼻腔做好准备。吸气后并保持吸气状态,也就是保持鼻腔打开的状态。当字音进入打开的鼻腔后,切勿停留在鼻腔内不动,而应继续用气将字音经过鼻前等部位推出体外。这个过程的关键就在于字音能否准确无误地进入鼻腔。而进入鼻腔的关键又在于吸气时鼻腔能否及时打开。为了保证字音能及时进入鼻腔,字音的力量要适中,太重容易阻断气流,引起口腔紧张,影响和鼻腔的协调;太轻则难以进入鼻腔。其次,应充分注意软腭的运用。软腭是鼻咽腔的底,如果使其成为穹形,将有利于咽壁对声音的推送;同时,通过软腭的运用,还可以促使鼻咽腔形状发生变化从而导致音色的变化。用哼鸣练习,可以使软腭中部产生振动,扩大鼻咽腔,同时还能使鼻咽腔下部也打开。最后,应打开并控制颌关节。上下颌关节活动应张开小半寸,对于取得共鸣有好处。下颌轻轻下移,感觉好像没有重量,声音就轻松自如了。还要记住,鼻咽腔既可以使声波进入鼻腔共鸣的较大空间里去,又能不让气息进入这个空间中来。它起着声气离析的作用,能够促使声音色彩发生变化。

(六)头腔共鸣

头腔共鸣产生的生理结构位置在鼻腔上方。窦部各空间有额窦、筛窦等。它们属于固定空间,体积小,位置高,声波共鸣是无气息的共鸣。头腔共鸣依靠鼻咽腔的咽壁力量与软腭,控制进入鼻腔的声音方向,使声音进入头腔,形成共鸣。这种共鸣色彩明亮,集中而柔和。

头腔共鸣与鼻腔共鸣是不可分割的,它们彼此有着非常密切的联系。从生理构造来看,头骨里各种空的窦穴口都在鼻腔里。这些窦口能够张开,也能闭合。窦口张开时,窦穴里的空气便与鼻腔的空气相通。发声时,只要产生一种特殊的感觉来张开窦口,鼻腔里的共鸣音响,便可以通过空气的传导作用,引起窦穴的小空腔产生出"和声含量关系"的高频共鸣"泛音"音色。由于共鸣腔比较小,部位又高,适合高音区用声的需要,发出的声音听起来好像不是从嘴里出来的,而是从眉心透出。这种闪闪发光的象"吹哨"的"哨声"就是头腔共鸣的泛音音色。它高昂、明快、铿锵有力,适合于表现激昂热烈的感情色彩。在演播中,由于语音的限制,一般用不到头腔共鸣,只须鼻腔共鸣就可以了。但在特殊情况下,有时也会用到头腔共鸣来加强作品的感情色彩。演播者应该掌握头腔共鸣的方法,一旦需要,就可运用;否则,就只会依靠拉紧声带来提高音高,加强气氛,给听众、观众一种声嘶力竭的印象,或者采取降低演播调门的方法,使需要一定音高的内容表达能力下降。

获得头腔共鸣音色的关键,首先在于如何在鼻腔共鸣的基础上使窦口张开。先从产生鼻腔(包括鼻咽腔)共鸣的方法说起。在鼻梁顶端、眉心的后面向脑后延伸着一个空腔,位于上口盖与鼻腔之间,从发声者的自我感觉来看,这是一个前后相通的"倒悬的瓶子",而鼻咽口就像"瓶口"。只要发声者在心理上想好小舌头后面鼻咽口的位置,找好声音穿送进入鼻咽腔的角度,贴着鼻咽口的后边儿吹,同时,向后哼鸣,鼻咽腔先产生了一团共鸣音响,声音立刻向前反射,这种鼻腔共鸣的音响弥漫在整个空腔里面,使声音变得丰满起来。到了高音区,歌唱者感觉在口盖与鼻咽口上方的鼻咽腔里,有一种吸气状态。这种吸气感使头腔的空间向后向上扩张,软腭与小舌头含蓄地上抬,硬口盖有一种紧张感,这种空腔充气声音膨胀的感觉,就是"打开头腔"的正确感觉。"打开头腔"的同时,在心理的想象中使声音的音色集中成点状,它既能使头腔共鸣音色变得明亮、声音结实而富有穿透力,又能使高音轻松、自如。在高音区,具有固定音高并出现在人体共鸣最高位置的共鸣音色,是鼻腔与头腔混合共鸣的产物,它是基音与泛音共鸣频率的组合。看来,"打开头腔、集中音色"是获得头腔共鸣最关键的方法。此外,头腔共鸣需要一定的气势及一定的音高,运用起来比较吃力。因此一定要在练好中声区的基础上再来练习头声,保持好一定的气息后,把口腔共鸣中音波传递的方向稍向后向上移动,舌头隆起,不让声波自由地从嘴里流出来。

以上所有共鸣腔体在实际的发声过程中其实是一个统一的共鸣体,它们是互相依托、相辅相成的。每个声区除主要共鸣腔体外,其他共鸣腔体也必须作出相应的辅助作用。如果在发声中单纯强调头腔共鸣,忽略其他腔体的共鸣作用,整个声音就会变得飘浮不定、空虚软弱、缺乏色彩;如果只强调口腔共鸣,声音就会与高位置挂靠不上,发散发白,高音上不去,低音下不来,缺少竖直向上的感觉。如果口腔腔体运用不当(如压喉、压舌根等),还会出现喉音、"羊音"等问题;如果只强调胸腔共鸣,则会出现声音滞笨累赘,发暗发哑等现象。可见,发声时的每一个音都应该具有整体共鸣的感觉,要将所有声区天衣无缝地衔接起来,而不是让它们彼此孤立、互不联系。

第二节　共鸣调节的方法

在播音创作过程中,播音员和主持人在处理不同感情色彩和内容的稿件时,声音不是固定不变的,更不是想当然的千变万化的,它是根据稿件和内容的思维情感的运动而变化的。一方面,这种有变化的声音绝非天然,它是在自然声音基础上的一种加工和培养;另一方面,这种有变化的声音能够与不同稿件完美融合,丝丝入扣,这样的声音听起来伸缩性好,变化多,不生硬,舒服,悦耳。要想拥有优美且富于变化的声音,除了坚持不懈地进行口腔控制、呼吸控制训练外,还要进一步通过共鸣训练调整自己的声音。共鸣不仅对声音具有扩大和美化的作用,而且可以形成不同的色彩,以表达丰富多彩的思想感情。

一、共鸣与声区

"声区"一词源自管风琴。管风琴中某一音栓所控制的一组同类音质的音管称为一个声区。语音中的声区是指声音在共鸣及生成过程中,由于振动及鸣响方式的不同而产生的不甚相同音色的区域,它主要体现在嗓音的音质、音量及音高上。

西班牙声乐教师、声乐理论家加西亚 1841 年对嗓音的声区所下的定义是:"声区是由一种发声机能产生的一系列同质的音,本质上不同于由另一种发声机能产生的另一系列同质的音。"[1]19 世纪以来,欧洲声乐理论家和医生们以科学实验证明,阐述了加西亚的定义,认为胸声是声带处于长、宽、厚的重机能状态下拉紧、闭严而后振动的发声;头声是声带处于短、窄、薄(即声带边缘振动)的轻机能状态下拉紧、闭严而后振动的发声;假声是声带处于轻机能状态,但声带不拉紧、闭严,声带 1/3 处呈一梭形缝,故假声耗气较多而音质虚浮;破裂音是由于声区的突然转换,声音从胸声(重机能状态)突然转为假声(轻机能状态)而引起的破裂音,亦称发声机能的静态调节;声区的逐渐转换,声区统一而无破裂音,称为发声机能的动态调节。男声平时

---

① 〔苏〕N. H 那查连科编著,汪启璋译《歌唱艺术》,人民音乐出版社 1981 年版,第 98 页。

用胸声说话,歌唱时胸声区约占整个音域的 3/4,故困难在高音,容易缺乏头声和轻机能控制力,破裂音也容易出现在高声区或高声区与中声区的交接处;女声比男声高 8 度,歌唱时头声区约占整个音域的 3/4,故困难在低、中声区,缺乏胸声和重机能控制力,破裂音容易出现在低声区与中声区的交接处。学习声乐就是要发展各声部的不常用声区,以达到动态调节发声机能的能力。

17～18 世纪,人们是凭听觉从音质上来划分声区的。17 世纪初,意大利美声唱法的创始人卡奇尼把人声分为实声和虚声:男声以实声为主,女声以虚声为主。他有时把胸声和头声作为实声和虚声的形象的同义语,一直沿用至今。18 世纪的著名声乐学家托西将人声分成胸声区、头声区和假声区 3 个声区。19 世纪的加西亚则认为女声为 3 个声区,即胸声区、假声区(加西亚称中声区为假声区)和头声区;男声为两个声区,即胸声区和假声区。加西亚的弟子马凯西又把中声区称为混声区。20 世纪初又出现多声区论和无声区论,英国人马肯齐认为每个音都是一个声区。而卡鲁索的私人医生马拉菲奥蒂则认为歌唱中不应出现明显的声区,整个音域都是一个声区。声区的概念更由于 19 世纪后半叶 J·德雷什克的面罩唱法和他的医生柯蒂斯的"声音位置"学说,以及其他各种共鸣学说和声学理论的解释而日趋混乱,从而错误地认为头声是从头腔发出的,胸声是从胸腔发出的,假声是从假声带发出的等等。声区的种种不同解释和概念上的混乱,造成声乐学习上的困难。在歌唱中,绝大部分的技术困难都与声区问题有关。例如,出现破裂音,声音分成两三截;音域窄,缺乏高音或低音;音质重浊或虚浮;声音缺乏致远力;声音的灵活性不足,在一个音上渐强渐弱的能力薄弱;声音的不集中,音量不足,等等。因此,声区的统一问题是声乐教学的关键。出现上述种种困难,主要是歌唱者只单一地使用一种发声机能去演唱,而不善于动态调节发声机能。只有在唱上行音阶时善于把声带从长、宽、厚的重机能状态逐渐减为短、窄、薄的轻机能状态,唱下行音阶时将声带的轻机能状态渐增为重机能状态,才能达到消灭明显的声区分野和破裂音,使整个音域犹如一个声区。

声区问题不仅与音高变化有关,而且也与音量变化有关。在一个单音上的渐强渐弱变化本身就是声区的变化,也就是声带的轻、重两种机能,或声带的长短、宽窄、厚薄的变化。因此,古代美声学派的教学中十分强调在单音(特别是在声区交接处的几个音上)上渐强渐弱能力的训练。破裂音的产生,从音量角度来分析,容易发生在胸声唱得最高、最响,而假声唱起来最低、最虚弱的几个音上。统一声区的训练方法是:越唱高和接近破裂声时,越要减弱音量,把声带机能减轻,等上行音过了破裂音之后,再逐渐增强音量。音阶练习大都要 8 度或 8 度以上,级进的音阶更为相宜。一般常采用下行音阶的练习,在高音上以轻的头声或假声起音,然后随着每个音的下行逐渐增强音量,或者在破裂音周围的几个音上作单音的渐强渐弱练习。

播音发声过程中,共鸣的整体感觉是声音犹如一根弹性的声柱,有胸部的支持,垂直向上,到口咽部流动向前,挂在硬腭的前部,透出口外,通过共鸣的调节控制,可以使声音具有高低、强弱、圆展等等不同的变化,有助于达到感情和声音色彩的统一。不过,这种调节应该具有整体观念,因为共鸣器官是一个整体,各共鸣腔在基音的基础上“联合行动”,才使得声音得到扩大和美化。任何一种声音都少不了高、中、低音三种共鸣效应,它们之间的差别仅仅在于各共鸣腔体比例分配的多少而已,要把它们完全分清楚,几乎是不可能的。采用混合统一共鸣发出的声音自然、均匀、流畅,还可以为扩展音域、丰富语言表达能力打下良好的基础。

依据音的高低变化和共鸣部位的不同运用,形成了三个声区:高声区、中声区和低声区。高声区发声时偏重于头腔共鸣,有利于发挥高声区的技巧。在发声时感到前额和脸两颧部分有振动的感觉,发出的声音有假声的特色。同时,要注意在高声区发音时,鼻咽腔和软腭等处的肌肉运动不可收缩过分,使音波没有流动的余地,以免影响泛音音响效果。中声区发声偏重于均匀的谐和共鸣,有利于发挥中声区技巧和特色。中声区是低声区和高声区衔接的地方,既要把高声区音量同低声区音量调节控制均匀,又要保持声音的通畅和统一。这个声区在发声训练中占主要地位。中声区音乐柔和、松弛而又明亮。喉、舌等肌肉在发声时,如果收缩过分,也会产生声流堵塞。这时,既隔开头腔共鸣,又失去了胸腔共鸣的支持,就会出现错误的声音。低声区发声偏重于胸腔共鸣,有利于发挥低音区的发声技巧。在发声时明显感到胸腔有振动感,声音自如,深厚并有深沉的感觉。必须提出注意的是,唱低音时,颈部肌肉、舌肌如果收缩过分,就会失去中声和高声区的共鸣,出现沉闷和暗哑之声,影响表达效果。

二、共鸣同音高、音量、音色的关系

(一)共鸣同音高的关系

音高,指声音的高低。物体由于振动发出了声音,振动越快则音越高,振动越慢则音越低。这种快慢程度的变化称为音高。语音的高低是在发声时,声带振动频率所产生的快慢区别。振动得快,声带开合的次数多,频率越高,则声音越高,反之就低。这种音的高低在发声共鸣的运用中,要有所控制。

从生理上分析,发低音时声带拉长,边缘厚,弹性张力松弛,开合缓慢。那些大型的合唱演出,之所以总能给人以力量和向上的感觉,是因为他们通常具有优美的低音部、充分的低音共鸣。如果缺少了低声部,整体合唱效果感觉就不会那么有分量了。只有高声部的演唱,声音就会显得单薄。如果低声部能发挥作用,合唱演唱效果立即就变了样,那种丰满深厚、富有魅力的声音立刻吸引人们去遐想。这种声音来自于胸腔的振动。胸腔是低音的共鸣区,声音向下,喉头自然就要下降,靠近气管,声波在胸腔内产生了振动,运用这种共鸣就会出现松、通、厚、浓的声音。可见,音的高低是与共鸣腔直接相关的,换句话说,低、中、高各自有着侧重的共鸣体。我们可以做一做下述练习,体会一下不同共鸣腔体与音高的关系。

首先,用低音发 i-u-ü-m-n-a-o-e-,感觉胸腔、喉腔、喉咽腔的共鸣(图6-8)。

其次,以中音发 i-u-ü-m-n-a-o-e-,感觉口腔、口咽腔的共鸣(图6-9)。

再次,用高音发 i-u-ü-m-n-a-o-e-,感觉鼻腔、鼻咽腔的共鸣(图6-10)。

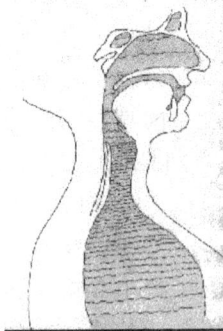

图 6-8 低音共鸣示例　　　图 6-9 中音共鸣示例　　　图 6-10 高音共鸣示例

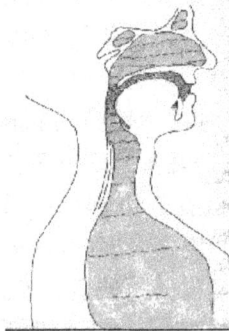

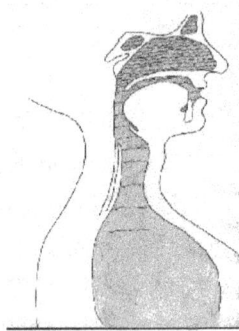

(二)共鸣同音量的关系

音的强弱是由发音体振动时的振幅大小而决定的。振幅大,音就强;振幅小,音就弱。音量的强弱变化是声音的表现手法之一。

与音质一样,音量是由表达者的气息运用、声带振动、共鸣腔体调整三者协调配合高效率发声的结果。从音量与气息的关系上看,气息支持不足则音质虚浮、音量弱小。气息使用过猛,喉部肌肉僵硬,也会使声门闭合不严,声带振动不正常,声音嘶哑,也能导致音量减弱。从音量与声带的关系上看,一般说来,低、中声区时声带用得较长、较宽、较厚(即重机能状态,发出"胸声");高声区时声带用得较短、较窄、较薄(即轻机能状态,用声带边缘振动,发出"头声")。声带较宽时振幅较大,音量也就较大,反之亦然。但是,振幅又与频率成反比,频率越高,振动次数越多越快,振幅就变得越小,而振幅变小时音量也就要相应地变小。这就是为什么一般人唱到高音时,声音反而尖细而音量不如中、低声区大的原因。从音量与共鸣腔的关系上看,许多歌唱家都能做到唱得越高,声音越洪亮,这并不是因为声带机能有何不同,而是由于共鸣腔的拉长和体积扩大,增加了声音的共鸣的缘故。所以,许多唱美声的人,往往在唱高音时喉结不是向上升,而是稍向下降(或保持原状)。喉结下降后,咽管就得以拉长并扩大体积,增加共鸣。但也不是喉结降得越低越好。共鸣管的长短、粗细、体积要与音高(频率)作合理的配合,过长、过大或不足,都不能得到最佳共鸣。所以,歌唱中对每一个音高、音量、音质、母音都要作极为细微的、几乎难以觉察的声带及共鸣管的调整。

音量不同于音强。音强是人耳所感觉到的强弱响度,有时与实际音量并不一致。音量不同于音高。有人误认为强的声音是高音,弱的声音是低音,其实并不然。还有的人在追求一种"响"的声音,误认为用这种强而响的声音去说话,效果会好一些。其实,这种想法是错误的。强弱是相对的,二者是因为对比而来的。因此在发声中,要根据稿件内容和处理的需要,做到既能强又可弱,这样的变化才比较自然。

(三)共鸣同音色的关系

音色是声音的特性。音色是由多方面因素决定的。从生理属性上看,每个人的声带构造不同,声音也不一样。声带长而厚,音色就厚一些;声带短而薄,音色就明亮一些。

各种共鸣腔内的共鸣效果各有特色,可以发出各种不同音色的声音来,所以,音色是表现思想感情的主要技巧。掌握各种音色变化的能力是很重要的。在播音发声中,要巧妙地运用各种共鸣的比例,并要按照各声区的要求进行调整,才能发出动听的音色。由于共鸣腔的范围很小,只要轻微一动,发出的音色立即就产生变化,因而在调节共鸣侧重时,要注意掌握分寸感。

音色的"明"和"暗",是播音发声表现的基本色彩。头腔共鸣对音色的明亮起着主要作用。明亮的音色能够表现欢乐、开朗、兴奋、向上等情绪。暗淡的音色,能够表现痛苦、叹息、忧郁、悲愤等情绪。所以,要侧重于胸、喉、口、咽腔的共鸣作用。在播音创作过程中,应用混合共鸣的方法,掌握好共鸣在各声区里的混合比例,使各共鸣腔保持一定的平衡,使声音获得良好的效果。在高音区时,头腔共鸣应加强一些,口腔、胸腔也要有;在中音区时,声音要求圆润、流畅,口腔共鸣应多一些,胸腔、头腔共鸣也要有;在低音区时,声音低沉、浑厚,以胸腔共鸣为主体,掺入口腔共鸣和头腔共鸣。在播音发声中,只有及时地调节各共鸣腔体,才能使声音统一、圆润、饱满,音色优美,色彩丰富。

总之,在共鸣的运用上,我们主张"整体共鸣",不主张用单一的共鸣。也就是说,在发一个音的时候,应以一个共鸣腔为主,但其他共鸣腔都要起一定作用和很好的配合。但最重要的也是较困难的是运用共鸣腔的比例问题。在发出一个声音时,由于表达者运用各共鸣腔的比例不同,因而就会产生不同的音色和不同的声音效果。

第三节　共鸣控制的基本要领

播音创作是一种大众传播,传播的对象是受众。在进行播音创作的时候,由于对象不在面前,受众并不像日常生活中的交谈那样具体、明确,传播者对受众的数量、身份、年龄、性别等情况根本无法获知,难以准确把握。鉴于此,播音发声活动具有自己鲜明的用声特点:一是以实声为主的虚实结合,声音清晰圆润;二是声音变化幅度不大,但层次丰富,传情达意准确;三是接近口语用声,状态自如,声音流畅。播音发声的上述特点决定了它采取的共鸣方式是以口腔共鸣为主,以胸腔共鸣为基础,以混合共鸣为后备的声道共鸣方式。也就是说,播音发声的共鸣控制首先必须在保证字音清晰的前提下对声音美化。通过调节、控制取得较丰富的口腔共鸣,善于运用胸腔共鸣。口腔共鸣可以使声音明朗、润泽、集中。胸腔共鸣可以使声音浑厚、结实、有力。其次,播音发声的共鸣控制,是一种综合的控制过程。共鸣器官是一个整体,任何一种声音的发出都少不了高、中、低三种共鸣效应,它们的差别仅仅在于多少而已,而要把他们分清是不可能的。第三,播音发声的声音要求朴实、自然、大方。不可以过多地追求头腔共鸣以免声音过于明亮、尖利、刺耳,也不可以过多地追求胸腔共鸣,避免声音过于低沉、闷塞、含混、压抑。第四,播音发声共鸣控制时要保持积极的精神状态。发音状态积极就会使共鸣,尤其口腔腔壁舒展、积极,加强声波的反射能力。同时,对可调共鸣腔体的调节要保持顺畅、明确。

一、播音发声的共鸣方式

由于在播音创作过程中多采用中声区,而中声区主要形成于口腔上下,这就决定了用声的共鸣重心在口腔上下,即以口腔共鸣为主。换言之,播音发声的特点决定了它采取的共鸣方式是以口腔共鸣为主,以胸腔共鸣为基础,以混合共鸣为后备的声道共鸣方式。

（一）以口腔共鸣为主

人体的共鸣腔体是一个完整体,在发声过程中这三个腔体是相互联系、相互配合的,缺少任何一部分的参与,都会影响整体的共鸣效果。但是,在运用三个共鸣腔体时,又必须注意以口腔共鸣为主。口腔是从口咽腔通向前方的共鸣室,它的上面由硬口盖与软腭连接,构成一个穹形的半圆弧度的顶。这种上口盖弧的弧度大小则因人而异、各不相同。一般来说,上口盖弧度大的"圆屋顶",形成口腔共鸣的效果好。口腔下面的舌头构成了口腔的底,前面的嘴则形成了释放声音的喇叭口。原因是,声带振动发出的基音是很微弱的,它首先在声带附近的共振中获得共鸣,而口腔共鸣是声音和气息的主要通道,离喉头声带较近,所以口腔共鸣可以比较容易比较快地获得。其次,口腔中的唇、舌、齿、喉、下颌、软腭等都是咬字吐词的器官,随着语言和情感的变化,口腔内各发声吐字器官也要敏捷灵活地作各种不同的调节,才能把音节咬得清楚。只有正确地运用调节口腔共鸣,才能更好地结合头腔、胸腔共鸣,使各共鸣腔体的共鸣保持一定的平衡,使声音的共鸣比例调配恰当,这样声音效果才能丰满优美。实际上,当声音从声带振动出来后,经过喉咽腔、口咽腔、口腔、鼻腔及鼻腔上方诸窦和气管胸腔等共鸣腔体,基因的音波已经在不断地扩大美化,当它从口腔发出来时,已经包含着头腔、口腔、胸腔的混合共鸣,只是随着声音的高、低、强、弱变化,各共鸣腔体的共鸣比例有所不同。可见,口腔共鸣对于言语发声来说是至关重要的,没有口腔的活动就不可能产生有声语言,不能发挥口腔共鸣的作用,就不可能使字音圆润动听,而且喉腔、咽腔共鸣以及鼻腔、胸腔共鸣就无从发挥其作用。口腔共鸣使声音明亮结实、字音圆润动听。它是在吐字的过程当中完成的,它不能脱离吐字而单独存在。只有切实做到以口腔共鸣为主,加以适量泛音共鸣才能真正满足播音发声对共鸣的要求——保证字音清晰条件下的美化。由于不同字音是在口腔内形成的,因此,只有结合吐字运用口腔共鸣,才能保证字音清晰、字正腔圆;同时,只有泛音共鸣适量,才会在很大程度上避免"音包字"现象。

（二）以胸腔共鸣为基础

在自然音域中,播音员用得最多的是中间偏低部分,需要有胸腔共鸣这个扎实的基础作为"底座"。这点对男播音员更为重要。如果声音缺乏胸声色彩,就显得轻飘无分量。当然,胸腔共鸣的运用要适当,胸声成分过多会使声音沉闷,而且容易影响字音的清晰度。

播音员和主持人在演播过程中应通过心理上的"想、听、看",去寻找、确立正确的胸腔共鸣状态。首先,用"心理表象"的方法,去想象胸腔是个口小、颈细、肚大的空瓶子,气管与咽腔连通成一根"管子"像瓶子的颈,横膈膜像"瓶子底儿"。其次,发声时,应该找到胸口(第二纽扣)的发声位置。正如沈湘先生所指出的那样:"胸口、胸口,胸里有口,声音就是从这个张着的口儿里发出来的,口儿的下面连着一根管子。当声音由高向低进行时,落在'口儿'上的音响随着音高降低而向口儿下面的胸腔扩散,胸腔共鸣得到增强;当音高由低向高进行时,扩散到胸腔里的共鸣音响则又向管子里面聚拢,胸腔共鸣从而减弱。集中在'管子'里面的共鸣音响,随着高上升而向胸腔以上的共鸣腔体延伸。"① 再次,发声时,要把上胸部当做共鸣腔体来用,而不是作为呼吸器官来用,上胸部完全放松,里面是"虚张"的空间,胸口儿以下的空腔和它上面的腔体相通,保持着上下通气,里外通气的感觉。最后,发声时,必须在心理上稳定、放松,胸腔以一种'吸气'感觉,松弛地扩张,而不能强制用力撑开。

二、共鸣控制应该注意的问题

共鸣需要腔体,所有的共鸣腔体都要连通一气,从心理上塑造人的整体发声状态。共鸣腔体不仅互为相通,而且,在发声时要积极而又松弛地打开。一方面,共鸣的运用与气息控制直接相关,共鸣调节只有通过气息的调节才能实现。较强的共鸣需要足够的气量;高泛音共鸣需要空气柱有较高的密度与压力,小腹控制较紧,低音共鸣的运用需要一定气量,小腹控制较松;中音共鸣是比较省气力的,但空气柱也需要一定的密度与流量,才能把声音送到口腔前部,充分发挥口腔的共鸣作用。气流过强过弱,都不利于共鸣的灵活调节。例如,你要使用那一部分的共鸣,必须利用这部分共鸣腔的共振,那么,你就首先要有气进入那个共鸣腔。其次,当你的气息进入某个共鸣腔体,并不是每个人都会发出一样的声音,因为各人共鸣腔体的构造不同。就同一个人来说,自己也不易每次都发出一样的声音。因为,你如未经严格训练,只要共鸣腔体稍微有所变动,声音就不一样。反之,你也可以有意识地使用同一共鸣腔体去发出不同的声音,这就是由于参与作成共鸣体器官的几何形状的变化而产生(比如,你在矮房子或阁楼上说话与在大房子、高房子或庙宇大雄宝殿里说话就不相同;在一条长胡同里喊人也不一样)。这还没有把共鸣腔体使用的轮换包括在内,如果算在里面,那就更丰

---

① 邹本初《歌唱学:沈湘歌唱学体系研究》,人民音乐出版社 2004 年版,第 177 页。

富了。另一方面,要想取得较好的共鸣,还必须注意发音器官各部分的协调配合,遵循渐进的原则,从中间往两头发展,即从口腔到头腔和胸腔,不能急于求成。总之,共鸣控制的整体感觉:一根弹性声音柱,有胸部的支持垂直向上,到口咽处流动向前,"挂"于硬腭前部,透出口外。

进行共鸣控制时力求做到:第一,脊背挺直而舒展,颈要正,不前探不后挫,颈前部肌肉放松,以保持咽管的通畅利于发挥咽腔的共鸣作用。第二,胸部放松。不要故意挺胸,吸气也不要过满。气吸得过多时,为了保持气息不致快速流出,往往容易造成胸廓的僵硬,不利于灵活调节胸共鸣,并使声音有闷闭于内的感觉。第三,下颌放松,活动灵便,适当打开口腔,上下槽牙间保持一定距离,这样声音才能通畅地到达口腔,取得较丰富的口腔共鸣。第四,感觉经口咽出来的声束,沿上颌中线前行,向硬腭前部流动冲击,有声音"挂"在硬腭穹隆上的感觉,声音明朗、润泽,发音省力。

此外,播音员和主持人还应该认识到共鸣应该服从内容,要服从吐字,应该根据节目的形式、内容、对象、场合灵活运用各种共鸣方式,注意与呼吸器官、振动器官运动的协调一致,时时刻刻保持一种蓬勃、积极的精神状态。在调整共鸣方式时尤其要注意以下几个问题:一是共鸣器官是一个整体。发声时,各共鸣器官是一个相互联系的统一整体,只有采用混合统一共鸣,发出的声音才会自然、均匀、流畅且富有感情。二是共鸣应符合演播内容。发声时,偏重于口腔的共鸣,会使声音听起来压抑、单调;若只追求高亮的声音,但无法控制好喉腔及咽腔,会产生刺耳的声音;而过分运用胸部共鸣,也会使声音发暗、发闷。不顾演播内容,只采用一种共鸣的方式来发声,不但削弱了播出效果,更会限制自己音域的发展,长期下来,将导致发音器官产生病变,影响演播者的用声寿命。三是共鸣应首重吐字。演播者应遵守"字为主、腔为宾;字宜重、腔宜轻;字宜刚、腔宜柔"①的发声道理,不可只强调声,而忽略了字。离开了准确的字音去运用共鸣,声音再洪亮优美,对演播者来说也缺乏了生命力。四是要运用真声共鸣。真声是声带做整体的振动,发出的声音结实且自然。假声,顾名思义,不是自然说话的声音,声带只做边缘性的振动,发出的声音纤细,但不真实。真声越多,胸部共鸣成分就越大,声音会显得更厚实。广播中的真声,指的是以自己声音的特点为本质,再经过训练后,超过自然发声的播音发声能力。

---

① 王德晖、徐沅澄《顾误录》,载《中国古典戏曲论著集成》(第五集),中国戏剧出版社 1959 年版,第 211 页。

第四节　共鸣控制训练

要想取得良好的共鸣,必须保持话筒前积极的、朝气蓬勃的精神,各共鸣器官也要有精神。松软无力的共鸣腔壁是不会产生良好的共鸣效果的。但也要注意积极不是僵死,不能一提到控制、调节,肌肉就僵硬起来。其实,好的用声者,使用在声带上的能量只占总能量的 1/5,而 4/5 的力量用在控制发音器官的形状和运动上面。在产生共鸣的过程中,共鸣器官把发自声带的喉原声进行润饰,使声音圆润、优美。科学调节共鸣器官,可以丰富或改变声音色彩,同时起到保护声带、延长声带寿命的作用。

一、共鸣状态训练

1.“哼鸣”练习

在呼吸的基础上进行“哼鸣”练习。先发“嗯——”音,注意闭口发音时,让气息通过软腭后部,进入头腔。如果气息流向正确,可发出较为明亮的“嗯——”,然后逐步张开口。(口腔内保持“嗯——”音的位置,这时,如果能做到“嗯——”音不随嘴巴的开合而出现音色明暗的变化,则位置正确。)训练时采用中声区,双唇集中用力,下巴放松,打开牙关,提起颧肌。

2.以自己感觉最舒适的音高发单元音 a、o、e、i、u、ü

以自己感觉最舒适的音高发单元音 a、o、e、i、u、ü,体会上下贯通的共鸣状态。发音时用手轻按前胸上部(胸肌处)会感到胸部的振动;再用双手轻按住两颊,也会感到口腔的振动。

3.“a”的延长音练习

从低沉厚重的声音开始,逐渐改变增加音高发“a”,以体会在不同的声区,胸腔共鸣、口腔共鸣、头腔共鸣成分的比重,并且体会共鸣对声音色彩的改变所起的作用。

二、口腔共鸣训练

要想使声音圆润集中,需要改变口腔共鸣的条件。发音时双唇集中用力,下巴放松,打开牙关,喉部放松,提起颧肌,在共同运动时,嘴角上提。可以通过张口吸气或用“半打哈欠”感觉体会喉部、舌根、下巴的放松,口腔共鸣的增大。在打开口腔的时候,注意收紧双唇,使其贴近上下齿,唇齿紧紧相依。口腔共鸣最主要的一点,是发声的时候鼻咽要关闭,不产生鼻泄露。

1.打“点”练习

在口唇外一尺左右的距离找一个目标,发音时,在意念上像打靶似的,让声音集中打在目标上。整体感觉是:子弹从口腔里射出,击中某一个目标,音要从上颌打到硬腭前端,然后送出。发音时鼻腔要关闭(先用手捏住鼻子试几次,就感觉到了)。这个练习可以帮助找到"声挂前腭"的感觉。

bā—dā—gā   bā—dā—gā   pā—tā—kā   pā—tā—kā

bā—dā—gā   bā—dā—gā   pā—tā—kā   pā—tā—kā

噼—噼—啪—啪   噼—噼—啪—啪   噼—噼—啪—啪

噼—噼—啪—啪   噼—噼—啪—啪   噼—噼—啪—啪

2. 复韵母 ai、ei、ao、ou 练习

从容地发复韵母 ai、ei、ao、ou,注意体会声束沿上颌中线前滑,挂在前腭的感觉。

3. a、o、e、i、u 练习

调节颈部姿态,竖起后咽部,发韵母 a、o、e、i、u,注意体会上下贯通的共鸣感觉。

4. 反复交替发韵母 u、o 练习

反复交替发韵母 u、o。发音时注意唇齿靠近,减少突起,改善 u、o 的音色,提高声音的明亮度。

5. 声母韵母拼合练习

b:巴 波 白 北 包 班 本 帮 崩 笔 别 编 表 濒 并 不 播

p:趴 破 派 沛 抛 剖 盘 喷 庞 碰 匹 撇 票 篇 拼 评 普

m:妈 莫 埋 美 猫 谋 漫 门 忙 萌 密 灭 秒 缪 面 民 明 目

注意:双唇塞音 b、p、m 等发音时满口紧张,结合气息控制,声音响亮、集中。

6. 多音节词语练习

澎湃 冰雹 碰壁 玻璃 榜样 旁边 苹果 篇章 爬行 破坏 剖析 跑步 抛弃 评判 蓬勃 喷泉 批判 拍打 鹏程 魄力 骈文 匹配 陪护 霸占 茂盛 门口 秘密 蒙蒙 百炼成钢 波澜壮阔 壁垒森严 翻江倒海 莽莽苍苍 跑跑跳跳 兵强马壮 跋山涉水

7. 象声词练习

吧嗒嗒 滴溜溜 咕隆隆 噼啪啪 扑通通 呼啦啦 哐当当 哗啦啦 当啷啷 乒乒乓 刷拉拉

8. 合口呼音节、撮口呼音节练习

挂花 哗哗 耍滑 花褂 娃娃 画画 牵挂 红花 牙刷 花袜 梅花 古话 错过 蹉跎 哆嗦 堕落 过火 骆驼 硕果 错落 脱落 陀螺 阔绰 懦弱 火锅 外快

飞快 破坏 甩卖 海外 拽开 国外 怀揣 外踝 国槐 门外 对外 乖乖 雀跃
侵略 鲜血 血压 约会 跃进 绝学 约略 超越 紧缺 确定 断绝 小学
血气方刚 却之不恭 绝路逢生 略胜一筹 学以致用 雪上加霜 学而不厌
雪中送炭 军训 逡巡 平均 搜寻 遵循 遗训 依循 均匀 神韵 人群 循环
醺醺 应允 循序渐进 寻根究底 群策群力 寻死觅活 寻章摘句 循规蹈矩
循循善诱 训练有素 炯炯 迥然 汹汹 长兄 平庸 踊跃 无用 误用 汹涌
熊熊 永久 永远 穷困 庸人自扰 穷则思变 用兵如神 迥然不同 穷凶极恶
穷途末路 凶多吉少 汹涌澎湃

9.绕口令练习

(1)黑是黑,灰是灰,黑不是灰,灰不是黑。煤是黑,石是灰,烧过变成灰,石涂上墨变了黑。

(2)山上一只虎,林中一只鹿,路边一头猪,草里一只兔,还有一只鼠。数一数,一二三四五,虎鹿猪兔鼠。

(3)圆圈圆,圈圆圈,圆圆娟娟画圆圈。娟娟画的圈连圈,圆圆画的圈套圈。娟娟圆圆比圆圈,看看谁的圆圈圆。

(4)蓝天上是片片白云,草原上银色的羊群。近处看,这是羊群,那是白云;远处看,分不清哪是白云,哪是羊群。

(5)出城门,走八步,有棵八棱八角树。八个八哥飞上树,八棱八角树上住。树下孩子直发怵,手拿弹弓射大树。打得八哥离开树,八棱八角掉下树。

(6)一只青蛙一张嘴,两只眼睛四条腿,扑通一声跳下水。两只青蛙两张嘴,四只眼睛八条腿,扑通扑通两声跳下水。三只青蛙三张嘴,六只眼睛十二条腿,扑通扑通扑通三声跳下水。四只青蛙四张嘴,八只眼睛十六条腿,扑通扑通扑通扑通四声跳下水。

三、鼻腔共鸣训练

鼻腔形状和大小可改变的部分很少,几乎是固定不变的。但它对改变音质有着显著的效果。鼻腔共鸣训练的关键在于使口腔、咽腔和鼻腔三者之间处于共鸣功能的平衡状态。鼻腔共鸣是通过软腭来实现的。当软腭放松,鼻腔通路打开,口腔的某部关闭,声音在鼻腔得到了共鸣,就产生标准的鼻辅音 m、n 和 ng 等;当鼻腔和口腔同时打开,产生的是鼻化元音。少量的元音鼻化可以增加音色的明亮,但过多的鼻化会形成"齉鼻"音,这是发声之大忌。

1.体会鼻腔共鸣练习

（1）用 a、i、u 等进行练习，利用软腭下降将元音部分鼻化

纯 a 音——鼻化元音 a　纯 i 音——鼻化元音 ī　纯 u 音——鼻化元音 u

（2）m 音哼唱练习

注意：发音时使硬腭之上的鼻道中的气息振动和软腭的前部扯紧，n 哼唱使软腭中部振动并扩大鼻咽腔。

2.鼻腔共鸣练习

一般说来，a 的舌位低，鼻腔共鸣弱，鼻腔共鸣时软腭下降幅度可稍大些。i、u，舌位高，口腔通路窄，气流容易进入鼻腔，因此，软腭不可下降过多，否则会使元音鼻化，造成鼻音。

（1）按顺序发下列几组音，注意保持音与音之间的间隔，以便使韵母与鼻音化韵母之间保持一定的对比：/a→an/—/e→en/，/a→an/—/a→ang/，/e→en/—/e→eng/。

（2）读出下面短句。注意鼻音/m,n,ng/与韵母之间要保持一定的对比度。

小花猫，喵喵喵，伸伸懒腰喵喵喵。

小水牛，扭扭扭，摇摇尾巴扭扭扭。

3.解除鼻音练习

有鼻音习惯的发音，韵母的元音部分常常完全鼻化。可用手捏住鼻子，用下列音节来检查是否过分使用鼻腔共鸣。如果鼻腔从元音开始就共振，表明鼻腔共鸣使用过度，应减少元音的鼻化程度。

（1）"吭"声练习：发音时一定要挺软腭，关闭鼻咽道，突然打开鼻咽道，发"吭"（keng）声。

（2）手捏住鼻孔发"a"音。

（3）串发元音：a-o-e-i-u-ü。

（4）鼻韵母拆合练习：可以选取鼻韵母中的主要元音与鼻尾音进行拆合练习。

四、胸腔共鸣训练

胸腔的空间及共鸣能量大，发出声音有深度和宽度，声音听来浑厚、宽广，会给观众和听众庄严、深沉、真实、可信感。它是口腔共鸣不可缺少的基础。

1.体会胸腔共鸣练习

（1）调整好站立姿势，将双手置于胸前。用较低的声音弹发 ha 音，声音不要过亮，感觉声音像从胸部发出来的，体会胸部的响点。由低到高一声

声地弹发,体会胸部响点的上移。然后由高到低地弹发,体会胸部响点的下移。

(2)试着用 a 音从不同点开始进行练习,也可适当加大音量,并用手轻按胸部,从高到低,从实到虚发长音,体会哪一段声音胸腔振动强烈,然后在这一声音阶段做胸腔共鸣训练。一般来说,较低又柔和的声音易于产生胸腔共鸣。

(3)用 ao 音从不同点开始进行练习,也可适当加大音量,并用手轻按胸部,从高到低,从实到虚发长音,体会哪一段声音胸腔振动强烈,然后在这一声音阶段做胸腔共鸣训练。一般来说,较低又柔和的声音易于产生胸腔共鸣。

(4)试着读下面的句子,注意选择合适的共鸣腔:①以 m 开头的词语组成的句子;②以 i 开头的词语组成的句子;③以 z 开头的词语组成的句子。

2.适当增强胸腔共鸣的练习

(1)朗读下面含有 a 音的词语。

搬家 反叛 散漫 昂扬 华山 假话 到达 白发 海洋 检查 蹒跚 燃料 辽远
百炼成钢 山河美丽 中流砥柱 普天同庆 鹏程万里 翻江倒海 超群绝伦
响彻云霄 排山倒海 满园春色 盖世无双 慷慨激昂 豪言壮语 千军万马
深情厚谊 层出不穷

(2)用较低的声音弹发声门音[xa],感觉声音像从胸部发出来,体会胸部的响点。由低到高一声声地弹发,体会胸部响点的上移。然后由高到低地弹发,体会胸部响点的下移。

(3)单音节字词夸张的四声练习。

妈麻马骂 巴拔把爸 低笛抵地 西习洗细 呼胡虎户

(4)成语练习。

百炼成钢 海纳百川 响彻云霄 想方设法 敢作敢为 两两相对 有说有笑
理所当然 翻江倒海 胆小如鼠 零零散散 千军万马 排山倒海 为之倾倒
日积月累 山山水水

3.诗词朗诵练习

第一首:

> 从明天起,做一个幸福的人
>
> 喂马、劈柴,周游世界
>
> 从明天起,关心粮食和蔬菜
>
> 我有一所房子,面朝大海,春暖花开
>
> 从明天起,和每一个亲人通信

告诉他们我的幸福

那幸福的闪电告诉我的

我将告诉每一个人

给每一条河每一座山取一个温暖的名字

陌生人，我也为你祝福

愿你有一个灿烂的前程

愿你有情人终成眷属

愿你在尘世获得幸福

我只愿面朝大海，春暖花开

　　　　　　　　　　　　（海子《面朝大海，春暖花开》）

第二首：

妈妈，

我看见了雪白的墙。

这上面曾经多么肮脏，

写有很多粗暴的字。

妈妈，你也哭过，

就为那些辱骂的缘故，

爸爸不在了，

永远地不在了。

比我喝的牛奶还要洁白、

还要洁白的墙，

一直闪现在我的梦中，

它还站在地平线上，

在白天里闪烁着迷人的光芒。

我爱洁白的墙。

永远地不会在这墙上乱画，

不会的，

像妈妈一样温和的晴空啊，

你听到了吗？

妈妈，

我看见了雪白的墙。

　　　　　　　　　　　　（梁小斌《雪白的墙》，节选）

4. 新闻评论播读练习

(1)这些年来，各地风景名胜区，屡屡出现被占用开发事件。在一些地方,千百万年形成的美丽湖泊在开发中消失,大自然鬼斧神工塑造的山川缀满了别墅补丁,一处处人间美景变成了私人的后花园。这些违规开发,许多都给自然环境造成了不可逆转的破坏。在舆论的压力下,尽管有一些开发被勒令停止,相关责任人也受到了处理,然而对生态环境的破坏,却是覆水难收、原貌难复。

风景名胜,是大自然赐予的宝贵财富,属于全体国人和子孙后代。"风景名胜区是不可再生的国家资源","属于国家所有,必须依法保护","严禁以任何名义和方式出让或变相出让风景名胜区资源及风景区土地,也不得在风景区、名胜区内设立开发区、度假区"。国家的法律和政策白纸黑字,却挡不住对一些风景名胜区的蚕食。

公然违法的背后,是一些地方干部和管理部门的眼前利益、小团体利益在作祟。在少数人眼里,违规开发利益再小,是属于自己的;风景名胜的价值再大,是属于国家的。小利是私利,往往占上风;大义是公义,往往落下风。即使问题被曝光,许多地方照顾的也是各方面的关系,看重的是小团体利益。正是违规的"低成本",让一些人有了公然违法的胆子。

(郁晓《情人湖还能恢复原貌吗》,节选)

(2)近日在天津,一个还未满月的先天性无肛女婴被送到临终关怀医院,等待死亡。她家里30多名成员经过认真讨论,决定放弃对她的救治,并拒绝让渡监护权。理由是:不希望她遭受治疗的痛苦,不希望她面对未来漫长的残疾人生。

儿童救助志愿者赶赴天津将孩子"抢"到北京接受治疗。然而这一次,舆论呈现出来的,不再是对孩子父母和家人一边倒的谴责。网友们在网络论坛里展开激烈交锋。一项调查显示,55%的人希望"不要放弃可怜的孩子",30%的人认为"这是伴随终生的痛苦,志愿者无法对孩子终身负责,理解孩子家人的选择",另外15%的人则说,"如果不能治好,还是让孩子少受点罪"。

从数据看,这真是一场旗鼓相当的争论。匿名的网络,给了大家袒露心迹的机会。在这场真心流露的论辩中,不再只有"暴走妈妈"移植肝脏挽救儿子时"感动中国"的泪水,也不再只有"甲流患儿"被家人遗弃沟渠时铺天盖地的唾弃。每个人感同身受地将自己放在孩子父母的位置,思考那个沉重的问题——活着还是死去,争取还是放弃?

从内容看,这真是一场包罗万象的争论。法学家说,未成年人享有生存权、发展权和受保护权,法律禁止虐待、遗弃未成年人,禁止溺婴和其他残害婴儿的行为。社会学家说,"房奴"、"孩奴",当代中国社会事业建设的滞后,令不少人对自己即将承担的生活责任和社会责任心怀恐惧。历史学家说，"父要子亡子不得不亡"，儒家文化的旧传统遗风犹在。伦理学家说，无论如何，每一条生命都享有有尊严地活下去的权利……

理论的分析，法律的裁决，或许都无法解除现实的困境。"不让死是一种伪善，没有见过抢救的人不知道抢救治疗时多么痛苦；看着自己的孩子死，我想没人会好受，放弃的决定绝对比坚持无意义的治疗需要更大的勇气"，面对这温情脉脉的决绝，倒是中国社会工作协会儿童社会救助工作委员会一位工作人员的话，比很多理论分析更有分量。她说，爱，人人都有。眼下最重要的，是帮孩子父母建立爱的信心。

诚哉此言。那些被迫放弃孩子生命的人，绝大多数并非绝情者。让他们做出痛苦抉择的原因，无非来自两个方面：要么缺少经济实力，要么缺少坚忍的精神。无论从哪方面讲，他们都是弱者，比患病的孩子更脆弱的弱者，更需要社会各界对症下药的帮扶。

我国共有残疾人6000多万，其中先天性残疾人1200多万。他们能够活到今天，很多人还活得很平静很快乐，说明这个社会并不缺少无私的爱心和坚韧的神经。日复一日的困难面前，人总有灰心的时候、难免有放弃的念头。他们需要的是制度化的保障和长久的心灵支撑。

天津无肛宝宝有个名字叫"小希望"。接下来我们要做的，不是谴责，不是讥讽，也不是看似理解的"支持"，而是从心理、医疗、法律、社会保障制度等各个层面出发，尽己所能，守住一个残疾婴儿活下去的希望，守住孩子家人直面磨难的勇气，守住这个社会对生命的尊重和关爱。

（杨健《守住爱的信心》，节选）

思考题

1. 什么是共鸣？共鸣有哪几种类型？
2. 播音发声应该运用怎样的共鸣方式？为什么？
3. 简要说明口腔共鸣的基本要领。
4. 共鸣控制需要注意哪几个问题？
5. 结合自身体会说明"哼鸣"在共鸣控制训练中的重要作用。

第七章　声音的弹性

在言语交际过程中,人的思想感情就像波浪起伏的海洋一样,时而波涛汹涌,时而风平浪静,总是处在不断的连续运动变化之中。这种思想感情的运动状态是播音创作的内在动力,它要求气息、声音随之运动变化,以体现出播音员和主持人所感受到的一切。声音能够适应不断运动变化着的思想感情,声音的弹性就强;否则,声音的弹性就差。这里,"弹性"和"僵持"相对,而播音和主持表达过程中需要的恰恰是富于变化富于弹性的声音。

第一节　声音弹性的内涵

一、声音弹性的性质与特点

"弹性"是一个物理学中的一个术语,指物体受外力作用变形后,除去作用力时恢复原状的性质。在日常生活中,"弹性"一词常用来比喻事物的依实际需要加以调整、进行变通的性质。声音的弹性是指声音对于人们变化着的思想感情的适应能力,简单地说,就是声音随感情变化而来的伸缩性、可变性。

声音弹性具有以下特点是:第一,声音的可变性。这里最主要的是气息状态和声音色彩的变化,因为离开了气息、共鸣等各方面的变化,根本谈不上声音的弹性。第二,声音的变化呈现出对比性。声音的弹性是在对比当中表现出来的,是相对的。气息的深浅、急缓,声音的高低、强弱、虚实、明暗、刚柔以及薄厚等无不如此。第三,声音变化的对比呈现出丰富的层次性。在每一个对比项目当中都可以表现出丰富的层次,且层次之间的差别极其细小。控制水平越高,层次差别就越细小。第四,声音的弹性变化是以多种对比项目的复形式出现的,声音色彩呈现出纷纭复杂的变化状态。

人的思想感情总在不停息地运动变化着,有时风平浪静,波澜不惊;有时风和日丽,浪花飞溅;有时风雨如晦,浊浪排空……这种运动变化一经停止,人的生命也就停止了。在播音创作中,播音员和主持人的思想感情当然是随节目内容的发展变化而不断运动变化的,这是播音创作不竭的动力。而这种运动变化着的思想感情只有借助气息、声音的变化才能够最终外化出来,以体现出他所感受到的一切,这就是播音创作的过程。可见,播音创作要求播音员和主持人在发声能力方面具有表达运动变化着的思想感情的能力,换句话说,播音创作要求具有富于弹性的声音。

二、声音弹性的心理基础

情感是人对客观事物的一种态度,它是由一定的客观事物引起的。需要是人的心理活动的重要动力。人的需要是多种多样的,主要分为生理需要和社会需要两大类。社会性需要是人类特有的需要,是高级的需要,在人的情感中起着重要作用。由于客观事物与人的需要之间的关系不同,人对客观事物就抱着不同的好恶态度,产生不同的内心变化和外部表现。能满足和符合人的需要的事物,会引起人的积极态度,产生肯定的感情,像愉快、满意、喜爱等。相反,不能满足人的需要或者与人的需要相抵触的事物,就会引起人的消极态度,使人产生否定的感情,像厌恶、愤怒、憎恨等。这种感情的两极性就是声音色彩对比性的心理基础。感情还表现为强度上的不同,在每一对相反的情绪中间有许多程度上的差别,表现为多样化的形式。例如,心理学家常常根据情绪的强度把怒分为温怒、愤怒、大怒、狂怒,把喜分为欣喜、欢喜、大喜、狂喜等等。在实际生活中,这种情绪在程度上的差别十分丰富细致。

情感世界是错综复杂、多种多样的。人的感情体验往往伴随着富有表情的动作。例如,真正愉快的人,眼睛圆而亮,嘴唇会泛出笑容。这种富有表情的运动使感情极富表达力,它能使体验更加鲜明更加容易被别人感知。如果运用富有表现力的声音来表现,就会使感情产生更加丰富的色彩变化。人的体验越深刻、越细腻、越丰富,其表现形式就越复杂、越独特、越富于感染力。有造诣的播音员和主持人可以通过声音传达极为丰富的的感情,产生巨大的震撼人心的感染力。声音色彩是感情色彩的外部体现,声音色彩与感情色彩之间有一定的对应关系。例如,人在心情愉快时声音是明朗的,而在抑郁愁苦时声音就比较黯淡。如果没有这种对应关系,就不可能用声音传达情感信息,也就无从引起对方情感上的共鸣。但是,在运用声音色彩进行表达时,却不能采用简单的"对号入座"的办法,即见喜用喜声,见怒用怒声……因为声音色彩只不过是感情色彩的外部体现,如果失去感情的运动变化这一声音色彩变化的内在依据,声音就将失去活力,成为空洞僵滞的东西。感情色彩的变化丰富细致,基本不存在完全相同的感情,而与它相适应的声音色彩的变化也必然是生动丰富的。

那么,是不是只要思想感情运动起来,气息、声音也就自然会随之产生相应的变化进而达到情、声一致的境界呢？不一定。我们认为,这个问题需从两个方面来考虑。从肯定的一面来说,当思想感情处于运动状态时,气息、声音总是会有些变化的,日常生活中的某些交谈就是鲜明的例证。从否定的一面来说,又有两层含义:一是播音创作时思想感情的运动状态不同于日常生活,它比日常生活中的感情变化更集中、更鲜明,因而要求更加鲜明、丰富的声音色彩变化,而这种变化能力却不是大多数未经训练的人所能轻易达到的;二是如果播音员或主持人的声音运用有问题,是僵着的、呆滞的,则必然限制声音色彩的变化,从而产生"力不从心"的感觉。因此,为了适应播音创作思想感情多变的要求,必须加强声音的弹性训练。

第二节　获得声音弹性的基本要领

声音的"弹性"绝不仅仅指物理属性上声音音高、音长、音强等方面的变化。首先,运动发展的思想感情是声音弹性的内在依据,是声音弹性的根本保证。只有根据节目的主旨、稿件的内容以及话题的核心深切体会情感运动中的细微变化,同时在大脑的统一指挥下协调各发声器官的动作,把握好情、声、气的关系,确保各个环节协调、灵活、控制自如的前提下,声音才能随感情的变化而变化,才有可能获得弹性。其次,变化万端的声音与运动自如的气息、稳定放松的喉部、灵活有力的口齿密切相关,它是声音弹性的外在表现形式。气息是发声的动力,是由情及声的桥梁。要使声音富于弹性,一定要注意气息随感情的运动;发声能力的拓展有利于加强声音弹性。因此,在发声的各个环节上的控制都要留有余地。比如,音量过大过小、音高过高过低、口腔的开度过大过小、口腔控制过松过紧、字音的着力点过于靠前或是靠后、进气量过多或过少等,都是发声控制达到极限的表现,都不利于声音弹性的产生。换句话说,任何一个环节表现出的运动极限都是形成声音弹性的极大障碍,都应该设法避免。

一、运动着的感情是获得声音弹性的必要条件

我们知道,呼吸是连接感情与声音的桥梁,但是值得特别强调的一点是,这座桥梁主要供单向流通,它的行走方向是从感情到声音,声音从感情中产生,声音是服从感情的,即感情是本原,是第一位的。即使在进行练习,其重点是在声音形式上,我们也仍然不能忽略每一练习的内心依据,要从感情出发去寻找适当的声音形式。在播音创作中,情感是不可或缺的,情感是表达的灵魂。古往今来,一直如此。"情为声之本,声为情之形"是我国传统

有声语言艺术中的美学思想。唐代著名的诗人白居易就是这一美学思想的重要代表之一。他主张以情为基础而进行歌曲演唱,与我们今天探讨的"情之所至,音之所生"的观点不谋而合。清代袁枚说:"文以情生,未有无情而有文者。"①这些都说明了情感的重要性。在西方历史上,感情论音乐美学最重要的代表人物当属法国的黑格尔,他在《美学》中反复强调音乐的内容以及情感的表现,认为"情感才是音乐所要据为己有的领域"。从心理学角度来看,情感是人对客观事物是否满足社会需要的主观心理反应。哲学上认为情感是人理解世界的一种方式,表现为两个方面:一是基本情绪,二是精神特征。前者是外在表现,后者是内涵。在播音创作过程中,播音员和主持人是表演者创造者,这就要求他们要有丰富的情感投入以及准确地掌控情感。而播音员和主持人的情感表现则来源于对节目主旨的理解和对作品中传达的情景的联想和想象,通过联想和想象唤起生活体验,使情感表现的精神特征激发出来,渗透到优美的声音中去,将整个播音创作活动演绎得更加真实、丰满、动人。这就是有声语言艺术中情感表达的重要原则。在训练中,我们所追求的决非单纯的声音变化,而是要从感情出发去寻找适当的声音形式;我们所追求的决非单纯的声音变化,而是要与所要求的感情色彩相吻合。不言而喻,声音弹性训练的第一步首先是在内心完成的,播音员和主持人要先进行情绪体验,然后再去考虑外部声音形式。这时的声音是感情土地上生出的充满活力的幼苗。感情与声音的关系还可以表现为另一种途径,那就是由声到情,感情服从声音,声音为出发点。在这种反向的声音产生过程中,声音的变化是根据自己的声音模式安排的,千变万化的感情色彩都被挤压在公式化的有限声音模式中,因而无法表现出感情的细微变化,扼杀了声音的创造性。这种"以声代情"的声音形式不是感情土壤中长出的幼苗,而是硬插在感情土壤上的假花,看似鲜艳,实际上并无活力。

二、气息是由情及声的桥梁

呼吸器官直接为发音提供动力。气息状态的变化,不可避免地会使声音发生变化。汉语中许多描绘声音的词都与气息联系在一起,如气急败坏地说、低声下气地讲、趾高气扬地说等。由此可见,气息与声音联系紧密。气息与感情也有紧密联系,古代就有"气随情动"的说法。现代研究也发现,在不同情绪中,呼吸的次数和呼吸方式都有明显变化。仅就呼吸次数来说,在愉快的情绪状态下,每分钟大约呼吸 17 次,而在悲伤时,呼吸可降至每分

① [清]袁枚《随园诗话》(补遗,卷五),凤凰出版社 2009 年版,第 227 页。

钟 9 次,因此悲伤时人们往往要借助简短的深呼吸来补充气息,形成长叹气的呼吸方式。无论是呼吸的次数,还是呼吸的方式,都会对发音产生巨大的影响。当呼吸次数较少时,发音速度一般较慢,人在悲哀时或有气无力时讲话速度都很慢。如果呼吸次数增加,发音速度往往会加快,欢乐或紧张时的发音速度一般都比较快。使用腹式呼吸,声音比较低,胸腔共鸣多些。而改用胸式呼吸时,声音容易提高,变得明亮起来,由此造成悲哀时声音低沉、欢快时声音高昂,这些都是由于感情和呼吸状态变化而引起的常见声音变化。当然,这些变化只是一种大致的趋势。人的感情常常是复杂的,气息状态也呈现着复杂的变化,引起的声音变化也是多种多样、丰富多彩的。借助气息的中介作用,感情色彩通过声音变化自然地流露出来。除了呼吸器官之外,面部肌肉和喉部肌肉也受到情绪变化的影响。面部肌肉形成的表情因素对声音音色有一定影响,特别是唇的形状对声音的影响尤为明显。愉快情绪时唇角上抬,音色明亮;消极情绪时唇角下垂,唇撅起,声音黯淡。喉部肌肉在情绪紧张时倾向于收缩,声音变得紧而高;情绪放松时,喉部肌肉倾向于放松,声音柔和、音高适中。喉在情绪过程中的变化尽管不像气息和面部表情那样易于观察,但是它与气息关系更为密切,更加值得注意。

鉴于气息与感情和声音的密切关系,我们不妨将其称为感情与声音的中间桥梁,借着这座桥梁,声音与感情相互沟通、融为一体。气息的运动是由内部体验到外部体现的贯穿性技巧。气息是由情及声的桥梁。要解决声音弹性问题,必须注意使气随情动。情、气、声三者之间的关系可以这样表述:感情运动→气随情动→声随情变。当我们沉浸入一篇感情动人的通讯、态度激奋的评论或鼓舞人心的消息时,我们感情随着文章的推进而运动,有时轻松,有时兴奋,有时愤慨;我们的呼吸状态也随之而变化,时而平缓,进而深沉有力,时而激越,我们与所描述的事物"同呼吸"、"共脉搏",这就是气随情动的状态。这种状态在生活中,在自己亲身经历的事件中,是自然而然的,是随着体验同来的反射活动,除了在狂喜狂怒呼吸脉搏激烈变化的条件下,一般很少为人察觉。我们在播音创作时,却要主动地加以运用,使气息运动成为由体验到表达的桥梁。在对节目内容进行具体感受这环节中,要注意使自己的呼吸状态适应感情的运动状态、感情转换必伴之以气息状态的转换。

下面以李延国的报告文学《在这片国土上》的一个小片段为例,作简单的说明。

"这是一个多雪的冬天。燕山银装素裹,引滦战士信的营帐变成了一只只巨大的白蘑。指导员陈庆辉踏着积雪从工地回来……"(感情是含蓄平衡的,呼吸也是平衡的。)

"他撩起三班帐篷的门帘,顿时被一幅景象惊住了:许冠群,那个颧骨高高,平日看来老实巴交的壮族同胞,正纠合着六七个壮族老乡在喝酒!……工班前喝酒,这是纪律绝不允许的。"(由于惊讶、气愤,呼吸的速度加快了,后面的语言节奏也加快了。"工班前喝酒"前呼吸沉下来,吐字的力度加强,以示问题的严重。)

"本连战士黄洪安站起来了,小声说:'指导员,今天是冠群的婚礼,别批评他了……'"(呼吸较平稳,量较小)"'婚礼?'陈庆辉简直不敢相信自己的耳朵,难道还有一个人举行婚礼的吗?"(随着惊奇情绪的产生,呼吸又加速了。)

"你要发假电报,我就和你'吹'!许冠群在信上写道。"(呼吸比较沉稳有力,以示决心;然后一下转成平稳轻松的——)"当然,真'吹'他是舍不得的,他委婉地提出一个不改婚期,在两地举行婚礼的办法。"

当然,呼吸随内容的推进而随时有细微的变化,这种变化是不间断的,以上所举不过是较显著的几处转换罢了。

与其他练习一样,呼吸的变化也有个从有意识注意到下意识运用的过程;与其他练习不同的是,这个过程可能较短——一旦体会到呼吸与感情运动的关系并能自觉运用,就会使语言表达跃入一个新阶段,找到一条贯穿内部体验与外部表达手段的桥梁,通过它,把各种表达技巧组织成为一个有活力的有机体。这样的表达是内在的、没有雕琢痕迹的。感情越深刻、越细致、越具体,气息的变化越生动多姿、越有活力,声音色彩的变化也越丰富、越鲜明,声音也就越有表现力。

由于在生活中,在自己亲身参与的场合下,"气随情动"是自然而然产生的,因而,现场报道、口头报道在这方面就有它们独有的优越性,只要投身于现场的气氛中,气息状态就较容易随感情的运动而运动,语言就容易与现场融为一体,从而使听的人有身临其境的感觉。但是,如果播音员的气息是僵滞的,不能随现场气氛而灵活变化,那他的声音也将是僵滞的,游离于现场之外的,使听众难于接受。

可见,"气随情动"是由内及外、由情及声的贯穿性技巧,是播音员和主持人应注意磨炼的基本功。

三、发声能力的扩展有利于声音弹性的加强

这里所说的发声能力是指对吐字、呼吸、用声、共鸣等各发声要素的控制能力。发声能力的扩展是指对发声既要有所控制,又要有所变化。

言语是在大脑的统一指挥下各发声器官协调运动而发出的,只有发声

器官的诸环节都能灵活控制、运用自如,声音才可能有丰富多彩的变化。气息自如、喉部放松,口齿灵活,这是声音变化的条件。

在学习发声的开始阶段,总是按照一定规格有意识地进行控制。例如,发一个最简单的"啊"字,就要注意"啊"的发音吐字要领,还要根据发声感觉与发出的声音,反复进行调整,达到比较理想的控制状态。这在每一种控制训练的开始阶段都是必不可少的。但是,这样的声音还不能服务于内容的表达,因为它是无生命的。只有突破这种单纯发声的状态,赋予"啊"一定的意与情的内涵,也就是赋予"啊"一定的场合、一定的含义、一定的感情,"啊"才能成为有生命的。因为无论是生活中或节目中,都没有无意义的"啊",有的是惊讶的"啊"、同意的"啊"、反问的"啊"以及感叹的"啊"等不同含义的"啊"。因此,我们说,必须冲破发声初级训练规格要求的外壳,才能取得声音的弹性。

基础练习必须达到自如的阶段、"自动化"的阶段,才可能取得声音弹性。

任何一种训练在开始阶段总是要有意识地控制进行,在经过一定数量的、反复的练习深究后,神经系统建立了新的传导通道,便会产生飞跃,由有意识地进行控制,改到由大脑的椎体外系统"下意识"的控制,进入自如的阶段。这时候注意力只要集中在表达的内容上,发音器官就能"自动化"地发出与之相联系的声音,不需要再对发声有意识地加以注意。换句话说,这时不必再去想发声要领以准确地发出所需要的声音来,发声要领已经完全被"遗忘"了。基础练习只有达到这个阶段,声音才可能成为思想感情的有力表达工具,也才谈得上声音弹性。

在播音发声的学习过程中,初学者常常强调某种状态而忽视其变化。例如,学习吐字时强调吐字的力度,而忽视在实际表达中有些字音力度并不是很强,特别是那些不强调的非重音;在学习呼吸时,往往强调胸腹联合式呼吸,而容易忽视在表现某些紧张情绪时也还需要一定的胸式呼吸;在声音使用上强调声音放松时,也容易忽视某些紧音也有其使用价值。我们强调某种发声状态,并将其称为正确的状态,是因为它是播音中使用最多而且具有定位性质的基本状态,并不意味着其他状态就没有使用价值。实际上,任何一种单一的状态都不可能表达出丰富变化的思想感情。对于发声训练来说,与其说是改正某些方式,倒不如说是补充某些能力或是扩展某些能力。唯有在吐字、呼吸、用声、共鸣等各方面具有多种变化能力,才为获得多要素组合变化的声音弹性创造了必要条件。发声能力的扩展主要围绕着吐字、呼吸及用声状态进行。吐字能力的扩展主要是指吐字力度的变化能力。吐字可长可短,可轻可重;可发得清晰入耳,也可轻轻带过。这种吐字能力可以避免由于单一吐字方式造成的单调。有人认为播音在发音时吐字不可放松,否则会听不清楚,其实这是一种误解。语句的表达,特别是其较深层含义的表达是通过语调表现出来的。除了声音的高低变化,重音和非重音的对比也是最基本的表达手段。而重音除了声音特征之外,在吐字力度上往往较强;否则,即使每个字都听得很清楚,也难于表达出"言外之意"。吐字力度除了与吐字时部位的接触力度和气流强度、声音大小有关之外,主要是与发音部位是否准确、唇舌动程大小有关,因此主要是一种吐字方式的变化。呼吸能力的扩展是指能够运用不同深度和不同方式的呼吸状态发音。胸腹联合式呼吸是一种吸入量较大、呼吸控制较强的呼吸方式,适用于各种发音较规整、句子较长、要求中间停顿较少的稿件,而有些较为生活化的、口语性较强的节目,其呼吸状态则是比较放松的,接近生活状态的呼吸方式。即使在同一稿件中,呼吸状态也并非一成不变,也还有气息深浅程度的变化。因此,一个基本功良好的播音员和主持人应当具有灵活变化气息状态的能力。用声能力的扩展是人们较为熟悉的,主要是音高、音色的变化能力。音量和音长的变化能力虽然也与声音有关,但它主要还是由气息状态决定的。

如果说声音弹性是色彩绚丽的声音组合,那么吐字、呼吸和用声就是构成这变化的基色,这些基色本身有自己的深浅之分,相互组合,形成丰富的变化。发声能力的扩展就是使这些基色本身也分出浓淡,以便相互搭配,形成最佳组合。

第三节　声音弹性训练

在播音发声训练过程中,往往容易出现两种倾向。一是片面理解基础训练与弹性训练的关系,误以为只有这样才能获得扎实的基本功,结果导致声音的僵化。这种训练容易养成一种违反创作原则的坏习惯,即一出声音先考虑发声要领及规格,这样很难进入所播讲的内容。二是声音与内容分离,即进行发声练习时只考虑规格要求,不想内容,而在进行有内容的练习时,又只考虑内容的表达,全然不顾发声要求,二者完全脱节。这样做的后果是可以想见的:进行纯技术练习时声音还可以,一进入内容,发声上存在的问题又原样出现,声音无所改进,仍然缺乏弹性。这两种错误倾向的产生,都是由于对发声基础训练与弹性训练之间的关系作了形而上学的理解。因此,为了防止这些倾向性问题的产生,需要辩证地理解基础训练与弹性训练之间的关系,处理好训练过程中控制性与自如性的矛盾统一关系。发声训练是在控制性与自如性这一对矛盾不断突破旧的平衡达到新的平衡的过程中前进的。每一项技术训练的开始阶段,总是要按照一定的规格要求进行控制,这时控制性是主要方面;待规格要求基本上达到时,就马上要注意练习的自如性,并赋予练习以一定内容,进行弹性训练;而在注意自如性及声音弹性的过程中,又会发现控制方面的弱点,需要再去练习、弥补、扩展发音能力,以便在新的基础上取得新的平衡。如此循环往复,便由初级阶段逐步走向了高级阶段。因此,在每阶段的练声过程中,除有一部分无内容的纯技术练习外,必须有一定量的内容练习,并随着训练的进展,逐步加大有内容练习的比重。练习材料的采用,应由简入繁、由浅入深;每个练习都应力求达到高质量、高水平,即情、声一致的境界,由于开始阶段的低程度、高质量,一步一步地向高程度高质量的目标迈进。

进行有内容的练习,首先对练习的内容要有所理解感受,并据以寻找、选择适当的声音形式。在开始时往往要进行对声音形式的反复推敲,通过一遍遍的练习,声音越来越适应内容所包含的感情实质,逐步达到有控制的自如表达。到了纯熟的境地,感情一经激发,声音就能随之而动。弹性训练的最终目的正在于此。

总之,声音弹性的训练必须从深入理解感受内容开始,用充足的内心依据,设计和选择声音形式,由声音和思想感情的游离逐渐达到声音与思想感情的基本吻合,最后臻于一致的境界。人的思想感情是一个变幻无穷的大千世界,因而,对与之相适应的声音弹性的探索也是无穷尽的。

基于声音弹性的对比性特点,我们在训练时可以把声音分解为单一对比成分进行训练,以找到各种对比成分的色彩特性及发音感觉,使我们的"调色板"更加丰富多彩,而后,再进行综合训练。

一、高与低的对比训练

1.螺旋式上绕音、下绕音练习

(1)a 的螺旋式上绕音练习。发音时,由低音往上层层上绕,拉住气息,小腹逐渐收紧,注意控制好口腔开度,声音不能捏挤。

(2)a 的螺旋式下绕音练习。发音时,由高音层层下绕,气息要托起,小腹逐渐放松,直至气息用尽。

(3)i、u、ü、o、e 的螺旋式上绕音练习。要领及注意事项同上。

(4)i、u、ü、o、e 的螺旋式下绕音练习。要领及注意事项同上。

2.有层次地爬高、降低练习

(1)选一句话,从低音开始,以音节为单位,一级一级地逐层升高:我们的目的一定要达到。

（2）选一句话，从低音开始，以音节为单位，一级一级地逐层降低：我们的目的一定要达到。

（3）选一个短句，从低音开始，以音步为单位，一级一级地逐层升高。例如，我们共享雾霭、流岚、虹霓。

（4）选一个短句，从低音开始，以音步为单位，一级一级地逐层降低。例如，我们分担寒潮、风雷、霹雳。

（5）选一个合适的片断，从低音开始，以小句为单位，一级一级地逐层升高。例如，看！五名身穿迷彩服的战士，分别以不同的方式，徒手攀登楼房，在短短的十二三秒钟内，攀上四层楼顶，随即又顺着绳索，飞身滑下，激起一片惊叹声。

（6）选一个合适的片断，从低音开始，以小句为单位，一级一级地逐层降低。例如，艺术家没有矛盾不会进步，不会演变，不会深入。

3.声音高低交错、变换练习（这个练习在发声上的难度大一些，因为气息、声带都必须做跳跃式的调整）

（1）选一句话，先使用高音，再适用低音，高低交替、变换发音：我们的目的一定要达到。（高）我们的目的一定要达到。（低）我们的目的一定要达到。（高）我们的目的一定要达到。（低）

（2）选一首短诗，音调由低到高，然后再由高到低进行练习：渭城朝雨浥轻尘，客舍青青柳色新。劝君更尽一杯酒，西出阳关无故人。（王维《送元二使安西》）

（3）依据思想感情的运动节奏，合情合理而巧妙地进行句子声音高低方面的处理：

风猛烈地摇着路旁的白桦树，我顺着林荫路望去，看见一只小麻雀呆呆地站在地上，无可奈何地拍打着小翅膀，它嘴角嫩黄，头上长着绒毛，分明才出生不久，是从窝里摔下来的。

猎狗慢慢地走近小麻雀，嗅了嗅，张开大嘴，露出锋利的牙齿。突然，一只老麻雀从一棵树上飞下来，像一块石头似的落在猎狗面前。它蓬起了全身的羽毛，样子很难看绝望地尖叫着。

老麻雀用自己的身体掩护着小麻雀，想拯救自己的幼儿，可是因为紧张，它小小的身体发抖了，发出嘶哑的声音，它呆立着不动，准备着一场搏斗。在它看来，猎狗是一个多么庞大的怪物啊！可是它不能安然地站在高高的没有危险的树枝上，一种强大的力量使它飞了下来。

（屠格涅夫《麻雀》，节选）

二、强与弱的对比训练

1.有层次地由弱到强练习

(1)东风来了,春天的脚步近了。

(2)小山整个把济南围了个圈儿,只有北边缺点儿口儿……

(3)园子里,田野里,瞧去,一大片一大片满是的。

(4)先是料料峭峭,继而雨季开始,时而淋淋漓漓,时而渐渐沥沥,天潮潮地湿湿,即连在梦里,也似乎有把伞撑着。

(5)在旧式的古屋里听雨,春雨绵绵听到秋雨潇潇,从少年听到中年,听听那冷雨。

(6)这清新的绿色仿佛在雨雾中流动,流进我的眼睛,流进我的心胸。

要求:一是第一遍用弱声,一遍比一遍略强;音高基本不变(强度升高时,音高会略有上升)。二是第一遍用低弱声,一遍比一遍略强略高,到最强最高音时不用喊的感觉。

2.用较小音量播小片段(字音保持一定清晰度,不压不噎不吃字)

第一篇:

于是那一群气势磅礴的边塞诗人来了,他们是盛唐的仪仗队,展示着盛唐的国威。王昌龄来了,高唱战地进行曲:"青海长云暗雪山,孤城遥望玉门关,黄沙百战穿金甲,不破楼兰终不还!"于是高适来了,他的千古绝唱《燕歌行》如钱塘江潮一样而来:"汉家烟尘在东北,汉将辞家破残贼。男儿本自重横行,天子非常赐颜色。"于是岑参来了,这个渴望建功立业的诗人满怀激情高唱着:"走马西来欲到天,辞家见月两回圆,今夜不知何处宿,平沙万里绝人烟。"这群边塞诗人,或歌颂在保卫祖国的战争中一往无前的昂扬斗志,或诉说战争的艰苦和残酷,都那么英姿飒爽,气势灼人,因为他们是盛唐的诗人,盛唐诗坛的风云人物,喷发的是永远震撼人心的边塞英雄交响曲。

终于李白来了,他配合时代的最强音,以惊动千古的气势唱出了"君不见黄河之水天上来,奔流到海不复回"。这是巨人昂首天外,用目光提起黄河滚滚狂涛向海里倾倒时才能找到的感觉。正是这个宣言"安能摧眉折腰事权贵,使我不得开心颜"的超级巨人,把盛唐精神推上了照耀千古的最高峰。

（《唐之韵》解说词,节选）

第二篇:

来得突然——跟着那一阵阵湿润的山风,跟着一缕缕轻盈的云雾,雨,轻轻悄悄地来了。

先是听见它的声音,从很远的山林里传来,从很高的山坡上传来——

沙啦啦,沙啦啦……

像一曲无字的歌谣,神奇地从四面八方飘然而起,逐渐清晰起来,响亮起来,由远而近,由远而近……

雨声里,山中的每一块岩石,每一片树叶,每一丛绿草,都变成了奇妙无比的琴键,飘飘洒洒的雨丝是无数轻捷柔软的手指,弹奏出一首又一首优雅的小曲,每一个音符都带着幻想的色彩。

雨改变了山林颜色。阳光下,山林的色彩层次多得几乎难以辨认,有墨绿、翠绿,有淡青、金黄,也有火一般的红色。在雨中,所有的色彩都融化在水淋淋的嫩绿之中,绿得耀眼,绿得透明。这清新的绿色仿佛在雨雾中流动,流进我的眼睛,流进我的心胸。

这雨中的绿色,在画家的调色板上是很难调出来的,然而只要见过这水淋淋的绿,便很难忘却。

不知在什么时候,雨,悄悄地停了。风,也屏住了呼吸,山中一下变得非常幽静。远处,一只不知名的鸟儿开始啼啭起来,仿佛在倾吐着浴后的欢悦。远处,凝聚在树叶上的雨珠继续还往下滴着,滴落在路旁的小水洼中,发出异常清脆的音响——

叮——冬——叮——冬……

仿佛是一场山雨的余韵。

（赵丽宏《山雨》,节选）

3. 喊口号练习

在生活中和舞台上这种声音是既强又高的,而播音员和主持人要用中等强度的声音,表现出高强的呼喊声,一般采用气息压力较高较强的虚声——雄壮的多用下部共鸣,嘹亮的多用上部共鸣。

(1)口号:"打倒日本帝国主义!"(愤怒)

(2)口号:"中华人民共和国万岁!"(雄浑)

(3)口号:"发展体育运动,增强人民体质。"(雄壮)

(4)口号:"我们决不放弃!"(激昂)

4. 喊人练习

注意:可以用不同的强度作这个练习。还可用不同距离的感觉练。练习时会发现,呼喊的感觉距离越远,音调越高,音量越大,控制的难度越大。

三、实与虚的对比训练

1. 偏实声练习

（1）生命在海洋里诞生绝不是偶然的，海洋的物理和化学性质，使它成为孕育原始生命的摇篮。

（2）我们知道，水是生物的重要组成部分，许多动物组织的含水量在80％以上，而一些海洋生物的含水量高达95％。

（3）水是新陈代谢的重要媒介，没有它，体内的一系列生理和生物化学反应就无法进行，生命也就停止。因此，在短时期内动物缺水要比缺少食物更加危险。水对今天的生命是如此重要，它对脆弱的原始生命，更是举足轻重了。生命在海洋里诞生，就不会有缺水之忧。

（4）水是一种良好的溶剂。海洋中含有许多生命所必需的无机盐，如氯化钠、氯化钾、碳酸钙、磷酸盐，还有溶解氧，原始生命可以毫不费力地从中吸取它所需要的元素。

（5）**新华社联合国3月29日**：联合国秘书长潘基文29日发表声明，强烈谴责当天发生在莫斯科的地铁连环爆炸事件。

潘基文在声明中谴责这起造成重大人员伤亡的爆炸事件是"令人发指的恐怖行径"，相信俄罗斯政府一定会将凶犯捉拿归案。他同时对遇害者家属以及俄罗斯政府和人民表示深切慰问。

当地时间29日上午，位于莫斯科市中心的卢比扬卡地铁站和文化公园地铁站接连发生爆炸。据俄官方最新公布的数据，爆炸造成至少38人死亡、63人受伤。俄联邦安全局说，两名与高加索地区极端势力有关的女性自杀式袭击者实施了这次连环爆炸。

（6）**本报北京3月29日电**：经过紧张筹备、层层选拔，"蓝色经典·天之蓝"杯第十四届CCTV青年歌手电视大奖赛于3月28日拉开战幕。本届大赛共有48支代表队报名参赛，参赛选手3181人。大赛分美声、民族、流行、原生态、合唱五大类别，从4月12日至5月6日先进行团体决赛，6月9日至6月26日进行五种唱法的单项决赛，7月2日，荣获团体一、二、三等奖的各参赛队全体歌手和荣获五个类别金、银、铜奖的歌手参加颁奖晚会。

注意：实声发音时声门轻松闭合，声音较响亮、扎实、清晰度较高。报告新闻、播评论性文章基本用这种音色，知识性节目也多用偏实的声音，是用得较多的基本色彩。

2.偏虚声练习

（1）皮鞋匠静静地听着。他好像面对着大海，月光正从水天相接的地方升起来。微波粼粼的海面上，霎时间洒遍了银光。月亮越升越高，穿过一缕一缕轻纱似的微云。忽然，海面上刮起了大风，卷起了巨浪。被月光照得雪亮的浪花，一个连一个朝着岸边涌过来……皮鞋匠看看妹妹，月光正照在她那恬静的脸上,照着她睁得大大的眼睛,她仿佛也看到了,看到了她从来没有看到过的景象,在月光照耀下的波涛汹涌的大海。

(2)对于一个在北平住惯的人,像我,冬天要是不刮风,便觉得是奇迹;济南的冬天是没有风声的。对于一个刚从伦敦回来的人,像我,冬天要能看得见日光,便觉得是怪事;济南的冬天是响晴的。自然在热带的地方,日光是永远那么毒,响亮的天气,反有点叫人害怕。可是,在北中国的冬天,而能有温晴的天气,济南真得算个宝地。

设若单单是有阳光,那也算不了出奇。请闭上眼睛想;一个老城,有山有水,全在天底下晒着太阳,暖和安静地睡着,只等着春风来把它们唤醒,这是不是理想的境界? 小山整个把济南围了个圈儿,只有北边缺着点儿口儿……

注意:虚声发音时声门有一定的开度,气息逸出较多,容易频繁吸气并带出吸气声,练习时要注意避免;同时,练习时一定要保证字音的清晰。虚声多用在说悄悄话、描述想象中的虚幻的事物及惊叹等情况下。

3. 虚实对比练习

(1)利用短句进行练习。

①战士永远不会失去青春的活力。

②那颤抖的叶是我等待的热情。

③客家先民们崇尚圆形,把圆形当天体之神来崇拜。

要求:第一遍用实声,第二遍用虚声,反复练习。

(2)利用短诗进行练习。

①日照香炉生紫烟,遥看瀑布挂前川。飞流直下三千尺,疑是银河落九天。

（李白《望庐山瀑布》）

②两个黄鹂鸣翠柳,一行白鹭上青天。窗含西岭千秋雪,门泊东吴万里船。

（杜甫《绝句》）

③绿蚁新醅酒,红泥小火炉。晚来天欲雪,能饮一杯无?

（白居易《问刘十九》）

要求:依照诗的思想感情,从它的内容出发来朗读,尤其要注意在每一句当中安排不同的虚或实和虚实结合的音节词语,使不同色彩的字词自然组合成一句。

注意:虚实变化方面经常出现的问题有三种。一种是气包音。所谓气包音就是气息流动的声音掩盖住了语音的清晰度,多数都是由于偏爱虚声造成的,当然也有气息控制方面的问题。解决这样的问题,要从两方面来入手。一是要加强发声过程当中的吸气感觉,也就是运用以内收感为主的吞的方式,减收气流量。二是加强叼字的意识,减少喷吐力。第二种问题是缺乏胸腔共鸣。适度的胸腔共鸣可以使声音当中带有扎实、深沉、柔和的色彩,缺乏胸腔共鸣多数都是由于喉头和肩胸紧张造成的。练习的时候可以用发 ha 音来增加胸声,达到调整音色的目的。第三种问题是缺乏鼻腔共鸣。适度的鼻腔共鸣可以使声音当中带有明亮高亢的色彩,缺乏鼻腔共鸣多数都是由于软腭调节不适当造成的,练习时可以利用哼鸣的办法来解决。

四、明与暗的对比训练

在音质评价中,声音明亮有时又称作明朗度或明亮度。整个音域范围内低音、中音、高音能量充足,并有丰富的谐音和高频上限谐音衰变过程较慢。同时,混响声比例合适,失真小、瞬态响应好,给人一种亲切、活跃感。声音暗是缺少高频和中高频的一种反映,尤其是在 5000~6000 赫兹以上有明显衰减,都会使人在听觉上感到声音暗哑无光彩。在播音发声过程中,若提起颧肌,口腔内音束冲击点较集中、靠前,则声音明朗;若气息深缓,两颊放松,音束冲击点较散、靠后,则声音偏暗。一般来说,播音多用较为明亮的声音。不过,要想获得明亮的声音,切忌捏挤嗓子或多用上部共鸣,一定要讲究科学的发声方法。此外,也要根据节目内容的实际需要,明暗相宜、适度。

1.明亮音色的练习

(1)朋友,你到过天山吗? 天山是我们祖国西北边疆的一条大山脉,连绵几千里,横亘准噶尔盆地和塔里木盆地之间,把广阔的新疆分成南北两半。远望天山,美丽多姿,那常年积雪高插云霄的群峰,像集体起舞时的维吾尔族少女的珠冠,银光闪闪;那富于色彩的不断的山峦,像孔雀正在开屏,艳丽迷人。

(碧野《天山景物记》,节选)

(2)"中国人民有信心、有能力建设好自己的国家,也有信心、有能力为世界作出自己应有的贡献。"新年的阳光洒满中华民族走向伟大复兴的征程,艰巨繁重的改革发展稳定任务等待着我们去完成。艰辛成就伟业,奋斗铸就光荣。让我们紧密团结在以胡锦涛同志为总书记的党中央周围,坚定必胜信心,增强忧患意识,共同迎接奋发有为的 2010 年。

(《人民日报》2010 年 1 月 1 日社论,节选)

(3)长江滋润着九州大地,长江和黄河一道培育着中华文化。长江造就的土地,不论过去、现在还是久远的未来,都长满着金灿灿的稻谷、香喷喷的鲜花。长江啊,伟大的长江,你以浩瀚而甜蜜的乳汁养育着世世代代的炎黄子孙。儿女啊,伟大的中华儿女,必将以非凡的聪明才智制定并实施治理长江的最佳规划！不废江河万古流,不愧为世界巨川的长江必将永远托举着一对又一对名副其实的巨轮驶向世界五大洲、四大洋。长江,伟大的长江,你流经神圣的中华大地,你永远奔流在亿万中华儿女的心上！

(《话说长江》解说词,节选)

(4)我们置身于此,抚今追昔畅想未来,有多少个大大小小的希望和理想在我们的心中升起,有多少充满生机的信息在我们的四周飞翔,有多少鼓舞人们前进的信息在我们的四周传播啊。大自然无声的景色可以教会一个人勇敢、豪迈、智慧。祖国壮丽的河山啊,我们多么爱你！

(《话说长江》解说词,节选)

2.暗哑音色练习

(1)十年生死两茫茫。不思量,自难忘。千里孤坟,无处话凄凉。纵使相逢应不识,尘满面,鬓如霜。　　夜来幽梦忽还乡。小轩窗,正梳妆。相顾无言,唯有泪千行。料得年年肠断处,明月夜,短松冈。

(苏轼《江城子》)

(2)我早已想写一点文字,来记念几个青年作家。这并非为了别的,只因为两年以来,悲愤总时时来袭击我的心,至今没有停止,我很想借此算是竦身一摇,将悲哀摆脱,给自己轻松一下,照直说,就是我倒要将他们忘却了。

(鲁迅《为了忘却的记念》,节选)

(3)黄山的云烟,是黄山的一绝奇观,峰是云之家,云是峰之衣,轻盈的云雾忽东忽西,一上一下,若即若离,仿佛是山峦峰石的恋人难舍难分。黄山一年之中竟有200多天是沉浸在云雾的怀抱里,浩浩云雾澜翻絮涌,扑海千里,使黄山的千条泉流万道山谷沉浸在虚幻的意境之中。云雾的矫捷、云雾的柔美,特别是云雾的飘舞使整个黄山呈现出一片静寂中动的美感,使自然界中的静与动糅合在一起,这才造化出黄山的山峰、巨石、古峰的千姿百态的美的魅力。云雾使黄山成了梦幻的艺术之宫,想象的美的展览会。

(《话说长江》解说词,节选)

3.明暗对比练习

(1)分别用明朗和较暗的声音读同一个句子,体会它们所表达的情绪色彩的区别。例如读"伟大的祖国,伟大的人民"这个句子,用明朗的声音容易体现开朗、欢快、赞颂的情感;用较暗的声音则容易体现深沉的感慨。

(2)利用短诗进行练习。**要求**:依照诗的思想感情,从它的内容出发来朗读,尤其要注意,在每一句当中安排不同的明或暗和明暗结合的音节词语,使不同色彩的字词自然组合成一句。

①前不见古人,后不见来者。念天地之悠悠,独怆然而涕下。

(陈子昂《登幽州台歌》)

②千山鸟飞绝,万径人踪灭。孤舟蓑笠翁,独钓寒江雪。

(柳宗元《江雪》)

③海上生明月,天涯共此时。情人怨遥夜,竟夕起相思。灭烛怜光满,披衣觉露滋。不堪盈手赠,还寝梦佳期。

(张九龄《望月怀远》)

(3)依照作品的思想感情,从内容出发进行朗读。注意在每一句当中安排不同的明或暗和明暗结合的音节词语,使不同色彩的字词自然组合成一句。

第一篇:

关关雎鸠,在河之洲。窈窕淑女,君子好逑。参差荇菜,左右流之。窈窕淑女,寤寐求之。求之不得,寤寐思服。悠哉悠哉,辗转反侧。参差荇菜,左右采之。窈窕淑女,琴瑟友之。参差荇菜,左右芼之。窈窕淑女,钟鼓乐之。

(《诗经·关雎》)

第二篇:

清晨,当一轮红日从东方刚刚升起,在黄山高峰上看日出更是激动人心。这样的日出美景并不是很多人轻易有机会能遇到的。人们对于太阳这光华的巨轮、这普生万物的主宰历来对它是神奇莫测、充满幻想。太阳代表永恒、代表未来、代表光明,代表至高无上的圣洁和威力。既使人类科学文明发展到今天,虽然摆脱了对它的愚昧膜拜,却仍然无法摆脱对它的依赖和顺从。人们对太阳的感情在自然界中,是没有任何东西可以超过它的。人们喜爱它,于是便想窥视它的神奇和奥秘,并且认为在日出和日落的时刻是最好的时机。初升的红日和即将消逝的落日,都是红融融的巨大的火轮,披着五光十色、千瞬万变的彩霞,给天下万物以无限生机和柔美的抚爱。面对这温柔悦目令人振奋的光轮,人们就像看到了美好的生活,看见的未来,顿时,全身便充满了为一切美好事物而奋斗的活力,那活力如同光一般的闪耀,如同火一般的燃烧,在这样的时刻里,我们便会忘掉一切哀愁和困难而奋起去搏斗。既使落日给我们留下夜晚的黑暗,那也没有什么可怕,那闪光的星星,不是太阳在黑暗中留下的火种吗。星星是光明的化身、是未来的化身、是希望的化身。星星守卫在天幕上,也守卫在人们的心灵中,为迎接明天一个更美丽的日出,给那些勇于在困难中奋斗的人们以新的启迪。大概就是因为这些原因吧，人们在日出和日落中才得到了如此沉醉的美的享受，才赞美火和光明中诞生的一切吧。

（《话说长江》解说词，节选）

第三篇：

文森特·梵高这个名字太沉重。每一次想起这个人，就感到胸口像压了一块巨石，透不过气来，凡是感情丰富的人都会有这种感觉。我爱他，不是同情，我没有他那样的经历，同情有时需要相似的经历。我更不敢怜悯他，我没有那种资格，需要怜悯的倒是我们自己。

是的，那波希米亚式的生活，劳伦斯笔下那熠熠发光的麦垛与苍穹，还有那搅拌着金色镣铐似的星空，那《播种者》所留下的辉煌以及那层层叠叠的麦浪，一百多年里，不一直在恩泽着我们所生活的这个世界吗？

我几乎不敢看梵高的画册，看了让人欲哭无泪，几天都难受。我以前不能理解，一个人为什么有那么悲惨的生活，却保持着那么高贵的灵魂。后来，我慢慢懂得了，生来就高贵的灵魂与生活的贫穷没有什么关系。

梵高先生，是您，早上把清凉的山峦和潮湿的农舍，以及奔跑的小白马献给我们；而中午，您又将席卷大地的炽热和小镇的慵懒奉献给我们；黄昏，当我们随着那困顿劳作者踟蹰在最后一段通往家园的古铜色道路上，我们不禁怆然而泪下；到了晚上，梵高先生，您又带我们仰望几欲疯狂的夜空，在夜风的薰拂下，我们一同细数沉睡的村舍和教堂。

每一次我看到梵高在疯人院里的自画像就想起这件事。

1889年2月，梵高的邻居们联名把他送进疯人院。因为他那可憎的外表，忧郁的性格及冲动意气让邻居们讨厌，而他竟然默认了。他没有任何反抗，他竟然以如此的忍耐对待人们的敌视，反而更清醒，正确地谈论自己的艺术。

而今，丰收的场景你再也看不到了，洋溢着雨露的朝霞你再也看不到了，还有那洗衣妇的正午，阿尔的吊桥，午夜曾令您激动不已的红绿浓重的夜间咖啡屋，还有春天那亭亭玉立充满生机的小树，它们开着粉白的小花儿，还有您花岗岩般坚硬的下颌，在人们心中激起的生活下去的勇气。如今，您那瞬间的注视已成为永恒，并将永远地映现在后世每一双被泪水濡湿的瞳孔上，滋养着一代又一代年轻的灵魂。

许多人喜欢梵高的《向日葵》，因为他使这种普通植物变得像太阳一样辉煌。我也喜欢，但是另外两幅更让我难忘。一幅是他在1886年画的《一双鞋》，两只鞋子如同兄弟一般紧紧地靠在一起，暗示着梵高和胞弟泰奥之间无价的情义，他们是那样的破烂，仿佛尝尽了人世旅途的艰辛与无奈，但他们却永远左右相依,前后相随,永不分离。另一幅是《梵高阿尔的室》,这是梵高的家,这个家没有一件奢侈品,但他却要这个家走进永恒。他告诉人们,他不是流浪汉,他有家可归,而无家可回的却可能是我们。

走过麦田,我听到一声枪响,一颗子弹射进了梵高的胸膛,他三十七岁。波德莱尔说,他生下来,他画画,他死了。麦田里一片金黄,一群乌鸦惊叫着飞过天空。

(白连步《想念梵高》,节选)

五、声音弹性的综合训练

由于声音弹性是以复合形式出现的,因而在单项对比训练的基础上,还要进行综合练习。首先,可以采用古典诗词作为练习材料。古典诗词以精练的文字抒发深邃的情感,变化多,旋律美,耐推敲,是锻炼声音弹性的好材料。可选择不同内容不同风格的诗词,每一首且一段时间练习,以期达到"情、气、声"的有机结合。也可以针对自己的声音特点选择练习材料,有的发扬己之所长,有的补足之所短,然后可选用感情变化较复杂些的现代诗歌进行练习。其次,可以选择较为短小的现代优秀散文作为练习材料。散文的感情色彩丰富而形式、文字更接近广播稿件。

第一篇:

雨打在树上和瓦上,韵律都清脆可听。尤其是铿铿敲在屋瓦上,那古老的音乐,属于中国。王禹在黄冈,破如橡的大竹为屋。据说住在竹楼里面,急雨声如瀑布,密雪声比碎玉,而无论鼓琴,咏诗,下棋,投壶,共鸣的效果都特别好。这样岂不像是住在竹筒里,任何细脆的声响,怕都会加倍夸大,反而令人耳朵过敏吧。

雨天的屋瓦,浮漾湿湿的流光,灰而温柔,迎光则微明,背光则幽暗,对于视觉,是一种低沉的安慰。至于雨敲在鳞鳞千瓣的瓦上,由远而近,轻轻重重轻轻,夹着一股股的细流沿瓦槽与屋檐潺潺泻下,各种敲击音与滑音密织成网,谁的千指百指在按摩耳轮。"下雨了",温柔的灰美人来了,她冰冰的纤手在屋顶拂弄着无数的黑键啊灰键,把晌午一下子奏成了黄昏。

在古老的大陆上,千屋万户是如此。二十多年前,初来这岛上,日式的瓦屋亦是如此。先是天暗了下来,城市像罩在一块巨幅的毛玻璃里,阴影在户内延长复加深。然后凉凉的水意弥漫在空间,风自每一个角落里旋起,感觉得到,每一个屋顶上呼吸沉重都覆着灰云。雨来了,最轻的敲打乐敲打这城市。苍茫的屋顶,远远近近,一张张敲过去,古老的琴,那细细密密的节奏,单调里自有一种柔婉与亲切,滴滴点点滴滴,似幻似真,若孩时在摇篮里,一曲耳熟的童谣摇摇欲睡,母亲吟哦鼻音与喉音。或是在江南的泽国水乡,一大筐绿油油的桑叶被噬于千百头蚕,细细琐琐屑屑,口器与口器咀咀嚼嚼。雨来了,雨来的时候瓦这么说,一片瓦说千亿片瓦说,说轻轻地奏吧沉沉地弹,徐徐地叩吧挞挞地敲,间间歇歇敲一个雨季,即兴演奏从惊蛰到清明,在零落的坟上冷冷奏挽歌,一片瓦吟千亿片瓦吟。

在旧式的古屋里听雨,听四月,霏霏不绝的黄梅雨,朝夕不断,旬月绵延,湿黏黏的苔藓从石阶下一直侵到舌底,心底。到七月,听台风台雨在古屋顶一夜盲奏,千层海底的热浪沸沸被狂风挟持,掀翻整个太平洋只为向他的矮屋檐重重压下,整个海在他的蜗壳上哗哗泻过。不然便是雷雨夜,白烟一般的纱帐里听羯鼓一通又一通,滔天的暴雨滂滂沛沛扑来,强劲的电琵琶忐忐忑忑忐忐忑忑,弹动屋瓦的惊悸腾腾欲掀起。不然便是斜斜的西北雨斜斜刷在窗玻璃上,鞭在墙上打在阔大的芭蕉叶上,一阵寒潮泻过,秋意便弥漫旧式的庭院了。

在旧式的古屋里听雨,春雨绵绵听到秋雨潇潇,从少年听到中年,听听那冷雨。雨是一种单调而耐听的音乐是室内乐是室外乐,户内听听,户外听听,冷冷,那音乐。雨是一种回忆的音乐,听听那冷雨,回忆江南的雨下得满地是江湖下在桥上和船上,也下在四川在秧田和蛙塘,下肥了嘉陵江下湿布谷咕咕的啼声,雨是潮潮润润的音乐下在渴望的唇上,舔舔吧那冷雨。

（余光中《听听那冷雨》,节选）

第二篇:

一群骑马的少年进入赛场。他们身轻如燕,奔驰的姿势矫健、俊美。他们飞奔在草原上,像一支支离弦之箭。追风逐日、迅雷不及掩耳的速度,使少年成为草原的美谈。这是一个阳光澄明的早晨,马背上的少年展翅飞翔。白云从他的身边掠去,沸腾的血液绽放出绚丽的花朵。蹄声撞击着蹄声,这是速度与耐力的角逐啊! 什么样的风暴能够让他们停留? 我看见一匹枣红色的马引颈长啸,它在我们中间飞奔而去……这一年,这个骑马的少年刚满十岁。

（亚楠《马背上的少年》,节选）

第三篇:

不管什么季节,不管什么天气,西湖的诗情画意随处都是,你留神也会绊着你,千年的才情熬成的芬芳能呛得你不敢胡思乱想。只要一不小心想起哪个古人或脑子里冒起一句诗词,你就会跌进湖中翻腾,就会在陈年的知识和稠腻的情感中犯懵。这里美文佳句、名流痕迹繁密,无处能比。如果你知道的不少又总想知道,还没到这儿你就疲劳了。这就是西湖——挂在江南胸前的一块老玉,看惯了多少秋月春风,被多少人的故事滋养的这般温润。

西湖本无语,是每一个年代的人们将它装点,然后再斑驳脱落。

历史的余温已不再烫手,西湖的夜晚想必无梦。这里被无数只笔填过,满得连写意的空间都不再有,但这里拦不住你做白日梦。

对于西湖,我已无法赞美,只有感受还能印证生命的真实。我只感受早晨微雨中的心情,在窗前抽一支烟,喝一壶茶;我只享受下午醺然困意中的美,最好连眼睛也睁不开,在蜂蜜般的阳光里。春意如丝,总是趁易感时刻潜入心里,不知不觉就织起了盛梦的袋子,我将白日梦安放在这样的时刻。

(彭涟《西湖无语》,节选)

第四篇:

中央电视台　中央电视台　各位观众,这里是中华人民共和国首都北京!这里是全世界中华儿女倾心瞩目、衷心祝福的中国北京!2009年10月1日,我们迎来了新中国成立六十华诞。2009年10月1日,奋进的中国邀你共享盛大节日庆典。

当历史的脚步穿越昔日的故宫金殿,这一时刻的欢乐足以激荡古老的中国五千年尘封的记忆;当祝福的声响震彻十月的神州九天,这一时刻的欢乐足以激荡今日的中国960万平方公里丰饶的土地!

今天,我们将在北京天安门广场为您现场直播首都各界庆祝中华人民共和国成立60周年大会的盛况。今天,我们将在气势恢宏的天安门广场与您共同见证跨入21世纪的中国奏响豪情激烈的盛世华章。

从1949年到2009年,一条60年的长路,一头连着满目疮痍、百废待兴的中国,一头连着在改革开放的阳光下活力迸射,向繁荣富强快步迈进的中国。从1949年到2009年,新中国60年的风雨历程与丰盈收获让我们有足够的理由在10月1日这一天,用自己最真诚的方式,为祖国庆贺。

英雄的中国军队在这里集结,自豪的中国人民在这里欢聚。

静候伟大时刻的到来,要用最嘹亮的声音唱出心中最美的赞歌!

此刻的天安门广场,八万余名青少年用明黄与鲜红的花束组成了巨大的国庆字样。

曾几何时,为了这个值得纪念的庆祝,多少志士仁人奔走呼号、殚精竭虑。

曾几何时,为了这个值得庆祝的纪念,多少革命先烈前赴后继、浴血奋战。

(《中华人民共和国成立六十周年国庆阅兵庆典》解说词,节选)

第五篇：

有的时候，仅仅是一个名字就能让我们感动，"端午"就是这样一个名字。

端午的来历甚多，最为传诵的还是那纪念屈原一说。屈原生长在战国时代的楚国，曾经一度很受楚怀王的重用，被封为三闾大夫。他一生写出了不少流传千古的佳作，其中尤以与《诗经》齐名的《楚辞》最为卓著。后遭奸人排挤，屈原几经颠沛，放逐天涯，在五月初五抱石沉入汨罗江中。自那以后，每年的五月五日，人们就以划龙舟、吃粽子、喝雄黄酒等形式来纪念他。

魂兮归来，回到故里。细雨蒙蒙间，又让人想起了那些遥远而无法忘却的过去。当年的楚家天下，已如东逝的江水，而诗人高贵的品格，却矗立千秋万载。他用不屈的生命刻写了千年的文明，用磅礴的精神奠定了华夏民族永恒的爱国情怀。

魂兮归来，重返汨罗。打江畔走过，用诗情传昭忠骨，用脚步丈量诗人一生的坎坷。淙淙流水边，可是他流逐的背影徜徉在江畔青堤？熔熔落日下，可是他爱国的热情燃烧了楚国河山？他不是那个年代的王者，却用一生的襟怀关爱黎民百姓；他赤胆忠心，在黑暗的夜里上下求索着远处的光明。

（中央电视台-3 电视诗歌散文《魂兮归来话端午（下）》，节选）

第六篇：

成熟了，却不世故，依然一颗童心。成功了，却不虚荣，依然一颗平常心。兼此二心者，我称之为慧心。

童心和成熟并不相互排斥。一个人在精神上足够成熟，能够正视和承受人生的苦难，同时心灵依然单纯，对世界依然怀着儿童般的兴致，这完全是可能的。我不认为麻木、僵化、世故是成熟，真正的成熟应该具有生长能力，因而毋宁说在本质上始终是包含着童心的。

儿童的可贵在于单纯，因为单纯而不以无知为耻，因为单纯而又无所忌讳，这两点正是智慧的重要特征。相反，偏见和利欲是智慧的大敌。偏见使人满足于一知半解，在自满自足中过日子，看不到自己的无知。利欲使人顾虑重重，盲从社会上流行的意见，看不到事物的真相。这正是许多大人的可悲之处。不过，一个人如果能保持住一颗童心，同时善于思考，就能避免这种可悲的结局，在成长过程中把单纯的慧心转变为一种成熟的智慧。由此可见，智慧与童心有着密切的联系，它实际上是一种达于成熟因而不会轻易失去的童心。《圣经》里说："你们如果不回转，变成小孩子的样子，就一定不得进天国。"帕斯卡尔说:"智慧把我们带回到童年。"孟子也说:"大人先生者不失赤子之心。"说的都是这个意思。

（周国平《童心》,节选）

思考题

1. 什么是声音的弹性?

2. 简要说明声音弹性的基本特点。

3. 进行声音弹性训练的基本要领是什么?

4. 在进行声音训练时,应该如何掌握声音的基础训练和声音弹性训练之间的辩证关系?

第八章 情、声、气的结合

语言是人类传递信息、交流思想、沟通情感的工具。有声语言是传播活动最基本的媒介,而情感、语音和气息则是有声语言系统中最主要的三个要素。在语言表达中,有"情取其高,声取其中,气取其深"的说法,如此方能达到声音清晰持久、刚柔自如、声情并茂的境地,从而有效地引起听者的情感共鸣。新闻活动是人类审美实践之一,播音员和主持人作为传播信息的桥梁,应当传递给受众美学意义的享受。只有掌握了语言表达的技巧,做到情、声、气的完美结合,才能收到事半功倍的传播。播音、主持是一门学问,更是一门艺术。优秀的播音、主持能够恰到好处、挥洒自如地再现作品,使受众耳醉其音、心感其情,从而入情、入境、会意,产生共鸣。正如鲁迅先生所说:"意美以感心,一也;音美以感耳,二也;形美以感目,三也。"①这是有声语言运用者气息、声音、情感三者和谐巧妙地运用。

第一节 情、声、气结合的内涵

播音发声过程中的情、声、气,体现了有声语言的发声方法与艺术情感的表达方式,它是生于气息涌动、成于腔体共鸣、显于情感表现的有声语言艺术。了解情、声、气的深刻内涵,有助于把握其内在联系,重视实践与体验,促使三者有机结合。

一、情、声、气的基本含义

(一)情是播音创作的依托与归宿

播音发声中的情,指的是在演播过程中,播音员和主持人服务于播讲目的,由具体稿件或话题引发,并由有声语言表达出来的始终运动着的感情。这种感情曾经一度被作为"冷冰冰"、"气昂昂"的代名词。当然,这已成为历史。今天我们说这种感情正包括了世界上最优秀的品德,最珍贵的素质,诸如宽大的胸怀、纯真的情操、美好的憧憬、深邃的境界、蓬勃的志趣、灵动的活力等。在演播中,播音员和主持人的思想感情时时处于运动状态,根据演

---

① 鲁迅《汉文学史纲要》,人民出版社 1973 年版,第 25 页。

播目的,具体落实到稿件上。

在播音、主持中,情具有重要意义,它是进行播音创作的依托与归宿。集中表现为三个方面:第一,情感交流彰显播音艺术的本质。在演播过程中,播音员和主持人的气息和声音始终涌动着情感。"以情运气、以气托声、以声传情",都是始于情,而终于情。情是艺术创作的生命。没有情感,也就没有艺术。在播音创作中,情感是播音的基础,对情感的合理把握,决定了播音传播的最终效果。人们用语言互相传达思想,而人们用艺术互相传达感情。演播表达中,经历了自身情感的堆积、深入挖掘到迸发的状态之后,再以有声语言来传达这种思想情感,使得受众也能从其中感受到这种潜在感情力量的爆发,如此演播的表达才有了艺术性与生命力。第二,情感交流引导受众的感受。播音传播是一种"情感传播"。"情感"作为一种信息,包含在大众对于事物的关注中。传者与受者双方都会受到情感的影响。虽然不同题材作品的情感成分在信息传播中所占分量有所不同,但唯有真挚的感情才能打动人心。让演播语言内涵与声音形式的变化进入有机整合的深处,使广大听众、观众在有限的时间里进入无限的空间,在获得众多的信息的同时,获得情操的陶冶。直觉的信息是美的,信息显示的大千世界也是美的,让声音欣然走进敞开的心扉,息息相通,没有滞碍,这才是播音艺术的至高境界。第三,情感交流体现播音员和主持人的个人魅力。演播中的情感是演播活动中,播音员和主持人对报道对象、报道内容所持有的一种态度体验,以及受众对感受到的新闻事件、新闻人物等所产生的一种内在体验和意识倾向。播音及节目主持中的情感交流包括调动情感和传达情感两部分。播音员或主持人必须首先使自己身临其境,继而适时带动受众的情绪,引起共鸣。在演播中,播音员和主持人给所要播的内容附上感情的内核,这样才能明晰地表达客观事物,使演播产生新鲜感。有声语言是情感的承载体,语言传动的背后是将感情传达开来,但语言又由播音员和主持人来输出,不同的情感彰显了不同的演播风格,从而传递出播音员和主持人独特的个人魅力。

播音发声对情的具体要求主要表现在两个方面。一方面,播音员和主持人要不断加强自己的修养,使自身具有宽广的胸怀、纯真的情操、美好的情感。另一方面,调动起来的运动着的思想感情一定要服从于稿件或话题的界定,服务于播讲目的。要注意情感的准确定位和运用气、声表现的完美、到位。情感的准确定位,是诵读成功的先决条件。诵读的心理过程是:目——脑——口——耳——脑,是眼看、脑思、口诵、耳听的反复感悟过程。在此过程中,脑思的作用尤为突出。诵读者对诵读作品的理解,需要联系自己的生活经验,展开联想和想象,将静态的文字语言化为动态的具体场景从而超越时空,进入情感体验的深层,品味其意境,激发诵读者、作者和受众的情感共鸣。

（二）声是传情的形式与载体

声是播音创作中传递情感的形式与载体。播音发声中的声,指的是播音员和主持人根据稿件或话题,使用发声器官,运用播音技巧所发出的表达思想感情、包容大量信息并通过电声设备进行传播,经过科学训练的,规范化、艺术化的有声语言。从声音通道看,属于中部通道（自如声区）,即声带颤动发声后,声音经咽壁、软腭、硬腭、上齿、上唇发出;主要用胸腔、口腔和鼻腔共鸣。口腔状态的要求是:提起颧肌,放松下巴,打开槽牙,挺住软腭,各部肌肉均衡地紧张,使口腔成圆筒状,为声音的集中、明亮、圆润、持久创造必要条件。

在播音员和主持人中,对声的要求可以概括为:"准确规范,清晰流畅;圆润集中,朴实明朗;刚柔并济,虚实结合;色彩丰富,变化自如。"要获得这种发音效果的整体感觉,必须做到"气息下沉,喉部放松,不僵不挤,声音贯通,字音轻弹,如珠如流,气随情动,声随情走"。其中,"气息下沉,喉部放松,不僵不挤,声音贯通"概括了发声的基本功,而"字音轻弹,如珠如流"概括了吐字的基本功。"气随情动,声随情走"讲了语言表达的基本功。另外,播音创作要根据作品的主旨,把握作者的情感,以声传情,既要掌握科学的发声要领,反复练习,美化声音;又要以情带声不可以声造情,要根据不同稿件所体现出的层次、情感,以鲜明的声音形象,传递有效信息。

（三）气是发声的基础与动力

气是发声的基础与动力。播音发声中的气,指的是在播音过程中,为了使用有声语言传情达意,播音员和主持人控制自如使用胸腔联合式呼吸法所获得的发声动力。

从人的发声学原理看,气息是声音的原动力。气息和共鸣是表达者表达感情的重要生理条件。前者包括气息的长短、大小,后者包括腔体的上、中、下发声位置。气体变化决定了音量的大小变化,而腔体的发声决定了音质的特点。在主观情感意识的支配下,气息催生了音量,声音外化了情感。人们常说"因情用气,以情带声"就是这个道理。而不规范的呼吸方法不仅影响到声音的饱满、结实、响亮等诸方面,还会造成咽喉及声带的生理疾病,使声音变得"沙"、"嘶"、"劈"、"哑"。因此,正确的气息控制,是发声的基础,是用声音更好地传情达意的桥梁。胸腹联合式呼吸是一种有控制的呼吸。呼吸时胸腹所有器官都参与运动,使胸廓、隔肌和腹部肌肉控制呼吸能力协调合作。它不同于生活中单纯的胸式或腹式呼吸,而是需要掌握科学要领、反复训练,从而形成有控制的呼吸习惯。

播音发声对气的要求是要能符合播音创作的要求,有一定的力度,呼吸控制要自如,能够完美地配合发声的气息。有的人在诵读轻快或舒缓型节奏的作品时,因需要的蓄气量较少,能够用声自如,而对于激昂、高亢型节奏或语调变化较大的作品往往是高昂处底气不足,低沉处气虚不实,主要原因是气息既浅又不能控制所致。例如,高尔基的《海燕》最后两句"——暴风雨! 暴风雨就要来啦!""——让暴风雨来得更猛烈些吧!"诵读时应遒劲有力,昂扬振奋,读出一种撼动人心的力量。但往往有人读得"高而飘",是因为丹田气和腹膈处气息抗衡不够,拉不住气,致使丹田和后腰处气息不足所致。也有人读得"高而喊"、"高而劈",是因为没有丹田气息作支持,喉部肌肉过度用力造成的。根除的途径只有一条:练就扎实的气息,使体内形成一股自上而下的气柱,如戏剧表演艺术家程砚秋所说"气沉丹田,头顶虚空,全凭腰转,两肩放松"。

总之,为了在演播实践中真正达到字正腔圆,清晰持久、刚柔自如、声情并茂的境地,应力求做到情取其高,声取其中,气取其深。

二、情、声、气之间的关系

除了事物、事理的意义之外,语言总是带有一定的感情色彩,这种感情色彩赋予语言以情态意义。一定的情态意义靠一定的声音形式来表现,情态意义越丰富,声音形式的变化也就越多。语言本身具有极大的灵活性,它可以在不同的环境下,在不同的气氛、心理状态还有情绪和声调当中赋予不同的思想内容和感情色彩。情是内涵,是依托;声是形式,是载体;那么气是基础,是动力。由此我们可以得出结论:情是主导,是由思想感情状态的运动,指导着气息的运动,并且组织发声器官的协同动作,这样才发出表情达意的声音来。气随情动,声随情出,气生于情而融于声,这就是情、声、气的关系。所以在播音发声当中要以情代声、以声传情,而绝不能本末倒置、以声造情。在这里,对情我们又可以理解为感情、情义、情境,甚至为某种意境,这个"意境"指的是包含限定情感范围程度的语言环境和心理环境。在生活语言当中,有许许多多的词语概括情、声、气的关系。例如,从声的角度来讲,有慷慨陈词、娓娓道来、慢言细语、甜言蜜语、轻声慢语、豪言壮语、直言快语等。从气的角度来讲,有忍气吞声、有气无声、粗声大气、屏声敛气、嘘声叹气、奶声奶气等。从情的角度来讲,有情真意切、情至意尽、情意绵绵、虚情假意、真情实意等。言为心声,在进行播音创作的时候,往往是依据稿件、话题托物起兴、见景生情,把自己的主观世界也当做艺术表现的对象,把自己的主观世界对象化、客观化,把思想文字化为有声语言,把自己内在的本无情的精神世界表现出来,使受众能够具体地感受到、体验到、听得到、看得见。播音、主持中的情、声、气,情是主导、是统帅,是内在的,而声音、气息则是被统帅、被引导的,是外在的。有声语言要"形神兼备"。"神"就是情,"形"就是声音和气息。片面强调"神",必然导致"魂不附体";片面追求"形",必然造成"体不纳魂"。解决情、声,气的关系不是一项孤立的任务,播音中的情、声、气必须统一于稿件。

从因果关系说,播音、主持是因情用气、以情带声,而从语言表达角度说,又是气托声、声传情。在有声语言中,情只有通过声音和气息才可以表达,而声音和气息要积极和灵动地表达思想感情。古人说:"善歌者必先调其气。"一个优秀的播音员和主持人要会调整自己的气息,要始终让气息处于运动状态,声音可以表达丰富的思想感情,因而声音也应该是收放自如的。

所谓"情、声、气的结合",是指在播音、主持过程中要根据稿件的需要把情感、声音与气息三个要素相结合,和谐统一于播音创作中。情、声、气的结合所要追求的境界是:情、声、气三者交融,主客观高度统一。在了解情、声、气三者各自的内涵与要求的基础上,把握三者之间的联系,将情、声、气自然统一于播音创作中,是掌握情、声、气结合的重点所在。

在播音员和主持人进行创作的时候,声音是唯一的,或者是很重要的一部分表现形式。情需要通过声音和气息才能表达出来。我们播音发声情、声、气结合要追求的境界应该是情、声、气交融、主客观的高度统一。人的精神生活现象是极其复杂的,我们常说可以意会不可言传,这指的是我们感受到了、领悟到了,但是难于用语言、用概念作出具体的描述,特别是某种情绪、情怀,某种复杂的感受体验等,大多是属于情态领域里的一些东西如愤怒、高兴、爱等,我们用来划分层次的程度副词显得太少了,如有点儿、一些、比较、挺、很、太、非常、极点。我们可以说有点儿愤怒、有一些愤怒、比较愤怒、挺愤怒、很愤怒、太愤怒、非常愤怒、愤怒到极点,但是大家可以数一下,这才有几个层次呢?用这些书面语言所没法再往深层次划分的情绪,用我们的有声语言、用符合稿件、话题所提供的所有条件,情、声、气结合不是更能恰如其分地进行表达吗?这正是我们播音发声之所长。需要强调的是,情、声、气的结合,是播音发声中较高层次的实践要求。对于情、声、气艺术地处理把握,也会因播音员和主持人个人的审美感受、价值判断、声和气特色等诸多因素而产生不同,这恰恰也是诵读艺术的魅力所在。

因此,需要反复的练习,在实践中发掘个人的播音特色,体味情、声、气的完美结合。

第二节 情、声、气结合的要领

在播音发声当中要做到情、声、气高度统一,确实是不容易。要获得情、声、气统一,需要从发声上注意以下几个方面的问题。首先是气息。运动的气息来源于不停变幻的控制。其次是声音的运用。要注意声音色彩的对比,一定要用足,一定要用够、用活,要客观地认识自己的声音,抓住自己声音的特色,逐步确立自己的声音形象。最后要注意实践性。在经过由备稿到播出的整个过程中,要不断地根据稿件、话题提供的线索,不断地挖掘新的内容,找出新的感受以促进思想感情的运动,要做到这些就一定要动真情。总之,解决情、声、气的关系不是一项孤立的任务。如果脱离了稿件,就无所谓播音中情、声、气的关系。因此,播音中的情、声、气应该统一于稿件。情、声、气统一于稿件,又要处理好几个统一,即自如性与控制性的统一、规整性与多样性的统一。其次是要把握情、声、气关系的四个阶段——"会、通、精、化"。

一、自如性与控制性的统一

掌握情、声、气的结合,首先要做到自如性与控制性的统一。自如性是指从主观可能角度,情、声、气固有的适应能力。播音员和主持人应当了解自己具备的情、声、气所能达到的广度和深度。倘若播音员和主持人对某种内容、某类体裁的稿件、对某些声音形式、气息状态、对某种工作环境是适应的,就叫有自如性。控制性是指从客观要求角度,情、声、气可塑的能力。播音员和主持人应当了解不同内容、不同体裁的稿件,不同声音形式、气息状态和不同工作环境的不同要求,并根据这不同要求去演播。把握这不同要求运用情、声、气的过程就是加强控制性的过程。如果只有控制性而无自如性,情、声、气就会显得生硬,带有明显的僵化状态。必须善于把握自己情、声、气的自如状态,在可能的基础上,在深广范围内发挥自己的优势,扬己之长,避己之短,实现自如的控制性。在克服"自然"状态过程中,必须强调控制性。我们必须认识到控制性与自如性是对立的统一,在解决情,声、气的关系时不应抑此扬彼。

在控制性与自如性的对立统一中,我们还要注意二者的不平衡性。我们的目的是使二者融为一体,浑若天成。但在演播实践中,二者往往是若即若离、此伏彼起。控制性与自如性的不平衡是绝对的,无止境的,它们的平衡是相对的,暂时的。我们总是处于认识不平衡、寻找平衡的过程中,力求达到"从心所欲而不逾矩"。

二、规整性与多样性的统一

情、声、气的结合还要做到规整性与多样性的统一。规整性是播音语言的基本特点,具体是指有声语言的规范、工整、质朴、填密。它至少应该具有以下四个特征:一是字正腔圆、呼吸无声。在吐字归音上应该"字字珠玑",切忌音包字、葫芦字、棉花腔,不但要正确,规范,还要有韵律美。那种声音似乎优美,但吐字含混、咬字塌瘪的播音,并不可取。二是格式正确,轻重恰当。每一个词、词组都有轻重格式的问题,违背了轻重格式的规律不但显得语言不够规整,有时还会使得语意不清、语气生硬。三是逻辑严密、不涩不黏。按语法关系停顿连接、按主次关系突出削弱、按逻辑联系衔接呼应,按政策高度把握分寸等。不能生涩,拖沓,不宜粘连一堆,散乱一片。四是语势平稳、不浓不淡。播音、主持切忌从语势上追求大起大落、突起突落,也不宜着意夸张渲染。感情色彩太淡,给人以冰冷的感觉,而感情色彩过浓,也会造成故作多情的印象。

多样性是播音语言的根本追求,主要在于情、声、气的丰富多彩,就在于充分利用话筒并综合各种表达技巧。例如,有时用虚声,有时用气音,停顿节拍感的欲断还连,话筒偏正、远近等。这种装饰应是锦上添花,而不是画蛇添足。多样性为我们的播音再创造开辟出更为广阔的道路,绝非对播音特点的菲薄,也绝非对语言技巧的玩弄。规整性与多样性是相辅相成,水乳交融的。只有规整性,缺乏多样性,容易百人一腔、千篇一律,只有多样性,没有规整性,容易各行其是,面目全非。在播音、主持中,我们要努力把规整性融入多样性,把多样性化入规整性,达到规整性与多样性的统一,在坚持播音语言的基本特点的同时,创造姹紫嫣红的播音语言特色。

三、情、声、气结合的四个阶段

情、声、气的结合其实很难解决得尽善尽美。一般来说,"学会"只能算是入门,"学通"需要反复练习,而"学精"就比较困难了,"人化"就更难了。但"会、通、精、化"是解决情、声、气关系的四个阶段,只有实事求是地分析自己的现状,找到一条适合自己的风格进行创作的方法,才能实现情、声、气的良好结合。

(1)抓个性,要有意境。每一篇稿件都有自己的个性,从内容、目的、基调到体裁、结构、语言特点都有不同于另一篇稿件的东西。这种种不同就是我们创造它的意境的条件。抓不住个性,抓不住具体稿件的特点,不可能创造深邃的意境。因此,诵读时要首先对作品有正确的理解和分析,包括弄懂字句、了解背景、把握主旨、确定基调、分析结构等,只有将其融会贯通,才能真正地与作者进行心灵的沟通,理解作品的情并产生共鸣,从而准确地确定作品的语气和色彩,恰当地实现情、气、声的结合。

(2)抓语气,要有造型。语气是播音语言诸种技巧的中心,它不但体现播讲目的,还带动丰富的语势变化。造型,有播音员个人语言特点的风格、形象化人物的语言特征、诸种文体特殊性语言表达等,并非仅指人物的老少。

(3)抓变换,要有情彩。这里说的变换,包括思想感情的变化和声音、气息状态的转换。那种单纯追求响亮的声音的作法,不会有情彩可言,必然导致播音中缺乏多样性。

(4)抓美感,要有装饰。所谓装饰,不同于外在的、形式主义的粉饰。我们应该从美学的高度来对待、处理播音中的情、声、气,使听众得到美感享受;否则,就会有意无意地走上自然主义的歧途。

四、重视直接实践与体验

目前,很多学习者情、声、气结合的情况并不十分理想,这种状况主要是由于人们忽视了生活和工作中的直接实践和体验。忽视直接体验,也是造成主持人个性表现失范的重要原因。这是因为播音员和主持人的真实自然的情感离不开亲身实际的直接体验。同时,直接体验还会直接影响情感的表达分寸,这也是衡量一名播音员或主持人是否成熟的标志。

1. 只有直接体验才能拥有情感和声音表达的恰当方式

一个播音员和主持人能够在生活中注意体会和观察,注意到生活实践中去学习和摸索,才可以掌握好情感和声音表达的恰当结合方式。要做到激情洋溢且控制分寸,更具体地可以理解为表达和传播方式的合理性。

2. 直接体验决定了主持人意蕴的深浅

所有的意蕴是必须靠播音员和主持人自己经过多年的直接体验和实践历练才能够逐渐积累得来的。我们所说的情、声、气结合中的情字事实上不仅仅是由具体稿件或是话题引发并且由有声语言表达出来,始终运动着的情感。这是一个"小情"的概念,还有一个"大情"的概念。需要强调的是"大情"中的审美标准和价值判断是必须经过主持人深入生活、深入实践,通过加强直接体验去和受众一起彼此坦诚地交谈、交流,甚至交心,才可能去获得并长久建立的。

3.忽视直接体验也是歪曲和淡化美学研究规律的表现

播音、主持需要创造意境美,而意境美的获得必须重视直接体验。所谓意境,是传统美学思想的重要范畴,最先出现于文学创作领域。和其他门类的文学艺术作品一样,播音、主持作品具有审美性。受众在视听过程中的感知、情感、想象、理解等诸多的心理功能被调动起来,通过我们的播讲或朗诵获得信息和认知,同时得到愉悦和美的享受,使他们在心理期待和审美愉悦方面都获得体会和感悟。从这个意义上说,我们的创作过程也就获得了成功。

张颂在《简论播音艺术的欣赏层次》一文中指出:"让播音语言内涵与声音形式的有机变化进入有机融合的深处,使广大听众、观众在有限的时间里进入有限的空间,既获得众多的信息,又获得情操的陶冶,直觉的信息是美的,信息所显示的大千世界也是美的,声音欣然走入敞开的心扉,息息相通,没有阻碍。这是一种境界,是播音艺术的最高境界。"[①]从美学角度而言,受众会有自己的价值取向和审美标准,好的情感的传输一定会引起人们的共鸣,而要做到这一点,也需要播音员和主持人不断加强和重视对于直接经验的积累和学习。需要始终强调的是,播音发声时只有做到积累大量的直接体验和生活实践感受,并意识到它是间接体验所无法替代的,才能使自己的情、声、气得以很好的结合,最终获得情、声、气相统一的播音作品,进入到高层次的播音创作阶段。

第三节　情、声、气结合训练

情、声、气的结合是基本功核心训练中较高阶段层次的要求,只有循序渐进并持之以恒的大量基本功训练,才能形成用气发声与吐字归音的习惯,从而在进行语言表达时更加得心应手,真正做到情、声、气的良好结合。

在情、声、气的结合的练习阶段要注意情、声、气的结合及各种技巧的融会贯通,通过练习使声音的高低、强弱、虚实、操控能够灵活变化,做到呼吸自如、声情并茂。这一阶段可针对学生的不同需求,灵活地寻找练习的内容,多以综合练习为主。语言表达的技巧分为内部技巧与外部技巧。内部技巧主要是情景再现、内在语和对象感;外部技巧主要是重音、停连、语气、

---

① 张颂《简论播音艺术的欣赏层次》,载《论播音艺术》,北京广播学院出版社1992年版,第87页。

节奏等方面。要想做到融会贯通,没有细腻的感受和大量的训练是不行的。在教学过程中应该让学生明白,说话的最终目的是为了表情达意,任何没有情感的字词、话语都是因没有生命而不鲜活的。以"白杨"、"垂柳"这两个词语为例,白杨是一种挺拔向上的树木,给人以坚强不屈之美;垂柳是枝条柔软的一种树木,给人以妩媚柔弱之美。在练习吐字发音时,若能够加上自己的情感,这两个词语一定会有生动的表达。

情、声、气的结合,是播音、主持练声训练中要求层次较高的技能,需要在单独把握情、声、气单项技能的基础上,根据作品的特色进行具有个人特点的播音创作。要掌握情、声、气的结合,需要结合个人特点有针对性地训练和练习。本节分别选取了中外现代诗歌、中国古诗词、现代哲理散文等多种文体类型,包含喜悦、悲愤、激情、哀伤……各种不同的情感基调,供大家反复练习。语音基本功的训练要有科学的训练方法,一切有悖于基本功训练的方法和过程,都不会达到良好的学习效果。有声语言表达的学习不是一蹴而就的,它是一个循序渐进的过程。学习者应确立"冬练三九,夏练三伏"的思想,最终会经历从量变到质变的过程。

一、诗词朗诵训练及其指导

1. 李白《望庐山瀑布》

> 日照香炉生紫烟,遥看瀑布挂前川。
>
> 飞流直下三千尺,疑是银河落九天。

朗诵指导:庐山风景秀丽,香炉峰的瀑布尤为壮观,诗人以十分兴奋的心情,提笔写下了这首绝句。前两句概括地描绘了香炉峰瀑布的奇伟景象。首句从香炉峰写起,在灿烂的阳光照射下,轻轻的水汽变成了紫色的薄雾,给人一种朦胧的美感。第二句描写瀑布,一个"挂"字,生动逼真地写出了瀑布奔腾飞泻的气势。两句用夸张的比喻和浪漫的想象,集中笔墨进一步描绘瀑布的形象。"飞流"是写山高水急,"直下"是描绘瀑流直泻,"三千尺"是夸张瀑布的壮观,可以说字字珠玑,无一虚设。最后一句把瀑布比作璀璨的银河,既生动又贴切,而其中一个"疑"字率直道破是诗人的想象,令人感到意味深长。诵读时,要注意气息的保持,前两句中注意情感的适度铺垫,以突出结尾点睛之句的气魄。

2. 王之涣《登鹳雀楼》

> 白日依山尽,黄河入海流。
>
> 欲穷千里目,更上一层楼。

朗诵指导:这首诗用字精练、朗朗上口、通俗流畅,表达了作者观赏壮美景色时的那种广阔的胸襟和登高望远的哲理感悟。由于气势大、视野宽、感受强，朗诵时要着力体味浓烈的诗情和悠远的画意，节奏比较舒缓。第一句中的"依山尽"，"依"字要平声稍长渐弱，以显出"山"字的高行，在"尽"字处轻落缓收。第二句中的"入海流"，"入"字沿去声下行，有一泻千里的感觉，由强渐弱，"流"字渐强，以表现出大海滚滚而去的气势。第三句的"千里目"要稍扬渐强，以展现宽广之意。第四句的"上"字要注意，本是去声，但反而要有上行的走势，以顺势上扬到"一层楼"。

3. 岳飞《满江红》

怒发冲冠，凭阑处、潇潇雨歇。抬望眼，仰天长啸，壮怀激烈。三十功名尘与土，八千里路云和月。莫等闲、白了少年头，空悲切。　靖康耻，犹未雪；臣子恨，何时灭！驾长车、踏破贺兰山缺。壮志饥餐胡虏肉，笑谈渴饮匈奴血。待从头、收拾旧山河，朝天阙。

朗诵指导：这是一首气壮山河、传诵千古的名篇。表现了作者大无畏的英雄气概，洋溢着爱国主义激情。绍兴六年（公元1136年）岳飞率军从襄阳出发北上，陆续收复了洛阳附近的一些州县，前锋逼北宋故都汴京，大有一举收复中原，直捣金国的老巢黄龙府（今吉林农安，金故都）之势。但此时的宋高宗一心议和，命岳飞立即班师，岳飞不得已率军加回到鄂州。他痛感坐失良机，收复失地、洗雪靖康之耻的志向难以实现，在百感交集中写下了这首气壮山河的《满江红》。生于北宋末年的岳飞，亲眼目睹了华夏的山河破碎，国破家亡。他少年从军，以"精忠报国"、"还我山河"为己任，转战各地，艰苦斗争，为的是"收拾旧山河"。这首词所抒写的即是这种英雄气概。上片通过凭栏眺望，抒发为国杀敌立功的豪情，下片表达雪耻复分，重整乾坤的壮志。"三十功名尘与土，八千里路云和月，莫等闲、白了少年头，空悲切。""三十"两句，自伤神州未复，劝人及时奋起，可为千古箴铭，而"八千里路"严峻激烈的复国征战，尚露热血之奋搏，遂以"莫等闲"自我激励，实现其驱除胡虏，复我河山之壮志。阅读这首经典作品，要注重体现一种英雄气概，注重情、声、气的结合。

4. 崔颢《黄鹤楼》

昔人已乘黄鹤去，此地空余黄鹤楼。

黄鹤一去不复返，白云千载空悠悠。

晴川历历汉阳树，芳草萋萋鹦鹉洲。

日暮乡关何处是，烟波江上使人愁。

朗诵指导：这是一首怀土思乡的七律古诗，节奏凝重，沉稳。朗诵时要注意"黄鹤"和"空悠悠"，将其融入语气中，以强调感慨万千的心境。另外，诗中"何处是"的"何"字,表达了遥望故乡而产生的迷茫惆怅的情绪,注意语气要沉稳上行,再降至"处是",以体现这种思乡情。最后的"愁"字点出感受,因此"使人"要和"愁"字形成一定的对比,以便到"愁"字时平收,渐弱,点题。

5.李清照《声声慢》

寻寻觅觅,冷冷清清,凄凄惨惨戚戚。乍暖还寒时候,最难将息。三杯两盏淡酒,怎敌他、晚来风急。雁过也,正伤心,却是旧时相识。　　满地黄花堆积,憔悴损,如今有谁堪摘?守着窗儿,独自怎生得黑?梧桐更兼细雨,到黄昏、点点滴滴。这次第,怎一个愁字了得?

朗诵指导:这首词写在靖康之变后,李清照国破,家亡,夫死,伤于人事。她的作品再没有当年那种清新可人、浅斟低唱,而转为沉郁凄婉,主要抒写她对亡夫赵明诚的怀念和自己孤单凄凉的景况。这首词起句一连用七组叠词,极富音乐美,犹如一种莫名其妙的愁绪在心头和空气中弥漫开来,久久不散,余味无穷。声调上也特别讲究,用了不少双声叠韵字,如将息、伤心、黄花、憔悴、更兼、黄昏、点滴都是双声;冷清,暖还寒,盏淡,得黑都是叠韵。综观全词,作者以通俗自然的语言、铺叙的手法写景抒情,抒发的那种非比寻常的凄苦哀愁,格调看起来虽显低沉,却始终含蓄而曲折;心中极愁,景景含愁,却始终不肯说破这一愁情。全词写来尽管没有一滴泪,然而给人们的感觉却是"一字一泪,满纸呜咽",营造出一种"一重未了一重添"的凄苦氛围。诵读时需要注意的是通过情、声、气的结合要注意突出这种含蓄而曲折的意境,注意情感的层层推进,并在停顿处留给人更多的思索空间。

6.王怀让《我骄傲我是中国人》(节选)

在无数蓝色的眼睛和褐色的眼睛之中,
　　　　我有着一双宝石般黑色的眼睛,
　　　　我骄傲,我是中国人!
　　　　在无数白色的皮肤和黑色的皮肤之中,
　　　　我有着大地般黄色的皮肤,
　　　　我骄傲,我是中国人!

　　　　我是中国人——
　　　　黄土高原是我挺起的胸脯,
　　　　黄河流水是我沸腾的热血,
　　　　长城是我扬起的手臂,
　　　　泰山是我站立的脚跟。

我是中国人——

我的祖先最早走出森林，

我的祖先最早开始耕耘，

我是指南针、印刷术的后裔，

我是圆周率、地动仪的子孙。

在我的民族中

不光有史册上万古不朽的

孔夫子、司马迁、李自成、孙中山，

还有那文学史上万古不朽的

花木兰、林黛玉、孙悟空、鲁智深。

我骄傲，我是中国人！

我是中国人——

在我的国土上不光有

雷电轰不倒的长白雪山、黄山劲松，

还有那风雨不灭的井冈传统、延安精神！

我是中国人——

我那黄河一样粗犷的声音，

不光响在联合国的大厦里，

大声发表着中国的议论，

也响在奥林匹克的赛场上，

大声高喊着"中国得分"。

当掌声把五星红旗托上蓝天，

我骄傲，我是中国人！

我是中国人——

我那长城一样巨大的手臂，

不光把采油钻杆钻进外国人

预言打不出石油的地心；

也把通信卫星送上祖先们

梦里也没有到过的白云；

当五大洋倾听东方声音的时候，

我骄傲，我是中国人！

朗诵指导：《我骄傲我是中国人》是诗歌朗诵中的经典篇目，风格雄浑，豪情万丈,气吞山河。诵读时要特别注意情感的把握,在激昂的情绪中把握住气息与声音的控制。

7.[匈牙利]裴多菲《我愿意是急流》

我愿意是急流,　　　　　　　　只要我的爱人
山里的小河,　　　　　　　　　是青青的常春藤,
在崎岖的路上、　　　　　　　　沿着我荒凉的额,
岩石上经过……　　　　　　　　亲密地攀援上升。
只要我的爱人
是一条小鱼,　　　　　　　　　我愿意是草屋,
在我的浪花中　　　　　　　　　在深深的山谷底,
快乐地游来游去。　　　　　　　草屋的顶上
　　　　　　　　　　　　　　　饱受风雨的打击……

我愿意是荒林,　　　　　　　　只要我的爱人
在河流的两岸,　　　　　　　　是可爱的火焰,
对一阵阵的狂风,　　　　　　　在我的炉子里
勇敢的作战……　　　　　　　　愉快地缓缓闪现。
只要我的爱人
是一只小鸟,　　　　　　　　　我愿意是云朵,
在我的稠密的　　　　　　　　　是灰色的破旗,
树枝间做巢,鸣叫。　　　　　　在广漠的空中,
　　　　　　　　　　　　　　　懒懒地飘来荡去,

我愿意是废墟,　　　　　　　　只要我的爱人,
在峻峭的山岩上,　　　　　　　是珊瑚似的夕阳,
这静默的毁灭　　　　　　　　　傍着我苍白的脸,
并不使我懊丧……　　　　　　　显出鲜艳的辉煌

朗诵指导:《我愿意是急流》是匈牙利诗人裴多菲的诗歌代表作,写在诗人与尤丽娅热恋时期,是一首向自己所爱表白爱情的诗。1846年9月,23岁的裴多菲在舞会上结识了伊尔诺·茨伯爵的女儿森德莱·尤丽娅。裴多菲对尤丽娅的情感不可抑制,在半年时间里发出了一首首情诗,其中包括《我愿意是急流》。这些抒情诗中的珍品,鼓动尤丽娅冲破了父亲和家庭的桎梏,在一年后同裴多菲走进了婚礼的殿堂。《我愿意是急流》堪称典范。全诗清新、自然,毫无造作之感。同时,又给了爱情一个新的诠释——朴实、自然。通篇用"我愿意是……/只要我的爱人……"式结构回环连接,意象组组对比排列,其间又含暗喻,诗句一气呵成,给人一种耳目一新的感觉。全

诗"我"以"急流"、"荒林"、"废墟"、"草屋"、"云朵"、"破旗"来自喻,这些事物都是朴实的,纯真的;而"爱人"则是"小鱼"、"小鸟"、"常春藤"、"火焰"、"夕阳"的化身,这些事物都是可爱的,柔美的。诗人在遣词造句方面也很注重"自然"二字,全诗没有任何华丽的辞藻修饰,却有极其普通的语言点缀,如"崎岖的"、"勇敢的"——这就避免了作品的"繁冗拖沓",而备显自然亲切。透过诗人的字里行间,忠贞的爱情观一目了然:"我愿意是急流……只要我的爱人是一条小鱼……""我愿意是荒林……只要我的爱人是一只小鸟……"此外,诗人对自由生活的追求与向往也始终贯穿于全诗,使得纯洁的爱情与自由的生活有机地融入朴实的言语之中,让读者深深地沉浸在情景交融的诗行中。朗诵时,注意把握诗歌的情绪特征,通过情、声、气的配合,突出诗歌的感人力量。

  8.［爱尔兰］叶芝《当你老了》(袁可嘉译)

    当你老了,头白了,睡意昏沉,
    炉火旁打盹,请取下这部诗歌,
    慢慢读,回想你过去眼神的柔和,
    回想它们昔日浓重的阴影;

    多少人爱你青春欢畅的时辰,
    爱慕你的美丽,假意或真心,
    只有一个人爱你那朝圣者的灵魂,
    爱你衰老了的脸上痛苦的皱纹;

    垂下头来,在红光闪耀的炉子旁,
    凄然地轻轻诉说那爱情的消逝,
    在头顶的山上它缓缓踱着步子,
    在一群星星中间隐藏着脸庞。

  朗诵指导:叶芝是20世纪诗歌大师之一。24岁的叶芝遭遇了他一生中最爱的女演员、爱尔兰独立运动战士茅德·冈,但多次求婚未果。诗人叶芝也只能借助诗歌抒发对茅德·冈的无限恋爱,本诗即是其中之一。诗里没有华丽的辞藻,没有甜蜜的柔情,甚至听不到一句爱的誓言。诗人用略带悲哀的语调,诉说着不可挽回的爱情。他悲哀,因为心中的爱人辨不出真伪,而当她能分辨出来的时候,他们都已老去,天各一方,鸳梦难圆。

二、散文朗诵训练及其指导

  1. 鲁迅《雪》(节选)

　　暖国的雨，向来没有变过冰冷的坚硬的灿烂的雪花。博识的人们觉得他单调，他自己也以为不幸否耶？江南的雪，可是滋润美艳之至了；那是还在隐约着的青春的消息，是极壮健的处子的皮肤。雪野中有血红的宝珠山茶，白中隐青的单瓣梅花，深黄的磬口的腊梅花；雪下面还有冷绿的杂草。胡蝶确乎没有；蜜蜂是否来采山茶花和梅花的蜜，我可记不真切了。但我的眼前仿佛看见冬花开在雪野中，有许多蜜蜂们忙碌地飞着，也听得他们嗡嗡地闹着。

　　孩子们呵着冻得通红，像紫芽姜一般的小手，七八个一齐来塑雪罗汉。因为不成功，谁的父亲也来帮忙了。罗汉就塑得比孩子们高得多，虽然不过是上小下大的一堆，终于分不清是壶卢还是罗汉；然而很洁白，很明艳，以自身的滋润相粘结，整个地闪闪地生光。孩子们用龙眼核给他做眼珠，又从谁的母亲的脂粉奁中偷得胭脂来涂在嘴唇上。这回确是一个大阿罗汉了。他也就目光灼灼地嘴唇通红地坐在雪地里。

　　第二天还有几个孩子来访问他；对了他拍手，点头，嬉笑。但他终于独自坐着了。晴天又来消释他的皮肤，寒夜又使他结一层冰，化作不透明的水晶模样；连续的晴天又使他成为不知道算什么，而嘴上的胭脂也褪尽了。

　　但是，朔方的雪花在纷飞之后，却永远如粉，如沙，他们决不粘连，撒在屋上，地上，枯草上，就是这样。屋上的雪是早已就有消化了的，因为屋里居人的火的温热。别的，在晴天之下，旋风忽来，便蓬勃地奋飞，在日光中灿灿地生光，如包藏火焰的大雾，旋转而且升腾，弥漫太空，使太空旋转而且升腾地闪烁。

　　在无边的旷野上，在凛冽的天宇下，闪闪地旋转升腾着的是雨的精魂……

　　是的，那是孤独的雪，是死掉的雨，是雨的精魂。

　　朗诵指导：《雪》是鲁迅先生十分著名的散文。文章通过江南雪野妩媚多姿和朔方飞雪磅礴气势的对比，抒发了对当时黑暗现实的强烈不满，对美好事物的无限怀念，以及对新生活的强烈期盼之情。《雪》的语言风格呈现出含蓄美和质朴美，很适合朗诵，是一篇韵律基调优美的抒情文章。

　　《雪》从"暖国的雨"开头，到"是雨的精魂"收笔共六个自然段。前三段仔细描绘了"江南的雪"，后三段则着力写出"朔方的雪"，要始终把握贯穿主线，驾驭有声语言的节奏、语气、语调、语势，展现了一幅时间与空间、听觉与视觉交织的画面，让听者在超尘脱俗、余味无穷的立体雪景图中，领悟鲁迅先生《雪》的优美意境。主要表现在对有声语言的呈现上，赋予语气庄重优美的色彩，如春雨润物般地娓娓叙述，将听觉美感转化为视觉美感，把《雪》

这一抒发情怀的优秀篇章演绎得动人心弦,让听者享受到一次纯净美妙的心灵漫游。

2. 朱自清《春》(节选)

桃树、杏树、梨树,你不让我,我不让你,都开满了花赶趟儿。红的像火,粉的像霞,白的像雪。花里带着甜味,闭了眼,树上仿佛已经满是桃儿、杏儿、梨儿。花下成千成百的蜜蜂嗡嗡地闹着,大小的蝴蝶飞来飞去。野花遍地是:杂样儿,有名字的,没名字的,散在花丛里,像眼睛,像星星,还眨呀眨的。

"吹面不寒杨柳风",不错的,像母亲的手抚摸着你。风里带来些新翻的泥土的气息,混着青草味,还有各种花的香,都在微微润湿的空气里酝酿。鸟儿将窠巢安在繁花嫩叶当中,高兴起来了,呼朋引伴地卖弄清脆的喉咙,唱出宛转的曲子,与轻风流水应和着。牛背上牧童的短笛,这时候也成天在嘹亮地响。

雨是最寻常的,一下就是三两天。可别恼。看,像牛毛,像花针,像细丝,密密地斜织着,人家屋顶上全笼着一层薄烟。树叶子却绿得发亮,小草也青得逼你的眼。傍晚时候,上灯了,一点点黄晕的光,烘托出一片安静而和平的夜。乡下去,小路上,石桥边,撑起伞慢慢走着的人;还有地里工作的农夫,披着蓑,戴着笠的。他们的草屋,稀稀疏疏的在雨里静默着。

天上风筝渐渐多了,地上孩子也多了。城里乡下,家家户户,老老小小,他们也赶趟儿似的,一个个都出来了。舒活舒活筋骨,抖擞抖擞精神,各做各的一份事去,"一年之计在于春";刚起头儿,有的是工夫,有的是希望。

朗诵指导:《春》是朱自清散文中的名篇佳作,是一篇满贮诗意的散文。它以诗的笔调,描绘了我国南方春天特有的景色:绿草如茵,花木争荣,春风拂煦,细雨连绵,呈现一派生机和活力;在春境中的人,也精神抖擞,辛勤劳作,充满希望。《春》是一幅春光秀丽的画卷,一曲赞美青春的颂歌。

诵读这篇散文要注意把握积极、乐观的基调,通过情、声、气的配合,体现春的美好与春天到来时的欣喜心情。本文采用了大量的口语,语言风格简朴、活脱,生动活泼,节奏明快,语短意丰,表现力强,朗读时应注意体现。

3. 刘墉《迟》(节选)

"迟"这个字真是耐人寻味,"迟到"的迟是晚;"迟缓"的迟是慢;"迟钝"的迟是拙;"迟疑"的迟是犹豫;"迟明"的迟是接近。

迟有时是那么优雅,像"姗姗其来迟";迟有时是那么威严,譬如"无体之礼,威仪迟迟";迟有时又是那么蕴藉,好比经中的"春日迟迟";而迟却又常变得那么令人沮丧,尤其是当我们发觉"今生已迟"。在儿童时代,我们最常用这个迟字,总是怕迟到学校、怕迟交作业,那时迟对我们小小的心灵,唯一的意思,就是"晚"。成年之后,我们不再常用"迟"这个字,但是每当说到迟,"迟了一步"、"起步太迟",那迟便有了许多挽不回的意味。到了老年,我们将很少用迟这个字,因为反应迟钝、行动迟缓,反正什么事都少了争,便也不再计较迟不迟,而到那时,如果偶尔说出个迟字,似乎就有此生再也赶不及的慨叹了。

迟,在这迟迟的人生,在我们迟迟的脚步间,迟缓的行动和反应中,有多少迟迟的季节飘逝了! 抬头,才是迟明的少年;回首,已是迟暮的白发,而悟已迟、悔已迟、恨已迟,此生已迟。迟,一个多么缓慢柔软,又触目惊心的字啊!

朗诵指导:刘墉在散文中,以自己的睿智从生活中的点滴中表达人生的感悟。在看似平淡的叙述中,表达内心深处的感慨。在诵读时要注意深刻体会作者的心情和感情。这篇文章要特别注意断句换气的处理。

4.周聪《多情自古江南雨》(节选)

都说雨中的江南最有味道。我的江南之行何其幸运,在蒙蒙细雨中彻底感受到江南水乡的神韵。那些古镇好像都是为雨而设置的,站在廊棚下,听滴滴答答的雨打在古老琉璃瓦上,打在青石板上,总有一种平平仄仄的韵律感。看柔柔的雨丝顺着屋檐串串珠儿似地洒落,淅淅沥沥地落在烟雨濛濛的河里,感觉别有一番风味。

江南的雨,像牛毛,像花针,像细丝,密密而斜斜,绵绵而潇潇,似烟似雾,似幻似梦,为江南披上了一层神秘的面纱。诗人们是从来都不会错过这擦肩而过的灵感。雨巷诗人戴望舒的一首《雨巷》把那种梅雨时节江南小巷在雨中渺茫朦胧的感觉的美渲染得淋漓尽致。

江南的雨是惆怅的。梅雨时日,绵绵的雨丝像扯不完的银线,淅淅沥沥从早到晚下个不停。这样的时候感情最容易发酵。很容易勾起人们对如烟往事的怀恋。雨中的沈园不容错过。因为在雨中,那潮湿的忧思和惆怅,自然地会爬上心头,而那经久不衰的凄婉的爱情故事的每一个细节,都会浮现在你的眼前。还有那座断桥,那座在梦里等了千百次的断桥,也应该去走走,去问问桥边雨中静默着依依的杨柳,它会跟你讲一个永不褪色的情感故事。

江南的雨是柔和的。像一种淡淡的香气,不断弥散开来,直到天变得柔和了,人也变得平和了,做起事来也心平气和。"一方水土养一方人",江南女孩在雨的滋润下,变得柔声细语,美丽动人。真的,有时你会感觉,雨中的江南像极了江南的女子,淡雅而不失芬芳,带着雨的晶莹和剔透,静静地走入你的心里。

江南的雨是轻盈淡雅的。"润物细无声",你放眼看去,整个天地笼在袅袅的烟雾里,有一种朦朦胧胧的感觉。江南的雨,像极了江南的山水,是淡淡的,清清的,当柔柔细雨飘过江南古朴的小镇,小镇便有了一种古典的忧郁,美得让你心动。

江南的雨是充满灵性的。当你泛舟西湖上,望着舱外烟雨迷濛的景象,体会"山色空濛雨亦奇"味道时,即使你不是诗人,也会被这诗意的景象感染,因为空灵的天幕,无垠的湖面,缠绵的烟柳,都如诗如画。你的心灵会在这当中得到净化。

江南的雨,如梦,如诗,如歌,如韵!

江南的雨是婉约的雨。江南雨的精魂,在唐诗宋词的意境里。

朗诵指导: 这篇散文勾勒出江南的雨独特的意境,作者的情感也仿佛江南的雨一般,含蓄而充满意蕴。诵读时,要把握住情感的运动,要通过情、声、气的结合,将听众带入江南水乡的如诗如画的意境中,共同体味江南水乡的意蕴。

5.《大国崛起·第十二集大道行思》(节选)

大国之谜

1492 年 10 月 12 日,这一天,大西洋强劲的信风将哥伦布的船队送上了梦寐以求的新大陆,也就此吹开了隔绝各个大陆的无形屏障。从这一天起,来自欧洲的航海家们,用新航线连接起一个完整的"世界"。正是他们,用激情划破了海面幽蓝的平静,满载着贸易货物和火炮利器,在追求财富的雄心鼓荡下,启动了大国的旅程。

从此,大国、强国的兴衰,将不再是封闭舞台上自我演绎的故事。相互的注视、融合和冲突,影响着所有剧情的走向。世界性大国出现了。那些拥有强大凝聚力的国家,最先把机会抢到手里。

大国之惑

大国崛起以后,将会演绎出什么样的故事呢?

1494 年,在没有人准确地知道这个世界究竟有多大的时候,当时的两个海上强国葡萄牙和西班牙,就用一纸契约,像切西瓜一样把地球一分两半。从那以后,与大国崛起相伴随的,总是殖民地的扩张、划分和掠夺。

这个世界有时像黑白照片那样对比鲜明:大自然慷慨地赐予了非洲的热带和亚热带地区丰富的资源,但那里的人们却过着贫困的生活。早期大国对殖民地的剥夺是惊人的。虽然,大国也给殖民地带去了一些现代文明,但当地人却付出了极高的代价,他们不仅失去了自己的经济资源,也失去了国家的政治尊严,那就是民族的独立和平等。

大国称霸的故事虽然丰富多彩,却从来都缺少美好和顺利的故事线索。因为它造成的麻烦总比解决的问题要多得多。它固然拥有让世界刮目相看的荣耀,同时也面临着如何保持和扩大利益的烦恼。

……所有的大国都试图建立符合自己利益的世界秩序,所以它们总是为世界秩序出谋划策。实际上,那些正在崛起的国家想要打破这种秩序,因为他们试图取代以前的大国。

于是,战争,大国之间的战争,似乎成为历史上打破和重建世界格局的必由之路。但迄今为止,还没有新兴大国直接打败霸权国的先例。德国的兴衰,就是历史留给所有大国的一个深刻思考。为了保护自己的利益,欧洲列强在几个世纪中以各种方式阻止德意志统一,令这片欧洲中部的土地饱受分裂的屈辱。1871 年,奋发图强半个多世纪的德国终于统一。当这个新兴的大国遵循欧洲大国均势原则的时候,它在和平的环境中获得了快速的发展,成为欧洲第一经济强国。但是,当它试图为自己争取阳光下的地盘而发动战车后,则一败涂地。

历史的教训是:一意逞雄的国家,等于是放弃了从容崛起的主动,最后的结果并不美好。历史的教训还在于:所有企图靠战争来征服、压迫和掠夺其他国家的大国,其结局总是和他们的愿望相反。

学者们喜欢用这样的语言来形容德国:这是一个奇妙的国家,它要么考问世界,要么拷打世界。当它用思想来考问世界时,它是伟大的;当它用战争来拷打世界时,便有了上个世纪的两次世界大战。

1970 年的一天,德国人开始考问世界了。这是人们已经熟悉的镜头。时任联邦德国总理的勃兰特向"二战"中被纳粹德国屠杀的犹太人谢罪。世界舆论评价说,跪下去的是勃兰特的双腿,站起来的是整个德意志民族的精神。

在这一跪一站之间,人们走到了真理的门槛前,开始做出新的选择。

历史一再证明:没有永远的霸权国家。大国的兴衰交替,是不可避免的历史法则。历史也同样告诉我们:从大国崛起到持续强大,然后转入衰退,是一出需要耐着性子观看的历史长剧。

英国首相丘吉尔在回忆录里这样描述自己参加雅尔塔会议时的心情:"我的一边坐着巨大的俄国熊,另一边坐着巨大的北美野牛。中间坐着的是一头可怜的英国小毛驴。"

20 世纪见证了英帝国全球霸权的衰落,日不落帝国的昔日风光已经不再。但是,英国作为大国的历史并没有落幕,今天,人们依然能看到它在世界舞台上绝非是可有可无的演出。

五百年争霸的历史一去不返了,无论是曾经的帝国,还是今天渴望强大的新兴力量,都必须更加理智地在 21 世纪寻找新的大国之路。

朗诵指导:《大国崛起》是中央电视台的 2006 年推出 12 集大型电视纪录片,记录了葡萄牙、西班牙、荷兰、英国、法国、德国、俄国、日本、美国 9 个世界大国相继崛起的过程,并总结大国崛起的规律。这是中国中央电视台第一部以世界性大国的强国历史为题材并跨国摄制的大型电视纪录片。中国正走在中华民族伟大复兴的道路上,中国的富强,将创造人类发展史上的重大事件,这一过程深刻影响着世界格局。近代以来 160 多年的追赶,使我们更需要去探索自己的强国之路。本文节选自第十二集《大道行思》(结篇),试图总结与思考大国崛起的多种原因与中国未来的发展之路。朗诵时应注重把握纪录片配音中情绪运转、气息流畅和声音变化等因素的结合,注意调动技巧引领受众进入理性思考的空间。

6. 白水《父爱》

山里的雾,很大,潮湿。

熟悉的路,一前一后,走了很长,很久。

终于,我停下脚步,接过父亲背上的竹篓,连同他沉甸甸的希望。

"爸,回吧。"我说。

"娃,来信。"他叮嘱。简单的送别,父亲没有更多的言语。

走出很远很远,我回头了望,父亲的身影和巍峨的高山一起隐在雾的怀里,就在那一刻,父亲把自己铸成了我永恒的向往。

当我为这个世界的黑暗和痛苦发出第一声哭喊时,父亲就像山那边每天升腾的那轮红红亮亮的太阳,点亮了我的整个世界。一束束灿烂的光线把童年串成一首首歌谣,我在时光的秋千里荡着,无忧无虑。父亲的大胡子蹭出我天真的笑声灌满山林。尽管有时过分顽皮,我会尝到巴掌,所有的鸟都不唱了,林子也很空旷,许久之后,我才知道父爱是大胡子也是巴掌。

父亲的躯体是那样魁梧结实。他以山岩般的力度抵御着向我吹来的寒风冷雨。任凭岁月剥落了他青春的肤色,撕扯他坚毅的面庞,而我在平静的山谷里用纸折了一架架飞机,蓝天上放飞着我一个个的梦想。

父亲的手是魔术师的手。他用自己平凡的双手为我构筑了安乐的小屋。

尽管被阴雨淋得苍白,被风沙吹得粗糙,但是它的温馨却一时一刻也不曾动摇。

在我前行的路上,父亲用他的手填平了一个个沟壑铲除了一个个路障,又用十指在我无知的大脑里勾画出智慧的光环。

父亲的目光是那么深透,它永远在鞭策着我,却又在我的身边竖成两道栅栏,矫正我前行的路。

我做错事时,父亲的目光碰撞出无声的霹雳,震颤着我的心。当我做了好事等待夸奖时,父亲却又那么吝惜自己的言语,他那似乎漫不经心的目光总是把我的眼神牵引到更高更远。

父亲的足迹是深深的、大大的,我总是在他的背影下,栖在他的足迹里用稚嫩的手摸着浸满沧桑的纹理,读着父亲。岁月的延伸使父亲的足迹成为两条平行线,我用自己的双臂倚着父亲的足迹,翻阅着每一个章节。父亲为我不断地续写着这本无言的书,我渐渐忘记了善与恶、荣与辱、苦与乐……父亲的血在我的血管里涌动着,我开始用父亲的尺码丈量自己的人生……

枫叶飘落的季节里,父亲的腰渐渐弯了背渐渐驼了。山里的风也在父亲的脸上刻出了道道皱纹,我沿着这一级级台阶向上攀缘,渐渐地我长大了,父爱却始终萦绕在浓浓的雾里,流溢在那一枚普通邮票砌起的长城中……

父爱是一汪碧海,我泛舟在海面上,却永远也泛不出父亲深深的眼底。

朗诵指导:母爱似水,父爱如山,"父爱是一汪碧海,我泛舟在海面上,却永远也泛不出父亲深深的眼底"。尽管父爱没有母爱的温馨,却为我们的一生写满了鼓励与期待,它是我们人生海洋中的醒目的风向标。作者用朴实的语言娓娓道出了父爱的伟大,朗读时注意用平实的语气,深情而凝重,不宜夸张。

三、新闻稿件播读训练及其指导

1.许晓青《谢幕一刻,中国感谢世界》(节选)

第29届夏季奥林匹克运动会的大幕即将落下,"主人公"中国站在舞台中央。这一刻,她并不孤独。这一刻,她想倾诉对世界的感激。

7年前,承蒙世界的信任,奥运会选择了中国北京。

7年后,来自爱琴海畔的奥运圣火首次在东方文明古国点燃。7年的准备,17天的盛会,中国学会谦逊地面向世界。

谢幕一刻,中国感谢数十位奥运"洋帅"。

诸多"洋教头"为缔造中国的奥运"奖牌神话"不眠不休、挥洒汗水。法国"神剑之师"鲍埃尔,帮助中国剑手在时隔24年之后重尝奥运金牌滋味。

加拿大教头马克默默无闻,将孟关良、杨文军送上蝉联奥运皮划艇冠军的领奖台。

无论获得奖牌、还是没有获得奖牌,中国人将铭记他们的名字:金昶伯、丹尼斯、井村雅代、莫雷隆、尤纳斯、马赫、姜在源、伊戈尔……

谢幕一刻,中国感谢甘当幕后英雄的无数奥运"外援"。

因为奥运会,北京拥有了全球最前卫的标志性建筑。中国人铭记,"鸟巢"和"水立方"同是中西合璧的结晶。"鸟巢"最初的"筑巢人"包括瑞士人雅克·赫尔佐格、皮埃尔·德梅隆;"水立方"蕴含着来自"海洋之国"澳大利亚的睿智。上千公顷的奥林匹克公园,则获益于美国设计团队的灵感。

率先建议上百万北京奥运志愿者"微笑,再微笑"的,是悉尼奥运会的"老前辈"。辅导中国厨师烧出每一道奥运佳肴的是两位美国大厨。不胜枚举的国际奥委会观察员、外国专家组成员,以及来自90余个国家和地区的上千名外籍志愿者,为奥运"八仙过海、各显神通"。

谢幕一刻,中国感谢曾用严词苛责批评北京奥运会的外国媒体。

舆论是北京奥运"最好的老师"。北京的空气质量、中国人的英语会话能力和人文修养,甚至于公厕的数量、民众随地吐痰的恶习,都曾备受质疑。尽管一些言语听来并不悦耳,但中国以不断开放的姿态,殚精竭虑,试图改变。如今,或有点滴的进步,也受惠于种种尖锐的批评。

谢幕一刻,中国感谢罗格与萨翁。

两位在奥运领域"最德高望重的人",七年来,不离不弃,力挺北京。2008年,罗格在不同时间、不同场合,多次向世界阐释"北京为改善环境质量所付出的艰辛",他直白地游说外国运动员,尽快放弃"戴口罩进京"的离奇想法。

萨马兰奇在北京的出现,就是对北京奥运会的最大支持。他与罗格,携手为北京奥运剔除"不必要的政治争议"。两人对此不遗余力。

谢幕一刻,中国感谢菲尔普斯与博尔特。

北京奥运会赛场,奇迹不断发生,共有38项世界纪录被打破。菲尔普斯、博尔特所缔造的"金牌神话",为"更快、更高、更强"的奥林匹克精神贴上了"北京奥运"的标签。百年前,顾拜旦所描述的、充满"美丽、勇气、乐趣"的奥运会,在北京重现。

谢幕一刻,中国感谢整个奥运大家庭。

北京奥运会,共有80多位首脑人物亮相,创造了奥运史上最大规模的"峰会"。从布什父子着休闲装亮相,到马绍尔群岛首次步入奥运赛场,再到伊拉克运动员几经波折最终如愿参赛,北京奥运会既是巨头们的"秀场",也是奥林匹克精神的神圣践行地。

谢幕一刻,中国感谢世界。

这个曾经古老的国度,经历了一场罕见的文明洗礼。奥运会留给中国人不仅仅是 17 天的回忆,而可能是一种更趋冷静的自省能力。

奥运会是一面镜子,照出世界,也照出中国自己。奥林匹克的精神遗产将永留中国人的心田,影响中国、也影响世界的未来。

"东学西渐"抑或是"西学东渐",千余年来中国与西方、中国与世界,在一种矛盾迂回的关系中徘徊。历史的起伏有时充满了冲突、指责、愤懑和悲情。

北京奥运会是一场前所未有的"全球文化交融",正在发展的中国,虽不完美,但已经学会张开双臂面向世界——向世界学习,并由衷感谢世界。

这不会是"欧洲中心论"的重复。今天,中国人走好自己的路,做好自己的事,心态更平和,胸襟更开放。她们与世界的关系,正在发生微妙的变化——她们拥抱世界,她们感谢世界。

播读指导:2008 年中国奥运成为每个中国人的自豪与骄傲。中新社在 2008 年 8 月 24 日北京奥运闭幕之时,发表了这篇《谢幕一刻,中国感谢世界》,体现了一个国家的胸怀。朗读时注意把握情感的适度调节,情感的表达要与气息和声音有效结合,要反复体会作为一篇新闻时评的文体特色、现实背景与深刻内涵。

2. 熊维建《贫困大学生武玉杰倒卖车票被警方刑事拘留》(节选)

北京科技职业技术学院贫困生武玉杰,由于代同学买火车票获利被铁路警方刑拘。校方确认武玉杰是在代同学买票,而铁路方面认为武玉杰的行为属倒卖车票。如果铁路警方对武玉杰作出刑事拘留的正式处罚的话,那么根据校规武玉杰将面临被开除的危险。

武玉杰是一名从安徽农村来京求学的贫困大学生。2005 年,他曾因家庭贫困欠下 2000 多元住宿费而被学校"清理"出学生宿舍,辗转之中,他依然坚持求学。而他成为"票贩子"的罪证就是他确实是给同学买票了,而且每张票收取 5 元的辛苦费。

这一事件之所以引起人们关注和争议,一是武玉杰是"贫困生";其次,时下正值春运时节,而大学生"票贩子"让人感觉比较新鲜;再次,就是这个贫困生将会面临何种处罚。

播读指导:这是一条社会新闻且是负面新闻。播读之前先将稿件全文浏览一遍。虽然作者是客观报道,但也流露出对这位大学生的惋惜之情。播音的态度、分寸的把握应和消息的报道者一致。由于一边是法,一边是情,让受众一时难以分辨,给他们留出了思考的余地。全文的基调应当把握在客观、惋惜、思考的尺度上。第一段虽是导语,新闻事实已经基本明晰。什么人——北京科技职业技术学院贫困生武玉杰。什么事——被铁路警方刑事拘留。什么原因——由于代同学买火车票获利。校方确认武玉杰是在代同学买票;铁路方面认为武玉杰的行为属倒卖车票。什么结果——如武玉杰被警方正式处罚,他也将面临被学校开除的危险。在第一自然段的第一层意思中,"贫困生"、"武玉杰"、"代买火车票"、"获利"、"刑拘"应看成是主要重音加以强调,态度要郑重。第二层意思中分别介绍了校方和警方分析的原因。警方和校方比较的结果,当然警方是强势。强势处理武玉杰的后果,他会面临被开除的危险。播音中要把武玉杰面临的最坏结果显现给受众。"那么根据校规武玉杰将面临被开除的危险"的语气是遗憾的。第二段作者介绍了武玉杰的背景资料以及被刑拘的原因。在这里被刑拘的原因是主要的,要凸显一下"确实"、"5元"。新闻的结尾是在最后一段,出现新闻后的趋势及其发展。"引起人们关注和争议",争议有三点,这三点应该说都很重要,但第三点是受众最为关注的。"这个贫困生将面临何种处罚。"这里的"何种"这个词要提示给受众。

思考题

1. 简要说明什么是播音发声过程中的情、声、气。
2. 简要说明播音发声过程中的情、声、气的关系。
3. 情、声、气结合应掌握哪些基本要领?请结合实际感受加以说明。

第九章　科学用声及嗓音保护

播音发声是以人的嗓子作为乐器的。由于这一乐器的内部构造、动态面貌较为抽象,不易捉摸,在学习发声的过程中常常带有较大的主观性和盲目性。因此,为了能够最大限度地避免主观性和盲目性,必须寻求并发展正确的、符合科学原理的发声方法,纠正不良的发音习惯,通过自身的努力用好播音发声的这把"乐器",不断提高人类自身的发声能力。

第一节　科学用声的基本方法

发声是人类最基本的生理活动之一。声音的形成不是靠一个器官来完成的,它是通过呼吸器官、制声器官、共鸣器官和咬字吐字器官的密切配合、相互协调而共同完成的。声音的好坏直接关系到播音员和主持人工作的优劣、成败。如果发声振动器官运动过度、发音方法不当,就会引起一系列病态改变,如声带小结、声带出血、声带水肿等。如果时间过长又得不到及时治疗,声带还会发生慢性增生性改变,如声带出现肥厚、结节、息肉等,这就是嗓音科学所说的职业性喉病。一旦发生上述改变,说话的声音就会变得沙哑,音色也会发生异常,甚至可能"倒嗓",严重者不得不暂时停止工作,有的不得不放弃自己所热爱的职业。怎样才能保护好自己的嗓音呢? 我们认为,可以从以下几个方面认真加以重视。

一、运用科学的发声方法

发声方法不科学是罹患嗓音疾病的首因。防止声带受到刺激发生病变,防止声带过度疲劳,应建立起正确的发音方法。科学发声的检验标准可以概括为三点:一是发声者是否获得了稳定的心理状态,具有较强的精神控制能力;二是发声者是否建立了较坚实的发声基础,具备了对发声器官的主动支配能力;三是声音的表现力是否已经得到丰富和提高,达到了情感表达统一的境界。要做到科学发声,必须注意以下两个问题:首先,要学会分辨正确的用声状态。所谓自然用声,主要表现为说话人喉部放松,气息通畅,旁人听起来音色自然、舒服。所谓不自然用声,主要表现为是音色别扭、造作,究其原因是喉部增加了额外的负担——捏、挤、压、抻,或者鼻音过重。

我们可以将科学用声的正确状态形象地概括为"两头紧中间松"。两头即下头和上头，下头指两肋与小腹，上头是指口腔。"两头紧"是指发音的注意力应当集中在两肋与小腹对气息的控制，集中在口腔对吐字与咬字的控制上；中间是指喉头和声带。"中间松"是指放松喉部，使声带处于能够自如振动的状态。其次，要学会因情、因境用声。因情、因境用声是指依据稿件或节目的具体内容及思想感情表达的需要来变化声音的高低强弱、刚柔明暗，驾驭语速的快慢张弛、松紧疏密，从而形成抑扬顿挫、起伏跌宕、入耳入脑入心的语流。

二、坚持正确的用声原则

从根本上说，正确地用声原则可以简单地概括为"用声适度"，它排斥的是用声过度。所谓用声过度，是指用声超过发声能力或在疲劳状态下长时间用声的现象，它是对多种不良用声习惯的统称。由于"用声过度"违反了发音器官的正常活动规律，很容易造成嗓音疾病，久而久之，势必会影响播音、主持的效果和质量，因此应尽量避免此类现象的发生。

用声过度主要包括以下几种情况：一是音色过亮。有些人在语言传播用声时，刻意追求明亮的声音，误认为这种音色好听。因此便长时间使用这种"金属般"的声音来播音或进行其他工作。其实，这对嗓音保护是十分不利的。我们知道，语言传播用声是一种有控制的发声状态，其强度和起伏度比一般日常说话要大些，喉部的负荷自然也比日常状态下要大。特别是当发强实声的时候，声带会紧密靠拢，产生一定的摩擦碰撞，从而进一步加大喉部的负荷。如果长时间用这种极为明亮的声音讲话，就会使声带一直处于摩擦碰撞之中，嗓子很容易疲劳，甚至引起声带充血，有些人还会感到喉咙发干、疼痛，工作之后会出现发音困难、声音嘶哑等症状。可见，声音过亮对嗓音是有损害的。同时，长时间使用同一种音色表达，尽管色彩明亮，也会令人产生单调乏味之感，还会显得极不自然，大大削弱声音的表现力。音色过亮的调整方法很多，如用自己生活口语的音色作比较，向自然的口语音色靠拢；也可以用"气裹声"的方法，使音色虚实结合，变得自然柔和些。"气裹声"的发声特点是，吸气时喉部尽量放松，呼气发声时，如同叹气一般，气息带着声音一起送出口外，声音松弛饱满，但没有明亮的色彩。这种练习，可以使声音完全松弛下来。此后，可以通过一些音色变化的练习，运用共鸣将声音的亮色再调节出来。

二是声音过虚。当下，在一些年轻的播音员和主持人，尤其是女播音员、女主持人中存在一种一味追求虚声的不良倾向。在他们看来，虚声最富表达感情的意味,虚声最有魅力,因此偏爱虚声,一味追求虚声。他们一坐到话筒前或站在镜头前,就下意识地虚声虚气地用声,发出的声音与他们日常生活中的声音大不一样。这其实是一个认识上的误区。从发声角度来看,声音过虚是不可取的。因为虚声发音时,声带之间不完全闭合,常常留有较大的缝隙,因而需要较大的气息量,发声的效率不高。如果长时间用虚声工作,声带经常不能轻松闭合,需要频繁补气,很容易加重喉部肌肉与呼吸器官的负担。长期使用虚声,形成不良习惯,会使发声能力降低,发不出明亮有力的声音,声音显得细弱,表现力大受局限。此外,和单一的亮声一样,单一的虚声表达会给人单调之感,甚至让人觉得矫揉造作,严重妨碍语言的表现力。因此,说话时声音过虚也是一种用声过度的表现。其实,虚实结合的声音更富于色彩的变化,更具有较强的表现力。声音过虚的调整,首先应该在认识上走出误区。以声传情的方式多种多样,实与虚交相变化的声音才更具有表现力。从嗓音保健的角度来看,虚实声也比较符合自然语言的发声规律。因此,要以自己的生活口语音色为参照,进行实声发音的锻炼,使声音尽量舒展明朗些,用面对众人讲话的较大音量进行练习。在语言表达时,也要以实为主,注意虚实结合,不断丰富声音的表现力。

三是音高失当。在语言传播用声中,声音偏高或偏低是较常见的现象。生活口语中,人们用得最多的是中音区,音高起伏基本不超过一个8度。语言传播用声则以生活口语用声为基础分别向高、低两端进行适当拓宽,音高幅度大约在一个半至两个8度左右,其中又以中音为主的自如声区用得较多,高低两端的声音用得较少。但是,我们常常会碰到一些用声偏高或偏低的人,他们往往不自觉地抛开自己的自如声区,过分提高或压低声音。偏爱高亢明亮音色的人,一味往高音上走,以至于声音越来越紧,尖利刺耳,并且只能往高音推,不能往低音落。也有的人偏爱浑厚沉稳的音色,于是一再把声音往低处压,甚至形成浓重的喉音色彩,浑浊暗淡,一点高音都出不来,听来沉重压抑。这样,久而久之便养成了不良的用声习惯,并且,还会给至关重要的发音器官——喉部,带来额外的负担。用声偏高,声带闭合过紧,喉部负担就会加重,极易疲劳;用声偏低,声带闭合费劲,声音仿佛是挤捏出来的,喉部负担同样很重。

为了保护嗓子,也为了良好的声音效果,在声音的使用中,应注意把握适当的音高,避免用声偏高或偏低。如何避免并不难,我们可以通过录音比较,检查自己的用声是否脱离了生活口语发声常用的中音区,如有偏离应尽快调整。也可以借助于钢琴等键盘乐器,确定自己的最大音域范围,找到其中的自如声区(除去最高和最低的两个音,便是以中音区为主的自如声区)。

运用胸支对声音的高低加以调控,也不失为一种有效的手段,胸支又称"胸部支点",是指在有声语言表达中,随着气息声音的变化,胸部产生的一种振感点。它有助于松喉、共鸣、声音调节及表达。胸支运动主要是上下滑动的,故气息有"上顶"和"下松"两种基本状态。它们跟丹田和两肋的松紧变化相互配合。"上顶"是声音气息由低到高向上运行时,丹田需收紧并向内用力;"下松"是声音气息由高到低向下运行时,丹田先吸气收紧然后再放松,随着丹田的放松,气息从口中泄出。通过胸支的运用,高音不出上限嗓子就不发紧,低音不出下限声音就站得稳,如此,声音便高低通畅,游刃自如了。此外,喉部适当放松,吸气不要过于饱满也有助于克服这一问题。特别需要指出以下几点。一是用声偏高可能和学习播音时加强吐字力度有关,在放大音量以及精神状态相对积极的情况下,很容易产生。这提醒大家在发音时,要注意情绪的稳定性,尽可能地保持声音的自然状态。二是用声偏高或偏低,往往与模仿别人的声音有关。有些人觉得自己的声音不如别人,尤其是广播电视中的播音员、主持人的声音,这样,对别人的声音就由欣赏并进而变为模仿,抛开自己的声音特点,勉强去够别人用声的音高。时间长了,便会形成偏高或偏低的发声习惯。严格说来,这种模仿对嗓音的损害更大:因为通过电声设备处理过的声音,已不是发音人的原声,有些成分被美化和放大,有些成分则被衰减,比照这样的声音学习发声,嗓子很容易出毛病。三是发声时间过长。发声时间过长也是用声过度的一种表现,对嗓音同样会造成危害。人的发音器官,尤其是喉头和声带,跟人体其他器官一样,连续运动的时间是有一定限度的。超出了限度,就会给肌体带来负面影响。用声时间过长,发音器官会产生疲劳感,声音仿佛不听使唤了,尽管还能够发出声来,但声音的质量和弹性都将大为下降。如果用声长期处于这种状况,极易引起发音器官的疾患。因此,对用声时间必须有所控制。初学者往往自恃嗓子好,不注意合理安排训练时间,要么不练,要么兴头一来练很长时间。当然,这中间可能包含了一种认识上的问题,有的初学者,急于求成,以为练得时间长就长进快,自己加倍增添练习时间。这些不合理的训练方法,很容易使喉部充血或发炎。

一般说来,初学发声,练习时间宜短不宜长,一天可练 2～3 次,开始每次 15 分钟左右,以后逐步延长,最多每次不要超过 30 分钟,中间可以间断休息,以消除发音器官的疲劳。工作用声,每个人对自己连续用声的时间要心中有数,以用声后嗓子没有不适为度。正式播讲前,不要过多用声,避免发音器官的疲劳。准备稿件应注意多看少上口念,重点放在分析理解上,以保证播讲时发音的质量。在特殊情况下,需要较长时间用声时,中间要适当休息,每次用声 30 分钟,应休息 20~30 分钟。休息时少讲话,使喉头和声带得以放松,减轻或解除其疲劳。

此外,在表达过程中,还要注意克服不良发声习惯,纠正不良伴随动作。不良的发声习惯往往表现为声音紧张、过实、过虚、过重、过轻或者声音发散、呆板、僵滞并缺少变化。例如,有的人不顾自己的声音条件,一味追求某种音色或者声音效果,从而使喉部和声带长时间处在工作的极限状态;有的人不顾客观效果,完全依据自己的喜好发声,常常盲目地大喊大叫;有的人根本不考虑具体的语言环境,只一味地自我陶醉、虚声虚气……所有这些不良的发声习惯其实都与不良的发声心理有关。因此,要纠正不良的发声习惯,须先调整发声心理,提高审美素养,应该多向生活语言学习,从生活语言中汲取营养。再说不良的发声伴随动作。有些播音员和主持人在节目中习惯固定站位,头部有意识地偏向固定位置。其实,这样十分不利于喉部肌肉运动的平衡。因为当头部的偏向出现问题时,声音也会产生明显的差异,而且如果头部偏向一侧的时间过长,还会使两侧声带的控制产生不平衡,进而影响声音质量。所以,发声时要尽量目光平视,克服偏头偏声的习惯。另外,还有些播音员和主持人发声时习惯低头或者向前伸下巴,这种习惯也会使声道处于不自然的弯曲状态,压迫或者拉紧喉部,影响喉部的控制,进而影响发音的质量。

针对上述问题,播音员和主持人在工作中一定要有意识地培养自己的语言表达能力和知识的储备和积累,要努力保持积极、端庄、严肃又不失自然放松的工作状态,始终保持松弛状态。在播音发声的整个过程中,放松将起到很好的作用。意识和身体肌肉越放松,越能发挥出声音的魅力,突出声音的个性特点,整个的播音创作过程才能收纵自如、得心应手。放松是相对于紧张而言的,可以解释为,人的心理和生理的充分松弛(不是松懈),心理与生理保持本来面目的自然运动状态,也是人所具有的能力的一种正常发挥的状态。当然,外界事物的刺激,生理的运动,总会引起人的心理和生理的一些反应,这种反应必然会产生一些整体的或者局部的紧张。我们讲的放松,就是把这种紧张减到最低限度。从感觉与意识上来说,越是面对引起紧张的事越要进行心理调整,达到放松的感觉;越放松,越能发挥人的能力。尤其在播音发声中,发声器官任何部位的紧张感,都将导致声音的僵持,气息的阻隔。在播音员和主持人当中,由于紧张所造成的问题是很常见的,有的播音员和主持人由于紧张而使声音暗、哑、横,声音干净度、明亮度、圆润度较差。紧张如果伴随着整个发声过程,既难于掌握正确的播音发声,而且易使发声走向歪路,形成发声毛病。不能放松的原因是多种多样的。一是不懂发声方法,以为发声就是用力。二是心理紧张,如怕发不好、发不准等。三是肌肉组织和发声器官不放松。这是习惯,或者是发声意识太强造成的。所以,实现心理放松,才能使大脑保持高度的调节能力;实现肌肉组织放松,才能使用气发声各部位有机地、自然地、协调配合运动,使肌肉产生弹性,从而使声音具有弹性,达到"字正腔圆、清晰持久、刚柔自如、声情并茂"的境界。

三、养成良好的生活习惯

一个人的音质是否好听,跟发声器官的健康是分不开的。而发声器官的健康,又跟身体的健康状况密切相关。我国著名京剧艺术表演艺术家梅兰芳先生在个人的嗓音卫生与保健上有一套完善的方法,他曾精练地概括成以下几点:"精神畅快、心气平和、饮食有节、寒暖当心、起居以时、劳逸均匀、练嗓保嗓、学贵有恒、由低升高、量力而行、五音饱满、唱出剧情。"对嗓音健康危害较大的不良生活习惯主要有四种:一是生活工作无规律,吃喝玩乐不节制。有规律地安排一天的活动,按时作息,劳逸结合,是保持身体健康、精力充沛的重要环节。经常熬夜、作息不定时、暴食暴饮等坏习惯,都会影响身体中每一个系统机能,令人没精打采、抵抗力下降。而身体中每一个平衡受到干扰时都会影响发生器官的健康和正常运动。所以要留意自己一天中的精力变化情况,合理安排好每一天的工作和活动。这一点,对于经常喉咙干痛、嗓音嘶哑的人,尤其重要。二是烟酒过量,嗜好冷食。香烟、烈酒等刺激性的东西,对嗓音健康的危害非常大。香烟含有上千种有害物质,会直接损害声带表面黏膜,使声音变粗变沙。三是体态歪扭,行为懒散。中国有句古谚:"立如松,坐如钟。"(这里说的钟不是钟表的钟,而是古代悬挂在钟楼里面的钟,上小下大,给人非常端正稳定的感觉。)小时候家里的老人也常常念叨要"站有站相,坐有坐相"。遵循这些古训,不仅能确保一个人拥有挺拔的体态、优雅的气质,而且可以形成最佳发声状态。因为要想轻松自如毫不费力地发出好的声音,起码要具备两个条件:一是气息深,二是共鸣体通畅。这两者都要求人体从内部提供平展宽松的良好空间。可是,如果外部体态歪歪扭扭、懒散松垮,身体内部的呼吸用力也就不会均衡,怎么能够获得深厚饱满的气息支持和通畅优质的整体共鸣呢? 所以,平时无论坐、站、还是行走,都要纠正塌腰、挺腹、脊柱弯曲、胸部僵硬等不良体态,注意抬头沉肩、挺胸收腹,保持整个身体支架挺拔、舒展和精神状态饱满、兴奋。既注意身体的保护、调养,又重视行为的约束、改善,才能进一步提高嗓音的工作效率和自我防病能力。四是过分激动、大喜大悲。狂喜、暴怒、悲愤以及剧烈运动之后不宜大声说话，以免破坏声带的正常工作。

可见，良好的生活习惯对嗓音保健有着重要作用。所以，要想减少嗓音疾病，首先要从增强体质、提高身体对疾病的抵抗能力入手，使自己不生病或少生病。如何增强体质、提高对疾病的免疫能力，历代医家和养生家都总结了不少经验，大家公认的原则主要有三点：合理摄取营养，适当进行体育锻炼，保证充足的睡眠。

(1)合理地摄取营养，使营养素达到平衡。在饮食结构中，要注意粗细混杂，荤素搭配，这样才能摄取足够的蛋白质、脂肪、糖类、维生素及无机盐，以满足机体的需要。免疫力较弱、常患感冒者，可适当补充富含维生素A、C及锌的食物。鱼、蛋黄、奶油、牛奶、动物肝脏，以及深绿色、黄色、橙色、红色蔬果等，是维生素A的上佳来源，适当补充维生素A的食品，可增强对感冒、咽喉病、支气管炎等感染的抵抗力；新鲜蔬果，尤其是柑橘类水果、草莓和红辣椒、绿色蔬菜等，是维生素C的上佳来源，适量补充富含维生素C的食品，能抵抗对肌体有害的分子，增强体内白细胞吞食细菌和病毒的能力，感冒早期加量服用(医生建议成人1000毫克、儿童减半)，还有助于减轻感冒的症状，缩短病程；牛肉、猪肉、动物肝脏、家禽、鸡蛋及海产类(尤其是牡蛎)以及豆类、果仁、麦芽、小米、玉米等，是锌的上佳来源，适量的补充富含锌的食品，可以强化人的免疫系统，从而起到抵抗感冒及感染的作用。在呼吸道疾病高发季节，体弱者需要每天服用一定剂量的维生素C，以增强白细胞活力，减少受感染的机会。

(2)积极锻炼身体，增强抵抗力。健康的体魄，较大的肺活量，弹性良好的肌肉，都是正确发声的重要保证。为了确保身体健康，要积极锻炼身体，加强体育运动。同时，为了真正达到强身健声的目的，要注意根据个人情况和兴趣选择不同的运动方式。例如，伏案工作者，适合选择疾走、太极、瑜伽等运动方式来缓解脑力劳动的疲劳；体弱多病者，宜选择保龄球、羽毛球等运动方式，以便全面提高各部分器官的机能。不过，在练声前后，最好不要进行激烈的运动。

(3)精神上要有张有弛，保证心理健康。在保持身体健康的同时，要注意心理的健康。情绪变化是人心理状态的反映。情绪稳定，心情愉快，说明中枢神经系统处于相对平衡状态，意味着机体内各脏腑之间是协调的。整个身心处于积极向上的状态，它可以提高工作效率，增强抗病能力，使人健康长寿。反之，情绪波动、过度焦虑、生气，可引起头痛、失眠、记忆力减退、生病衰老。这对嗓音的影响也是很大的。精神长期处于紧张状态，发声的时候心理负担过重，容易形成心理源性发声障碍，产生出字迟缓，不能控制地重复发音、音哑、声嘶甚至完全失声。神经衰弱会使发声器官失调,造成喉肌弱症、喉神经瘫痪、声嘶等现象。中医学常说"暴怒失音,恸泣失声"正是最好的说明。为此,我们要加强自身的修养,正视现实,克服困难,豁达大度,保持愉快的情绪,以利于身心的健康和嗓音的保健。

(4)睡眠要充足。播音员和主持人声音的正常发挥,有赖于身体健康、精力充沛、睡眠充足;否则,睡眠不足,身体疲劳,极易引起声带充血、喉肌疲劳,致使声音暗淡嘶哑。睡眠是复原机体、调节神经与内分泌的重要环节,没有充足的睡眠就不能保证具有强健的体魄、饱满的精神。因此,播音员和主持人一定要注意调整睡眠。首先,要学会放松身心,不伤神不积郁,凡事尽量往好处想,豁达一些。其次,要根据自身的实际情况制定合理的作息时间表,每天按表有条不紊地作息。第三,注意饮食卫生,不过饱或过饥,下午之后不喝浓茶、咖啡,睡前最好喝一杯热牛奶,平时可服用一些有养心安神作用的食品,如糯米麦粥、小麦黑豆汤等。第四,睡前听些轻松柔和的音乐,或静静地躺着,若有若无地进行深而慢的呼吸。

(5)保持良好的生活饮食习惯。营养要丰富,不宜过咸或过甜;饮食要适量,避免进食自己不习惯的刺激性食物。例如,有的人吃含糖量比较高的食物,就会引起暂时性的不适应,不习惯就不要吃。再如,蒜、辣椒等有刺激性的食物也要尽量少吃。要注意保护好牙齿,有病变要及时就医诊治,免得因牙齿病变导致声音、形象受影响;要适当忌食冷饮,尽量避免因肌肉受"冷"而产生的不良反应。要确保饮水充足,保持湿润的口腔环境和适度的口腔温度,保证声带表面形成正常的黏液保护层的基本条件,做到不在干燥的环境内呆得太久;若有口渴的感觉就及时饮水,饮水时要选择40摄氏度以上的水。要尽量戒除烟酒,因为抽烟会使声带黏膜干燥、充血、肥厚,使喉下分泌物增多,从而引起声音变低、音色昏暗沙哑。饮酒不仅对喉部构成直接刺激,还会影响大脑以及发声器官的功能发挥。

(6)女性在生理期用声要适度。由于激素水平的变化,这个时期的妇女声带轻度水肿,声带的耐受性下降,音色变暗,噪音的成分增多,而且对声音变化控制能力减弱,过度用声会产生不利影响,因此,应尽量减少用声。

第二节　不良发声习惯及其纠正

一、喉音过重

所谓喉音,是指带有挤压色彩的粗糙声音,容易出现在句尾。这种情况在男声中比较多见，特别是处于青春期的青年人，为了使声音具有"男子气"，常常故意压低声音，带上明显的喉音色彩。这种声音貌似宽厚，仔细听来，好像喉咙里含了一口痰，给人的感觉是着力点在喉头处，喉腔或喉咽腔挤压，声音颗粒粗糙，伴有明显的挤压感。这种声音不达远，音波短，消失很快。产生喉音的原因在于，发音时舌根用力，喉部张得过大，以致声带过于绷紧，振动不好。而句尾结束时声音一般较低，此时，声门如果收束过早就很容易产生这种音色。气息不足，句尾气息支持不住也容易造成声门闭紧，形成喉音。其实，把握不好的喉音听起来浑浊、沉重，缺乏弹性，很不自然，同时，也会影响语音的清晰度。喉音过重对嗓子是不利的。这种发声状态，会使气流对声带的冲击过强，加重嗓子的负担，使其很容易疲劳。舌根下压，也使得喉头发挤，很容易引起喉咽腔部位的炎症。

要解决喉音过重这一问题，必须先了解使声音浑厚洪亮的正确方法。要增加声音的厚度，使之变得浑厚而洪亮，应当通过胸腔和咽腔共鸣的调节，即增加胸腔和咽腔的共鸣，加强胸部支点的着力感和充分打开咽腔，同时削减高声区的共鸣，将声束冲击点调至硬腭中后部；同时，还必须保证喉部的松弛通畅，不能去挤压喉部。为了消除喉音，还应改掉舌根用力的毛病，要力求使舌头向前运动，舌头前部着力，舌尖轻抵下齿背，而舌根应当放松，并尽量降低。同时，口腔中的共鸣点也应适当往前调，最好移至硬腭前部，可以用提颧肌的办法来帮助调节，并且要加强舌前部的咬字力量。具体说来，应当注意以下几点：一是取得放松的心理状态。心理因素形成的喉音不是单纯的用声问题，只有获得放松的心理状态才能有效解决这一问题。播音、主持是一种不同于生活口语的非自然状态讲话方式，其广泛的社会影响会造成强烈的责任感和使命感，使一些播音员和主持人在话筒前紧张不安。播音员和主持人应学习使用心理调节手段克服这种紧张，清除造成喉部紧张的诱因。二是消除发音器官的连带紧张。人体各发音器官在发音过程中是一个运动整体，一部分器官的紧张运动会造成相邻器官的连带紧张。作为吐字器官的口部，作为发声器官的喉部和作为呼吸器官的肺部之间就存在这种连带关系。当吐字器官加强吐字力度，发音变得较为清晰时，常伴随气流增强和喉部紧张。于是，音量增大，声音绷紧。这种连带影响是发音的自然倾向，缺少训练的初学者会感到很难克服。在初学阶段必不可少的吐字和呼吸训练中，连带关系会造成喉的紧张挤压，形成喉音。如果缺少适当方法矫正，喉音会成为吐字和呼吸训练的副产品和伴生物，使训练者进入强调吐字清晰有力则产生喉音，去除喉音则吐字随之松散的两难境地。消除发音器官连带紧张的有效方法是在发音训练中有意识地保持相关器官的放松。在吐字训练中,吐字器官要加强吐字力度,同时也要适当放松喉部,减轻由此引起的喉部连带紧张,防止喉音的出现。在进行呼吸训练时,强气流下要有意识地控制声门,使其在强气流下也能开合有度,控制自如。三是在语音训练中建立良好的用声习惯。播音依靠语音作为传播媒介,以发音准确清晰为目的的语音训练是播音训练的首要课程,这种训练具有不容置疑的重要性。但如果在这一阶段忽视音质问题,会使一些用声上的毛病固定下来,给日后的声音调整带来困难。实践表明,喉音与语音有千丝万缕的联系。如果在语音训练中结合用声对发音做适度调整,便可减轻日后训练负担。例如,在零声母音节和开尾音节训练时明确指出暗含字头和暗含字尾的发音方法;在声调训练时指出低音阶段易于产生的用声问题,这些添加的内容并不会与语音训练产生矛盾,反而可以使语音和发声训练都取得进展,获得事半功倍的训练效果。四是锻炼较为松弛的低音。喉音易于在音域的低音阶段发生,尤以使用最低音时更明显。播音员和主持人应尽量避开这些处于极限位置的低音。但值得一提的是,这些处于极限的声音并非一成不变,借助适当训练方法。例如,声乐的音阶训练,可使低音下限延伸,音质也可获得改善,声音颗粒能变得不那么粗糙。对于发低音时喉音严重的播音员(其中多数是男播音员)和主持人,延伸低音下限和放松低音的训练是克服喉音的有效方法。从提高发声能力的角度看,这种方法比单纯回避某些音有更好的效果。

二、声音捏挤

声音捏挤是播音发声中最忌讳的毛病,表现为声音挤、紧,喉音重,声音单薄、发扁,是发声器官处在过度紧张状态下发出的声音,在声乐教学中被称为"用喉头挤压出来的声音"。这种声音由于声带被喉部肌肉挤压得过紧,音质虽亮而不圆润,声音位置虽靠前但共鸣色彩差,缺乏应有的弹性,不自然、不灵巧,音越高越尖锐,艺术表现力很差。

产生的原因是因为舌根下压或舌根僵硬,喉咙捏紧,声音的道路闭塞,声带音既没在咽喉腔得到共鸣,也没在口腔引起共鸣。同时,由于软腭放得太低,口腔不开,发音器官的肌肉也在很大程度上失去了灵活性。另外,主观上追求"亮音"的心理也是形成这种音色的重要原因。

纠正这种毛病,需要从以下几个方面做起:

第一,从气息训练入手。声音捏挤往往是浅呼吸所致。这种呼吸由于缺乏较深部位的支持作用,发声时大量气息涌向喉头,使喉部发声肌处于痉挛性的紧张状态中,加之为了发出高而明亮的声音,只好束紧喉头来阻挡气流,高音才能上得去,因此,发出的声音必然"憋紧"、"尖锐"、"刺耳"。如果要改变这种状况,就要改变呼吸方法,运用"深呼吸"中的"深吸"一口气的办法,使吸气自然深入,喉头获得自由放松。发声时,从头至尾保持"叹一口长气"的感觉,就能渐渐寻找到那种有气息支持的声音。训练要从量变到质变,音质才能起实质性的变化。

第二,胸部放松,改变不正确的呼吸方法。其实,单纯压喉结,忽视放松胸部,将形成喉、胸之间下压和上顶的紧张对峙,造成声音通道堵塞,喉结不但放不下,发声时甚至感到比喉结上提时更难受。因此,必须采用胸腹联合式呼吸法,使喉结下方呈很松很宽的状态,确保气息具有一定的深度。

第三,活动喉结。让喉结在最自然的状态下自如地上下活动,排除其他部位所施加的外力,避免引起其他部位的紧张,让喉结单独地、放松地作简单的活动。

第四,稳定喉结。设法让喉结在活动到下面时多停留些时间,直至长时间停在下方不再感到难受为止。但应注意不是硬压下来,而是自然地向下移动。

第五,在练声过程中,坚持多做以下练习:①多练习"普通话语音音节表"中的声母与合口呼韵母、开口呼韵母相拼的音节,主要目的是为了增加口腔的开度。发音时注意出字的"字头"发音要短暂,"韵腹"要拉开立起。如 ba(巴)、pa(爬)、da(搭)、ta(他)、bang(帮)、dang(当)、zhang(张)、chang(昌)、shang(商)、bu(布)。②多做以下四音节词语练习:力透纸背、飞禽走兽、战火纷飞、背水一战、柔肠寸断。③多做夸大的上声音节练习。如:满(mǎn)、好(hǎo)、水(shuǐ)、想(xiǎng)、仰(yǎng)、场(chǎng)、请(qǐng)、跑(pǎo)、鸟(niǎo)。④多练习"发花、江扬、姑苏"等韵辙的诗词。

三、鼻音过浓

语音当中带有适量的鼻音是好的,它会使音色变得相对柔和,可是,如果鼻音过浓,就会影响正常的音色了。这里的鼻音是指鼻塞音,而不是由鼻腔共鸣而形成的鼻音。鼻音过浓是由于声波传到鼻腔受到障碍被闭塞住而发出来的一种声音,这种声音好像是把脑袋钻在坛子裏着发出来的,使人明显地感到鼻腔闭塞,透出艰难。具体表现是声音晦涩、混浊,缺乏力度,音色出不来,传不远,咬字含混不清,缺少透亮的共鸣色彩。产生的原因是由于软腭无力而下塌、口腔开度不够造成的,口咽与鼻咽之间总有较大的缝隙,发声时气流很容易灌入鼻腔。也有的是因为唇舌较僵,发音图省事,口不张,舌不动,声音便绕近道从鼻子里发出了。鼻韵母元音鼻化过早也是造成鼻音的常见原因。还有的人从小说话喜欢撒娇,老是用鼻子哼哼,久而久之养成了不良习惯,这一点,在女声中时有所见。此外,感冒也可能引起这一问题。由于初学者往往容易把鼻音与鼻腔共鸣混淆起来,而且其声音效果尽管客观上听起来是明显错误的,但主观上却往往感觉很"亮",这是一种比较难改的错误发声方法。解决这类问题应查明原因,对症下药。例如,属于软腭无力的,可以通过挺软腭、打牙关的练习,增强软腭的力量,当发元音的时候,软腭应尽量上抬,堵塞鼻腔通道,使气流只能从口腔通过;同时,还要加强舌前部对字音的牵拉力量,让字音挂于硬腭前部,从口中送出。为使鼻音减小到最低程度,可多做不带鼻辅音的音节练习,并将手指放于鼻梁两侧进行检验。凡发音时鼻翼不振动的,说明鼻音已消除。如果属于唇舌较僵的,应当多做口部操,加强舌前部和上唇中部的力量,发音时口腔开度和舌头动程都应适当加大。为了让声音少走鼻腔,还可以通过意念进行引导,感觉字音不是顺上颌而是沿舌面送出的。鼻韵母元音鼻化过早的,应注意鼻韵母中元音鼻化应在元音后部形成鼻化。对于说话有"撒娇"习惯的,主要应从心理方面调整,使其建立起自己朴实大方的声音形象,同时配合进行加大气息量和加强胸支力量的训练,这样,就能够逐步矫正不良的发声习惯。至于因感冒等原因造成鼻腔通道阻塞,以致形成阻塞性鼻音,可通过治疗加以解决。

具体的练习方法是:

第一,弄清鼻音与鼻腔共鸣之间的区别。在发声过程中,积极稳定的控制软腭,使之始终保持成自然的弓形。要多作打哈欠练习,充分打开咽腔和牙关,使气息从口腔内顺利地传送出来。

第二,关闭鼻腔通路。用半打哈欠的感觉将软腭提起,放松舌根、牙关,让后声腔的开度加大,确保关闭鼻腔通路。

第三,用上述感觉发六个单元音韵母的延长音。因为"ɑ、o、e、i、u、ü"这六个音都是以口腔共鸣为主的,发音时要注意将字音的着力部位放在硬腭前部。

第四,做 16 个鼻韵母拆合练习:第一步,先练习发准鼻韵母中的韵头和主要元音;第二步,练习发准鼻韵母中的韵尾;第三步,将主要元音和韵尾合并在一起发音,如:

ɑ→n→an	e→n→en	ia→n→ian	i→n
ua→n→uan	ue→n→uen	üa→n→üan	ü→n
ɑ→ng→ang	e→ng→eng	ia→ng→iang	i→ng→ing
ua→ng→uang	ue→ng→ueng	o→ng→ong	io→ng→iong

第五，多读开口度较大的音节：ya(鸭)、ye(椰)、yao(腰)、you(优)、wai(歪)、jia(家)、jiu(究)、qia(掐)、qiu(秋)、xia(虾)、xiu(休)、biao(标)、piaao(飘)、bie(憋)、pie(撇)、bai(掰)、pai(拍)、gai(该)、kai(开)、hai(嗨)、zhuai(拽)、chuai(揣)、shuai(衰)。

第六，注意发声的着力点，使气息集中地送出口外，以纠正鼻音。练声时，可多练 a 音，多练以 a 音位韵腹的音节，不练带"m"、"i"等音节的词语，少练"中东"、"江洋"、"人辰"、"言前"等四类韵辙的诗词。

四、音色闷暗

有的人发出的声音，暗淡、沉闷，缺少亮色，不仅不圆润不悦耳，而且字音的清晰度也很低。有时即使加大了气息量和舌头的动程（指舌头伸缩运动的幅度），问题仍得不到很好的解决。声音闷暗的原因，可能跟嗓音疾病有关。但大多数人的问题在于下巴用力、牙关太紧、舌根僵硬。由于下巴用力、牙关太紧，口腔开度受到限制，声音在口腔里得不到充分的共鸣，声音当然不亮。舌根僵硬，又会将字音局限于口腔后部，送不到硬腭上，字音就显得干涩不清亮。有这种不良发声习惯的人，首先应通过练习为发音器官"松绑"，经常做一些松下巴、打牙关的口部操。要懂得口腔开度与共鸣之间的关系，注意保持口腔上下自如开合的状态，不要使横劲儿。同时，还要加强舌头前部的力量和灵活度，让舌尖轻抵下齿背，养成舌头向前运动的习惯，多做一些锻炼舌前部的口部操和绕口令练习。在此基础上，通过提颧肌将声音挂于硬腭前部，这样就会增加声音的明亮度和圆润度，字音的清晰度也会得到改善。

具体的练习方法是：

第一，加强字音出字功夫的练习，也就是"喷口"的练习。字头出音时，成阻部位一定要有力。要重点练习 21 个声母，同时还要与开、齐、合、撮四呼结合起来练习，以全面锻炼口腔。

第二，加强双唇音 b、p、m 与开口呼韵母相拼的音节练习。这个练习可以锻炼唇舌的力度和口腔的开合度。练习时速度要慢，出字要有力，韵腹要拉开立起，收好字尾。

第三，在练习中把握声母、韵母的正确发音部位，要注意发音部位靠后的声母、韵母具有往前送的意识。在不影响音色的前提下，发音部位尽量往前移。例如，声母 g、k、h 和韵母 ua、uo 相拼时前移；否则，声音会闷暗。

第四，经常练习"普通话语音音节表"中声母与齐齿呼韵母相拼的音节。练习时注意"窄音宽发"的原则。在不影响元音音色的条件下，声腔的开度稍大一些,以增加口腔的共鸣成分。此外,也可以多练习"发花"、"一七"、"言前"等韵辙的诗词。

第五,多进行由开口呼音节开头的四音节词语练习,如才华横溢、山河锦绣、波澜壮阔、海纳百川、开天辟地、八面威风等。

第六,多做下述绕口令练习:①出北门,朝北走,走出八千八百八十八大步,来到八千八百八十八里铺。八千八百八十八里铺,种了八千八百八十八棵芭蕉树。飞来八千八百八十八个哥乌,要在这八千八百八十八棵芭蕉树上住。②打南边来了个哑巴,腰里别了个喇叭;打北边来了个喇嘛,手里提了个獭犸。提着獭犸的喇嘛要拿獭犸换别着喇叭的哑巴的喇叭;别着喇叭的哑巴不愿拿喇叭换提着獭犸的喇嘛的獭犸。不知是别着喇叭的哑巴打了提着獭犸的喇嘛一喇嘛;还是提着獭犸的喇嘛打了别着喇叭的哑巴一獭犸。喇嘛回家炖獭犸,哑巴嘀嘀哒哒吹喇叭。

五、喊叫

喊叫的音色主要表现是声音尖锐、粗糙、刺耳。产生的原因一则与用声意识有关,即盲目追求音高、音量所致;再则与不正确的呼吸、共鸣方法有关,吸气部位浅,舌根、颈部、下颌肌肉紧张,喉咙被卡紧并使其上抬,缺少第一共鸣,致使声音失去了与其他腔体的上下统一共鸣。

解决问题的主要方法是:第一,调整呼吸。吸气部位要深,加强呼气的控制。将咽喉腔放松,注意提起软腭,放松舌根及下颌等。第二,不要刻意增强音高。无论发什么音,加大音量时不可以增强音高,使声音的走向向宽、低发展。第三,从自然的中声区发6个主要元音的延长音。练习时注意起音要柔和,声音要拉开立住,使字音的通过硬腭前端发出。第四,平时注意多练一些情感柔和的成语,如风情万种、千姿百态、婀娜多姿、风花雪月、画好月圆、风调雨顺、飘飘洒洒等。练习古代诗词、歌赋时宜选择柔曼、婉约风格的,如孟郊的《游子吟》"慈母手中线,游子身上衣。临行密密缝,意恐迟迟归。谁言寸草心,报得三春晖"。

六、声音发散

声音发散主要表现为声音从口腔中散出,缺少口腔共鸣,不集中,缺乏力度与亮度,没有力,并往往伴有漏气现象。产生的原因是由于发音时前声腔开得过大,缺乏口腔共鸣。

主要的解决方法是从根本上加强双唇及舌头肌肉的力量,注意牙关松弛,打开前、后声腔。应该坚持常做、多做以下练习:第一,注意口腔前部的控制。尤其是发韵母 a、ai、ao、ang 时，a 元音要发得圆一点、小一点。第二，声音集中练习。连发 ba、da、pa、ta、ka、ga 等音节时，要注意结合呼吸，有意识地将力量集中到硬腭前端，好似子弹从枪膛中瞬间射出去，击中一个目标。第三，声母、韵母拆合练习。注意双唇塞音 b、p 发音时满口紧张，发得响亮、集中，练习时应把气息控制好。第四，象声词练习，如吧嗒嗒、滴溜溜、咕隆隆、哗啦啦、当啷啷、轰隆隆、咣当当、咕咚咚、咚咚呛等。第五，双音节词语练习，如乒乓、叛逆、评价、批判、炮兵、碰破、喷涌、冰暴、基金、前进等。第六，绕口令练习。多练一些与塞音有关的绕口令。如："八百标兵奔北坡，北坡八百炮兵炮。标兵怕碰炮兵炮，炮兵怕把标兵碰"，"扁担长，板凳宽，板凳没有扁担长，扁担没有板凳宽。扁担要绑在板凳上，板凳偏不让扁担绑在板凳上"等。

第三节　常见嗓音疾病及其防治

世界上最名贵的东西莫过于人的声带。它不像弦乐器上或吹奏乐器上的琴弦、簧片之类，可以随时更换。它一旦受损，可能永远成为废物，人们不但无法进行有声语言创作，即使是日常说话也会受到极大影响，同时还有可能产生其他疾病以至影响健康。

一、常见的嗓音疾病

保持嗓音经常处于最佳状态，不是靠补、养，最关键的是防止声带发生病变，防止声带受到刺激，防止声带过度疲劳。

（一）声带病变

1.慢性病变

声带的慢性病变是指声带小结、声带息肉、声带肥厚、声带闭合不完全、慢性咽炎以及一些神经性症状，其中尤以声带小结最为常见。声带小结是指两侧声带边缘前中 1/3 交界处出现对称性结节样增生，妨碍声门闭合致声音低粗不利，甚则嘶哑失声。喉镜下可见两侧声带边缘前中 1/3 处有苍白色小突起，半透明，表面光滑，基底可见小血管，发声时妨碍声带闭合。其主要症状为声音嘶哑，咽喉干痒疼痛。声带息肉的发生呈现明显的职业分布，高发人群是教师、业务员、歌手、播音员和主持人等用嗓较多的人。造成这些声带病变的原因是多方面的：①从发声角度讲，通常是由于用声过量，讲话过多所致；②讲话用声的习惯不科学；③在感冒烧之后声带有炎症的状态下，仍然过量用声；④女性在经期过度用声等等。声带小结宜早治疗；否则,时间越长,症状就越严重。医生提醒,如声音嘶哑症状超过一个月,就应到医院检查是否患了声带小结,确诊后可手术切除。如果年长者声音嘶哑长时间不愈,则要考虑恶性肿瘤的可能,需进一步检查排除。声带小结、声带息肉等慢性喉炎疾病,会使声带嗓音病变,即使做了手术或者其他治疗后一度好转,但若发声习惯仍得不到正确的纠正,病变仍有可能再次发生。因此对嗓音病人来说,在药物和手术治疗外,更要注意进行正确的嗓音训练。专家提出如下建议:一是不要用嗓过度。用嗓过度是指滥用超过本人能力范围的嗓音(用声)。每人的发声能力有音高(声音频率范围)、音强(声带张力)、音时(发音用声的时间)三个方面,超过此范围将发生声带病变。说话要保持适宜的音量和音调,最好是匀速。用声不要过长、过高、过累。二是科学发声。高、低、中音交替使用,因为发高音时用声带前 1/3,发中音时用声带中 1/3,发低音时用声带后 1/3。这样发音不但有声有色,还可以使声带交替休息。三是改掉清嗓习惯。很多人可能经常用这个动作来咳掉喉中的痰或者使自己的声音更加清晰。但这个动作使声带瞬间严重拉紧,容易造成声带损伤。四是及早治疗急性咽喉炎,避免转成慢性咽喉炎。感冒时要注意声音休息,尤其是感冒出现声音嘶哑后,应及时治疗并避免咳嗽,以防咳嗽震伤声带。特别需要强调的是酒后、感冒后或咽喉炎症时避免大声喊叫或长时间说话,以免形成声带小结。

此外,平时应少吃刺激性食物,戒烟戒酒,注意锻炼身体,增强体质。

2.临时病变

声带的临时病变主要包括由上呼吸道感染,如感冒、发烧、气管炎、扁桃腺炎等引起的声带炎症。预防、保护、治疗的主要方法是:注意气候变化,防止过度疲劳引起抵抗力减弱。生病时除找医生治疗外,注意多多休息,最好禁声或少说话,说话时尽量轻声细语,切忌大喊大叫。

(二)声带受刺激

声带受刺激主要是通过呼吸及饮食渠道造成的。一是饮食刺激。据调查和经验证明,酒、葱、蒜、烟、花生、葵花子、臭豆腐、肥肉和过咸的食品、辣椒、酱豆腐、大油、甜食、香椿菜、韭菜、蒜苗、羊肉、虾、醋、芥末等食物对嗓音有不利的影响。这些食品可使嗓子发干、口渴、痰多、糊嗓,发声时嗓子发木、发紧、发堵、发闷,容易劈音转音,甚至声哑失音。总之,辛辣燥热、油腻和刺激性食物不宜吃,以免对咽喉不利而影响发音。二是药物刺激。有些药物吃了以后,致使嗓音发干,甚至使嗓音失去亮泽,如普鲁苯辛等治疗肠胃的药。三是过敏刺激。这主要是指一小部分人会在某一季节对某种花粉、某种味道、某种食物产生过敏反应。

（三）声带疲劳

声带工作超过一定的时间和强度以致音量和音质下降的现象称为嗓音疲劳。其实,疲劳是一种生理现象,它保护机体不受损害,是一种要求休息的信号。声带疲劳后适当休息,得到恢复,则有锻炼的意义;疲劳过度则容易产生嗓音疾病。声带疲劳本身不算疾病,但引起声带疲劳是有原因的,这些原因如果在声带发生疲劳后仍不去除,则成为声带疾病的病因。用嗓过度或发声方法不当,在脑力、体力劳动强度较大而休息较少时连续用嗓,容易发生声带疲劳。轻度声带疲劳多出现在连续发声时间较长以后,感觉嗓音不清脆,讲话吃力,口咽干燥。检查声带轻微充血,闭合良好。休息一天即可恢复,也可以用一些胖大海、石斛之类中药泡茶饮服。重度声带疲劳则应服用中药茶剂或响声丸,也可以服用一些维生素 B、C、E 之类,以加强营养。

二、部分对嗓子有益的饮食疗法

无论何种原因引起的声音嘶哑,其共同的特点都伴有声带及周围组织的充血、肿痛,这里介绍一些对嗓子有益的饮食疗法。①

（一）咽炎的常用饮食疗法

1.急性咽炎的常用饮食疗法

（1）薄荷粥:薄荷（鲜品 30 克,干品 9 克）,米 60 克,熬成粥,下薄荷煮沸,调味食用。主治:风热头痛,咽喉红肿。

（2）蜂蜜茶:泡一壶浓茶,待凉后加蜂蜜适量,频频漱喉并咽下。主治:咽干喉痛,精神不振。

（3）橄榄酸梅茶:生橄榄 60 克,酸梅 10 克,水煎加白糖食用。主治:急性咽炎,急性扁桃体炎,咳嗽痰稠,口干烦渴。

（4）西瓜皮茶:西瓜皮 60 克,水煎服,连服数日。主治:咽干喉痛,小便不利。

（5）穿心莲茶:穿心莲 5～10 克,煎水饮服。主治:咽喉肿痛,肺热咳嗽。

2.慢性咽炎的常用饮食疗法

（1）乌梅茶:乌梅 5 枚,打烂放杯内,冲开水适量泡 15 分钟,慢慢含咽。主治:咽痛声沙,消渴干咳。

（2）白木耳冰糖茶:白木耳 10～12 克,浸泡后加水与适量冰糖炖 1 小时,连渣服食。主治:咽干口燥,干咳无痰,咳痰带血。

---

① 此处的饮食疗法均来自阿里医药网,http://www.aliyiyao.com.

（3）海带绿豆糖水：海带 50 克，洗净切丝，绿豆 100 克，煮烂后加适量红糖食用。主治：慢性咽炎，痰热咳嗽。

（二）扁桃体炎的常用饮食疗法

（1）胖大海冰糖茶：胖大海 4 枚，冰糖适量，加开水浸泡半小时，冷服。主治：急性扁桃体炎，风热音哑，干咳无痰，咽喉干燥疼痛，牙龈肿痛，大便秘结。

（2）橄榄萝卜茶：鲜橄榄 100 克，白萝卜 250 克，煎汤代茶，分多次饮。主治：急性扁桃体炎，流行性感冒，饮食积滞。

（3）罗汉果茶：罗汉果 1/4 个，打碎，煎水服用，主治：急、慢性扁桃体炎，肺热咳嗽。

（4）蒲公英粥：鲜蒲公英 200 克（或干品 20 克），大米 60 克，煮粥调味服食。主治：风热喉痛，急慢性扁桃体炎。

（5）沙田柚：沙田柚生吃，一次半只，一日两次。主治：咽喉疼痛，口干舌燥。

（6）麦冬玉竹茶：麦冬、天冬、玉竹各 15 克，煎水饮服。主治：咽喉干痛、口臭鼻燥。

（7）蜂蜜藕粉糊：藕粉 30 克，少许凉开水浸湿后，用滚开水冲搅成糊状，加入蜂蜜 30 克服用。主治：咽干喉痛，肺热咳嗽。

（8）冰糖蒸柿饼：柿饼（干柿）三个，冰糖适量，加清水同蒸至柿饼绵软后食用。主治：咽痛干咳。

（三）喉炎的常用饮食疗法

1.急性喉炎的常用饮食疗法

（1）白萝卜生姜红糖茶：白萝卜汁 250 克加生姜汁少许，加红糖适量煮开后，温服，每日数次。主治：急性喉炎，支气管炎，喉痛声嘶，胸膈饱满。

（2）橄榄冰糖茶：生橄榄 20 枚，打碎，用冰糖 50 克，加清水煎熟后，分三次服用。主治：喉咙干痛，声音嘶哑。

（3）雪梨川贝蜜糖茶：雪梨一个，挖心加川贝 3 克，蜜糖 30 克，同蒸熟连渣食用。主治：急性喉炎，咳嗽声嘶。

（4）枇杷冰糖茶：鲜枇杷 150 克，去皮核，加冰糖和水适量，蒸熟。分两次食果喝汤。主治：急性咽喉炎，咳血。

（5）桔梗甘草茶：桔梗 10 克，甘草 6 克，水煎服。主治：咽痛声嘶，咳嗽痰多。

（6）茼蒿菜冰糖茶：鲜茼蒿菜 100 克，水煎去渣，加入冰糖适量溶化后饮服。主治：咳嗽痰浓，头昏烦热。

2.慢性喉炎的常用饮食疗法

(1)花生冰糖茶：花生100克,加水煮烂后加入适量冰糖煮溶。主治：慢性喉炎,干咳少痰。

(2)柚皮水：柚皮两个水煎服,每日三次。主治：痰多,风寒咳嗽。

(3)咸柠檬粥：咸柠檬1个,米60克煮粥,加糖适量服食。主治：慢性喉炎、咽喉有痰。

(四)鼻炎的常用饮食疗法

1.急性鼻炎的常用饮食疗法

(1)姜糖茶：生姜30克切细,红糖适量,水煎趁热饮服,盖被微发汗。主治：风寒感冒鼻塞,头痛体倦。(风热感冒忌服)

(2)葱白粥：连须葱白5根,生姜5片,糯米60克,煮粥,粥成后加米醋5毫升,趁热服用,并盖被微发汗。主治：风寒感冒。

(3)苦瓜瓢汁：苦瓜瓢适量,煮熟连渣服用。主治：暑热流感。

(4)葛根水：葛根250克,水煎服。主治：感冒发热,烦渴头痛。

(5)白菜萝卜汤：白菜心250克,切段,萝卜60克切片,加水煮熟后下红糖煮溶。分两次食菜喝汤。主治：老年感冒,鼻塞流涕,咽痛咳嗽。

2.慢性鼻炎的常用饮食疗法

(1)五花茶：辛夷花、银花、野菊花、玫瑰花各10克,绿梅花6克,水煎代茶饮。主治：风热鼻塞。

(2)夏枯草菊花茶：夏枯草15克,野菊花9克,水煎服,每日三次。主治：风热感冒,头痛鼻塞。

(3)白菜干红糖茶：白菜干100克左右(或干白菜根一块),红糖30克,生姜三片,水煎服。主治：感冒鼻塞,口干烦渴。

(4)黄花菜红糖茶：黄花菜、红糖各30克,水煎服。主治：感冒口干,鼻出血。

(5)荸荠汤：荸荠适量,洗净外皮加水煮10分钟捞起,喝汤并将荸荠削皮吃,一日数次。主治：风热鼻塞,常打喷嚏,低烧口干。

(6)麻油滴鼻：麻油文火加热至沸腾,冷后装瓶,每侧鼻孔滴3滴,以后渐增至6滴,每日三次。主治：慢性单纯性鼻炎。

(7)鹅不食草12克、细辛6克、白芷6克、辛夷花6克、麝香0.2克,共研细末装瓶密封,使用时打开瓶盖闻药,每日3～5次,每次3～5分钟,可治慢性鼻炎。

(五)鼻窦炎的常用饮食疗法

(1)冬瓜仁芦根茶：冬瓜仁60克,芦根30克,水煎分多次服用。主治：

脾胃湿热,浊涕不止。

(2)玉兰菊花茶:玉兰花 5 克,菊花 3 克,滚开水冲泡 15 分钟,频频饮用。主治:鼻炎、鼻窦炎。

(3)大蒜捣烂成汁,加入少量米醋,睡前用盐水洗涤鼻腔后,再用棉球蘸汁塞入鼻腔,左右鼻孔交替塞,可治鼻炎、鼻窦炎。

(六)声带小结的常用饮食疗法

(1)夏枯草 20 克,风栗壳 20 克,糖冬瓜 30 克,煎水代茶饮服。功能:化痰散结消肿。

(2)风栗壳 15 克,猫爪草 30 克,煎水服。功能:解郁散结。

(3)水发海带 500 克,洗净切小块,煮熟后捞出,加白糖拌匀,腌渍 1 日后即可食用。每日两次,每次约食 50 克。功能:软坚散结。

此外,还有一些食品对治疗或预防嗓音疾病比较有效,如白萝卜、橄榄、雪梨、花生、海带等。常见的使用方法及其功效如下:第一,白萝卜 300 克榨汁,加蜂蜜适量服用,可以治疗声嘶咽干、咳嗽痰多、急性喉炎、支气管炎。第二,生橄榄嚼烂缓慢咽下,每日数个,可以治疗肺热咽痛、痰热咳嗽。第三,雪梨 1～2 个,削皮挖心,加冰糖 30 克炖服,可以治疗干咳口渴、声嘶失音。第四,花生米 100 克(去红衣),水煮食用,可以治疗肺燥咳嗽、气短咽干、声哑、失音。第五,海带 50 克,泡软洗净后切小块,煮熟捞出,加白糖适量拌匀,腌渍一日后分几次食用,可以治疗痰热咳喘、小便不畅、慢性咽炎。

三、嗓音保健按摩操

这里向大家介绍几项行之有效的保健按摩操,希望学习者能够通过经常性的自我保健按摩手段,有效地调理经络,平衡阴阳,改善血液循环,增强发声机能。

(一)咽部保健按摩操

(1)揉捏咽部。用拇、食、中指揉捏脖颈前的咽喉部两侧肌肉,使局部发红、发热。作用:加强咽部新陈代谢,促进炎症吸收。

(2)搓擦颈椎两侧。作用:减轻咽干头痛症状,防治感冒。

(3)点掐合谷、后溪、中渚。用双手拇指指腹交替点掐双侧虎口处的合谷穴,第五掌指关节后侧的后溪穴和第四、五掌指关节后 1 寸的中渚穴,掐至皮肤泛红。作用:治疗咽喉肿痛、感冒发热。

(二)喉部保健按摩

(1)推揉喉颈。用一手拇指及其余四指分开置于咽喉部气管两侧,自上向下,向着心脏方向反复摩动 5 分钟左右(左、右手交替进行),使喉颈部皮肤稍潮红发热。作用：缓解慢性咽炎、咽喉肿痛、呼吸不爽、声音嘶哑等症状。

（2）抠松喉头。头部略前倾，脖颈放松，将食指与拇指放在舌骨与喉结之间，以均匀的力量和柔和的动作反反复复插进两块骨头之间的空隙，以促使间隙加大、喉肌放松。作用：减轻慢性咽喉炎、急性咽炎、声带充血水肿引起的嗓音嘶哑，防治发声无力及老年性嗓音衰老等症。

（3）按压天突。以中指指尖由上向下按压天突穴。作用：防治咳嗽气喘、嗓音衰弱、咽喉堵塞等症。

（三）鼻部保健按摩操

（1）揉掐迎香。用两手中指腹垂直点掐鼻翼两侧的迎香穴 5～10 次，继而揉 15～20 次。作用：防治鼻塞不通、鼻流浊涕。

（2）搓擦鼻翼。以两手食指对着鼻翼两侧，自眼内眦处起，自上向下顺鼻翼搓至迎香穴处止，反复搓动至鼻翼发热。作用：防治急慢性鼻炎、伤风感冒。

（3）推摩印堂。以中指尖点掐两眉连线中央的印堂穴 5～10 次，然后自下向上经前额正中至前发际止，反复直推 15～20 次。作用：防治额窦炎引起的前额胀痛、外感鼻塞或鼻流浊涕等症。

（四）预防感冒保健按摩操

感冒是以呼吸器官发炎为主的病症统称，是日常生活中的常见病、易发病。患了感冒，无论是轻微症状还是并发支气管炎等，都会程度不一地影响嗓音健康；如延误医治，可能还会引起肺炎等症。所以，与其依赖药物治疗，不如通过自我保健按摩，减少或避免感冒。下面几项按摩动作，体弱常感冒者最好每天坚持做 1 次，每次持续 5 至 6 分钟。

（1）浴面掐穴。每天清晨起床后，先搓热双手，摩擦面部至皮肤发热。然后，用拇指点掐揉擦迎香穴、太阳穴、风池穴、足三里穴。

（2）摩百会。掌心置于头顶中央的百会穴，慢慢摩动约 1 分钟。

（3）擦涌泉。用小指掌侧在足底心涌泉穴处摩擦，擦至发热。

（五）治疗感冒保健按摩操

对于已患感冒者，除用上法外，还可在感冒初期着重做以下按摩。每天早晚各 1 次，普通感冒的自然病程是 4～7 天，病情会自行恢复。自我按摩能减轻症状、缩短自然恢复期和减少其他部位的继发感染。如果按摩得法，一般 3～5 天感冒就可痊愈。

（1）揉压风池。双手抱拢头部，用双手拇指在风池穴处揉捻约 2 分钟，直至有酸胀感。

（2）提拿肩井。双手提拿肩部肌肉丰满处（即大椎与肩峰连线的中点）的肩井穴 10 次左右。

（3）揉捻大椎。微低头，用中指在第七颈椎与第一胸椎棘突之间大椎穴处用力揉捻，使皮肤潮红为宜，约 2 分钟。然后双手掌交替摩擦颈项后部，直至温热。

总之，嗓音质地的优劣，虽说是天生的，但后天的"修炼打造"更为重要。健壮的体魄来自于科学的运动与均衡的饮食，健美的嗓音同样如此。嗓音的保健该树立整体、系统、求本、重防的观念，从生理、环境、心理、行为诸因素的相互关系中去寻求疾病防止规律，力求将人与自然和谐、人与社会和谐及人内在和谐这三者统一起来。

思考题

1. 谈谈你对科学用声的基本看法。
2. 嗓音嘶哑的原因大致分为几种？
3. 简要说明常见的不良发声习惯及其纠正的基本方法。
4. 结合个人的练声实践，说明应该怎样纠正发音时下巴过于主动的毛病。

后　记

随着我国经济的持续高速发展和综合国力的不断增强,广播电视事业呈现出迅猛发展的良好势头,广播电视播音员和主持人队伍不断壮大,以饱满的热情投入播音与主持艺术专业学习的青少年越来越多。如何规范有效地进行播音发声教学,加强学习者的基本功训练,进一步增强学习者的从业技能,已成为众多任课教师所面临的一个重要任务。

本书就是为了完成这一任务而策划编写的。

本书的主要内容,包括播音发声基本原理,呼吸控制,口腔控制,喉部控制,共鸣控制,声音的弹性,情、声、气的结合,科学用声及嗓音保护等。

本书内容全面系统,涉及播音发声的各个不同侧面,概念解释清楚,叙述简洁明了,案例简洁易懂,图片直观生动。本书还吸收了最新的播音发声教学研究成果,将播音发声理论的讲述和相关技巧的解释结合起来,具有规范性、科学性和易操作性。本书不但可以用于播音与主持艺术专业的本科教学和播音与主持艺术专业的硕士生教学,而且可以用于播音与主持艺术专业考生的考前培训,还可以用于自学。

本书由山东师范大学文学院从事播音与主持艺术专业教学及研究的部分教师编写。具体章节的编写分工为:第一至第七章由刘静敏负责,第八章、第九章由常庆负责。刘静敏负责总体设计、所有稿件的修改并统稿。

本书在写作过程中参考了前辈和时贤的众多教学和研究成果,引用了许多名家名篇,收录了很多见诸报端的新闻稿件,这里一并致谢。

中国海洋大学出版社对本书的出版给予了大力支持,谨致谢意。

本书中肯定存在不足与错漏,敬请读者批评指正。

作　者
2010 年 11 月 23 日